Pierre Antonetti
Savonarola

Pierre Antonetti

SAVONAROLA
Die Biographie

Aus dem Französischen übertragen
von Elisabeth Mainberger-Ruh

Patmos

Titel der französischen Originalausgabe:
Savonarole. Le Prophète désarmé
© 1991 Librairie Académique Perrin, Paris

Bibliografische Information der Deutschen Nationalbibliothek
Die Deutsche Nationalbibliothek verzeichnet diese Publikation in der
Deutschen Nationalbibliografie; detaillierte bibliografische Daten
sind im Internet über http://dnb.d-nb.de abrufbar.

© 1992 Benziger Verlag
© 1994 Patmos Verlag GmbH & Co. KG
Benziger Verlag, Düsseldorf
© ppb-Ausgabe 2007 Patmos Verlag GmbH & Co. KG, Düsseldorf
Alle Rechte vorbehalten.
Umschlaggestaltung: butenschoendesign.de
Umschlagmotiv: Fra Bartolomeo, Girolamo Savonarola, 1496,
© akg-images/Erich Lessing
Printed in Germany
ISBN 978-3-491-69145-2
www.patmos.de

Inhalt

Vorwort

Savonarola ist eine schillernde Figur, faszinierend und beunruhigend zugleich. Verklärt vom Schein des lodernden Scheiterhaufens, wird er zum unangefochtenen Zeugen der Intoleranz, dessen Leben noch immer Stoff für Biographien liefert, die nur die erbaulichen Aspekte seiner Persönlichkeit und seines Werkes hervorheben. Gerühmt wird seine Sittenreinheit, die in scharfem Kontrast zu den Lastern und Verbrechen so vieler Kleriker und Päpste seiner Zeit steht; gelobt wird sein erfolgreiches Wirken als religiöser und politischer Reformer. Ein idyllisches Bild der von ihm erneuerten und gereinigten Stadt Florenz entsteht: das Neue Jerusalem. Kurz, es wird ein dermaßen schmeichelhaftes Portrait von ihm entworfen, daß sich der Leser verwundert fragt, weshalb er denn nicht in der langen Reihe der Heiligen und Märtyrer figuriert, auf die die katholische Kirche so stolz ist.

Gewissermaßen als Reaktion darauf heben andere nur die eher beängstigenden Aspekte des Mannes und seines Werkes hervor: seinen geradezu mittelalterlichen Antifeminismus, seinen quasi pathologischen Haß auf die Sünde, sein unerbittliches, an Realitätsferne grenzendes Reinheitsideal, Intoleranz und Fanatismus seiner Glaubensreform (Betreuung der Kinder und Jugendlichen, «Verbrennung der Eitelkeiten», Verfolgung der Homosexuellen, auf die der Scheiterhaufen wartet) – Vorläufer der düstersten Episoden unserer Zeit. So wird aus Savonarola ein in seinem anachronistischen Traum gefangener Fanatiker, ein Gegenpol zur Kultur seiner Epoche, die als eine der brillantesten in Europa überhaupt gilt. Verherrlichung oder Verunglimpfung – gibt es einen Ausweg aus diesem Dilemma?

Unbestrittenermaßen ist Savonarola eine komplexe Persönlichkeit. Er ist eine Figur aus dem Alten Testament und ein Zeitgenosse der Humanisten zugleich. Fremd in einer Stadt, verbindet er sich schließlich mit ihrem Schicksal und übernimmt ihre Ideale der spirituellen Erneuerung. Prophet der *renovatio Ecclesiae* und Verächter der Kirche von Rom und ihres geistlichen Hauptes, ist er zugleich der «Prediger der Hoffnungslosen». Er sagt Florenz Größe und Reichtum voraus und ist der beredte Verteidiger des Königs von Frankreich, der Unabhängigkeit und Wohlstand eben dieser Stadt gefährdet. Theoretiker der Volkssouveränität, träumt er gleichwohl von einem theokratischen Staat und unterstellt Florenz dem idealen Königtum Jesu. Trotz seiner schnörkellosen Beredsamkeit fasziniert er in der Stadt des wohlgesetzten und blumigen Stils. Seine Predigten bewegen die Menge, wo der Arme neben dem Reichen, der Analphabet neben dem Philosophen, der Handwerker neben dem Bankier und dem Kaufmann steht. Die von ihm ausgehende Faszination verstärkt sich noch, weil er in einem nationalen Kontext wirkt, in welchem der Ehrgeiz und die Illusionen des jungen Königs von Frankreich auf den Realismus, den Zynismus, das Kalkül und die Machenschaften der durchtriebenen italienischen Fürsten treffen, die die Kunst der Verstellung glänzend beherrschen. – Eine faszinierende Gestalt in einer faszinierenden Epoche ...

Nach jahrelanger, beinahe täglicher Beschäftigung mit der Epoche muß der Autor seinen Zwiespalt eingestehen. Wer Savonarolas Leben und Denken erforscht, der schwankt zwischen Zustimmung und Ablehnung, zwischen Vorbehalten und Verurteilung. Ganz zu schweigen vom Unbehagen, das einen angesichts seines Verhaltens in den verschiedenen «Prozessen» erfaßt, wo er so unsicher und widersprüchlich wirkt, daß nicht mehr klar ist, wo er als Mensch und Autor in Wahrheit steht.

Ein pathetischer «unbewaffneter Prophet», gemäß Machiavellis harter Formulierung, scheint er bald in unerschütterlichem Glauben verankert, bald hilflos und von Gott verlassen zu sein. In solchen Momenten zweifelt er an sich selbst, wird ihm die Unwirklichkeit seines Traums von politischer und geistlicher Erneuerung bewußt, verleugnet er seine Worte und Taten und fällt einer zerstörerischen Selbstbestrafung und Selbstkritik anheim.

Wie immer das Urteil über den Menschen ausfallen mag, Tatsache ist, daß Savonarola der Zeuge eines Jahrhunderts und einer von widersprüchlichen Idealen zerrissenen Stadt ist – unterschwellig von millenaristischen Erwartungen und apokalyptischen Drohungen verfolgt, von Familien- und Klassenkonflikten erschüttert, den permanenten Auseinandersetzungen rivalisierender Mächte und den Träumen und Begehrlichkeiten eines fremden Herrschers gnadenlos ausgesetzt. Und hier, im Florenz der Medici, der italienischen Renaissancestadt, lebt, kämpft und unterliegt eine charismatische Persönlichkeit. Ihr gelingt es, Lorenzo den Prächtigen zu verunsichern, Pico della Mirandola, Botticelli und Michelangelo zu verzaubern, den Borgia-Papst Alexander VI. zu bekämpfen, Luthers Hochachtung und die Bewunderung der Laien zu erringen – kurz, Savonarola läßt niemanden gleichgültig.

Pierre Antonetti

Erster Teil

Geburt eines Propheten
(1452–1491)

Kapitel I
Der Ruf Gottes
(1452–1475)

Die Familie

«Ich erinnere mich, daß meine Frau Elena[1] am 21. September 1452 eines Knaben entbunden wurde ... Es war ein Donnerstag, Tag des Apostels und Evangelisten Matthäus.» Mit diesen Worten trägt Savonarolas Vater Niccolò in Ferrara die Geburt seines Sohnes ins Tagebuch ein. Er erhält die Namen «Hieronimo, Maria, Francesco, Mathio» und wird am 4. Oktober getauft.

Der kleine Girolamo war das dritte Kind von Niccolò und Elena. Vor ihm waren zwei Knaben auf die Welt gekommen, Ognibene und Bartolomeo; nach ihm folgten Maurelio, Alberto, Beatrice und Chiara.

Das alte Geschlecht der Savonarola stammte aus Padua. Der bekannteste Vorfahre, Antonio, hatte sich gegen Ende des 13. Jahrhunderts an der Spitze der kommunalen Milizen hervorgetan, als er seine Stadt gegen den Tyrannen Ezzelino verteidigte. Als Anerkennung hatten die Paduaner eines ihrer Stadttore nach der Familie benannt. Ein Jahrhundert später taucht unter den Wollfabrikanten der Name Johannes Savonarola auf. Eines seiner sieben Kinder ist Girolamos Großvater Michele. Um 1385 geboren, wird Michele 1413 Doktor der Medizin der Universität von Padua. Zwischen 1419 und 1437 übt er seinen Beruf aus und lehrt gleichzeitig an der Universität. 1440 wird er von Niccolò III. d'Este, Herrscher von Ferrara, an den Hof gerufen und zum Leibarzt ernannt. Michele verläßt mit seiner grossen Familie (acht Kinder) Padua und läßt sich im gleichen Jahr in Ferrara nieder. Auch unter Lionello d'Este, dem Nachfolger Niccolòs III., ist er bei Hof wohlangesehen und wird 1443 zum Bürger von Ferrara ernannt. Die Gunst des Fürsten hält indes nicht an. Michele Savonarola gibt seine Lehrtätigkeit an der Universität auf, verliert den Titel eines Leibarztes

13

und darf nur noch, gegen bescheidenes Entgelt, einige Mitglieder der Familie Lionellos ärztlich betreuen. Dieser überläßt ihm jedoch für zehn Jahre den Ertrag aus einem an seine Nachkommen übertragbaren Zehnten. Lionello stirbt im Jahr 1450. Unter seinem Nachfolger, seinem Bruder Borso, steht Michele Savonarola wiederum in hoher Gunst; Zeichen dafür sind die Zuteilung eines Lehens und die Protektion Papst Nikolaus' V., der ihm 1452 den begehrten Titel eines Ritters vom Heiligen Geist verleiht.

Michele Savonarola ist also eine geachtete Persönlichkeit, und sein Ruf als Arzt geht über die Landesgrenzen hinaus. Gleichzeitig war dieser angesehene Bürger und Gelehrte auch ein Schriftsteller. Siebzehn Werke aus ganz unterschiedlichen Gebieten sind auf uns gekommen: Geschichte (darunter der *Libellus de magnificis ornamentis regie civitatis Padue,* worin er das Lob seiner Vaterstadt singt, sie mit Florenz, Bologna, Mailand und Genua vergleicht und gleich nach Venedig und Rom plaziert); Politik (über die Pflichten der Fürsten, für Borso d'Este geschrieben); Moral (über die Armut, gegen Luxus und übermäßiges Geldstreben, über die Gerechtigkeit); Religion (über die Beichte, die Buße und über Johannes den Täufer). Medizin schließlich, mit einigen bemerkenswerten und in ganz Europa erfolgreichen Schriften: eine *Practica major* in sechs Abhandlungen, die eine Synthese des damaligen medizinischen Wissens darstellt; ein *De balneis et thermis naturalibus Italiae,* postum erschienen; ein *De regimine praegnantium,* möglicherweise für seine Schwiegertochter Elena verfaßt, ein Handbuch für Geburtshilfe und Pädiatrie; ein *Libreto de tutte le cose che si manjano* (sic!), postum erschienen, für Borso d'Este verfaßt, ein köstliches Diätbuch.

Letztlich ist Michele Savonarola nicht mehr als ein von allen irrigen und abergläubischen Ansichten seiner Zeit durchdrungener Autor, der die Kunst der Vulgarisierung beherrscht. Aber trotz seiner Vorurteile und Grenzen ist er eine der wichtigen Figuren der ärztlichen Kunst seiner Zeit. Seine Ethik freilich stammt aus einer anderen Epoche. Sein Fundament war die Bibel, und er vertrat ein dem damaligen Hedonismus diametral entgegengesetztes asketisches Weltbild. Er stellte hohe Forderungen an sich und an die Mitmenschen, insbesondere an seine Kinder. In einer seiner Abhandlungen rät er den Müttern, ihre Kinder bereits im zarten Alter an Bescheidenheit in Sprache und Haltung zu gewöhnen, ihnen eine solide religiöse Erziehung zu vermitteln und ihnen einen Lehrer von untadeliger Moral zu geben; dieser sollte ihnen die Abscheu vor dem Laster eintrichtern und die wesentlichen moralischen Werte lehren, insbesondere die hohe Tugend der Nächstenliebe.

Obwohl ein Erzieher mit hohen Anforderungen, zeigt Michele Savonarola auch Verständnis und Nachsicht. Im gleichen Werk rät er nämlich, mit Lob und Schelte abzuwechseln und, entgegen der damals weitverbreiteten Sitte, nur zurückhaltend körperlich zu züchtigen. Als der Großvater die Erziehung seines Enkels Girolamo in die Hand nahm, flößte er ihm wahrscheinlich Tag für Tag jene moralischen Prinzipien ein, die ihm im Gedächtnis eingegraben bleiben und die sein gesamtes künftiges Handeln und Denken inspirieren sollten: «Jenen Abscheu vor dem Verderben der Welt im allgemeinen und des Welt- und Ordensklerus im besonderen, jenen Widerwillen vor dem Hofleben, jene Begeisterung für die Heilige Schrift und die Kirchenväter, jene Vorliebe für den heiligen Thomas»[2], so daß «der Großvater im Enkel fortlebte, dessen geistiger Vater er war»[3]. Ein geistiger Vater, der gerade deshalb so geachtet und geliebt wurde, weil er nicht bloß ein Mann des Wissens war, sondern auch ein exemplarisches Leben führte. Die Kranken behandelte er umsonst, und trotz seiner offiziellen Stellung mied er das Hofleben. Obwohl er Lehrmeinungen und Hierarchie der Kirche respektierte, war er doch der Meinung, weder Päpste noch andere Diener Gottes könnten den Befehl erteilen, gegen den Willen Gottes zu handeln. Kurz, dieser gestrenge und fromme Mann trat beim kleinen Girolamo an die Stelle des leichtfertigen und frivolen Vaters und war ihm zugleich ein in den Fragen christlicher Moral unerbittlicher Lehrer.

Das sechste der acht Kinder, Niccolò, Girolamos Vater, hatte Michele Savonarola nicht eitel Freude bereitet. Nach einem Literaturstudium trat Niccolò ins Geschäftsleben ein (in den Dokumenten wird er bald als Wollfabrikant, bald als Geldwechsler bezeichnet, wahrscheinlich war er etwas von alledem zugleich). Aber mit seinen risikoreichen Spekulationen hatte er die Zukunft seiner Kinder schwer beeinträchtigt. Diese gerieten denn auch nach dem Tod ihres Großvaters Michele – 1464 oder 1468 – in Not. Glücklicherweise hatten einige von ihnen bereits ihren Weg gefunden, bevor 1485 der Vater starb. Ognibene, der Älteste, wird Soldat, Maurelio erst Priester und dann Dominikaner, Alberto Arzt. Für die anderen jedoch (für Bartolomeo und vor allem für die beiden Jüngsten, Beatrice und Chiara) kommen schwere Zeiten.

Glücklicherweise hatte Girolamo eine vorbildliche Mutter. «Von ganz männlicher Standfestigkeit» (Villari; vgl. Literaturverzeichnis), stammte Elena Savonarola aus einer angesehenen Mantuaner Familie, den Bonacossi; diese stammen von den Bonacolsi aus Mantua ab. Am Anfang steht ein Pinamonte aus Mantua, der seine Vaterstadt verläßt, um sich den Verfolgungen seiner Feinde zu entziehen. Er flüchtet nach Ferrara, wo sein Sohn Alberto (vor 1450 verstorben) *fattore generale* (Oberhofmeister) von Niccolò d'Este, dem Herrscher von Ferrara, wird und zu Vermögen und Ehre kommt. Papst Nikolaus V. ernennt ihn zum Pfalzgrafen, Francesco Foscari, Doge von Venedig, gewährt ihm das venezianische Bürgerrecht. Dieser Alberto ist Elenas Großvater. Von Elena selbst kennen wir weder das Datum ihrer Geburt noch jenes der Eheschließung mit Niccolò Savonarola, noch jenes der Geburt ihrer beiden ersten Kinder Ognibene und Bartolomeo. Es ist lediglich bekannt, daß die Bonacossi und die Savonarola «in wechselseitiger Achtung und wahrer Zuneigung» einander verbunden waren. Bekannt ist auch, daß Elena von insgesamt sieben Kindern das einzige Mädchen war.

Die Studienzeit

Michele Savonarola gab seinem Enkel nicht bloß strenge Lebensregeln auf den Weg, sondern nahm auch seine Ausbildung in die Hand. Im Alter von rund sieben Jahren begann damals die schulische Ausbildung. Zu Beginn wurde Lesen, Schreiben und Rechnen unterrichtet; aber auch die erste religiöse Unterweisung anhand der Psalmen stand auf dem Programm. Etwa im Alter von elf Jahren fand der Wechsel zur sogenannten Abakus-Schule statt; hier lag das Hauptgewicht auf dem Rechenunterricht, der in den Handelsstädten durch kaufmännische Fächer ergänzt wurde. Nach zwei oder drei Jahren erfolgte dann der Übertritt in die sogenannte Grammatik-Schule, die nur von denen besucht wurde, für die die Eltern eine Laufbahn in der Kirche, im Handel, in der Verwaltung (Kanzlei), am Gericht (Anwälte oder Notare) oder im medizinischen Bereich vorgesehen hatten. Dort wurde eine umfassende humanistische Bildung vermittelt, gegründet auf dem Studium der großen Autoren der klassischen Antike, aber auch der Rhetorik, jener Kunst des wohlgesetzten Redens und Schreibens, ohne die es damals keine echte Kultur gab. In wohlhabenden Familien kam zu dieser mehr formalen Ausbildung die künstlerische hinzu. So verstand sich etwa Girolamo auf das Lautenspiel.

Studierte Girolamo an der Universität von Ferrara? Dank der Unterstützung des Markgrafen Lionello d'Este, des Herrschers von Ferrara, war diese damals eines der Hauptzentren des Humanismus. Besuchte Girolamo die Vorlesungen von Giovan Battista Guarino? Dieser war der Sohn des großen Humanisten Guarino Guarini, der von 1429 bis zu seinem Tod im Jahr 1460 einer der Anziehungspunkte für Studierende aus ganz Europa gewesen war, die er in Literatur sowie griechischer und lateinischer Philosophie unterrichtet hatte. Zwar besaß sein Sohn weder seine Bildung noch seinen Einfluß. Aber möglicherweise lernte Girolamo in der Schule die Werke von Plautus und Terenz kennen, die Giovan Battista Guarino übersetzt und adaptiert hatte und dann auch aufführen ließ. Schenkt man jedoch Savonarolas spätem Geständnis Glauben, dann zog er aus den damaligen Studien überhaupt keinen Nutzen. Soll man ihn beim Wort nehmen? Handelt es sich hier nicht um das Dementi des reifen Mannes, des Soldaten Christi, der seine Studienzeit in einer Weise verurteilt, wie er es damals, als er die Werke Plautus', Terenz' und der übrigen lateinischen Autoren kennenlernte, sicherlich nicht getan hätte?

Was immer es mit diesem Intermezzo an der Universität auf sich haben mag (falls es denn tatsächlich stattfand), mit dem Literaturstudium war es gewiß bald zu Ende, entschied doch Niccolò, nach dem Tod des Großvaters im Jahr 1464 oder 1468, sein Sohn solle die medizinische Laufbahn einschlagen.

Zu jener Zeit galt es, vor dem eigentlichen Medizinstudium ein solides Philosophiestudium zu absolvieren. Die Statuten der Universität sahen denn auch für die ersten zwei oder drei Jahre eine Art Grundstudium vor, die sogenannten Freien Künste; hier hatte der Student, bevor er sich seiner eigentlichen Materie zuwandte, Grammatik, Dialektik und Rhetorik *(trivium)* zu studieren, um dann im *quadrivium* zu Arithmetik, Geometrie, Astronomie und Musik hinüberzuwechseln. Im gesamten *cursus studiorum* nahm das Studium der griechischen Philosophie einen wichtigen Platz ein.

Seit den Anfängen der Universität im Abendland (12. Jahrhundert) war Aristoteles der Meisterdenker, dessen Abhandlungen die Grundlage des Wissens waren; seit einigen Jahrzehnten jedoch gewann Platon wieder an Bedeutung. Voll Begeisterung stürzte sich Girolamo auf das Platonische Werk und verfaßte sogar eine Arbeit über den Philosophen der Akademie. Zwar wird er 1495 von der Kanzel herab verkünden, er würde diesen «göttlichen Menschen», wie ihn die Humanisten nannten, «eher in des Teufels Haus» stellen und er habe nach «intensivem Studium» sämtliche Platon gewidmeten Jugendwerke «zerrissen», «nachdem ihn Gott erleuchtet habe».

Intensiver als Platon und Aristoteles studierte Girolamo Thomas von Aquin. Hier fand er, neben der Synthese der aus christlicher Sicht gedeuteten aristotelischen Philosophie, Antworten auf seine Fragen über den Menschen, die Welt und Gott. Schon bald wurde er Experte in der philosophischen Diskussion, jener *disputatio,* welche die grundlegende Übung der Universität war; sie bot dem jungen Studenten Gelegenheit, sein Wissen und seine Beherrschung der Dialektik in der Auseinandersetzung mit seinen Gegnern zu erproben; dies alles unter dem wachsamen Auge des Meisters und vor einem Publikum von Kennern, das diese «Dispute» sehr schätzte.

Daß Savonarola die übrigen Fächer des *cursus studiorum* wegen des intensiven Thomasstudiums vernachlässigte, ist bezeichnend für seine intellektuelle Wißbegierde und sein geistiges Profil *(forma mentis)* in jenen Jahren. Aber da keine Dokumente vorhanden sind, können wir lediglich seinen Studiengang weiterverfolgen. Um 1472, also in seinem zwanzigsten Lebensjahr, darf er sich mit dem Titel *magister artium liberalium* schmücken, der jenen verliehen wurde, die das Grundstudium erfolgreich abgeschlossen hatten.

Er besitzt nun also eine gute Allgemeinbildung und ist in seinem Theologiestudium bereits ziemlich fortgeschritten, und zwar dank Thomas von Aquin und der Bibel, seinem Lieblingsbuch, das er angeblich praktisch auswendig konnte.

Eine Jugendliebe?

So entsteht denn zwangsläufig das Bild eines ausschließlich auf seine Studien konzentrierten Jugendlichen, der sich radikal von der Welt abwendet. Schenkt man indes der folgenden Anekdote Glauben, ist diese Vorstellung unzutreffend.

In einem Nachbarhaus, vom Haus der Savonarola nur durch ein Gäßchen getrennt, das so schmal ist, daß man sich in den oberen Stockwerken bequem von Fenster zu Fenster unterhalten kann, wohnten florentinische Exilierte, die Familie Strozzi, die nach dem berühmten Aufstand der Ciompi (Wollkrempler) im Jahr 1378 aus Florenz verjagt worden war. Zu den Kindern Roberto Strozzis gehörte auch dessen uneheliche Tochter Laodomia. Girolamo verliebte sich in Laodomia und bat schon nach kurzer Zeit um ihre Hand. Das eitle Fräulein indes, das dieses ehrliche und ganz platonische Liebeswerben wahrscheinlich toleriert, wenn nicht sogar gefördert hatte, ging sogleich auf Distanz. Mit dem Dünkel der Aristokratin – eine solche war sie trotz ihrer unehelichen Geburt – machte sie sich über den unglücklichen Verliebten lustig und gab ihm kurzerhand zu verstehen, eine solche Mesalliance sei schlicht undenkbar. In seinem Selbstgefühl verletzt, erwiderte Girolamo prompt, niemals würden es die Savonarola zulassen, daß sich einer der Ihren mit einer Bastardin vermähle. Nach diesem wenig freundlichen Wortwechsel sprachen die beiden jungen Menschen nicht mehr miteinander. Damit war es, um das Jahr 1470, mit der Verliebtheit des achtzehnjährigen Girolamo zu Ende.

Ist die Geschichte bloß deshalb unglaubwürdig, weil sie aus einem Werk stammt (*Vulnera diligentis,* aus der Feder von Fra Benedetto), das eher eine Hagiographie, denn eine Biographie ist? Je nach dem Bild, das man sich von der Jugendzeit von Heiligen und Märtyrern macht, wird man diesem «Histörchen» Glauben schenken oder nicht. Tatsache ist, daß sich Savonarola vom Verdacht dieser menschlich allzu menschlichen Schwäche freimachen wollte, als er in einer seiner Predigten im Dezember 1494 erklärte, er habe nie eine Frau begehrt. Weshalb jedoch diesen Beweis für die Menschlichkeit des achtzehnjährigen Jünglings nicht zulassen? Von der späteren Glaubenskrise noch nicht erfaßt, ist er sich seiner ausgesprochenen Häßlichkeit sicherlich nicht bewußt: Adlernase, dichte rote Augenbrauen, tiefgefurchte und gewölbte Stirn, breiter Mund mit schwulstigen Lippen, mittlere Statur, graziöser Gang und zu nahe beieinanderstehende Augen.

Erste Gedichte

Litt Girolamo lange unter Laodomia Strozzis Zurückweisung? Wohl möglich, obwohl seine stolze Antwort eher von hochmütigem Trotz zeugt. Vielleicht müßte man noch einen Schritt weitergehen und dort die Anfänge jener spirituellen Krise ansetzen, die sein ganzes Trachten auf die einzig dauerhafte Liebe, die Liebe Gottes, richtete. Angenommen, die Anekdote stimmt, könnte sie eine bereits latent vorhandene spirituelle Krise zum Ausbruch gebracht haben. Den Grund dazu hatte bereits Großvater Michele mit seiner Erziehung gelegt, verstärkt wurde sie dann durch die eifrige Bibellektüre und das Studium des Denkens von Thomas von Aquin.

Wie immer die rational schwer zu begreifenden geheimen Wege der Gnade auch verlaufen mögen, der Beweis für den tiefgreifenden Wandel in Girolamos geistlichem Leben sind jene 1472 verfaßten Gedichte, die klar die Weltentsagung und den unwiderstehlichen Einbruch des Ewigen thematisieren.

Das erste dieser Gedichte trägt den programmatischen Titel *De ruina mundi* (Vom Ruin der Welt): Die Welt ist chaotisch; Tugend und Sitten sind tot; niemand schämt sich mehr seiner Laster; die Achtung der Menschen gilt den Feinden Gottes; das Zepter der

Könige ist in den Händen von Piraten; St. Peter ist eingestürzt; die Kurie ist mit Schauspielern, Zuhältern und Homosexuellen bevölkert; Diebe und Mörder verkehren in höchsten Kreisen; Witwen und Waisen werden ausgebeutet. In diesem Stil gehen die Verwünschungen weiter, wobei Gestalten der Antike (Cato Uticensis, Brutus, Catilina, Sulla, Marius, Caesar, Nero) und der damaligen Zeit vermischt werden (unter leicht durchschaubarer Anonymität Sixtus IV. und dessen Kardinäle, darunter sein Neffe Pietro Riario). Quellen der Inspiration sind Dante und Petrarca, insbesondere dessen Kanzone: *Italia mia, bench il parlar sia indarno*[4], oder die nicht weniger berühmte: *Spirito gentil, che quelle membra reggi*[5], nicht zu vergessen die Invektiven im Sechsten Gesang von Dantes Purgatorio: *Ahi, serva Italia, di dolore ostello*[6], sowie zahlreiche weitere Texte, in denen Dante die Verderbtheit der Kirche bis hin zum Stuhle Petri geißelt.

Gewiß, noch bestimmt die Rhetorik dieses erste Gedicht. Aber ist deshalb die Aufrichtigkeit des Autors in Zweifel zu ziehen? Mit diesen der literarischen Tradition entlehnten Worten drückt Girolamo seine Abscheu vor der Welt und der zivilen wie religiösen Gewalt, aber auch seine Hoffnung auf den endgültigen Triumph der Tugend und der Gerechtigkeit aus.

Im Jahr 1472 ist also ein Dichter geboren. Gewiß, er unterscheidet sich kaum von der Masse der übrigen christlichen Poeten. Dieses erste Gedicht ist jedoch deshalb von Interesse, weil es Ausdruck eines seelischen Unbehagens und einer sich noch verschärfenden Krise ist.

Das wird in einem anderen kurzen Gedicht aus der gleichen Zeit deutlich: *Onnipotente Iddio*. Es lehnt sich mit *Vulnerasti cor meum* an das Hohelied (4. Kap.) an, dessen Eingangsvers es im letzten Vers wörtlich aufnimmt. Es zeugt außerdem von Girolamos klassischer Bildung. Und wenn er auf König Midas anzuspielen scheint, dann hat er diese Fabel selbstverständlich Ovids *Metamorphosen* entnommen.

Es ist behauptet worden, dieses Gedicht sei die Synthese und Vorwegnahme von Savonarolas künftigem Denken und Handeln insgesamt. Das mag einer Überinterpretation dieser acht Verse gleichkommen. Gleichwohl scheint er die eigene Zukunft vorwegzunehmen, wenn er sich an Gott wendet und versichert, er verlange «weder Zepter noch Schätze», weder «Städte noch Schlösser», sondern lediglich, daß sein Herz von seiner *caritas* berührt werde *(Vulnerasti cor meum caritate tua).*

Der Ruf Gottes
Die Krise von 1474

Es ist fraglich, ob Girolamo bereits 1472 daran dachte, der Welt zu entsagen und in den geistlichen Stand einzutreten. Er selbst hat am 10. April 1496 auf der Kanzel gesagt, er habe in seiner Jugend den Entschluß gefaßt, nie in einen Orden einzutreten, und zwar nicht aus Abneigung gegen die Religion, sondern aus Verachtung für die Kleriker, die, wie die Laien, ihre Zeit an das Studium der Werke des Aristoteles vergeudeten. Er fügte bei, er habe Gott gebeten, ihm zu zeigen, welches nun, nachdem er sich Gott zugewendet habe, sein Weg sei.

Anfang Mai 1474 ging sein Wunsch in Erfüllung. Bei einem Aufenthalt in Faenza betrat er ganz zufällig die Augustinerkirche. Dort hörte er vom Prediger «ein Wort», das er seiner florentinischen Zuhörerschaft zwar vorenthielt, das jedoch bewirkte, daß nach seiner Rückkehr nach Florenz kein Jahr verstrich, bis er in den Orden eintrat. Noch lange wird er dieses Wort nicht preisgeben, und erst am 23. September 1494 sagt er dann auf der Kanzel, der Prediger von Faenza habe die Genesis zitiert: *Egredere de terra tua,* wo Gott zu Abraham sagt: «Gehe aus deinem Vaterland und von deiner Verwandtschaft und aus deines Vaters Hause in ein Land, das ich dir zeigen will.»

Fast zwangsläufig stellt sich hier die Erinnerung an eine ähnliche Berufung ein – jene des Ordensgründers Franziskus von Assisi. «Während der Frühmesse in der restaurierten Kapelle (Portiuncula) wurde Franziskus seine endgültige Berufung offenbar. Das Ereignis fand entweder am 12. Oktober 1208, am Fest des heiligen Lukas, oder am 24. Februar 1209, am Fest des heiligen Matthäus, statt, und zwar als der Priester jenen Evangeliumstext vortrug, worin Jesus seinen Aposteln folgende Anweisung erteilt:

Geht aber und predigt und sprecht: Das Himmelreich ist nahe herbeigekommen.» (Englebrecht, Vie de saint François d'Assise).

Eine Zeit des inneren Kampfes
(1474–1475)

Gott hatte also zu Girolamo «gesprochen». Von der Wucht der Worte Gottes förmlich erdrückt, wurde dem jungen Mann die Welt alsbald fremd. Jeder Kontakt mit der Welt wurde ihm zum Greuel.
Als er eines Tages von seinen Eltern in den Palast der Herzöge
von Ferrara geführt wurde, empfand er heftigen Widerwillen vor
den Fresken, die in niedriger, ja zuweilen obszöner Weise Luxus,
Frivolität und Sinnlichkeit in geradezu heidnischer Manier zur
Schau stellten. An jenem Tag schwor er, niemals wieder diesen
Ort zu betreten. Der Vater, der für seinen Sohn Karrierepläne hegte, war darüber verständlicherweise überrascht und ungehalten.
Die Mutter jedoch, dem Sohn enger verbunden, hatte bereits bemerkt, daß Girolamo tagaus tagein ein quasi asketisches Leben
führte, ausgefüllt mit Meditationen, Fasten und Gebeten zu Füßen
der Altäre, wo er stundenlang verharrte. So ahnte denn Elena Savonarola, daß sich ihr Sohn in einer tiefgreifenden Krise befand.
Eines Tages, möglicherweise am 23. April 1475, überraschte sie
ihn, wie er, die Laute in der Hand, ein trauriges Lied anstimmte,
was sie zu den ahnungsvollen Worten veranlaßte: «Mein Sohn, dieses Lied ist ein Zeichen des Abschieds.» Worauf Girolamo traurig
lächelnd antwortete, sie habe nichts zu befürchten. Eine fromme
Lüge. Er war nämlich bereits entschlossen, seiner Familie nichts
zu enthüllen, fürchtete er doch, wie er schon bald schreiben wird,
sein Herz werde am Schmerz der Seinen zerbrechen und er lasse
sich dazu erweichen, seinen Entschluß rückgängig zu machen.
  In diesen langen Monaten des inneren Kampfes ließ ihn der
Gedanke an die Welt, die Sünder und die Wege des Heils nicht
mehr los. Er kam zur Einsicht, die Kirche habe sich angesichts
der moralischen Misere der damaligen Gesellschaft dem allgemeinen Niedergang nicht entziehen können. Als ihm diese Einsicht
(bereits in der Kanzone *De ruina mundi* präsent) zur Gewißheit

wurde, griff er wieder zur Feder und komponierte *De ruina Ecclesia.*

Der Ruin der Kirche ist «die Entfaltung und gewissermassen die ideale Fortsetzung von De ruina mundi. Vor der Kirche, die ihm in der Gestalt der «klugen Jungfrau» erscheint, drückt er seine Bestürzung aus. Wo sind die Lehrer des Glaubens, die Heiligen, wo sind die Nächstenliebe, die Arglosigkeit von einst? In der Kanzone nimmt ihn die Kirche dann bei der Hand und führt ihn weinend in eine Höhle, wohin sie floh, nachdem sie Ehrgeiz und Stolz in Rom hatte einziehen sehen. Sie zeigt ihm ihre Wunden, von Skorpionen und Hunden gebissen und vom Dämon verfolgt. Daraufhin will Girolamo wissen, wer ihr diese Wunden zugefügt habe. Sie antwortet, es sei «Babylon, die stolze und heuchlerische Hure» gewesen. Girolamo beteuert, er wolle «die großen Schwingen» dieser Hure brechen, worauf ihm die Kirche davon abrät, sei doch kein Sterblicher dazu fähig. Dann ermahnt sie ihn, zu trauern und zu schweigen.

Dieses Gedicht – 1494 mit Anmerkungen ergänzt – ist Ausdruck seiner humanistischen Bildung und seiner Vertrautheit mit der Heiligen Schrift. Es enthält im Keim bereits seine künftige Thematik und ist primär die dichterische Umsetzung einer plötzlichen und unerträglichen Einsicht in die Verderbtheit von Welt und Kirche. Der gerechte und fromme Mensch soll nicht weiterhin inmitten dieser Verderbtheit leben. Er muß sich ihr entwinden.

Der Abschied von der Welt
(24. April 1475)

Dieser «Kampf mit dem Engel» ging am 24. April 1475 zu Ende, am Jahresfest des heiligen Georg, Patron von Ferrara. Über die ganze Stadt verstreut, wurden die Feierlichkeiten zur Ehre dieses Heiligen vorbereitet, und die Straßen standen in festlichem Schmuck: Lampions, Fahnen, Masten mit Spruchbändern, Schildern, Zeichnungen und Malereien, die den Drachentöter lobten und als Vorbild priesen. Aber in diese Atmosphäre aufrichtigen Glaubens mischte sich auch zügelloses und heidnisches Treiben:

Tavernen mit ihren Glücksspielen, Volksbälle, Gauner, Wüstlinge, Huren und Diebe.

Inmitten dieser feiernden Menge packte ein junger Mann von 23 Jahren seine Habseligkeiten. Girolamo wartete, bis die Familie das Haus verlassen hatte, um am Fest teilzunehmen. Dann ging er selbst weg. Endlich antwortete er auf den Ruf Gottes: «Geh aus deinem Vaterland und von deiner Verwandtschaft und aus deines Vaters Haus.» Er verließ seine Familie, ohne ihr eine Entschuldigung oder eine Rechtfertigung für die plötzliche Abreise und den abrupten Bruch zu hinterlassen. Lediglich in seinen Gedanken, so wird er seinem Vater später schreiben, hegt er «Trost und Ermahnungen».

Möglicherweise verfaßt er auch ein kurzes meditatives Prosastück, worin er auf lateinisch die Lieblingsthematik der von ihm täglich meditierten Autoren wiederaufnimmt: «Wenn wir sagen, wir sind weise, dann sind wir in Wahrheit töricht: Töricht sind jene, die an den Dingen der Welt hängen, obwohl sie sie fliehen sollten. Die Welt ist hinfällig, und man sieht sehr wohl, daß jene, die nur für sie gelebt haben, den Schweinen gleich sind. Wer könnte die Augen verschließen vor der Gemeinheit, Gottlosigkeit und Ungerechtigkeit der Welt? Sind Städte und Schlösser nicht voll von Dieben und Schurken? Ah! Fliehen wir aus Sodom und Gomorrha, wo der keusche und demütige Mensch als verrückt gilt, der fromme als ungerecht, wo als klug gilt, wer die Armen, die Witwen und Waisen ausbeutet, wo als weise gilt, wer Gold auf Gold häuft. Fliehen wir den Ort, wo man nur Gotteslästerungen hört und Schandtaten sieht: Frauenschänder und Ehebrecher, Sodomiten und Mörder, Ehrgeizige und Hochmütige, Heuchler, Lügner und Schurken.» Dann nimmt er Erzählungen des Alten Testaments wieder auf und ruft Gott an, «seine Kraft und seinen Ruhm», auf daß er ihm, so wie er es für das erwählte Volk tat, sein Licht und seinen Ruhm offenbare. Als Girolamos Vater diesen Text las, war der Sohn bereits weg.

Früh am Morgen hatte er, ärmlich gekleidet, den Weg nach Bologna unter die Füße genommen. Ein Reisender ohne Gepäck, allein vom Glauben der Neubekehrten beseelt, wandte er sich von seiner Vergangenheit ab, um in das Reich der unvergänglichen Dinge einzutreten.

Kapitel II
Der junge Dominikaner
(1475–1482)

In Bologna angekommen, klopfte er an die Pforte des Dominikanerklosters neben der Kirche, wo der Ordensgründer seine letzte Ruhe gefunden hatte. Eine Wahl, die Girolamo im Jahr nach seiner Berufung gewiß reiflich überdacht hatte. Der eigentliche Beweggrund war ein intellektueller, hegte Girolamo doch seit einigen Jahren große Bewunderung für Thomas von Aquin, den offiziellen Denker des Ordens der Predigerbrüder. «Ich habe ihm», so wird er 1497 sagen, «stets große Zuneigung und Respekt entgegengebracht ... Ich weiß nichts, aber das wenige, das ich weiß, habe ich von ihm gelernt .... Lese ich seine Werke, dann wird mir bewußt, daß ich nichts bin, während er mir wie ein Riese vorkommt.»

Der Brief an den Vater
(25. April 1475)

Kaum im Kloster angekommen, verspürte er den Drang, den Seinen die Gründe für seine plötzliche Abreise zu erklären, ohne sich jedoch rechtfertigen zu wollen, war er sich doch keiner Schuld bewußt. Am 25. April 1475 schrieb er also seinem Vater. Er bat ihn um Verzeihung, weil er «heimlich» abgereist war. Es sei keine Kurzschlußhandlung, sondern «ein wohlüberlegter Entschluß» gewesen. Er habe sich für das Kloster entschieden, weil er «das entsetzliche Elend der Welt, die Bosheit und Treulosigkeit der Menschen, ihre Hurerei und Habgier, den Stolz und die Abgötterei und die grausamen Gotteslästerungen» habe fliehen wollen. Er könne «die abgrundtiefe Bosheit dieser verblendeten Völker Italiens, den Tod der Tugend und den Triumph der Laster» nicht mehr länger ertragen. Aber Gott, den er jeden Tag angerufen habe, habe ihm den Weg gezeigt.

Sein Vater solle Jesus Dank sagen, daß er ihm die Gnade geschenkt habe, seinen Sohn zu sich zu rufen, um ihn zu seinem «Ritter» zu schlagen. Anstatt zu klagen, solle er sich an diesem «Triumph» freuen. Es sei ihm schwer gefallen, sich von seiner Familie zu trennen, aber es sei besser, den Leib zu opfern, als seine Seele zu verlieren. «Gott hat mich gerufen», wie könnte er ihm widerstehen? Sein Vater möge die Tränen trocknen, um den Schmerz seines Sohnes nicht zu vergrößern, der auch nur ein Mensch sei und mit sich selbst habe ringen müßen. Die Zeit werde ihr Werk tun und den Schmerz der Seinen lindern. Der Vater möge die Mutter trösten und beide ihm ihren Segen geben. Er anempfehle ihnen seine Brüder und Schwestern, insbesondere Alberto, der zum Studium angehalten werden müße, «würdet Ihr es doch bitter bereuen und wäre es eine große Sünde, wenn er die Zeit unnütz verstreichen ließe».

Das sind die Worte eines Dreiundzwanzigjährigen – gesprochen mit der ruhigen Gewißheit desjenigen, der nicht daran zweifelt, auf dem richtigen Weg zu sein und der die menschlich allzu menschliche Zärtlichkeit eines stolzen Vaters und einer liebenden Mutter von oben herab behandelt. Girolamo wird, was die familiären Beziehungen anbelangt, seine Meinung nicht ändern. Es wird ihn sogar verärgern, daß seine Mutter den für sie verlorenen Sohn lange beweint. Und bereits jetzt gibt er seinem Vater Ratschläge und Ermahnungen, was seine Pflichten den Kindern gegenüber betrifft. Aber mehr als dieser überlegene Ton, über den wir bei jedem anderen Jugendlichen nur lächeln würden, interessieren uns die Rechtfertigungen, die er für seinen Weggang vorbringt. Einige Autoren vermuteten darin die Wiederaufnahme und rhetorische Verstärkung einer Polemik, die so alt ist wie die christliche Apologetik, nämlich die heftige Anprangerung von Verderbtheit, Hochmut und Laster der sündigen Menschheit.

Zu jeder Zeit haben Moralisten Ungerechtigkeit, Ausschweifung und Hochmut, die Vergötterung des Geldes und sämtliche übrigen Laster gegeißelt. Aber derartige Anschuldigungen waren nie so berechtigt wie in Italien zur Zeit Savonarolas, angefangen bei seiner Geburtsstadt. Zu Beginn des 15. Jahrhunderts macht Niccolò d'Este durch Skandalgeschichten auf sich aufmerksam, die sogar unter seinen abgebrühten Zeitgenossen Aufsehen erregen. Unter dem Vorwand, er wolle mit dem Condottiere Ottobuono von Parma, der seiner Macht gefährlich wurde, verhandeln, lockte er ihn in einen Hinterhalt und ließ ihn ermorden. Das Haupt des Condottiere wird auf einer Lanze aufgespießt, die Leiche gevierteilt und an den Toren aufgehängt, während das Volk, das diesen Schurken verabscheute, sich auf die Reste stürzte und sie zerfetzte … Bei dieser Gelegenheit, so scheint es, pries Antoninus, Erzbischof von Florenz, das Urteil Gottes, der es zuließ, «daß nichts von dem Tyrannen übrigblieb, den so sehr nach Blut und Leben seiner Mitmenschen gedürstet hatte» (Lucas-Dubreton, La Renaissance italienne). Niccolò dürstete nicht nur nach Rache, er war auch ein Lüstling, der seinen Palast mit Bastarden füllte (es waren ihrer so viele, daß man daraus ein ganzes Heer oder die für die Po-Flotte nötigen Mannschaften hätte bilden können). Aber dieser Sexbesessene war zugleich unerbittlich, wenn es um die Treue seiner Gemahlinnen ging. Nachdem er seine Gemahlin, die ihm keinen Erben gebar, verstoßen hatte, heiratete er in zweiter Ehe Parigina, ein 15jähriges Mädchen. Die junge Ehefrau kann Niccolòs Exzesse nicht akzeptieren und verliebt sich, zu ihrem Unglück, in den jungen und schönen Ugo; dieser ist kaum älter als sie und einer der Bastarde ihres Gemahls. Aus blinder Leidenschaft oder aus Lust an der Provokation verbergen die beiden ihre Liebe nicht, so daß sie vom Ehemann *in flagranti* überrascht werden. Die Strafe fällt der Beleidigung entsprechend aus. Parigina und Ugo werden zur selben Stunde enthauptet. Parigina, ein starker Charakter und eine furchtlos Liebende, hatte die Beichte verweigert und vor ihrem Gatten ihre sündige Leidenschaft bezeugt. In seiner Ehre gerächt, zeigt sich Niccolò großmütig und läßt die beiden Liebenden im gemeinsamen Grab bestatten.

Niccolò d'Este ist kein Einzelfall. Es gibt zahlreiche Beispiele von Fürsten, die blutrünstige Tyrannen und feinfühlige Humanisten zugleich waren. Der berühmteste ist sicherlich Sigismondo Malatesta, seit 1432 Herr von Rimini. Ebenso ausschweifend wie Niccolò d'Este (er kennt die Zahl seiner Bastarde nicht), ist er gleichzeitig ein Liebhaber der klassischen Literatur, der sich mit Latinisten umgibt, und ein Freund der schönen Künste, der Piero della Francesca und Gentile da Fabriano Aufträge erteilt. Aber dieser sensible und kultivierte Mensch zögert nicht, im Dezember 1448 eine Frau, die sich ihm verweigert hatte, zu ermorden und sich an ihrem Leichnam zu vergehen. Zwei Jahre später ist er seiner legitimen Ehefrau überdrüssig und läßt sie ohne zu zögern erwürgen. Sigismondo, sexuell pervers, konnten weder Alter noch Geschlecht, noch Verfassung seiner Opfer abhalten, vor allem wenn es um Knaben oder kleine Mädchen ging ... Er beging, wie könnte es anders sein, mit seiner Tochter und einem seiner Söhne Inzest, verging sich an seinem Schwiegersohn. Seine an gotteslästerliche Provokation grenzende Wildheit macht ihn zu einem monströsen Beispiel für jenen Willen zur Macht und jenen Wunsch, «jenseits von Gut und Böse» zu sein, der so viele überragende Renaissance-Menschen auszeichnet. «Frevelmut, Gottlosigkeit, kriegerisches Talent und höhere Bildung sind selten so in einem Menschen vereinigt gewesen wie in Sigismondo Malatesta.»[7]

Wenn also Girolamo von Ausschweifung und Ehebruch spricht, dann verfällt er nicht der rhetorischen Ausschlachtung von Gemeinplätzen, sondern geißelt einen realen und weitverbreiteten Zustand der Gesellschaft. Gleiches läßt sich von Ungerechtigkeiten aller Art sagen, deren vollständige Aufzählung ein dickes Buch füllen würde.

In der Galerie der fürstlichen Grausamkeiten haben die Visconti von Mailand, um nur sie zu nennen, einen erstrangigen Platz inne. Angefangen bei Bernabò, in dem «ganz unverkennbar eine Familienähnlichkeit mit den schrecklichsten römischen Imperatoren»[8] zutage tritt. So läßt er etwa den Stallmeister wegen eines geringen Fehlers bei der Eberjagd hinrichten. Sein Bruder Galeazzo steht ihm in nichts nach. Er erfindet für die zum Tode Verurteilten eine graduelle Folter. «Während der ersten vier Tage werden sie mit vier Runden Wippe bestraft; am fünften Tag essen sie eine Mischung aus Kalk und Essig; nachher werden ihnen die Fußsohlen aufgerissen, worauf sie auf Erbsen gehen müssen; dann wird ihnen eine Hand, am folgenden Tag die andere abgeschlagen, dann die Füße, die Hoden, das männliche Glied ... Am einundvierzigsten Tag schließlich werden sie zur Tötung auf das Rad geflochten» (Lucas-Dubreton). Sein Nachkomme Giovan Maria läßt die von ihm zum Tode Verurteilten von seinen Wachhunden zerfleischen, oder er läßt einen Priester, der vor der Bestattung des Toten seinen Lohn verlangt, lebendigen Leibes zusammen mit dem Toten begraben. Einige Nachfolger der Visconti sind ebenfalls nicht zimperlich. Galeazzo etwa läßt einem Adligen, der es gewagt hatte, seiner Mätresse einen Blick zuzuwerfen, die Hände abschlagen; einen Günstling, der ihm nicht mehr gefällt, läßt er lebendig in einer Truhe begraben; ein anderer wird wegen des gleichen «Vergehens» entmannt. Alles in allem, «ein Halbverrückter, der die verschiedensten Folterarten leidenschaftlich pflegt und sich überdies an der hohen Zahl von Getöteten delektiert» (Lucas-Dubreton).

Der Fall ist klar. Für Girolamos Gemüt, allein von der Leidenschaft für die Reinheit besessen, ist das Schauspiel dieser Welt unerträglich. In seinem unerbittlichen Streben nach der Einfachheit der Sitten ist er schließlich über die elterlichen Klagen verärgert, die er als schuldhafte Schwäche und verdammenswerte Gefühlsbewegung einstuft. Als wäre der Brief vom 25. April an seinen Vater nicht hart genug, greift er (wahrscheinlich im Mai) nochmals zur Feder und wendet sich diesmal an die ganze Familie. Der Brief zeugt von offener Verärgerung und enthält eine energische Ermahnung. «Weshalb diese blinden Tränen? Weshalb diese Seufzer? Weshalb diese Vorwürfe, oh blinde Menschen! Hätte mich unser weltlicher Fürst zu sich gerufen, um mich, von einer großen Menschenmenge umgeben, mit dem Schwert zu gürten und zu einem seiner Ritter zu schlagen, welch eine Freude, welch ein Fest wäre das für Euch gewesen! Oh Ihr Verrückten, oh Ihr Blinden! Oh Ihr Leute ohne den geringsten Glauben!» Es ist ja der Fürst aller Fürsten, der ihn als einen seiner «Soldaten und Ritter» zu sich ruft, und trotzdem wagen sie es, sich zu beklagen. Folglich sind sie «seine Erzfeinde», ja sogar «Feinde der Tugend». Also schreibt er ihnen: «Entfernt Euch von mir, denn Ihr seid voll Sünde, der Herr aber hat mein Klagen erhört.» In diesem Ton fährt er fort, zitiert die Bibel und wirft den Seinen vor, sie hätten aus ihm einen «Arzt des Leibes», Gott aber habe aus ihm einen «Seelenarzt» machen wollen. Girolamos Herz ist also gänzlich von der Liebe zu Gott erfüllt, der Bruch mit der Welt ist total.

Die ersten Jahre im Kloster
(1475–1479)

Mit seinem Eintritt ins Kloster hatte er sich dem im Dominikanerorden üblichen Aufnahmeverfahren zu unterwerfen. «Den Ordenssatzungen gemäß waren in jedem Kloster drei bewährte Väter mit der Aufgabe betraut, solche, die sich zum Eintritte meldeten, auf ihren bisherigen Wandel sowie auf ihre Kenntnisse hin sorgfältig zu prüfen und das Ergebnis den im Kapitel versammelten Brüdern mitzuteilen; ihnen stand es dann zu, die Aufnahme zu gewähren oder zu versagen. Die Bewerber warfen sich inmitten des Kapitels nieder und gaben, vom Prior nach ihrem Begehren gefragt, zur Antwort: ›Die Barmherzigkeit Gottes und eure.‹ Der Prior gebot ihnen aufzustehen, führte ihnen die Strenge des Ordens zu Gemüte und richtete die weiteren Fragen an sie, ob sie auf ihrem Willen gleichwohl beharrten. Auf ihre Erklärung, sie seien alles zu beobachten bereit, erwiderte er: ›Der Herr, der das Beginnen gab, gebe auch das Vollenden!‹ Nun legten die Bewerber ihre weltlichen Kleider ab, um aus der Hand des Priors das weiße Gewand des heiligen Dominikus samt Skapulier und Kapuze von gleicher Farbe nebst schwarzem Mantel entgegenzunehmen.»[9] Für Girolamo fand die Zeremonie am 26. April 1475 statt. Ein Jahr später, nach Beendigung des Noviziats, legte er seine Gelübde ab.

Von den sieben bei den Dominikanern in Bologna verbrachten Jahren wissen wir nichts Genaues, ausgenommen einen sehr charakteristischen Zwischenfall, der einen der Schlüssel für sein künftiges Verhalten liefert. Während seines Noviziats wollte er sich die niedrigsten (Bedienung bei Tisch, Waschung der Füße), ja die abstoßendsten Aufgaben (Reinigung der Latrinen) zugeteilt wissen. Er fand darin mehr Befriedigung als im Studium, von dem er in Anbetracht seines Bildungsniveaus dispensiert wurde; seine Mitbrüder indes bildeten ihren Geist im Studium der Grammatik, und alle verrichteten die geistlichen Übungen (Chorgebet, liturgischer Gesang, Meßdienst). In ein Kloster eingetreten, das sich durch strengste Ordensdisziplin auszeichnete, während andere sich von der Anpassung an die Welt, wenn nicht von der Lockerung der

Sitten hatten anstecken lassen, fühlte sich Girolamo sehr wohl. Zur Abtötung des Fleisches wollte er nicht bloß die niedrigsten Dienste erfüllen, sondern trieb die Askese noch weiter und erklärte, er wolle seine Studien aufgeben, sei er doch nicht ins Kloster eingetreten, um Aristoteles zu studieren, sondern um für seine Sünden Buße zu tun. Weshalb war er nicht bei den Franziskanern eingetreten, denen weniger an der Wissenschaft lag (obwohl sie bereits zu Lebzeiten ihres heiligen Gründers begonnen hatten, Lehrstühle an den Universitäten zu besetzen, die sie gerade ihren dominikanischen Mitbrüdern streitig machten)? Tatsache ist, daß Girolamo bereits jetzt, in jungen Jahren, den Eindruck eines Menschen aus einer anderen Zeit erweckt. Er ist zu spät auf die Welt gekommen, lebt im Zeitalter des triumphierenden Humanismus und stürzt sich mit Leib und Seele in die *sancta simplicitas* eines Dominikus oder Franziskus, den Gründern der beiden Bettelorden; während jedoch ersterer bereits in den Anfängen die Studien mit einem Leben in Demut und Armut verband, hielt Franziskus bis zum Schluß am Armutsideal fest. Kaum in den Orden eingetreten, wurde Girolamo inne, daß dort das vom heiligen Gründer gewollte ursprüngliche Armuts- und Demutsideal am Zerfallen war. Er sah auch, daß inzwischen das Studium den höchsten Stellenwert besaß, und wollte sich diesem Zwang entziehen. Sein Ideal war nämlich, sich gänzlich dem Willen Gottes hinzugeben, der Welt zu sterben und sich der Abtötung des Fleisches hinzugeben, aber auch der Meditation über das Glaubensgeheimnis des am Kreuz zwischen den Dieben gestorbenen Gottes. Später wird er sagen, er habe den Orden wie einen «Hafen» gewählt, da er vor allem anderen zwei Dinge liebe: die Freiheit und die Ruhe; «aus Liebe zur Freiheit verschmähte ich die Ehe, aus Liebe zur Ruhe floh ich aus der Welt». Im neuen Leben fühle er sich wohl, da er nichts anderes wolle und begehre, als was ihm von seinen Oberen befohlen werde.[10] Selbst eine Karriere innerhalb der Kirche konnte ihn nicht reizen, und wenn er schließlich damit einverstanden war, Priester zu werden, dann nur, um gehorsam den über ihn gefällten Entschlüssen nachzukommen.

Dieses Ideal der Entsagung und des Verzichts ging zwangsläufig in eins mit einem von Fasten, Enthaltsamkeit und Kargheit geprägten Alltag. Er nahm so wenig Nahrung zu sich, daß sich seine Gefährten fragten, wo er die zum Leben notwendigen körperlichen Ressourcen hernehme, er trug geflickte, aber saubere Kleider, schlief auf einem Strohsack und bedeckte sich mit einer einzigen Wolldecke – das alles rief die zwiespältige, ja vielleicht sogar neidvolle Bewunderung seiner Oberen und Gefährten hervor.

Hinzu kam, daß der Neueintretende in seiner Unerbittlichkeit nur den Kontakt mit jenen Gefährten zuließ, die sich wie er selbst ausschließlich dem Studium der Heiligen Schrift und der Meditation der Glaubensgeheimnisse hingaben. Dies war sein Glück, darauf beschränkte sich sein Ehrgeiz: Nichts zu sein als ein bescheidener Diener Gottes, «ein Soldat der Miliz Christi».

Seine Oberen sollten anders entscheiden. Nachdem er im März 1476 zu den Gelübden zugelassen worden war, zwangen sie ihn, den ordenseigenen *cursus studiorum* weiterzuverfolgen. Bekanntlich diente dieser hauptsächlich dazu, der militanten Kirche Magister der Theologie zu verschaffen. Der Konvent von Bologna nahm zudem in der akademischen Hierarchie des Ordens der Predigerbrüder (so lautet die offizielle Bezeichnung der Dominikaner) einen erstrangigen Platz ein. Bereits 1360 hatte ihm Papst Innozenz VI. den begehrten Titel des *Studium generale theologiae* verliehen; das hob ihn in den Rang einer Universität und stellte ihn auf die gleiche Ebene wie die Universität der Rechte, welche im Mittelalter den Ruhm Bolognas in ganz Europa begründete. Angesehene Professoren lehrten dort; der dreijährige Studiengang fußte wissenschaftlich auf dem Werk des Aristoteles und hatte als erstes Logik und Naturphilosophie zum Gegenstand. Dann folgte die Theologie; sie beruhte auf dem vertieften Studium der Heiligen Schrift, so wie es von Thomas von Aquin kodifiziert worden war. Aber da Girolamo bereits bei seinem Eintritt in das Kloster den Titel eines Doktors der Freien Künste *(doctor artium liberalium)* besaß, dispensierten ihn seine Oberen vom ersten Studienzyklus (im akademischen Jargon jener Zeit *grammatica* genannt).

Aus Gehorsam vertiefte Girolamo also sein bereits solides theoretisches Wissen und zeichnete sich schon bald vor seinen Mitstudierenden aus. Sein erster Biograph behauptet, er habe schließlich die gesamte Bibel auswendig gekonnt. Selbst wenn sie etwas übertrieben ist, ist diese Einzelheit ein Beweis für Girolamos intellektuelle Leidenschaft und seinen spirituellen Eifer während des dreijährigen Theologiestudiums (1476–1479). Dieser Eifer wurde von seinen Oberen entsprechend honoriert: Am 21. September 1476 wurde er zum Subdiakon, am 1. Mai 1477 zum Diakon geweiht.

In Ferrara
(1479 – 1482)

Nach Abschluß seiner Studien wurde Girolamo vom Orden für würdig befunden, das Amt des Novizenmeisters zu bekleiden. Dazu mußte er den Konvent von Bologna verlassen und zur Theologischen Fakultät von Ferrara hinüberwechseln. So kehrte Girolamo denn 1479 in seine Heimatstadt zurück.

Man möchte gerne wissen, welche Gefühle ihn bei seiner Rückkehr bewegten. Aber die Dokumente schweigen sich darüber aus, und wir sind auf Vermutungen angewiesen. Nahm er wieder Kontakt auf mit seiner Familie, mit der er vier Jahre zuvor so brutal gebrochen hatte, mit seinen Eltern, die er in den Briefen aus dem Jahr 1475 so unwirsch behandelt und denen er vorgeworfen hatte, sie legten eine übertriebene, beinahe ungebührliche Gefühlsduselei an den Tag.

Wahrscheinlich ist hingegen, daß Girolamo Ende 1479 oder Anfang 1480 die Bekanntschaft eines Mannes machte, der in seinem Leben noch eine wichtige Rolle spielen sollte, jene des (kaum 16jährigen) Wunderkindes Giovanni Pico della Mirandola, der nach Ferrara gekommen war, um an einem denkwürdigen öffentlichen Streitgespräch teilzunehmen. Es war jedoch nur eine flüchtige Begegnung ohne unmittelbare Folgen; erst später brachte das Schicksal die beiden dann von neuem zusammen.

Diese zweite Begegnung sollte in Girolamos Leben von entscheidender Bedeutung sein. Am 28. April 1482 hielt die lombardische Kongregation des Dominikanerordens in Reggio Emilia ihr Kapitel ab. Dort verfocht Girolamo in einer *disputatio* über ein theologisches Thema seinen Standpunkt dermaßen eloquent, daß

Pico della Mirandola, aus Neugier gekommen, möglicherweise seit diesem Streitgepräch eine große Bewunderung für den Disputanten hegte. Auf die anwesenden Kapitelsväter zumindest machte er einen derart tiefen Eindruck, daß sie ihm – um ihre Achtung vor dem jungen Mitbruder zu zeigen – das prestigeträchtige Amt des Lektors im Konvent S. Marco in Florenz übertrugen.

So machte sich Savonarola zu Beginn des Monats Mai 1482 auf den Weg von Ferrara nach Florenz. Damit begann eine Schlüsselperiode seines Lebens.

Kapitel III
Im Konvent von S. Marco
(1482–1485)

Wir können nur erahnen, welche Gefühle und Eindrücke Savonarola bewegten, als er, von den die Stadt umgebenden Hügeln herab, Florenz erblickte. Er selbst hat sich darüber völlig ausgeschwiegen. Jung und praktisch unbekannt, trat er in S. Marco ein. Lediglich sein Ruf als eifriger und brillanter, unerbittlicher und tadelloser junger Ordensmann ging ihm voraus. Nun sollte er sich in eine Kommunität einfügen, deren Geschichte er möglicherweise nicht einmal kannte.

1299 war der Konvent, zusammen mit der angrenzenden Kirche gleichen Namens, von den Mönchen des Silvesterordens – einem Zweig der Benediktiner – gegründet worden. Vermutlich unter dem Vorwand des Sittenverfalls waren die Mönche ausgewiesen worden. Nicht unwichtig war dabei vielleicht auch der Wunsch der Dominikaner gewesen, sich im Zentrum der Stadt niederzulassen, die unter dem Einfluß der Medici im 15. Jahrhundert eine gewaltige städtebauliche Entwicklung durchmachte. Zwar waren die Dominikaner bereits seit 1360 in S. Maria Novella (wo die Arbeiten 1279 begonnen hatten) und seit 1406 in S. Domenico in Fiesole fest und prunkvoll installiert. Zum Unglück der Silvestriner traf sich dann aber der Expansionswille der Dominikaner mit dem Ehrgeiz des Gründungsvaters der Medici-Dynastie, Cosimo, genannt der Alte, der in «seiner» Stadt eine Niederlassung des damals neben dem Franziskanerorden angesehensten Ordens sehen wollte. Die Dominikaner waren also ganz stark am Kloster der Silvestriner in S. Marco interessiert. Ein erster Versuch wurde auf dem Konzil zu Konstanz nach der Wahl von Papst Martin V. im Jahr 1417 unternommen; und es ist denn auch nicht auszuschließen, daß es mit dem vorgeschobenen Grund (Sittenverfall) tatsächlich etwas auf sich hatte. Aber obwohl der neue Papst eine Untersuchung anordnete, geschah nichts, und die Silvestriner blieben auch weiterhin in ihrem Kloster. Aber die Dominikaner von Fiesole gaben nicht auf und unternahmen einen neuen Versuch, nachdem Cosimo der Alte nach seiner Rückkehr nach Florenz im Jahr 1434 seine Macht solide verankert hatte. Cosimo war leicht für das Anliegen zu gewinnen, bot sich hier doch die Gelegenheit, sich als Schirmherr eines in voller Erneuerung befindlichen Ordens zu profilieren. Cosimos Beziehungen zu Papst Eugen IV. wiederum waren exzellent, hatte sich dieser doch 1432 nach Florenz geflüchtet, nachdem er von den Truppen des Herrn von Mailand, Filippo Maria Visconti, aus Rom verjagt worden war. So mußten die Silvestriner auf Anordnung des Papstes das Kloster S. Marco schließlich räumen, und an ihrer Stelle durften die Dominikaner dort einziehen.

Im Konvent bahnte sich alsbald eine tiefgreifende spirituelle Erneuerung an; damit einher ging eine sechs Jahre dauernde bauliche Restaurierung, an der sich Cosimo ganz entscheidend beteiligte, investierte er doch beträchtliche Summen in die Erweiterung von Kirche und Kloster, die vom Lieblingsarchitekten des Fürsten, Michelozzo, zwischen 1437 und 1452 sorgfältig überwacht wurde. Die Arbeiten waren 1444 beendet, und im gleichen Jahr wurden Kirche und Konvent von Eugen IV. den Heiligen Markus, Kosmas und Damianus, den Schutzpatronen der Medici, geweiht. Damals schuf Michelozzo unter anderem jenen harmonischen Raum, der die Bibliothek beherbergt, die nach dem Willen Cosimos schon bald eines der Hauptzentren des florentinischen Humanismus werden sollte; aber schon vorher hatte die Bibliothek die Schenkung des Niccolò Nicoli sowie zahlreiche Ankäufe Cosimos entgegennehmen dürfen. Damals, zwischen 1435 und 1455, entstanden auch jene einmaligen Fresken, mit denen Fra Giovanni da Fiesole, genannt Fra Angelico (Beato Angelico), die Mauern der Zellen schmückte, geschaffen, will man den Worten Giorgio Vasaris glauben, aus der Kraft unablässigen Gebetes, «die Wangen tränenüberströmt», wenn er den Gekreuzigten malte.

Girolamo beeindruckten sicherlich nicht nur die Fresken des Fra Angelico oder die von Nicoli und Cosimo vermachten lateinischen, griechischen und hebräischen Manuskripte, sondern ebenso sehr das Andenken, das der Florentiner Heilige Antoninus (1389-1459) in S. Marco hinterlassen hatte. Hier hatte er lange als

Prior gewirkt, bevor er 1446 zum Bischof und schließlich Erzbischof von Florenz ernannt wurde; er hinterließ zu Recht den Ruf einer reinen Seele, ganz dem Dienste an seinen Brüdern und der Erneuerung der Sitten hingegeben. Eines seiner Hauptanliegen war die Ausbildung des Klerus, der würdig sein sollte, überall die Worte des göttlichen Erlösers zu verbreiten. Die Erinnerung an ihn war in S. Marco so lebendig, daß «sein Schatten noch im Kloster umherzugehen schien» und sein Name dort Synonym für das «Modell christlicher Tugend» (Villari) war.

Lektor und Prediger in S. Marco

In diesem Hort der Spiritualität gab es auch dunkle Bereiche. Das Kloster war auf Antoninus' Wunsch von der ursprünglichen Armutsregel abgerückt, nachdem dieser 1455 von Papst Calixtus III. ermächtigt worden war, «Besitztümer und jährliche Renten zu erwerben und zu behalten». Dies entsprach mit Sicherheit nicht dem Willen des heiligen Ordensgründers, der seinen Söhnen ausdrücklich nicht nur jeglichen persönlichen, sondern auch jeglichen kollektiven Besitz untersagt hatte. Eine derartige Abkehr hatte sich im Franziskanerorden bereits zu Lebzeiten des Gründers Franziskus ereignet, der darüber so betrübt gewesen war, daß er jede aktive Beteiligung an der Leitung seines Ordens aufgab.

Aber trotz aller Anpassung an den Zeitgeist und trotz des unvermeidlichen *aggiornamento* blieb der Konvent S. Marco ein lebendiger Hort theologischer Kultur. Dort zu lehren war eine ganz besondere Ehre und eine große Herausforderung zugleich. Dessen war sich Girolamo sicherlich bewußt. Zur Bewältigung seiner neuen und schweren Aufgabe konnte er auf seinen Arbeitseifer, vor allem aber auf das Vertrauen des Priors, Vincenzo Bandelli, zählen, der im Kloster von Bologna sein Magister gewesen war und dem er wahrscheinlich seine Ernennung als Lektor in S. Marco verdankte.

Vincenzo Bandelli hatte ihm den Titel eines *lector principalis* verliehen. Dieser Lektor mußte «lesen», das heißt während des gesamten Studienjahres, also von Ende September bis Ende Juni, viermal pro Woche in einer *lectio ordinaria* die Bibel auslegen. «Nicht etwa nur die Studierenden und die jüngeren Brüder, sondern auch die älteren Priester, selbst der Prior waren gehalten, der *lectio ordinaria* anzuwohnen, die allen zur Erbauung und Belehrung zugleich dienen und die geistige Nahrung gewähren sollte, welche die gewöhnlichen Gläubigen aus den Predigten schöpften. So war der Lesemeister der Lehrer, gewissermassen der geistige Vater des Klosters, der Prediger der Prediger.»[11] Daraus läßt sich die Bedeutung von Girolamos Aufgabe und das Ausmaß des ihm vom Prior entgegengebrachten Vertrauens ermessen.

Die Bibel «lesen» – im eigentlichen Wortsinn – bot Girolamo Gelegenheit, sich von neuem mit einem ihm seit langem bekannten Text zu befassen. Im Konvent zu Bologna, dann zu Ferrara war ihm die Bibel so vertraut geworden, daß sie ihm Gegenstand der Meditation, ja Lebensregel geworden war. Aus ihr schöpfte er die geistige Nahrung für sein gesamtes Handeln und Denken. Die Bibel «lesen» – im übertragenen Wortsinn – bedeutete für ihn, eine Lebensregel zu kommentieren und zu erklären, stellte für ihn aber zugleich eine Lektion in zeitgenössischer Geschichte dar. Die Bibel, das war für ihn seit den Anfängen seiner Berufung primär das Alte Testament, anders gesagt, die Geschichte Israels im Spiegel seiner Propheten. Diese Geschichte besaß für ihn den Stellenwert einer aktuellen Lehrmeisterin; er war überzeugt, die Geschichte der damaligen Zeit könne im Lichte derjenigen des erwählten Volkes beleuchtet werden; ebenso befand er, seine Epoche könne nur gewinnen, wenn sie täglich die ersten Interpreten des göttlichen Willens und die geistlichen Führer jenes Volkes meditierte, das von Gott zur Errettung der vom rechten Pfad abgekommenen Menschheit erwählt worden war. Aus diesem Grund räumte er dem Alten Testament den Vorrang ein, schien es ihm doch «nicht das Archiv einer fernen Vergangenheit, sondern der Spiegel der Gegenwart und der Schlüssel für die Zukunft» (Ridolfi) zu sein. Zweifellos gilt es, in diesen ersten Jahren der Lehrtätigkeit im Konvent S. Marco die unbewußte Heranbildung von Savonarolas prophetischer Berufung zu sehen.

Zu jener Zeit vertiefte er sich voll und ganz in die Lektüre der Bibel. Er bereitete sich durch gewissenhafte Meditation vor, was ihn in der Nacht wach hielt, in eine Art Schwebezustand versetzte und ihn die bedeutsamsten Episoden der biblischen Geschichte durchleben ließ. Das ging so weit, daß seine Hörer sahen, wie er «mit Tränen in den Augen» (Cinozzi) zu seiner Vorlesung kam. Ganz intensiv erlebte er die Lehre der Propheten, kommunizierte mit der Vergangenheit, die er in die Gegenwart übertrug, und versank in die Betrachtung des Universums, jener Schöpfung also, die in den großen wie in den kleinen Dingen das Lob ihres Schöpfers singt (*enarrant coeli Dei gloriam,* wie es im Psalter heißt). Wenn er in der warmen Jahreszeit dann zuweilen seine Lesung im Klostergarten hielt, wo alles eine durch Michelozzos Architektur noch gesteigerte Ruhe und Harmonie ausstrahlte, konnte es vorkommen, daß er eine Blume nahm, sie entblätterte und dabei dasselbe Entzücken verspürte, wie es Franziskus im *Sonnengesang* angesichts der Schönheit der Welt ausdrückte. Dann rief er: «Welcher Maler, welcher Künstler wäre fähig, dieses Blümchen zu schaffen?» Und er hielt der begrenzten Macht des Menschen die «hehre, überwältigende Macht Gottes entgegen, der aus dem Nichts Dinge von unendlich größerem Wert als dieses Blümchen schaffen kann».

Girolamo fesselte seine Hörer nicht mit seinem Rednertalent, griff nicht auf die Rhetorik zurück und wandte sich von jener kalkulierten literarischen Eloquenz ab, deren sich die Prediger seiner Epoche, insbesondere in Florenz, unter dem Einfluß eines vom Heidentum geprägten Humanismus bedienten. Er band die Herzen durch sein eigenes Beispiel – Zeugnis eines von der Schrift getragenen Innenlebens.

Seine einfache, schmucklose und von Herzen kommende Rede entzückte seine Zuhörer, verwandelte sie in Anhänger, die alsbald in der Stadt den Namen des jungen Predigers verbreiteten. Die Neugier wurde größer, und die Zuhörerschaft bestand nicht mehr bloß aus Ordensangehörigen, sondern auch aus Weltgeistlichen, die ihn anhörten und alsbald gewonnen waren. Innerhalb des Konvents war seine Ausstrahlung so groß, daß sich ein Wandel der Sitten anbahnte. Ohne müde zu werden, predigte er Jesu Christi Lehre und gebot allen Beachtung und praktische Umsetzung des Grundgebots des göttlichen Meisters: «Liebet einander.» «Unter diesen Umständen ward seine tägliche Vorlesung zur Predigt, sein Lehrstuhl zur Kanzel.»[12]

Parallel zur Bibellesung lehrte er das Gesamtpensum damaliger Philosophie; das hatten seine Oberen von ihm verlangt, und obwohl er es – den Aussagen eines Zeitgenossen zufolge – «nur schlecht ertrug», brachte er es eifrig und ehrlich hinter sich. Er bereitet sich durch umfangreiche Lektüre vor. Seine damaligen Vorlesungen faßt er später unter dem Titel *Compendium totius philosophiae, tam naturalis quam moralis* (Kompendium der gesamten Natur- und Moralphilosophie) sowie *Compendium logicae* (Abhandlungen zur Logik, 1492 anonym veröffentlicht) zusammen. Er studiert die Werke des Aristoteles, dessen Abhandlungen er alle kennt, und jene Platons, der nicht unbedingt sein Lieblingsphilosoph ist. Diese schwierige Lektüre führt ihn in alle Wissensbereiche, auch jenen der Linguistik. Er befaßt sich sogar mit einer unter Theologen damals höchst kontroversen Frage, nämlich der Frage der Unbefleckten Empfängnis. Wie die anderen Dominikanertheologen, die auch in dieser Frage mit den Franziskanern nicht einig gingen, machte er sich die thomistische These zu eigen, wonach Maria mit der Erbsünde *(cum labe originali)* empfangen worden sei; diese These stand im Widerspruch zur offiziellen päpstlichen Lehrmeinung, die Sixtus IV., selbst ein Franziskaner, vertrat, der das Fest der Unbefleckten Empfängnis vom 8. Dezember eingeführt hatte, und zwar bereits vier Jahrhunderte bevor das Dogma offiziell verkündet wurde.

Savonarola schreibt auch einen Dialog in sieben Büchern *(Solatium itineris mei)*, der erst 1535 veröffentlicht wird. Einen Teil davon wird er 1497 in *Triumphus crucis* (Triumph des Kreuzes) wiederaufnehmen; im wesentlichen lehnt er sich darin an die *Summe gegen die Heiden* des Thomas von Aquin an. Es ist ein Dialog zwischen Spiritus und Anima, worin er auf scholastische Art die Glaubensfragen, die Attribute Gottes, die Gottheit Jesu, die Trinität und ihre unergründlichen Geheimnisse abhandelt und zum Schluß kommt, die Wahrheit des Christentums sei unwiderlegbar.

Seine Vorlesungen und die daraus hervorgegangenen Schriften legen den Schluß nahe, er sei damals «durch und durch orthodox und seinem Orden treu gewesen und habe den Glaubenseifer der Neophyten gehabt» (Cordero) .

Die intensive theologische Lehrtätigkeit läßt ihm 1483 Zeit, vier Gedichte zu schreiben: eine Kanzone und drei Sonette, zwei über die Jungfrau Maria und einen Lobgesang *An den Gekreuzigten*; 1484 schreibt er zwei weitere Kanzonen und eine Laude, die allesamt nicht unbedingt von hoher dichterischer Begabung zeugen.

Die ersten öffentlichen Predigten

Der Prior des Konvents S. Marco erkannte als erster, welche Wirkung Girolamos Vorlesungstätigkeit hatte, und wollte ihn mit Predigtaufgaben betrauen. Dazu wählte er zwei Kirchen: die kleine Kirche der Kongregation der «Murate» (Eingemauerten) und die Kirche Or San Michele. Erstere war das Gotteshaus einer Kongregation von Benediktinermonialen, die in Klausur lebten (deshalb ihr florentinischer Übername); Or San Michele war eine Hochburg des kirchlichen Lebens, ein Ort, den die Florentiner wegen des berühmten, zwischen 1349 und 1359 von Andrea Orcagna errichteten Tabernakels ganz besonders liebten und der seit langem der Sitz der sogenannten Michaelsbruderschaft war, der die gesellschaftliche Elite der Stadt angehörte. Es war außerdem die Kirche der florentinischen Korporationen (der Künste), die zu Beginn des 15. Jahrhunderts die größten Künstler (Donatello, Verrocchio, Ghiberti) mit der Gestaltung der Statuen der Außenpfeiler betraut hatten. Sicherlich rechnete der Prior von S. Marco damit, sein junger Prediger werde in der Öffentlichkeit ebenso erfolgreich sein wie innerhalb des Klosters.

Dem war nicht so. Bei den «Eingemauerten», in der Enge der Kirche an der Via Ghibellina, gab es nur wenige Hörer. Die von Savonarola dort gehaltenen Adventspredigten von 1482 und Fastenpredigten von 1483 wurden ebensowenig geschätzt wie jene in Or San Michele. Die Gründe für diesen Mißerfolg sind vielfältig. Ein Zeitgenosse warf ihm vor, seinen Predigten fehle der rote Faden und die subtilen Problemstellungen; weiter meide er «den rhetorischen Schmuck» und beschränke sich auf die Auslegung des

Alten Testaments, sein Redestil schließlich sei «flammend, kühn und unkontrolliert». Hinzu kam sein «fremdländischer» (anders gesagt: nicht toskanischer) Akzent, seine Erscheinung, seine markante Häßlichkeit, seine ruckartige und vehemente Gestik – dies alles, so scheint es, stieß die Florentiner, Liebhaber des blumigen Stils und der in Rede und Aussehen eleganten Redner, vor den Kopf. So nahm seine Hörerschaft immer mehr ab, bis ihm schließlich sein Prior, des Mißerfolgs bewußt, die Aufgabe entzog. Zwar nur für kurze Zeit, was den anfänglichen Mißerfolg eher mindert; dieser ist denn auch ebensosehr Girolamos mangelnder Erfahrung wie dem verfeinerten Geschmack der Florentiner zuzuschreiben. Der Prior wollte ihm eine neue Chance geben und schickte ihn zur Bewährung für die Fastenzeit 1484 an die Kirche S. Lorenzo.

Eine heikle Wahl und ein Zeichen der Wertschätzung zugleich. Die Zuhörerschaft in S. Lorenzo rekrutierte sich nämlich aus der gesellschaftlichen Elite der Stadt: Verwandte, Verbündete und Freunde der Medici, die in dieser Kirche gewissermassen zu Hause waren. Teilweise mit Geldern der Medici finanziert, wurde sie zwischen 1419 und 1469 nach einem Entwurf von Brunelleschi errichtet, der auch von 1419 bis zu seinem Tod im Jahr 1446 die Arbeiten überwachte; vollendet wurde sie zwischen 1447 und 1469 unter A. Manetti. Es ist Giovanni d'Averardo Medici, der mit der Kirche auch zugleich die Sakristei von Brunelleschi erbauen läßt (später Sagrestia vecchia genannt); die zwischen 1425 und 1442 nur stockend vorangekommenen Arbeiten werden von Cosimo dem Alten wiederaufgenommen und dank der von ihm zur Verfügung gestellten vierzigtausend Gulden auch zu Ende geführt. Im Gegenzug dazu wird ihm das große Privileg zugestanden, sein Familienwappen am Schnittpunkt des Längsschiffs und des Querschiffs zu plazieren, um allen vor Augen zu führen, daß die neue Kirche gewissermassen Teil des Familienbesitzes ist. Giovanni d'Averardo, Cosimos Vater, wurde in der *Sagrestia vecchia* beigesetzt, die Donatello, ein Schützling Cosimos, zwischen 1434 und 1437 mit vier Szenen aus dem Leben des Evangelisten Johannes (ihm ist die Kirche geweiht) geschmückt, dann zwischen 1437 und 1443 mit Bronzetüren und schließlich mit zwei Basreliefs ausgestattet hatte. In S. Lorenzo wurden Piero de' Medici, Sohn Cosimos des Alten und Vater Lorenzos des Prächtigen, und sein Bruder Giovanni in einem von Verrocchio entworfenen und 1472 vollendeten Grabmal beigesetzt. In S. Lorenzo wurde 1466 auch Donatello auf ausdrücklichen Wunsch Cosimos beigesetzt; er wollte damit seine Bewunderung für den großen Künstler zeigen, der 1460 auch die beiden 1484 noch unvollendeten Bronzekanzeln entworfen hatte. Zu jener Zeit existierten weder die Neue Sakristei noch die Fürstengruft; erstere ein Werk Michelangelos aus den Jahren 1520 bis 1534, der dort einige seiner größten Meisterwerke schuf (die Gräber Lorenzos des Prächtigen und seines Bruders Giuliano, die Statuen Tag und Nacht, Morgen und Abend); letztere, bereits von Cosimo dem Alten gewünscht, wurde erst zwischen 1605 und 1737 erbaut. Aber so wie sie sich 1484 präsentierte, als Girolamo dort die Fastenpredigten hielt, war die Kirche S. Lorenzo ein Meisterwerk der florentinischen Renaissance.

War Girolamo empfänglich für die Harmonie, die Ruhe und das Gleichgewicht, die der Sakralbau ausstrahlte? Vielleicht galt ihm dieser eher als das Modell einer hedonistischen Gesellschaft, mehr mit den eigenen egoistischen Genüssen, mit der übertriebenen Lebensfreude, mit der Suche nach Ruhm und weltlicher Macht, mit dem Bemühen nach Eleganz, nach wohlgesetzter Rede und wohlgeratenen Bauten beschäftigt als mit dem, was ihm wesentlich schien: das Bewußtsein für das Böse, die Gewissensbisse über sündiges Tun, das Bemühen um das ewige Heil. So legte er denn vor dieser brillanten und wankelmütigen Gesellschaft der Wohlhabenden und Genießer zweifellos etwas Provokation in seine Rede über die Propheten des Alten Testaments, ihre Drohpredigten und ihre Ankündigung der Strafe Gottes für Verderbte und Bösewichte. Deshalb auch sein Mißerfolg, der nicht weniger groß war als bei den Muraten und in Or San Michele. Vielmehr war er noch eklatanter, denn in S. Lorenzo hatte er eine kultivierte und angesehene, an eine ganz andere Eloquenz gewohnte Hörerschaft vor sich. Ihr Lieblingsprediger war Fra Mariano da Genazzano, ein Augustinerpater, der zu jener Zeit in der Kirche S. Spirito vor illustrem Publikum predigte, unter das sich häufig Lorenzo der Prächtige mischte, der nicht nur von der blumigen Beredsamkeit, sondern auch vom theologischen Wissen des Predigers angetan war.

Pico della Mirandola, ein Experte in dieser Frage, hat sehr klar ausgedrückt, welche Wirkung «die sonore Stimme, die gewählten Worte, die durchdachten Satzkonstruktionen und die harmonische Kadenz» Fra Marianos auf dieses Kennerpublikum von Gebildeten und Humanisten hatte.

Damit konnte Girolamo nichts anfangen. Ganz im Gegenteil. Einem Freund, der ihm riet, den Stil (nicht aber den Inhalt) seiner Darlegungen zu ändern, seine Aussprache und seine brüske Gestik zu korrigieren, die seiner Predigt «viel an Anmut nahm», und sich das «Redetalent» und die «Eleganz» Fra Marianos zum Vorbild zu nehmen, antwortete er, diese Eleganz und dieser Redeschmuck würden in naher Zukunft seinem eigenen Stil und seiner «Einfachheit» weichen müssen. Später, zwischen 1496 und 1498, wird er dann eingestehen, daß er «weder Stimme noch Atem», noch Stil hatte und daß seine Art zu predigen, allen mißfiel, außer vielleicht «einfachen Männern und einigen armen Frauen» – wenigen Leuten im Vergleich zu Fra Marianos aufmerksamer und zahlreicher Hörerschaft. Er wird auch eingestehen, dieser Mißerfolg habe ihn bedrückt und er habe daran gedacht, das öffentliche Predigen ganz aufzugeben. Beinahe hätte er diesen Entschluß von der Kanzel herab verkündet. Glücklicherweise tat er es dann doch nicht. Es war indes sein Prior, der sich nicht entmutigen ließ, ihm auch weiterhin sein Vertrauen schenkte und ihm das Predigtamt nicht entzog.

Die «oratio pro ecclesia»
(August 1484)

Girolamos pessimistische Einschätzung des moralischen Zustandes der Kirche fand im gleichen Jahr, 1484, ihre Bestätigung. Am 12. August starb Papst Sixtus IV. Obwohl ein Mäzen und Humanist – wir verdanken ihm die Vergrößerung der Vatikanischen Bibliothek, den Bau der von Michelangelo gestalteten Kapelle, die seinen Namen trägt –, betrieb Sixtus IV. den schamlosesten Nepotismus; er begünstigte rückhaltlos seine beiden Neffen und Kardinäle Giuliano della Rovere, später Papst Julius II., und Pietro Riario; ohne Zögern favorisierte er simonistische Praktiken, «die er in den Rang eines Regierungssystems erhob» (Larivaille, La Vie quotidienne en Italie au temps de Machiavel). Seine Wahl zum Papst war denn auch von betrügerischen Machenschaften begleitet gewesen, und gerüchteweise wurde von Gunstbeweisen gesprochen, mit denen er unmittelbar nach seiner Wahl jene Kardinäle überhäuft hätte, die ihm ihre Stimme gegeben (verkauft, sagten seine Feinde) hatten, insbesondere Kardinal Rodrigo Borgia, den späteren Papst Alexander VI., den er zum Kardinalkämmerer ernannte. Die Liste der Benefizien, mit denen er seine Neffen, vor allem den erst fünfundzwanzigjährigen Pietro Riario, überhäufte, ist lang (mehrere Bistümer und Erzbistümer zugleich). Um dem zweiten Neffen, Girolamo Riario, zu gefallen, hatte er seine Zustimmung zu dem von der Florentiner Familie der Pazzi gegen Lorenzo den Prächtigen angezettelten Komplott gegeben, in dessen Verlauf Giuliano, Lorenzos jüngerer Bruder, getötet und Lorenzo selbst verletzt wurde; dieser rächte sich mit gnadenloser Repression, was dann wiederum einen Krieg zwischen Florenz und dem Heiligen Stuhl heraufbeschwor.

Auf den Tod Sixtus' IV. reagierte das römische Volk mit einem Aufstand. Im darauf folgenden Konklave verurteilten die anwesenden Kardinäle einmütig den Nepotismus des verstorbenen Papstes, und jeder versprach, im Falle der Wahl zum Papst, keinen Kardinal zu ernennen, der unter dreißig und nicht Doktor der Theologie war, keinen Krieg zu führen ohne die Zustimmung von zwei Dritteln des Heiligen Kollegiums, die Festungen des Heiligen Stuhls nicht Verwandten zu überlassen und keinen von ihnen zum Generalvikar der Kirche zu ernennen. Mit diesem der Simonie und der Günstlingswirtschaft verschriebenen Papst, dem angeblich kein Laster fremd war, erreichte die Kirche ihre «größte Schande» und wurde zur Komplizin «sämtlicher Enormitäten» (Schnitzer). Der Tod dieses Papstes löste im Heiligen Kollegium Intrigen und Machtgelüste aus, so daß zeitweise sogar ein Schisma drohte. Das dann folgende Konklave stand wie jenes, das Sixtus IV. gewählt hatte, unter dem Verdacht der Simonie. Die Wahl fiel schließlich auf Kardinal Cibo, der den Namen Innozenz VIII. annahm. Sein schamloser Nepotismus, der noch grenzenloser war als unter Sixtus IV., führte dazu, daß sich jedermann nach der Regierungszeit seiner Vorgänger zurücksehnte. Begünstigt wurde insbesondere der Sohn (sic!) Innozenz', Franceschetto, der allein am Geld interessiert war. «So errichteten Innocenz und sein Sohn eine Bank der weltlichen Gnaden, wo gegen Erlegung von hohen Taxen Pardon für Mord und Totschlag zu haben ist.»[13] Von jeder Buße gingen 150 Dukaten an die päpstliche Kammer, der Rest an Franceschetto. Auf diese Art «wimmelt Rom ... von Mördern»[14].

So ist es denn weiter nicht erstaunlich, daß ein unter solchen Umständen gewählter Papst mit diesem Charakter, der inmitten seiner großen Familie lebte (es werden ihm 16 Kinder nachgesagt, von denen er lediglich die beiden vor den Weihen geborenen anerkannte), rasch zum Prototyp des korrupten und korrumpierenden Papstes wurde. «Nicht bloß war er ein libertinistischer Vater, sondern zeigte sich Lastern aller Art gegenüber so nachsichtig, daß die Kurie von Rom zum Tummelplatz von Laszivität und Skandalen wurde» (Villari).

Wie jeder Christ, dem das Schicksal der Kirche am Herzen lag, kannte Girolamo diese skandalösen Praktiken, die in seinen Augen die Lehre Jesu Christi und seiner Apostel entehrten. Erbost griff er im August 1484, zum Zeitpunkt der Wahl Innozenz' VIII., zur Feder und faßte seinen Schmerz in einem fünfundfünfzigzeiligen Gedicht zusammen, dem er den Titel *Oratio pro Ecclesia* (Gebet für die Kirche) gab. Darin wendet er sich an Jesus, «süßer Trost und höchstes Gut der betrübten Herzen», und bittet ihn, einen Blick auf Rom, seine «Braut», zu werfen und der heiligen römischen Kirche zu Hilfe zu eilen, «die der Teufel zugrunde richten will». Überall nur Schwerter, kein «guter Geist» und kein «guter Rat» mehr. Er fleht Jesus an, zu den Waffen zu greifen, um seine heilige Stadt zu retten, denn sonst sei es um seine Religion wie um alle guten Sitten unfehlbar geschehen. Girolamo fleht den Erlöser und Vater der Gläubigen an, seinen «Kindern» zu helfen, und ruft ihn an: «Kehre unsere Seelen deinem Reich zu».

Aus der gleichen Zeit, nämlich vom Juli 1484, stammt ein kurzes Gedicht, das lange ihm zugeschrieben wurde und heute als ein Werk Feo Belcaris gilt: Es ist eine Laude *(O anima cecata)*, die, sollte sie nicht von ihm sein, «das am stärksten an Savonarola gemahnende Gedicht Belcaris ist» (Ridolfi) und von Ridolfi auch weiterhin Savonarola zugeschrieben wird. Das zentrale Thema des kurzen Gedichts steht in engem Zusammenhang mit einer Problematik, die Savonarolas Denken immer stärker bestimmt. Beschrieben wird das vom Krieg heimgesuchte Italien, in dem Hungersnot und Pest herrschen, von Gott gesandt, um das Land für seine Blindheit, seinen Abfall vom Glauben und die fehlende Gottesfurcht zu bestrafen. «In seine Laster gehüllt», gibt sich Italien «Klängen und Gesängen» hin und verschließt seine Augen vor den drohenden Plagen, die ihm «Astrologen und Propheten, weise Männer, Heilige und Prediger» weissagen.

Kein Zweifel, daß sich Girolamo zu diesen Predigern und Propheten zählt. Denn in seinem Leben hat sich etwas Wichtiges ereignet. Das Dunkel, in dem er lebte, hat sich plötzlich gelichtet. Gott hat zu ihm gesprochen.

Kapitel IV
Die Offenbarung der prophetischen Gabe
(1485–1491)

Der Besuch im Kloster S. Giorgio

1484, in welchem Monat ist nicht bekannt, hatte Girolamo einen Mitbruder begleitet, der seine Schwester, Moniale im Kloster S. Giorgio, besuchte. Während er in der Kirche auf ihn wartete und über seine nächste Predigt nachdachte, wurde Girolamo plötzlich mit aller Deutlichkeit bewußt, aus welchen Gründen (sieben an der Zahl) «sich eine Katastrophe für die Kirche anbahnte». Welches waren diese sieben Gründe? Er wird es nie sagen, selbst nicht unter der Folter im Jahr 1498. Aber er wird sagen, damals habe er begonnen, die Heilige Schrift mit großer Aufmerksamkeit zu lesen, und er habe darin die Bestätigung für seine Erleuchtung gefunden. Hatte er aus seiner Lektüre der Propheten bereits geschlossen, daß «Gott seinem Volke, so oft er ihm zürnte, gute Herrscher und fromme Priester entzog und schlechte Obrigkeiten zuließ, und daß die Frevel der Priester um so mehr zunahmen, je näher die göttlichen Strafgerichte waren»?[15] Möglicherweise wird da mehr in einen Text hineingelegt, als wirklich in ihm steckt. Vielleicht sollte man weder Schlüsse ziehen noch die künftigen Entwicklungen in Savonarolas Denken vorwegnehmen.

Entscheidend ist, daß Girolamo von jenem Moment an rastlos seine bange und stete Suche nach der göttlichen Botschaft vorantrieb und sogleich davon überzeugt war, er habe nicht mehr das Recht zu schweigen. Der gehemmte Prediger, der gelehrte, aber unbeholfene Lektor von S. Marco verwandelte sich in einen Propheten. Vorbei war die Zeit der einfachen Exegese, mochte sie auch noch so gehaltvoll und glühend sein. Die Zeit war gekommen, zu verkünden, daß die Plage, die die Kirche mit ihren Fehltritten und Verbrechen auf sich gezogen hatte, unmittelbar bevorstand.

Die Predigten von S. Gimignano
(März 1485)

Weshalb bewahrte er ein Jahr lang Stillschweigen, bevor er seine Offenbarungen von der Kanzel herab enthüllte, ohne jedoch Einzelheiten preiszugeben? Vermutlich hat er dieses Jahr mit der Betrachtung und dem vertieften Studium der Propheten des Alten Testaments verbracht, um die Lektion zu verstehen und seine neuen Überzeugungen zu festigen. Vielleicht erschreckte ihn die Plötzlichkeit dieser Erleuchtung, und er fragte sich, weshalb Gott ihn, den bescheidenen kleinen Prediger, gewählt hatte, um der Welt derart unliebsame Wahrheiten zu verkünden.

Das sind lediglich Vermutungen, die indes durch die Tatsache gestützt werden, daß ihm seine Oberen im Jahr 1484 und zu Beginn des Jahres 1485 keine neuen Predigtaufgaben übertrugen. Erst im März 1485 ist seine Anwesenheit im Konvent von S. Gimignano, wo er die Fastenpredigten halten sollte, bezeugt. Er selbst wird seinen Richtern 1498 sagen, er habe dort seine Schlußfolgerungen dargelegt: «Die Kirche muß gegeißelt und erneuert werden, und zwar unverzüglich.» «Schlußfolgerungen, die sein ganzes Leben lang sein Kriegsruf und sein Banner sein werden» (Villari)

Man möchte gerne wissen, wie die Predigten von S. Gimignano auf die Hörer wirkten. Vielleicht, entgegen unseren Vermutungen, gar nicht so stark, denn diese Schlußfolgerungen kamen aus dem Mund eines beliebigen Predigerbruders, dem zudem, in S. Gimignano wie in Florenz, sein Aussehen, seine schmucklose Beredsamkeit, sein fremdländischer Akzent zu schaffen machten. Alles Handicaps, die er erst nach Jahren überwand.

In S. Gimignano erreichte Girolamo die Nachricht vom Tod seines Vaters, der am 9. März 1485 in Ferrara verschieden war. Die Nachricht löste keine große Trauer aus, hatte es doch zwischen seinem Vater und ihm nie wirkliche Liebe gegeben. Ein Beweis dafür ist der in kaltem Ton gehaltene Brief, den er dem Vater nach seinem plötzlichen Weggang 1475 geschrieben hatte. Die innere und äußere Entfremdung, aber auch die Tatsache, daß der Vater bei seinem Tod einen Schuldenberg und eine Familie in Not hinterließ, hatte Girolamos Gleichgültigkeit, wenn nicht Feindseligkeit noch verstärkt. Von der Welt losgelöst und von der Offenbarung seiner prophetischen Mission gänzlich besessen, vermögen irdische Dinge Girolamo nicht mehr zu berühren. Wie für seinen göttlichen Meister ist auch für ihn selbst sein Reich nicht mehr von dieser Welt. Für diese Loslösung von der Welt, die, wie bei vielen anderen Mystikern auch, an Haß grenzt, wird er am 5. Dezember 1485 einen eklatanten Beweis liefern.

Der Brief an die Mutter
(5. Dezember 1485)

Soeben hatte er vom Tod seines Onkels mütterlicherseits, Borso Bonacossi, erfahren. Diesem alten Mann brachte er möglicherweise mehr Sympathien entgegen als dem eigenen Vater. So griff er denn zur Feder, um seine Mutter zu trösten.

Zu Beginn dankt er Gott für die Prüfungen, die er seiner Familie schickt, zeigen sie doch, daß die «Hoffnungen der Menschen blind und falsch sind». Gott züchtige seine Familie, um sie aus dem «schweren Schlaf» zu wecken, in dem sie lange Zeit versunken war, «da Ihr das Gegenwärtige mehr als das Künftige liebtet». Sie möge erwachen und «die Seele den himmlischen Dingen zuwenden.» Diese Schicksalsschläge seien wie «Pfeile», die in das Herz der Mutter Elena dringen, damit sie sich «von aller Anhänglichkeit an diese Welt befreie». Jesus rufe sie und ihre Kinder. Mögen sie die Augen öffnen, denn Gott schlägt seine Kinder, damit sie sich von der «vergänglichen Welt» und ihren «trügerischen Versprechungen» abwenden. Denn es sei sehr schwierig, ja beinahe unmöglich, daß der Reiche gerettet werde, während die geistig Armen selig sein würden. Nur wer auf Gott hoffe, den würde er nicht verlassen. Wozu Freude, Ehren, die Anhäufung von Reichtümern, Luxus in Kleidung und bei Tisch? Wir seien Pilger und «alle Dinge vergänglich wie der Wind». Gott allein werde uns nicht enttäuschen. «Hier auf Erden ist unseres Bleibens nicht lange, das künftige Leben aber währt ewig.» Was ihn betreffe, so habe er Mund und Herz geöffnet, um der Helfer Gottes zu sein. Seine Mutter möge sich Jesus anheimstellen, ihn in ihrer Trübsal anrufen, ihr Gewissen reinigen und sich auf den Tod vorbereiten. Und um ihre Töchter möge sie sich keine Sorgen machen, sondern nur darüber wachen, daß sie gut seien, «gut nicht nur gemäß jener Güte, die die Welt lobt, sondern gemäß jener, die Gott gefällt». Sie seien wie die «Bräute Christi», denn Gott werde sich ihrer annehmen. Seine Mutter und seine Schwestern sollten sich dem Gebet hingeben und alle irdische Eitelkeit fahren lassen, in Zurückgezogenheit leben und sich in die Betrachtung des Erlösers und seines Leidens versenken. Und sie sollten nicht darüber klagen, wenn sie keinen Gemahl fänden. Jesus liebte «seine jungfräulichen Bräute» über alles, jene, die ihm in Armut dienten, so wie der Heilige Geist durch den Mund des heiligen Paulus sprach: «Wer heiratet, sündigt nicht, wird aber Trübsal erleiden ... aber wer nicht heiratet, tut besser.» Was seine Mutter betreffe, so solle sie die Welt vergessen, sie möge ihren Sohn für tot halten, denn sie sollte Christus so sehr lieben, daß sie sich nicht um ihre Kinder sorge: «Ich wünschte, Euer Glaube wäre so groß, daß Ihr Eure Kinder ohne Tränen könntet sterben oder den Märtyrertod erleiden sehen, wie einst jene heilige makkabäische Mutter ihre sieben Söhne.» Seine Mutter möge ihm schreiben, er werde sich bemühen, ihr zu antworten, sei aber sehr beschäftigt. Gegen Ende kommt er auf seinen verstorbenen Onkel Borso zurück, der Anlaß für diesen Brief gewesen war, und schreibt: «Von unserem seligen Onkel sage ich nichts, als daß ich die Messen für sein Seelenheil lesen will.»

»Heilige Worte eines Heiligen«, so lautet Ridolfis Kommentar, der hier zuviel Nachsicht zeigt. Müßte man hier nicht eher von Härte, beinahe von mentaler Grausamkeit sprechen? Oder, zumindest, von einer Unerbittlichkeit, die an Fanatismus grenzt? Der ganze künftige Savonarola liegt in diesem Brief, dessen Lektüre Unbehagen verursacht.

Die Fastenpredigten von S. Gimignano
(Februar 1486)

Savonarolas Hartherzigkeit und Unerbittlichkeit sind dadurch zu erklären, daß er inzwischen von seinen prophetischen Visionen und den geistlichen Anforderungen seiner Aufgabe erfüllt, ja besessen ist. Wo immer er predigt (für die Adventszeit von 1485 ist nichts Genaues bekannt, sicherlich nicht in Florenz), muß er nun vor seinen Hörern von jenen schrecklichen Offenbarungen sprechen, die Inhalt und Absicht seiner Predigten verändert haben.

Daran hält er sich auch in seinen Fastenpredigten 1486 in S. Gimignano. Am Sonntag bringt er erst seine Freude zum Ausdruck, wieder vor «seinen Söhnen» zu stehen, und möchte gerne die Früchte seiner früheren Predigttätigkeit sehen. Möglicherweise ein Anzeichen dafür, daß er mit seinen Fastenpredigten von 1485 doch erfolgreicher war als gemeinhin angenommen. Am Aschermittwoch predigt er über klassische Themen wie weltliche Eitelkeit und Verblendung der Menschen jeglicher Herkunft (angefangen bei den Fürsten, auch den kirchlichen, bis hin zu den Handwerkern und Frauen), die alle die deutlichen Zeichen des Schicksals nicht sehen wollen. Bereits am Donnerstag und am Freitag nach Aschermittwoch schneidet er dann jene Thematik an, die von nun an, beinahe zwanghaft, im Zentrum seiner Verkündigung stehen wird: Die Plage, von der die Kirche bedroht ist und die als Antichrist oder Krieg, als Pest oder Hungersnot in Erscheinung treten wird. Für diese unausweichliche Plage sieht er inzwischen nicht mehr sieben (wie im letzten Jahr angekündigt), sondern acht Gründe: die Verderbtheit des Menschen, die in Verbrechen, in Wollust, insbesondere in Pädophilie, in Götzendienerei und Magie, in Astrologie und Simonie zum Ausdruck kommt; dann die schlechten Hirten der Kirche; drittens die Ankunft der von Gott gesandten Propheten; viertens das Verschwinden der Menschen guten Willens; fünftens der Glaubensschwund; sechstens der Zerfall der Kirche; siebtens die Mißachtung der Heiligen; schließlich der Niedergang des Kultes.

Girolamos Thematik wird hier so chaotisch dargestellt, weil das Chaotische, sogar in noch stärkerem Maße, künftig seinen Stil auszeichnen wird. Die acht Gründe selbst könnten, bei genauerem Hinsehen, ohne weiteres auf zwei Aussagen reduziert werden: Das Kirchenvolk und seine Hirten sind verderbt; die Laster, insbesondere jene des Fleisches, entfalten sich ungehemmt. Daher seine Pflicht zu weissagen. Erstaunlicherweise betont er jedoch, er sei kein eigentlicher Prophet, sondern bloß ein Mensch, der seine Gewißheiten über die Zukunft ausschließlich aus der Meditation der Heiligen Schrift gewinne. Diese mentale Einschränkung *(restrictio mentalis)* ist seiner Meinung nach sicherlich dazu angetan, ihn vor dem Zorn der Kirche zu bewahren. Er will nicht als einer jener zahlreichen mehr oder weniger schwärmerischen Prediger gelten, die zu allen Zeiten über die Zukunft der Institution Kirche geweissagt haben. Er will sich als Leser und Interpret der heiligen Texte darstellen, aus deren Lektüre er Richtigkeit und Rechtfertigung seiner Verkündigung zieht. Dergestalt zeigt sich bereits hier eine bis zuletzt durchgehaltene kluge Vorsicht. Girolamo begreift, daß die Schrift Garant seiner Verkündigung sein muß. Gestützt auf die Interpretation der Propheten des Alten Testaments, werden seine Darlegungen so überzeugend wirken, daß sie beim Klerus nicht einfach als zweifelhafter und unüberprüfbarer Ausfluß einer bloßen Erleuchtung abgetan werden können.

Das Echo auf diese Offenbarungen war schwach, wenn nicht sogar inexistent. Das zeigt sich daran, daß für das Jahr, das auf die Fastenpredigten von S. Gimignano folgt, keine Tätigkeiten dokumentiert sind. Belegt sind erst wieder die Fastenpredigten vom April 1487 im Kloster S. Veridiana, die er – aus welchen Gründen auch immer – abbrechen muß. Als mögliche Erklärung dafür diente Schnitzer der entschiedene Widerstand Lorenzos des Prächtigen, den die in Girolamos Predigten enthaltenen impliziten Anschuldigungen erzürnten und beunruhigten und der die Gegenwart des ungebetenen Ferraresen nicht mehr dulden wollte. Aber dies ist bloße Spekulation (Ridolfi). Vielmehr scheint es, daß die Florentiner Gesellschaft und ihre Machthaber den prophetischen Offenbarungen des Predigers Savonarola keinerlei Bedeutung beimassen. Vielleicht waren die Oberen zudem über diese groben und unpassenden Reden beunruhigt, die ihnen die Sympathien ihres allmächtigen Beschützers und Wohltäters, Lorenzos des Prächtigen, kosten konnten. Das gab vermutlich den Ausschlag für ihren Beschluß, Girolamo (Ende 1487 oder Anfang 1488) nach Bologna an die ordenseigene Universität (damals *Studium generale* genannt) zu versetzen. Der Vorwand für die Entfernung aus Florenz war allerdings schmeichelhaft: Girolamo wurde in den Rang eines Studentenmagisters *(magister studentium)* erhoben, was der Beförderte durchaus als offizielle Anerkennung seiner exegetischen Qualitäten betrachten konnte. Allerdings kam der *magister studentium* erst an dritter Stelle in der Professorenhierarchie, hinter dem *lector principalis* und dem *baccalarius,* der dem Lektor assistiert. Kurz, es macht den Anschein, als ob diese Auszeichnung (denn um eine solche handelte es sich gleichwohl) die eigentliche Absicht der Hierarchie verdecken sollte. Mit seinen Offenbarungen über Gegenwart und Zukunft der Kirche wird Girolamo zu einem Störfaktor, der für eine gewisse Zeit ausgeschaltet werden soll.

In Bologna (1487)
Die Kanzone an Caterina da Vigri

Ob Girolamo diese Rückkehr ins *Studium generale* der Bologneser Dominikaner als Krönung seiner noch jungen Karriere oder als Sanktion betrachtete, wissen wir nicht. Bekannt ist lediglich, daß er, wie es die Konstitutionen vorschreiben, ein Jahr lang lehrte. Daneben aber verfaßte er auch ein Gedicht. Es ist eine Kanzone zum Andenken an Caterina da Vigri, eine Tertiarin des Franziskanerordens; 1413 in Bologna geboren, kehrte sie 1457, nachdem sie in Ferrara gelebt hatte, dorthin zurück; hier sollte ein neues Kloster entstehen, als dessen erste Äbtissin sie 1463 starb. Ihre sterbliche Hülle, die wunderbarerweise unversehrt geblieben war, wurde hier sehr verehrt. Einige der besten Savonarola-Kenner sind der Meinung, eines Tages habe Girolamo, wie viele andere auch, an der Wallfahrt zu Caterinas Grab im Kloster S. Chiara teilgenommen und sei, wie jeder andere Pilger auch, «vom Anblicke des zarten Leibes ergriffen (gewesen), der in seiner blühenden Schönheit dem allgemeinen Lose irdischer Verweslichkeit zu trotzen schien».[16] Unter dem Eindruck dieser Gefühle griff er zur Feder und schuf ein Gedicht, das er, noch unvollendet, den Nonnen von S. Chiara sandte; er bat sie, ihn der seligen Caterina zu empfehlen, die in ihrem Leben die treue und keusche Braut des Herrn gewesen war, der sie nun für ihre Treue und ihre Reinheit belohnte, indem er ihre sterbliche Hülle in ewiger Frische bewahrte, was selbst die widerspenstigsten Herzen zu Tränen rührte und ihnen einen Vorgeschmack auf die unsagbare Schönheit gab, die die reinen Seelen im Paradies erwartete. In der Form an Petrarca anlehnend (der Anfang: *Anima bella che le membra sante ...*[17] ist eine beinahe wörtliche Anspielung auf die Gedichte an die tote Laura), ist das kurze Gedicht Teil einer literarischen Tradition und zeigt, daß Girolamo eine dichterische Begabung oder zumindest eine gute Allgemeinbildung besaß und daß er sich neben seiner theologischen Reflexion Zeit für Herzensergüße nahm.

In Ferrara und in der Lombardei
(1488–1490)

Savonarolas dichterische Tätigkeit ist gleichwohl sehr begrenzt. Das Hauptgewicht seiner Arbeit liegt, in Übereinstimmung mit der Berufung des Ordens, auf der Verkündigung. Und deshalb lebt Girolamo seit der Fastenzeit 1488 wieder in Ferrara. Zwei Jahre lang wird er im Konvent S. Maria degli Angeli wohnen, von wo aus er an verschiedenen Orten in der Lombardei, Brescia, Modena, Piacenza, Mantua, aber auch anderswo, zum Beispiel in Genua, predigen wird.

Er nahm seine bereits in S. Gimignano vorgetragenen Darlegungen über die unmittelbar über Italien hereinbrechende schreckliche Plage wieder auf. In Brescia, wo er mehrmals predigte, insbesondere in der Fastenzeit und dann in der Voradventszeit, in der zweiten Hälfte des Monats November 1489, hielt er am 30. November eine Predigt in S. Andrea, die den Hörern noch lange in Erinnerung bleiben sollte. Ausgangspunkt war das vierte Kapitel der Offenbarung des Johannes, worin dieser einen Thron entdeckt, «und auf dem Thron saß einer: und der da saß, war anzusehen gleichwie der Stein Jaspis und Sarder ... Und um den Thron waren vierundzwanzig Throne, und auf den Thronen saßen vierundzwanzig Älteste, mit weißen Kleidern angetan, und hatten auf ihren Häuptern goldene Kronen. Und von dem Thron gingen aus Blitze, Stimmen und Donner; und sieben Fackeln mit Feuer brannten vor dem Thron, welches sind die sieben Geister Gottes. ... Und mitten am Thron und um den Thron vier himmlische Gestalten, voll Augen vorne und hinten.» Diese sind in Wirklichkeit Tiere (ein Löwe, ein Stier, ein Tier mit dem Antlitz eines Menschen und ein fliegender Adler). Jede dieser Gestalten «hatte sechs Flügel, und sie waren außenherum und inwendig voll Augen, und die hatten keine Ruhe Tag und Nacht und sprachen: Heilig, heilig, heilig ist Gott der Herr, der Allmächtige, der da war und der da ist und der da kommt». Währenddessen «fielen die vierundzwanzig Ältesten nieder vor dem, der auf dem Thron saß ... und legten ihre Kronen nieder vor dem Thron und sprachen: Herr, unser Gott, du bist würdig, zu nehmen Preis und Ehre und Kraft: denn du hast alle Dinge geschaffen, und durch deinen Willen haben sie das Wesen und sind geschaffen» (Offenbarung 4,1-11).

Auf dieser Grundlage baute Girolamo eine Predigt auf, die das gleiche visionäre Feuer besaß wie jene des Johannes. Er kündigte an, einer der vierundzwanzig Ältesten sei ihm erschienen und habe ihm befohlen, den Bewohnern Brescias zu verkünden, welches Unglück über Italien im allgemeinen und ihre Stadt im besonderen hereinbrechen werde: Brescia werde blutrünstigen Feinden ausgeliefert, das Blut in Strömen fließen, die jungen Mädchen vergewaltigt, die Kinder unter den Augen ihrer Eltern getötet. Brescias Bewohner müßten Buße tun, denn in seinem Zorn werde sich Gott jener erbarmen, die auf dem rechten Weg geblieben seien.

Diese schrecklichen Weissagungen sollten sich dreiundzwanzig Jahre später bestätigen, als die französischen Truppen unter Gaston de Foix in Brescia einzogen und Tausende von Bewohnern niedermetzelten. Zum jetzigen Zeitpunkt jedoch, allen Erwartungen und den Behauptungen zahlreicher Historiker zum Trotz, war das Echo auf Savonarolas Predigten in Brescia sehr schwach, «und die Chronisten, immer bereit, auch über das kleinste Ereignis in der Stadt zu berichten, verlieren darüber kein Wort» (Ridolfi).

Gleichwohl ist dies der Anfang der Legendenbildung um Savonarola. Ein «Zeuge» behauptet, er habe in Brescia in der Weihnachtsnacht gesehen, wie Savonarolas Haupt von einem Lichtschein umgeben war, während er fünf Stunden unbeweglich in Ekstase verharrte. Ein anderer hat ihn in der klassischen Stellung der mystischen Verzückung *(raptus)* gesehen: den Körper unbeweglich und «halbtot», aber den Geist «in die Seele des Herrn versenkt». Trotzdem wirkt Savonarolas Charisma im Jahr 1489 lediglich im ganz begrenzten Kreis seiner nächsten Gefährten.

Der Brief an die Mutter
(25. Januar 1490)

Im Verlauf seiner Predigttätigkeit hielt sich Savonarola Ende Januar 1490 auch in Pavia auf. Am 25. Januar schrieb er seiner Mutter, denn durch einen Mönch aus Ferrara wußte er, daß sie sich darüber beklagte, nichts mehr von ihm gehört zu haben. Er entschuldigt sich zuerst für sein Schweigen, das er dem Fehlen von zuverlässigen Boten zwischen Brescia und Ferrara zuschreibt. Sie möge sich beruhigen: Er erfreue sich guter Gesundheit und sei zufrieden. Aber er könne sich leicht vorstellen, daß sie in Kummer und Sorge sei, weshalb er zu Gott bete, sonst aber nichts tun könne, gehöre er doch ganz Christus, und keine «weltliche oder fleischliche» Zuneigung vermöchte ihn vom Dienst an seinem Meister loszureißen. Sie möge sich nicht mehr über seine Abwesenheit grämen, denn er tue dies um des Heils vieler Seelen willen. Lebte er in Ferrara, er würde nicht mehr tun, denn niemand ist Prophet im eigenen Land. Sie möge sich ganz im Gegenteil über diese ständigen Reisen freuen, denn hier habe sein Handeln sehr viel mehr Wirkung, als wenn er in seiner Geburtsstadt geblieben wäre. Hier würde er geschätzt, während ihm seine Mitbürger seine Herkunft zum Vorwurf machten. Auch möge sie sich nicht über ihre Trübsal beklagen, denn diese sei von Gott gewollt, damit sie sich ihm nähere. Er, ihr Sohn, bete zu Gott, er möge seiner Mutter nicht Reichtum, sondern Gnade schenken und sie zum ewigen Leben führen. Seine Schwestern aber sollen sich trösten, denn Gott habe ihnen weder Reichtum noch Gemahl gegeben, um sie vor der Sünde zu schützen. Sie sollten Gott danken, denn er verläßt jene nicht, die sich ihm anheimstellen. Seine Brüder sollen ein gutes Leben führen. Seine gesamte Familie (Kusinen, Onkel, Tanten) mögen für ihn beten, aber sie sollten nicht von ihm verlangen, die ihm von Gott anvertraute Aufgabe zu unterbrechen, denn das wäre eine schwere Sünde.

Vergleicht man diesen Brief mit dem fünf Jahre zuvor an die Mutter gerichteten Schreiben, so fällt es schwer, darin «mehr heimliche Zärtlichkeit» (Ridolfi) zu entdecken. Die Gefühlslage ist die gleiche geblieben. Wie könnte es auch anders sein? Girolamo befindet sich inzwischen seit Jahren in einer Sphäre, in der die Sorgen, Nöte und Schmerzen der armen Menschen keinen Platz mehr haben. Als Soldat Christi hat er nur noch ein Ziel: die Wiedereroberung der Seelen; nur noch einen gebieterischen und dringlichen Auftrag: die Anprangerung der Verbrechen, in die sich seine Zeitgenossen verstricken und die ihnen den Zorn Gottes zuziehen werden.

Die auf diesen Brief folgenden Tage sind von einem Dunkel umgeben, das durch kein Dokument erhellt wird. Zweifellos ging er nach Genua, und zwar, wie er am Ende seines Briefes vom 25. Januar vermerkte, am selben Tag. Wurde er dort, wie er es sich im gleichen Brief erhoffte, gut aufgenommen? Man weiß es nicht. Von jenem Aufenthalt stehen in seinem Werk nur einige nette Bemerkungen (über die Schamhaftigkeit der Genueser Frauen, über die Liebe zum Meer der Genueser Matrosen), aber nichts, was Aufschluß darüber gäbe, wie seine Predigten vom Genueser Publikum aufgenommen wurden.

Bekannt ist, daß er nach dem Osterfest, das im Jahr 1490 auf den 11. April fiel, von Genua abreiste. Ging er nach Brescia, nach Ferrara? Man weiß es nicht. Gewiß ist lediglich, daß er sich nach diesen der Verkündigung gewidmeten Reisen nach Florenz in seinen Konvent S. Marco begab.

Die Rückkehr nach Florenz
(Mai oder Juni 1490)

Er kam nach Florenz zurück, um dort eine weitere Stufe in seiner Predigerkarriere zu erklimmen. Erstaunlich dabei ist, daß die Beförderung diesmal nicht von seinen Oberen ausging, sondern von Lorenzo dem Prächtigen, der Savonarola, der sich keineswegs um seine Gunst bemüht hatte, bis dato nicht besonders zu schätzen schien.

Lorenzo der Prächtige hatte dem Drängen seines Vertrauten Giovanni Pico della Mirandola nachgegeben, der seit seiner bereits erwähnten Begegnung vom April 1482 im Ordenskapitel der Dominikaner in Reggio große Zuneigung und Bewunderung für Savonarola hegte. Vielleicht war es eine gegenseitige Wertschätzung, hatte doch Girolamo, wie bekannt, den damals sechzehnjährigen jungen Pico gehört, als er, mit dem ihm eigenen Brio 1479 oder 1480 in Ferrara einen denkwürdigen Disput ausfocht. Das Schicksal hatte die beiden jungen Männer (Girolamo war elf Jahre älter) zusammengebracht und wieder getrennt.

Pico della Mirandola war im Frühjahr 1484 erstmals nach Florenz gekommen. Er hatte sogleich die Bewunderung des Herrschers der Stadt und der brillanten Gelehrten um Lorenzo den Prächtigen gewonnen (Marsilio Ficino, Angelo Poliziano, um nur die berühmtesten zu nennen). Aber nachdem er sich von seinem intellektuellen Hochmut dazu hatte verleiten lassen, 1486 in Rom neunhundert Thesen zu allen Wissensbereichen öffentlich zu verteidigen, fiel er sogleich der kirchlichen Zensur anheim, die ohne große Mühe Ansätze zur Häresie in seinen Schlußfolgerungen aufspürte. Damit fiel die Provokation auf den jungen, erst zweiundzwanzigjährigen, überheblichen Pico zurück, der in Paris Zuflucht vor der Verfolgung durch Papst Innozenz VIII. zu finden hoffte. Dieser war über Picos Unverschämtheit erbost, hatte es dieser doch gewagt, in einer *Apologie* sieben als häretisch befundene Thesen zu verteidigen; daraufhin hatte der Papst 1487 sämtliche neunhundert Thesen verurteilt. Über seine Legaten erwirkte er beim König von Frankreich Picos Verhaftung, der von Januar bis März 1488 im Schloß von Vincennes eingekerkert wurde. Dank der Protektion Lorenzos des Prächtigen kam er dann frei, und der Papst verurteilte zwar Picos Lehre, ersparte dem unvorsichtigen Autor indes den weltlichen Zorn (das Gefängnis im besten, den Scheiterhaufen im schlimmsten Fall). Pico konnte also im Juni 1488 nach Florenz zurückkehren und seinen Platz im Kreis der Gelehrten um Lorenzo wieder einnehmen. Pico, durch diesen Vorfall vernünftiger und reifer geworden, erweitert nun seine bisher auf Aristoteles, Platon, die Neuplatoniker, darunter Plotin und arabische Kommentatoren wie Averroes, konzentrierte umfassende philosophische Bildung und wendet sich der kabbalistischen Literatur zu, der er sich erst in lateinischen oder griechischen Übersetzungen, bald aber auch direkt im hebräischen Text nähert. Dieses immense Wissen jedoch vermittelte Pico, der zu jener Zeit eine tiefe spirituelle Krise durchmachte, wenig Abgeklärtheit. Geheime Triebfeder seiner Wahrheitssuche war eine innere Unruhe, eine metaphysische Unerfülltheit. Diesem Gott, dem er sich über die Meditation der hellenischen und hebräischen Kultur zu nähern suchte, er war ihm sicher insgeheim bereits in Savonarolas Predigten begegnet. Als er dann 1488 nach Florenz zurückkehrte und Girolamo dort nicht vorfand, bat er seinen Beschützer eindringlich, sich für seine Rückkehr einzusetzen. Lorenzo der Prächtige willigte gerne ein.

Die Umstände dieser Intervention sind indes nie völlig geklärt worden, setzt doch ein derartiger Schritt Picos und Lorenzos Sympathie oder zumindest Wertschätzung für Savonarola voraus. Tatsache ist jedoch – und darin stimmen alle Berichte überein –, daß Girolamos Predigten jener Zeit weder in Brescia noch anderswo ein Echo, geschweige denn die Begeisterung seiner Zeitgenossen hervorriefen. «Pico kannte Savonarola, dessen eifrigster Anhänger er *später* werden sollte, nicht gut, während Lorenzo, trotz seiner großen Umsicht, ahnte, welch schädliche Entwicklungen sich für sein Haus anbahnten.» (Villari) Weshalb also Picos warmherzige Intervention bei Lorenzo, und weshalb war dieser zu handeln bereit? Bloß um einem engen Freunde einen Gefallen zu tun? Letztlich weiß man wenig über Picos und Girolamos Freundschaft oder Bekanntschaft jener Jahre. Jedenfalls hoffte Pico, der nach der Verurteilung seiner Thesen und der Einkerkerung in Frankreich eine geistliche Krise durchmachte, in Savonarola jenen Menschen zu finden, «der ihm seinen Seelenfrieden zurückgäbe» (Ridolfi); «... aufs schmerzlichste vermißte er (Pico) ... den Mann, von dem er sich in seiner Bedrängnis Hilfe und Stärkung versprach.»[18] Möglicherweise liegt die Lösung des angeblichen Widerspruchs darin, daß Lorenzo und Pico gar nicht intervenierten, sondern daß der Beschluß, Savonarola nach Florenz zurückzurufen, allein von seinen Vorgesetzten gefällt wurde. Auf jeden Fall konnte die Entscheidung letztlich nur in den Händen der Ordenshierarchie liegen.

Der Ordenshierarchie aber schien wenig daran gelegen, den Wünschen des Herrn von Florenz nachzugeben. In der Tat hatte Lorenzo in einem Schreiben vom 29. April 1489 den Dominikanergeneral gebeten, «Bruder Hieronymus von Ferrara» nach Florenz zu entsenden. Als Beweis seiner Sympathien für Pico hatte er es sogar diesem überlassen, das Gesuch seinem Sekretär zu diktieren, und das Schreiben lediglich mit seinem persönlichen Siegel versehen. Weshalb dauerte alles so lange? War das Gesuch Savonarolas Oberen nicht genehm? Lag es unter ihrer Würde? War es, in Anbetracht ihrer Einschätzung Savonarolas, unberechtigt? Oder war es ganz einfach die normale Frist, die ein Brief im bürokratischen Ablauf benötigte? Nach der Zustimmung durch den Ordensgeneral mußte der Beschluß nämlich dem Vikar der lombardischen Kongregation, der der Konvent S. Marco unterstand, übermittelt werden, worauf der Nominationsvorschlag, die Zustimmung des Vikars vorausgesetzt, dem Ordenskapitel zu unterbreiten war, das sich nur einmal im Jahr, und zwar nach Ostern, versammelte.

Folgern wir also mit Ridolfi: Savonarola, der am 2. Mai vom Kapitel ernannt wurde, traf Ende Mai oder erst Anfang Juni 1490 in Florenz ein.

In S. Marco bekleidete Savonarola demnach ein Amt, das er bereits früher innegehabt hatte: dasjenige des Lektors. Er nahm seine Vorlesungen, also seine Auslegung der Schrift, wieder auf, und zwar – weil es bald Sommer war – im Klostergarten vor einem begrenzten Publikum, das sich vornehmlich aus jungen, aber eifrigen Dominikanern zusammensetzte, die an seinen Lippen hingen. Savonarola vermied jede Anspielung auf Weissagungen und beschränkte sich auf die gelehrte und leidenschaftliche Auslegung der Bibel. Seine schlichte Beredsamkeit, verbunden mit einer profunden exegetischen Kenntnis, beeindruckte die Hörer, so daß sich die Kunde darüber bald verbreitete und auch die Laien, darunter einige hochgestellte Florentiner Persönlichkeiten, einfanden, ihn zu hören. Bald war der Garten zu klein, und die Oberen baten Savonarola, seine Vorlesungen in der Klosterkirche zu halten. Savonarola bat um Bedenkzeit, vielleicht um sich auf diese ungleich schwierigere Aufgabe vorzubereiten, hatte er doch in den letzten Jahren die bittere Erfahrung machen müssen, wie schwer es war, vom florentinischen Publikum akzeptiert zu werden. Bald ließ er jedoch wissen, er würde am Sonntag, dem 1. August, in der Kirche «eine Lesung halten, die zugleich eine Predigt sei».

Die Vorlesungen über die Offenbarung des Johannes (August 1490)

Ausgangstext für diese Vorlesungen war die Apokalypse. Savonarola bereitete sich in der Stille seiner Zelle mit Hilfe von lateinisch geschriebenen Schemata vor, worin er die zu entwickelnden Gedankengänge und die in der nächsten Lektion zu plazierenden Bibelzitate notierte.

Nachdem er in seiner ersten Vorlesung vom 1. August die Anzeichen für die nahende Apokalypse in Erinnerung gerufen hatte (Verherrlichung der Bösen, Erniedrigung der Guten, Verleugnung des Glaubens, Zunahme der Sünden, Vergessen der herkömmlichen Lebensregeln, «Profanierung der Sakramente»), zog er am folgenden Sonntag ein eigentlich prophetisches Register und betonte, er spreche «nicht als Prophet, sondern als einer, der sich an die Bibel und die äußeren Anzeichen» halte. Er versichert, Gottes Barmherzigkeit für die Kirche sei erschöpft, weil diese mehr und mehr in Sünde versinke, die Heiligen verschwunden seien und es an echten Geistlichen fehle. Die Gründe für diese Zerstörung der Kirche ortet er in der Undankbarkeit, im Widerstand dem Worte Gottes gegenüber, im Fehlen von Gnade und Heiligem Geist, in der Fülle der Laster und in den unaufhörlichen, die Christenheit besudelnden Kriegen. In seiner dritten Vorlesung betont er dann aber ausdrücklich, die Kirche werde, solange der Glaube in den Herzen der Gerechten lebendig sei, nur teilweise zerstört, und er wiederholt, er ziehe diese Schlußfolgerungen aus der Bibel und sie seien nicht Frucht irgendeiner prophetischen Gabe. Auch in der vierten Vorlesung wird er bei dieser Thematik bleiben. Er führt noch einmal «die von Sünden überflutete und den Fürsten der höllischen Düsternis unterworfene Erde» vor Augen. Er sieht, wie die Kirche vom Sturm gebeutelt wird, und prangert einmal mehr den Tod «jeglicher geistlicher Schönheit, jeglicher Tugend, jeglicher Nächstenliebe und jeglicher Hoffnung» an. Diese vierte Vorlesung ist Maria gewidmet; die fünfte dann Jesus Christus. Darin verurteilt er von neuem «den verstockten Hochmut, die teuflischen Ansichten und die Undankbarkeit des höchst armseligen Christenvolkes».

Savonarola nimmt bereits zu Beginn seiner Vorlesungen über die Apokalypse «den Kampf um die Erneuerung der Kirche» (Ridolfi) auf. Das war allen bewußt. Allein einige Skeptiker gaben vor zu zweifeln, schien doch die nationale und internationale Lage den Pessimismus des neuen Propheten kaum zu rechtfertigen. Seit Jahrzehnten, genauer seit dem Frieden von Lodi von 1454, gab es ein scheinbar stabiles Gleichgewicht zwischen den fünf Staaten, die die Halbinsel beherrschten: Florenz, Mailand, Venedig, Rom, Neapel. Die gesamte Politik des Herrschers von Florenz zielte auf die Erhaltung dieses Friedens und dieses Gleichgewichts ab. Lediglich zwei kurze, nicht von Lorenzo dem Prächtigen heraufbeschworene Kriege hatte es zwischen ihm und Papst Sixtus IV. 1478 und 1482 (in Venedig) gegeben. Die guten Beziehungen zwischen Lorenzo und dem Nachfolger Sixtus' IV., Innozenz VIII., hatten Florenz den äußeren Frieden gebracht. Die Skeptiker schienen also gute Gründe zu haben, die Weissagungen des Predigers von S. Marco nicht ernst zu nehmen. Dieser aber ließ sich durch die scheinbare Ruhe in Italien nicht verunsichern und beschwor weiterhin den aufkommenden Sturm und das nahe Ende eines trügerischen Friedens.

Nahm er auch die drei erstmals 1485 in S. Gimignano gemachten Aussagen wieder auf? Aus dem wenigen, was uns von diesen

Predigten über die Offenbarung bekannt ist, läßt sich schließen, daß sie, zwar nicht im Wortlaut, wohl aber im Geist, den Weissagungen von S. Gimignano nahestanden. Etwas anderes wäre auch erstaunlich und ließe sich logisch allein mit einer unerklärlichen Vorsicht rechtfertigen. Aber läßt sich überhaupt von Logik sprechen in einem Bereich, der sich *per definitionem* der «räsonierenden Vernunft» entzieht?

Das Echo auf die Predigten war gewaltig. «Schon im ersten Anlauf», so Ridolfi, «gewann er den Krieg.» Das mag übertrieben sein. Zwar stimmt es, daß seine Predigten für die Armen und Unterdrückten, also für die große Mehrheit der Bevölkerung, der beredte und vehemente Ausdruck ihrer eigenen Sorgen waren, woran er auch erinnert, wenn er 1495 sagt, man habe ihn bereits 1491 «den Prediger der Hoffnungslosen» genannt; es trifft aber keineswegs zu, daß bereits zu jener Zeit das Urteil über ihn einhellig positiv gewesen wäre, ganz zu schweigen von den ständigen Spötteleien über seine Gestik, seinen fremden Akzent und seine schmucklose Beredsamkeit. Selbst seine Freunde, etwa Giovanni Pico della Mirandola, waren über diese Mängel schockiert. Der dezidierteste, aber auch gefährlichste Widerstand erwuchs ihm jedoch von seiten der herrschenden Klasse, den Wohlhabenden, den Besitzenden, von seiten jener Schicht von Kaufleuten und Bürgern, die dank Bankgeschäften, Industrie und Handel reich geworden waren und auf der Seite der Medici standen. Diese mußten ihn ja geradezu als Störfaktor der gesellschaftlichen Ordnung, als subversiven Aufwiegler betrachten. Andere wiederum, oft aus demselben Milieu oder aus dem Kreis der Günstlinge um den Herrscher dieser Stadt stammend, nämlich die Humanisten und Liebhaber der Schönen Künste, stießen sich an Savonarolas Angriffen auf die heidnische Kultur und sahen darin den beunruhigenden Ausdruck einer rückständigen, für die Erneuerung von Literatur und Kunst blinden Mentalität. Und Savonarola wird sich denn auch einige Jahre später (1496) mit den Predigern seiner Zeit und ihrer Kanzeleloquenz anlegen, scheuten sich diese doch nicht, ihre erbaulichen Beispiele sogar in den erotischen Werken Ovids zu suchen. Kurz, es bildete sich eine Gruppe von Unzufriedenen, die ihre Feindseligkeit zuweilen hinter der Maske der

Wohlanständigkeit verbargen und den Prediger von S. Marco bald als geistlosen Zeitgenossen verurteilten, der sich weigerte, die subtilen Fragen der Theologie zu erörtern, bald als Visionär anprangerten, der in seinen angeblich prophetischen Offenbarungen gefangen war.

Eines der wesentlichen Ziele von Savonarolas Predigttätigkeit war jedoch bereits erreicht. Er war aus der Anonymität herausgetreten, und von Gleichgültigkeit konnte keine Rede mehr sein. Die von einigen an den Tag gelegte Feindseligkeit bedrückte ihn keineswegs, sondern war ihm ein zusätzlicher Grund, in der eingeschlagenen Richtung fortzufahren. So ging er seinen Weg weiter, unerschütterlich und für die Warnungen besonnener Freunde unzugänglich; zu ihnen gehörte auch Pico, der, besorgt über seine Kühnheit und seine Übertreibungen, ihn hatte davon abbringen wollen, diesen ungleichen Streit weiterzuführen.

Mit seinen einundvierzig Predigten über die Offenbarung (Allerheiligen 1490 bis Epiphanie 1491) hatte Savonarola lautstark seinen Einstand in die florentinische Glaubenswelt gegeben. Die Armen hatten in ihm einen Verteidiger, die Medici und ihre Freunde einen beunruhigenden Gegner gefunden. Savonarola mußte lediglich noch seine Zuhörerschaft erweitern.

Die Predigten von 1491
und der Konflikt mit Lorenzo dem Prächtigen

Am 16. Februar 1491 stieg er auf die prestigeträchtigste Kanzel von Florenz, jene des Doms S. Maria del Fiore. Im *Duomo* predigen, im mächtigen Schiff, das Tausenden von Gläubigen Platz bot, unter der gewaltigen Kuppel Brunelleschis – das war die Krönung, die keinen Prediger gleichgültig lassen konnte. Savonarola indes war wahrscheinlich jeglicher Hochmut fremd; ihn erfüllte vielmehr der Gedanke an die Bedeutung dieser Gelegenheit für den Erfolg seiner Verkündigung und an die Möglichkeit, eine große Zuhörerschaft zu erreichen, mehrheitlich das einfache Volk, sein Lieblingspublikum, dem er die nahe Zukunft der stolzen Stadt enthüllen wollte: Einer Stadt, die von ihrer Macht und ihrem Ruhm trunken war, die Tugenden vergaß und sich allen Lastern, insbesondere dem widernatürlichen Laster hingab, wofür sie im übrigen Italien und in Europa überhaupt einem kaum erstrebenswerten Ruf genoß.

Savonarolas Erwartungen sollten nicht enttäuscht werden. Das große Schiff füllte sich mit einer leidenschaftlich zuhörenden Menge, die größtenteils sogleich gewonnen war. Bereits am 10. März 1491, also weniger als drei Wochen nach seiner ersten Predigt im Dom, konnte er einem seiner Lieblingsschüler, Fra Domenico Buonvicini da Pescia, der seinerseits in Pisa predigte, schreiben, «unsere Sache schreitet glücklich voran»; zugleich aber gestand er ein, er stoße «bei den Großen auf Widerspruch» (also Widerstand) und es gebe viele Leute, die für ihn das gleiche Mißgeschick befürchteten, das Fra Bernardino de Feltre widerfahren war. Dieser war von Lorenzo in die Verbannung geschickt worden, nachdem er gegen den Wucher gepredigt und die Errichtung einer Pfandleihanstalt befürwortet hatte. Savonarola indes konnte der Gedanke an eine mögliche Verfolgung nicht schrecken. Den von Lorenzo dem Prächtigen gesandten Warnern prophezeite er, obwohl er in Florenz fremd sei, befürchte er nicht, davongejagt zu werden, der Herr der Stadt hingegen «werde als erster weggehen». Dieser wollte anscheinend Vergeltungsmaßnahmen vermeiden und zog es vor, ihm gut gemeinte Warnungen zukommen zu lassen und sich gleichzeitig, wie üblich, hinter seinen Schützlingen zu verbergen. Fünf von ihnen, die sich als eigentliche Delegation vor ihm präsentierten, antwortete Savonarola auf ihre Versicherung hin, dies sei ein spontaner, keineswegs von Lorenzo veranlaßter Schritt, er glaube ihnen kein Wort, sondern bat sie vielmehr, ihrem Beschützer eine mündliche Botschaft zu überbringen: Darin flehte er Lorenzo an, seine Sünden zu bereuen, denn Gott wolle ihn strafen, ihn und die Seinen. Die Ironie des Schicksals wollte es, daß die meisten dieser fürstlichen Boten schon bald zu Savonarolas eifrigsten Anhängern zählten.

Savonarola ließ sich also von den Drohungen Lorenzos des Prächtigen nicht beeindrucken. Er besaß sogar die Kühnheit, ihn im Zentrum der Macht, dem Palast, in seiner Gegenwart anzugreifen (die Episode ist jedoch nicht verbürgt). Gleich zu Beginn erklärte er, er fühle sich an diesem Ort nicht wohl, dessen urbanes Klima er zu respektieren habe, wozu er sich auf der Kanzel nicht verpflichtet fühle; dann aber kam er zur Sache und sprach von den Pflichten des Mannes, der dem Gemeinwesen vorsteht, «dem, ist er fromm, die ganze Stadt auf dem Wege der Heiligkeit nachfolgt». Aber, fügte er hinzu, dem ist nicht so: «Doch sind die Tyrannen unverbesserlich, sowohl um ihres Hochmutes und der Schmeicheleien willen, an die sie gewöhnt sind, als auch wegen der Zurückerstattung des fremden Gutes, wozu sie verpflichtet wären und sich doch nicht herbeilassen wollen ... Sie hören nicht auf die Armen und verurteilen die Reichen nicht, sie geben vor, die Armen und die Bauern würden umsonst für sie arbeiten, oder lassen zu, daß ihre Beamten solches vorgeben; sie kaufen Stimmen, sie verkaufen das Recht auf die Salzsteuer, um das Volk immer stärker zu bedrücken.» Direkter und eindeutiger konnte niemand reden. Zwischen Savonarola und Lorenzo ist zwar noch nicht Krieg, aber bereits kein Friede mehr.

Obwohl von der Notwendigkeit seines Auftrags überzeugt, zweifelt Savonarola doch an seinem Erfolg und ist auch für Kritik nicht unempfänglich, besonders wenn sie von seinen Mitbrüdern stammt. Er wollte zuerst seinen Predigtstil ändern, um einem schwierigen Publikum zu gefallen, das mehr an der Form als am Inhalt interessiert war. Aber man verändert den eigenen Stil nicht einfach so ohne weiteres, und so fuhr er denn wie bis anhin fort, folgte seiner Eingebung und scherte sich nicht um Rhetorik. Er war sogar versucht, alles aufzugeben und nur noch vor dem kleinen Publikum in S. Marco seine Vorlesungen über die biblischen Texte zu halten. Aber dieser Gedanke verflüchtigte sich bald. Er predigte also auch weiterhin, wie im bereits erwähnten Brief vom 10. März 1491 an Fra Domenico da Pescia dargelegt, «über die Erneuerung der Kirche und die kommende Trübsal», wobei er nach wie vor betonte, es handele sich hier nicht um Weissagungen im eigentlichen Sinn, sondern um Vorhersagen, die auf den Aussagen der Bibel basierten. So glaubte er, sich vor dem Vorwurf der Scharlatanerie schützen und von den unzähligen falschen Propheten und Erleuchteten absetzen zu können.

Die «terrifica praedicatio»
(27. April 1491)

Nach wie vor stützte sich Savonarola auf biblische Texte. Für die Sonntagspredigt vom 27. April 1491 hatte er einen Kommentar über die Klagelieder des Jeremia vorbereitet. Aber wie bereits in den Tagen zuvor hatte er, an der Richtigkeit seiner prophetischen Berufung zweifelnd, von Samstag auf Sonntag eine schlaflose Nacht verbracht und hätte am Morgen beinahe das Thema gewechselt. Dann aber hatte ihn eine Stimme im Namen Gottes angefleht, weiterhin so zu predigen, wie er es seit kurzem tat. Er stieg also beruhigt auf die Kanzel und hielt, wie er selbst sagte, die *terrifica praedicatio* (furchterregende Predigt), eine seiner heftigsten Predigten überhaupt, die sich ins Gedächtnis der Florentiner eingraben sollte.

Er griff zuerst den Klerus an und geißelte dessen Habsucht, dessen Vorliebe für Prunk und Gepränge, dessen Vernachlässigung der Spiritualität. Die Väter würden ihre Söhne nicht aus Liebe zu Gott, sondern um der mit dem Priesterstand für die Familie verbundenen Vorteile willen zur Klerikerlaufbahn zwingen. Die wohlhabenden Familien würden Altäre zu Ehren der Jungfrau Maria errichten, aber lediglich um ihren vergänglichen Reichtum zur Schau zu stellen. Innerhalb der höchsten kirchlichen Hierarchie finde ein skandalöser Handel mit Würden und heiligen Weihen statt; diese würden an den Meistbietenden verkauft, an Leute, denen der Heilige Geist jegliche Gabe versagt habe.

Alsdann prangerte er die Hartherzigkeit der Reichen und Mächtigen an, die das arme Volk mit Abgaben und Steuern erdrücken und ihm nur die Augen zum Weinen lassen, während sie selbst sich einer gerechten Lastenverteilung entziehen. Sie sollten sich hüten, denn über sie werde der Zorn Gottes hereinbrechen. Und Florenz werde von Schande und Blut erfüllt sein und einer Räuberhöhle gleichen.

Schließlich brandmarkte er die schändlichen Sitten der Ausschweifenden, die nicht nur Mädchen und Frauen entehrten, sondern auch Knaben, ja ihre eigenen Untergebenen verführten, denen sie in ihrem Geschäft und sogar in ihrem eigenen Heim

Gewalt antäten. Savonarola wandte sich, dem Propheten gleich, gegen all diese Schandtaten, ohne Furcht vor Verhöhnung und Verfolgung. Er stellt sich dem Schutz Gottes anheim, und wenn die Sintflut komme, die die Stadt und ihre schändlichen Sünder strafen werde, dann werde er mit seinen wenigen, von Gott auserwählten Getreuen errettet werden; auserwählt, das neue Zeitalter anzukündigen, würden sie um der Liebe Christi willen auf alles verzichten, Benefizien und Pfründe, Gaben und Almosen ablehnen; lediglich um ihr tägliches Brot bittend, würden sie ärmlich gekleidet durch die Straßen gehen und die Welt dank ihres Glaubens erleuchten – Empfänger der göttlichen Offenbarungen, die sie aber erst an jenem Tag enthüllen würden, an dem Gottes Ruhm über der Welt erstrahlen werde. Und von ihnen werde man, wie die Braut im *Hohenlied,* sagen: «Siehe, mein Freund, du bist schön.» «Und eine leuchtende Wolke werde sie wie die Jünger auf dem Berg Tabor umgeben, und die Stimme des himmlischen Vaters werde erklingen: Dies ist mein geliebter Sohn.» Dann, erst dann würden die übrigen Menschen verstehen, was er ihnen sagen wolle. Zur Stunde könnten sie lediglich zu Gott beten, er möge sie erleuchten.

Eine solche Zusammenfassung, die zudem auf wenigen lateinischen Notizen beruht, vermag keinen Eindruck von der Heftigkeit des Predigers zu geben, die, seinen eigenen Worten zufolge, so groß war, daß ihm die Brust zu zerspringen drohte. Die unmittelbare Wirkung auf die Zuhörer war ungeheuer. Diejenigen, die sich zu den Armen und Unterdrückten zählten, fanden in diesen Worten die Bestätigung, daß ihre Unzufriedenheit berechtigt war; und mehr denn je verdiente Savonarola den Namen, der Verteidiger der Armen zu sein. Diejenigen hingegen, die sich zu den Reichen und Großen zählten, waren keineswegs allesamt beeindruckt und zerknirscht. Je heftiger die Angriffe und je gewalttätiger die Beleidigungen wurden, desto mehr stieg auch ihr Zorn. Mehr denn alle anderen fühlte sich Lorenzo der Prächtige getroffen. Denn die Florentiner setzten seinen Namen hinter Sätze, mit denen Savonarola, ohne ihn zu nennen, nur ihn gemeint haben konnte. Wenn er etwa von den Vätern sprach, die für ihren Sohn die kirchliche Laufbahn ins Auge faßten, ohne sich seiner Berufung zu vergewissern, dann verstanden alle, daß Lorenzos Sohn Giovanni gemeint war, für dessen Erhebung zur Kardinalswürde Lorenzo der Prächtige ein Vermögen ausgegeben hatte (und mit Erfolg, denn Giovanni, mit 14 Jahren von Sixtus IV. zum Kardinal *in petto* ernannt, wird später unter dem Namen Leo X. Papst). Ebenfalls war Lorenzo gemeint, wenn Savonarola die Willkür der allein vom Willen des Fürsten abhängigen Verteilung der öffentlichen Ämter anprangerte. Lorenzo war es auch, der angeklagt war, viele brave Mädchen ins Unglück gestürzt zu haben, die fehlender Mitgift wegen keinen Ehemann fanden, weil er die von ihren Vätern im Monte dei Doti deponierten Gelder unberechtigterweise zum eigenen Profit unterschlagen hatte; der Monte dei Doti war eigens gegründet worden, um weniger wohlhabenden Bürgern zu erlauben, Geld im Hinblick auf eine spätere Heirat ihrer Töchter gewinnbringend anzulegen.

Derartige Angriffe konnte Lorenzo der Prächtige nicht einfach über sich ergehen lassen; das entsprach weder seinem Temperament, noch lag es in seinem eigenen Interesse. Aber mit der ihm von Natur aus eigenen, mit der Zeit noch zunehmenden Klugheit wollte Lorenzo Savonarolas Einfluß auf dessen eigenem Wirkungsfeld bekämpfen: auf der Kanzel. Da er seine Mitbürger, insbesondere jene führende Klasse kannte, an deren Spitze er selbst stand und die meinungsbildend war, stellte er Savonarola den beim gebildeten Publikum beliebtesten religiösen Redner der damaligen Zeit entgegen: Fra Mariano da Genazzano.

Das Rededuell mit Fra Mariano da Genazzano (Mai 1491)

Fra Mariano da Genazzano verdient den Sarkasmus nicht, mit dem ihn die Geschichtsschreibung der *piagnoni*[19] überhäuft. 1450 geboren, gehörte er seit 1466 dem Augustinerorden an. Dort erklomm er rasch die Stufen der universitären Hierarchie. Doktor, dann 1480 Rektor, stand er im Ruf, ein guter Theologe und ein ausgezeichneter religiöser Redner zu sein. Seine Redekunst, an der den Humanisten so teuren Rhetorik geschult, erntete einmütiges Lob; selbst Papst Innozenz VIII. schätzte ihn sehr. Vermutlich seit 1484 predigte er in Florenz in der Kirche S. Spirito. Die ganze gebildete Klasse, insbesondere aus dem Kreis der Medici-Anhänger, schätzte seine maßvolle Gestik, seine Haltung auf der Kanzel und seine natürliche Eleganz, die ihn, zusammen mit seiner wohltönenden Stimme, zum Liebling jenes Publikums machte, für das die richtige Form vor dem richtigen Denken oder Tun kommt. Sicherlich mischte sich auch Snobismus in diese allgemeine Bewunderung, und daß Mariano der Lieblingsredner des Fürsten war, erhöhte nur noch die Wertschätzung des gebildeten Publikums und der Günstlinge. In der Tat wurde er von Lorenzo hochgeschätzt, was ihm dieser auch öffentlich bezeugt hatte, ließ er ihm doch durch den Architekten Sangallo ein Kloster und eine Kirche erbauen.

Das war der gefährliche Gegner, den Lorenzo Savonarola gegenüberstellte. Das Rededuell begann am 12. Mai 1491 in der von Sangallo erbauten Kirche. In der ersten Reihe saß Lorenzo der Prächtige, umgeben von Pico della Mirandola, Poliziano und der Elite der Humanisten im Kreis der Medici. Viele waren gekommen, vom Ruf des Predigers, aber auch von der Erwartung angezogen, er würde Savonarolas Thesen widerlegen. Die von Mariano gewählte Thematik war der Apostelgeschichte entnommen: «Die aber zusammengekommen waren, fragten ihn und sprachen: Herr, wirst du in dieser Zeit wieder aufrichten das Reich für Israel? Er sprach aber zu ihnen: Es gebührt euch nicht, zu wissen Zeit oder Stunde, welche der Vater in seiner Macht bestimmt hat» (Apostelgeschichte 1,6-7). Gleich zu Beginn wurde klar, daß die Erwartungen des Publikums nicht enttäuscht werden sollten – es ging, gestützt auf die Worte Christi, sehr wohl um eine Widerlegung von Savonarolas Weissagungen. Aber anstelle einer eloquenten Widerlegung hörten die erst erstaunten, dann verärgerten Zuhörer eine heftige Schmährede, in der Marianos Feindseligkeit, ja Rachsucht klar zutage trat. Er nannte, indem er Religion und Politik vermischte, Savonarola einen falschen Propheten und Störenfried, der Ärgernis errege. Vom Inhalt her vielleicht geschickt, verdarb er alles durch die heftige und ordinäre Form. Sogleich wandte sich das Florentiner Publikum mit der ihm eigenen Wankelmütigkeit und

Leichtigkeit von ihm ab, angefangen bei den angesehensten Gelehrten wie etwa Pico, dem einstigen Bewunderer. Es mag auch sein, daß bei Marianos gebildeten Zuhörern insgeheim die Überzeugung heranreifte, der schöne Stil allein helfe dem Menschen nicht auf seinem Weg durch das Dunkel auf der Suche nach dem Licht, das ihn zur triumphierenden Gewißheit führen sollte. Hier, an diesem Ort, hat Savonarola soeben seinen ersten großen Sieg über die Florentiner Intelligenzija errungen. Das wird ihm, der bereits mit seinen Predigten im Dom die Herzen der Armen gewonnen hatte, jene breite, sich ständig erweiternde Zuhörerschaft sichern, die sich fortan von seiner leidenschaftlichen Verkündigung unwiderstehlich in Bann schlagen läßt. Savonarola war sich dessen sehr wohl bewußt, und er holte in seiner Predigt vom 15. Mai zum Gegenschlag aus.

Geschickt vermied er jeden sprachlichen Exzeß, um sich nicht auf das Niveau seines Gegners einzulassen, und nahm jene Thematik wieder auf, die Marianos Predigt zugrunde gelegen hatte. Er befaßte sich behutsam mit dem wahren Sinn der Worte Jesu Christi und legte sich *in fine* direkt mit Mariano an, als er äußerst zurückhaltend daran erinnerte, dieser sei einige Tage zuvor als «bewundernder und einsamer» Mitbruder zu ihm ins Kloster gekommen; damit wollte er andeuten, Mariano habe sich von anderen überreden lassen und man habe ihm seine Argumente zugesteckt. Eine perfide Anspielung, die aber ihren Zweck erreichte. Durch diese kaum verhüllte Anschuldigung diskreditiert, von seinem Publikum und seinem Beschützer Lorenzo fallengelassen, zog es Mariano vor, Florenz den Rücken zu kehren. Er zog sich nach Rom zurück, von wo aus er Savonarola mit seinem Haß auch weiterhin verfolgen wird. So war Savonarola «Sieger auf dem Schlachtfeld» (Ridolfi) geblieben.

Zweiter Teil

Prophet und religiöser Erneuerer
(1491–1494)

Kapitel I
Der Prior von S. Marco
(1491–1492)

Der Prior von S. Marco
(Juli 1491)

Savonarolas Einfluß ist inzwischen so groß, daß ihn seine Mitbrüder im Juli 1491 zum Prior des Klosters S. Marco wählen. Diese Wahl gibt jedoch Probleme auf. S. Marco verdankt den Medici viel. Bereits seit Cosimo dem Alten, dem Gründungsvater der Dynastie, hatten sie in diesen Ort beträchtliche Summen investiert und fühlten sich dort gewissermaßen zu Hause. Ist es also denkbar, daß die Oberen und Fratres von S. Marco mit Savonarolas Wahl zum Prior einen entschiedenen Gegner des Herrschers von Florenz an die Spitze ihrer Gemeinschaft stellen wollten? So lautet zumindest die These der *piagnoni*.

Der Historiker Francesco Guicciardini seinerseits behauptet, Lorenzo habe sich aus Respekt *(reverenza)* vor Savonarola zurückgehalten. Fra Girolamo, der in der Tat ein vorbildliches Leben in Demut und Nächstenliebe, in Kasteiung und Askese führte, war schon bald vom Schein der Heiligkeit umgeben, der sich mit den ersten Wundern noch verstärkte (*levitatio*, Lichtschein um seinen ganzen Körper, nächtelange Ekstasen usw.). Von seinen Anhängern nur allzu willig verbreitet und noch übertrieben, mußten derartige Erscheinungen Lorenzo beeindrucken. Dieser hätte demnach nichts gegen die Wahl des Fra Girolamo zum Prior unternommen. Man kann sogar noch weitergehen und alles vorbringen, was Savonarola und die Humanisten auf der Ebene der Ideologie verbindet und keineswegs entzweit. Das mag sogar für Lorenzo selbst gelten, dessen ausschweifender Hedonismus, dessen Machtstreben und politischer Zynismus mit echter religiöser Verunsicherung, existentieller Unerfülltheit, aber auch mit der vagen Furcht vor dem Jenseits und der Achtung vor den religiösen Werten gepaart war; davon zeugt etwa der ehrlich gemeinte Heiligenkult, wie er in seiner Komödie über die Heiligen Johannes und Paulus, Christen am Hofe des Konstantin, zum Ausdruck kommt.

Noch aussagekräftiger ist ein dichterischer Austausch zwischen Savonarola und einem Vertrauten Lorenzos, Ugolino Verino, der im Frühjahr das Werk *Carmen de christianae religionis ac vitae monasticae felicitate* (Gesang über die Glückseligkeit der christlichen Religion und des monastischen Lebens) verfaßt, das er im Begleitschreiben dem «angesehenen Ferrareser Theologen Hieronymus» widmet. Verino läßt sich darin über die Doppelnatur der «dichterischen Fähigkeiten» aus, könnten doch die einen dem Menschen den Sinn für das Gute eingeben, während ihn die anderen auf den Weg der Ausschweifungen führten, und er fragt sich, ob man nicht, wie Platon, ausnahmslos alle Dichter aus der Stadt verbannen müsse. Abschließend stellt er fest, man müsse die ausschweifenden Dichter «wie die Pest» fliehen und nur jene zulassen, deren Werk zugleich zu «erfreuen» und zu bilden vermöge. Es erstaunt, daß ein derartiges Schreiben, das eine auf die klassische Antike zurückgehende Polemik aufnimmt, von einem Vertrauten Lorenzos, der zudem in der fürstlichen Kanzlei tätig war, an Savonarola gerichtet wurde. Es erstaunt auch, daß Savonarola unverzüglich darauf antwortete, und zwar mit dem Werk *Apologeticum de ratione poetica artis* (Verteidigung der poetischen Vernunft in der Kunst; in vier Büchern!), worin er sagt, er habe nie die Poetik als solche verurteilt, sondern lediglich den «Mißbrauch» jener, die sich auf der Kanzel heidnischer Dichter bedienen, die Heilige Schrift mit der Redekunst eines Cicero und den Versen eines Virgil schmücken und die Zuhörer vom Gehalt der göttlichen Botschaft dadurch ablenken, daß sie sie mit der Eleganz der Formen verführen (eine Anspielung auf den Redestil von Fra Mariano). Ist die Eile, mit der Savonarola auf Ugolinos Geste antwortet, und die Mäßigung, mit der er über die Poesie und deren Gefahren und Nutzen spricht, als Bemühen Savonarolas zu verstehen, die Humanisten um Lorenzo, von denen immer mehr zu seinen Gottesdiensten strömen, nicht zu verärgern? Man möchte es gerne glauben, so wie man auch gerne glaubt, daß er mit dem im selben Jahr geschriebenen Werk zur Logik eben diesen Humanisten zeigen wollte, daß sein Wissen seiner Redekunst in nichts nachstand, daß er Aristoteles und Thomas von Aquin studiert hatte und folglich ebenfalls ein Intellektueller war, wie wir heute sagen würden, und nicht bloß ein Schwärmer oder ein visionärer Scharlatan (beim besagten Werk handelt es sich um das 1492 publizierte *Compendium logicae,* das nichts anderes als eine Zusammenfassung seiner Logikvorlesungen ist, die er seit 1491 zuerst als Lektor, dann als Prior vor den jungen Mitbrüdern in S. Marco hielt).

Aber «er warf seine Netze vor allem unter dem einfachen Volk aus» (Ridolfi), denn wie sein Lehrmeister wollte auch dieser Seelenfänger nicht die Gelehrten und Gebildeten, jenes hochmütige und verstockte Gesindel, sondern «die im Geiste Armen» wachrütteln, überzeugen und retten. Daher beispielsweise eine *Abhandlung über die Witwenschaft (Trattato della vita viduale),* das als erstes seiner Werke 1491 gedruckt wird.

Darin bezieht sich Savonarola auf das Beispiel der Prophetin Hanna, «eine Tochter Penuels, vom Geschlecht Ascher», von der im Lukas-Evangelium (Lukas 2,36f.) die Rede ist: «Die war ... nun eine Witwe bei vierundachtzig Jahren; die kam nimmer vom Tempel, diente Gott mit Fasten und Beten Tag und Nacht.» Gestützt auf eine christliche Überlieferung, von Paulus zu Augustinus und Ambrosius, zeichnet er dann das Portrait der wahren Witwe; diese entsagt der Welt, ihrem Prunk und ihren Werken, vermeidet alle Versuchungen des Fleisches, flieht die Gesellschaft ihrer Familie, mißtraut selbst Priestern und Mönchen, ja sogar dem Beichtvater; so führt sie ein Leben in Fasten und Gebet und widmet sich ganz dem Dienst am himmlischen Bräutigam. Savonarola steht also in der paulinischen Tradition und stimmt mit dem Apostel überein: «Das ist aber echt eigentlich eine Witwe, die ... ihre Hoffnung auf Gott stellt und bleibet am Gebet und Flehen Tag und Nacht» (1. Timotheus 5,5). Wie der Apostel will er, daß jene, die sich zu einem solchen Leben unfähig fühlen, insbesondere die jungen Witwen, die von der Wollust auch weiterhin bedrängt werden, sich eher wieder verheiraten, als in zweifelhafter Witwenschaft zu leben. Ist das ein «blind frauenfeindliches» Werk, wie Cordero schreibt? Sicherlich in dem Maße, wie es die Thematik der weiblichen Schwäche angesichts der fleischlichen Lust wiederaufnimmt. Aber «blind» ist zuviel gesagt, denn, der Argumentation des Apostels folgend, weiß Savonarola zwischen den Witwen zu unterscheiden, die von ihrer Sexualität her nicht zur Keuschheit bestimmt sind, und jenen, die die nötige heroische Tugend zur völligen Enthaltsamkeit besitzen und die er gewissermaßen bittet, sie möchten trotz ihres Laientums ein nonnengleiches Leben führen. Das war das Los jener Frauen, die *pinzochere* (Beginen) genannt wurden.

Im Juli 1491 wurde Savonarola zum Prior gewählt. Sind seine Beziehungen zu Lorenzo dem Prächtigen, dem Schutzherrn des Konvents, so schlecht, wie es die *piagnoni*-Literatur will, die von Savonarolas Weigerung spricht, sich nach seiner Wahl bei Lorenzo zu bedanken? Seinen erstaunten, aber auch beunruhigten und verärgerten Mitbrüdern gegenüber habe er diese überaus unhöfliche Weigerung mit folgenden Überlegungen gerechtfertigt: «Wer hat mich zum Prior gewält, Gott oder Lorenzo?» «Gott», so lautete zwangsläufig die Antwort seiner Mitbrüder. «Dann will ich Gott, meinem Herrn, danken.» Was bei Lorenzo dann, als er darüber informiert wurde, folgende mißmutige Reaktion hervorgerufen haben soll: «Ein fremder Mönch ist gekommen, bei mir zu wohnen, und er hat es nicht für nötig befunden, mich zu besuchen.»

Dieselbe *piagnoni*-Literatur erzählt noch eine weitere Anekdote. So wie es bei seinem Großvater Cosimo und dann bei seinem Vater Piero Brauch gewesen war, kam auch Lorenzo der Prächtige eines Tages in den Klostergarten, um dort zu meditieren, vielleicht hoffte er auch insgeheim, Savonarola zu treffen. Dieser aber weigerte sich zum großen Ärger seiner Mitbrüder, seine Zelle zu verlassen. «Hat er nach mir gerufen?», fragte er sie. «Nein? Dann will ich ihn auch nicht belästigen.» Ist auch die aus derselben Quelle stammende Anekdote unbesehen zu übernehmen, die von einem Versuch einer *captatio benevolentiae* von seiten Lorenzos spricht, der dreihundert Dukaten, also eine beträchtliche Summe, in den Almosenstock des Klosters gelegt habe soll? Savonarola habe dieses Geld dann in zwei Teile aufgeteilt, den einen für die Bedürfnisse des Klosters, den anderen für die Armen der Bruderschaft der Guten Männer vom heiligen Martin. Weshalb nicht? Letztlich bestätigt dieses Geplänkel nur, was wir bereits wissen. Savonarola ist ein integrer und intransigenter Charakter; er ist kein Mann, der

Wert auf gute Manieren hält; er wirkt etwas rauh und provokativ. Er ist, zumindest in diesen Jahren der beginnenden Karriere, kein Mann des Ausgleichs und des Kompromisses.

Was immer es mit diesem unterschwelligen Kampf zwischen ihm und dem Herrscher von Florenz auf sich haben mag, Tatsache ist, daß er sich durch ihn nicht von seinem Auftrag als Prediger abhalten ließ. Er trat also in der Adventszeit 1491 wieder auf die Kanzel von S. Marco. Thema waren diesmal die ersten vierundzwanzig Genesisverse (von der Erschaffung der Welt bis zur Geschichte von Jakob und Esau). «Alle ... bewunderten seine Kunst, die Aussprüche der Heiligen Schrift auf die Gegenwart anzuwenden.»[20] Aber sein Kommentar war derart gründlich, daß er ihn noch in der Advents- und Fastenzeit 1493/94 weiterführen mußte.

Zu den Aktivitäten in Florenz kam noch seine Predigttätigkeit in anderen Städten hinzu: etwa ein Dutzend Predigten in Lucca, andere in Pisa, wo er einen Novizen ins Kloster zurückbrachte, der es, «vom Teufel versucht», verlassen hatte, um in die Welt zurückzukehren.

Die Fastenzeit von 1492

In der Fastenzeit des Jahres 1492 steigt Savonarola in Florenz wieder auf die Kanzel. Er zieht eine gewaltige Menge an. Diese Predigten geben seiner Laufbahn eine neue Wende. Nun ist der Ton schlicht prophetisch. Zum Auftakt erkärt er, die Zeit der Plagen habe bereits begonnen. Die Kirche müsse sich erneuern und die Gläubigen müßten sich bekehren. Er ermahnt sie, ihre Sünden zu beichten und ein neues Leben zu beginnen, denn Gott wird seiner Kirche neue Trübsal senden. Seine Rede ist chaotisch (zumindest das, was über die lateinischen Schemata auf uns gekommen ist). Von der Genesis wechselt er zu den Psalmen, insbesondere dem 33. Psalm, der sagt: «Der Her macht zunichte der Heiden Rat und wehrt den Gedanken der Völker.» Gestützt auf den heiligen Text, greift er die Kurie an, die ihm feindlich gesinnt ist, weil er ihren losen Lebenswandel anprangert. Aber den Theologen werde ihre Wissenschaft nichts nützen. Er fürchte den Zorn der Kirchenfürsten nicht. Wenn er sagt, «der wahre Prediger wird in ihren Händen liegen» und «die Menschen werden geschickt durch die falsche Lehrmeinung verführt», dann scheint er sein eigenes Schicksal als Exkommunizierter vorwegzunehmen. Er verschont weder Priester noch Mönche, die er als «falsche Ordensleute», als «hart, unerbittlich und geldgierig» bezeichnet – Ausgeburten der Hölle, die ihre der Reinheit des Glaubens treu gebliebenen Mitbrüder verderben. Er legt sich auch mit den «Dichtern, Rednern und übrigen Gelehrten» an, die «den Fürsten verteidigen», und schließlich mit den «Herrschenden» selbst, die die guten Bürger dadurch verderben, daß sie sie an der Macht beteiligen und von ihnen verlangen, sich den Befehlen des Fürsten zu unterwerfen. Von ihm hingegen dürften sie weder Schweigen noch Lobreden erwarten, sei er doch da, um ihre Sünden zu verurteilen. Und weil er sie kenne, erwarte er von ihnen, offen oder versteckt, Verfolgung, «Krieg und Trübsal».

Welche Wirkung dieser sturzbachartige, heftige und ungeordnete Redeschwall, in dem sich der allegorische Kommentar mit der furchterregenden Weissagung über die nahe Zukunft vermischte, auf die Menge hatte, ist leicht vorstellbar. Für Savonarola hatte eine neue Phase der Verkündigung begonnen. Vom Feuer der Propheten beseelt, schien er in der Zukunft die Anzeichen für kommende Plagen zu lesen. Dabei sollte ihm der Zufall zu Hilfe kommen.

Die Predigt vom 6. April 1492

In der Nacht vom 5. auf den 6. April 1492 schlug der Blitz in die Domkuppel ein, hinterließ einen klaffenden Riß, was Marmor und andere Kuppelteile hinunterstürzen ließ. Furcht und Schrecken erfaßte die ganze Stadt. In jener gespannten Atmosphäre, die Savonarolas Predigten geschaffen hatten, wurde dieser Vorfall sogleich als Zeichen für den Zorn Gottes, für das nahende Ende der Welt aufgefaßt. Das genügte damals, um eine Massenbewegung auszulösen. In diesem Zusammenhang erinnert Monnier an zwei Beispiele: «1457 tut Bologna, unter dem Schock mehrerer Erdbeben, Buße und fleht um Erbarmen ... Während acht Tagen aß praktisch niemand Fleisch ... Die Enthaltsamkeit hielt an, und die Kurtisanen ließen niemanden in ihr Lager.» Nachdem sich ein sogenannter Blutregen über Siena ergossen hatte, «strömten alle zum Altar der Heiligen Jungfrau im Dom, opferten eine Kerze, und während die einen einen Gefangenen loskauften, die anderen ein armes Mädchen verheirateten, ließen sie eine feierliche Messe singen, und alle taten das gleiche» (Monnier, Le Quattrocento).

Savonarola konnte sich dieser Atmosphäre des Schreckens gerade deshalb nicht entziehen, weil er zu deren Verbreitung maßgeblich beigetragen hatte. In der Nacht des Blitzschlags bereitete er die Predigt für den nächsten Tag vor, in der er eigentlich die Auferstehung des Lazarus behandeln wollte. Aber die Inspiration ließ ihn im Stich. Endlich legte er sich schlafen, konnte aber kein Auge schließen. Plötzlich eine Stimme, die seine Schlaflosigkeit durchdrang und sprach: *«Ecce gladius Domini super terram, cito et velociter.»*[21] Es handelt sich hierbei um eine Verschmelzung von zwei gängigen Redensarten; die eine *(gladius Domini)* stammt aus Jesaja und Jeremia, die andere *(cito et velociter)* geht auf Josua (Josua 23,16) und Joel (Joel 3,4) zurück.

Am nächsten Tag, dem 6. April, stieg er auf die Kanzel von S. Lorenzo und legte dieses Thema vor einer Menge dar, die nur allzu bereit war, die Bestätigung ihrer heimlichen Ängste zu hören, glaubten doch einige nicht an einen Blitzschlag, sondern wollten darin die Hand Gottes sehen. Genau dasselbe wird an diesem 6. April ein Franziskaner und Bewunderer Savonarolas von der Domkanzel herab sagen und die Florentiner ermahnen, ihre Sünden, insbesondere jene der Sodomie, zu bereuen, während in S. Maria Novella ein Dominikaner zum gleichen Thema predigt.

Savonarola und der Tod Lorenzos des Prächtigen (8. April 1492)

In seiner Villa in Careggi, wohin er sich angesichts des herannahenden Todes am 21. März 1492 hatte bringen lassen, lag Lorenzo der Prächtige im Sterben. Er starb an der Gicht, einer in seiner Familie erblichen Krankheit, die im August 1464 bereits seinen Großvater Cosimo und im Dezember 1469 seinen Vater Piero dahingerafft hatte. Seit Jahren hatte er sein Leiden mit Thermalkuren zu heilen versucht. Nichts half, und sein Zustand verschlechterte sich zusehends. Zu Beginn des Jahres 1492 machten sich bei Lorenzo beunruhigende Anzeichen einer rapiden Verschlechterung bemerkbar. Am 13. März, als in seinem Florentiner Palast an der Via Larga ein Bankett zu Ehren seines soeben zum Kardinal ernannten Sohnes Giovanni gegeben wurde, konnte er sich nur unter großen Schmerzen kurz den versammelten Gästen zeigen. In seiner Villa in Careggi kam es bereits Anfang April wiederholt zu akuten und schmerzhaften, von hohem Fieber begleiteten Gichtanfällen, die ihn erschöpften; jedermann, auch er selbst, glaubte an einen tödlichen Ausgang, was ihm auch seine Schwester Nannina, darüber befragt, bestätigt hatte. Gelassen hatte er diese Ankündigung entgegengenommen.

Lorenzo – ein zynischer Politiker, der den Menschen mit Skepsis begegnete und sie ohne Skrupel manipulierte – war jener Aberglaube eigen, den damals alle, auch die brillantesten Köpfe teilten. Als er in den ersten Apriltagen erfuhr, daß der Blitz in S. Maria del Fiore eingeschlagen hatte, fragte er, auf welcher Seite der Kuppel. Als er hörte, auf der Seite des Palasts, nahm er das als düsteres Vorzeichen.

Er gab sich über sein nahendes Ende keinen Illusionen hin und ließ am 8. April «den Seelenarzt» rufen, um seine Sünden zu beichten. Als man ihm «mitten in der Nacht» (Poliziano) die Ankunft der Sterbesakramente mitteilte, wollte er diese nicht im Bett empfangen. Vielmehr erhob er sich, ihnen entgegenzugehen. Auf den Knien, «seufzend und weinend», bat er Christus um Vergebung seiner Sünden und aller Beleidigungen, die er der Hoheit des göttlichen Meisters angetan hatte. Sein Beichtvater konnte ihn dazu bewegen, sich wieder niederzulegen, worauf ihm der Priester die Letzte Ölung erteilte, die er in Demut und vollkommener Reue empfing. Derart auf seinen letzten Gang vorbereitet, ließ er seinen ältesten Sohn und Nachfolger, Piero, rufen und hielt ihm eine Rede über die gute Regierung, ermahnte ihn, nur das Wohl seines Volkes im Auge zu behalten und dieses über Partikulärinteressen zu stellen. Dann gab er seine Anweisungen für die Begräbnisfeierlichkeiten, die, wie jene seines Großvaters Cosimo, einfach zu gestalten seien, «so wie es sich für einen einfachen Bürger gehört» (Poliziano).

Mit bewundernswerter Geduld nahm er die von seinen Ärzten verschriebenen Arzneien ein, inbesondere jene eines aus Pavia herbeigerufenen berühmten Spezialisten: einen Trank, dem zerstampfte Perlen und Edelsteine beigemischt wurden. Er ließ auch Poliziano zu sich rufen, wollte Pico della Mirandola sehen, der eilends herbeigeholt wurde, hatte sogar die seelische Kraft, mit beiden zu scherzen, und bemerkte lächelnd, er würde gerne «seine Todesstunde verschieben, bis er die ihnen vorbehaltene Bibliothek fertig erstellt habe» (Poliziano). Pico della Mirandola hatte sich eben zurückgezogen, da trat Savonarola ein.

Wer hatte ihn gerufen? Poliziano, an dessen Bericht wir uns hier halten, sagt nichts darüber. Daß dies ein spontaner Besuch war, ist undenkbar. Da Lorenzo die Letzte Ölung empfangen hatte, bedurfte er, geistlich gespochen, Savonarolas Beistand nicht mehr. War es Picos eigenmächtiger Entschluß gewesen, ihn hierherzubringen?

Savonarola betritt das Zimmer. Er ermahnt Lorenzo, «am Glauben festzuhalten», worauf ihm dieser antwortet, sein Glaube sei unerschütterlich. Daraufhin bittet ihn Savonarola, von nun an «tugendhaft zu leben», worauf Lorenzo erwidert, er werde sich dessen befleißigen. Schließlich legt er ihm ans Herz, den Tod ergeben zu ertragen. Nichts, gibt Lorenzo darauf zur Antwort, sei ihm lieber als dies, wenn es Gottes Wille sei. Savonarola verläßt den Sterbenden, dieser aber ruft ihn zurück und bittet um seinen Segen. Das Haupt gesenkt, in frommer Haltung, antwortet er auf Savonarolas Worte und Gebete aus dem Gedächtnis, ohne sich durch die nicht mehr zu unterdrückenden Seufzer und Klagen seiner Angehörigen beirren zu lassen. «Und bis zum letzten Atemzug bewahrte er die ihm eigene Seelenstärke, Festigkeit, Selbstbeherrschung und Würde.»

Stoisch ertrug Lorenzo die ihm von seinen Ärzten zugefügten «Qualen» und fand noch die Kraft, mit ihnen zu scherzen. Als er den Tod nahen fühlte, umarmte er jeden und bat sie, ihm zu verzeihen, daß er ihnen mit seiner Krankheit Unannehmlichkeiten bereitet habe. Dann hörte er sich die Leidensgeschichte des Herrn an; dabei schwieg er, bewegte aber Lippen, Augen und Hände. Das Kruzifix küssend, verstarb er.

So lautet, zusammengefaßt, Polizianos Bericht, den er am 18. Mai in einem Brief an einen Freund niederschreibt. Ein mit Sicherheit ehrliches und wahrhaftiges Zeugnis, das zudem in den Berichten anderer Zeitgenossen seine Bestätigung findet. Etwa bei Carol Del Benino, einem Vertrauten der Medici und integren Charakter, der, gemäß Ridolfi, «wahrscheinlich bereits zu jener Zeit ein glühender Verehrer Fra Girolamos» ist. Bereits am 13. April – also nur fünf Tage nach Lorenzo de' Medicis Tod – verfaßt, bestätigt Del Benino die Herzlichkeit der letzten Unterhaltung zwischen Lorenzo und Savonarola. So lautet auch wenig später der Bericht Don Guidos, des Priors im Kamaldulenserkloster degli Angeli, der Lorenzo in der Todesstunde die Beichte abnahm, aber auch jener des Chronisten Parenti, der in der Stadt sorgfältig alle Versionen über Lorenzo de' Medicis Tod zusammentrug, schließlich jener von Benedetto Dei vom 14. April. Alle bestätigen Polizianos Bericht.

Das war den glühendsten Anhängern Savonarolas indes nicht genug, konnten sie doch darin nicht das getreue Portrait ihres Idols wiederfinden. Savonarolas gemessene, unterwürfige und wohlwollende Haltung schien mit dem Bild, das sie sich von ihm machten, unvereinbar zu sein, betrachteten sie ihn doch als entschiedenen und aggressiven Gegner der Tyrannei des Lorenzo. So entstand im Kreis der *piagnoni* eine ganz andere Version.

Als erster setzte sie Placido Cinozzi, ein Dominikaner in S. Marco, in Umlauf. In seiner *Epistola ... de vita et moribus ... Hieronimi Savonarolae ...* (Brief über Leben und Sitten des Hieronymus Savonarola), wahrscheinlich um 1500, also etwa acht Jahre später verfaßt, behauptet er, angesichts des nahen Todes habe Lorenzo nach Savonarola gerufen, denn er habe «noch nie einen so wahrhaftigen Geistlichen gesehen». Als Savonarola an sein Lager trat, wollte er die Beichte ablegen. Savonarola indes wollte ihm vorher drei Fragen stellen. Er fragte Lorenzo als erstes, ob sein Glaube stark sei. Der Sterbende bejahte. Dann befahl er ihm, unrecht erworbenes Gut zurückzuerstatten. Nach kurzem Schweigen antwortete Lorenzo, dies sei seine Absicht und er werde auch von seinen Erben Gleiches verlangen. Schließlich befahl ihm Savonarola, der Republik die Freiheit zurückzugeben und diese in ihren früheren Stand zurückzuversetzen. Daraufhin schwieg Lorenzo. Da Savonarola keine Antwort bekam, ging er weg, ohne Lorenzo dem Prächtigen die Beichte abgenommen zu haben.

Wer mochte Cinozzi diese von Polizianos Erzählung völlig abweichende Version zugetragen haben? Etwa Silvestro Maruffi, ein Dominikaner von S. Marco, ein heiligmäßiger Mann, umgeben vom Schein des Märtyrertums, das er am 23. Mai 1498 an der Seite Savonarolas erlitt? Fra Silvestro aber war ein wenig glaubhafter Zeuge; ein naiver Schlafwandler und Visionär, «der häufig alles, was ihm im Traum erschien, für wahr hielt» (Ridolfi). Und in seinen Zeugnissen ist es oft nicht leicht, Wahres und Erfundenes auseinanderzuhalten. Angeblich behauptete Silvestro, diese Erzählung von Savonarola selbst gehört zu haben. Dieser aber hat über die Begebenheit stets Stillschweigen bewahrt.

Cinozzis Version fand Eingang in die von Giovanni-Francesco Pico della Mirandola (einem Neffen des berühmten Philosophen) 1520 verfaßte und 1530 aufgearbeitete Savonarola-Biographie: *Vita R. P. Hieronymi Savonarolae*. Ihren letzten Niederschlag fand sie dann in einer über Jahrhunderte als Standardwerk geltenden Biographie: *La vita del Beato Ieronimo Savonarola*, 1528 vom Pseudo-Burlamacchi verfaßt. Der Autor, ein Zeitgenosse von Giovanni-Francesco Pico della Mirandola, ist ein unbekannter Mönch von S. Marco, der «quasi das Evangelium des neuen Propheten» (Ridolfi) verfassen wollte. Dementsprechend vermittelt diese Biographie auch ein idealisiertes Bild Savonarolas. Dort wird die Begegnung mit Lorenzo wie folgt referiert:

Angeblich habe Lorenzo nach einem Beichtvater gefragt und Savonarola anstelle von Don Guido, seinem ständigen Beichtvater, verlangt. Zuerst habe sich Savonarola unter dem Vorwand, sie könnten sich nicht einig werden, geweigert, Lorenzos Ruf zu folgen. Lorenzo habe insistiert, und schließlich habe Savonarola nachgegeben. Im Sterbezimmer habe sich dann folgender, nachstehend zusammengefaßter Dialog abgespielt: Lorenzo will beichten, aber die Erinnerung an drei Todsünden quält ihn: die Plünderung von Volterra, in deren Verlauf viele Jungfrauen geschändet wurden; die Unterschlagung der Gelder des Monte delle fanciulle (der Bank, die die zur Aussteuer der heiratsfähigen Mädchen nötigen Gelder sicherstellen sollte); schließlich die blutige Unterdrückung der Verschwörung der Pazzi von 1478 (in der sein Bruder Giuliano den Tod fand und er selbst verletzt wurde). Dann nimmt Pseudo-Burlamacchi Cinozzis und Picos Erzählung wieder auf, erwähnt Savonarolas Fragen, Lorenzos Antworten und sein Schweigen angesichts der dritten Frage, Savonarolas Aufbruch und die nicht erfolgte Beichte und Lossprechung.

Heute schenkt indes niemand mehr dieser Erzählung Glauben, die lediglich «eine der zahlreichen Legenden ist, die sich, als Werk seiner fanatischen Anhänger, um Savonarola ranken» (Ridolfi). Man hat sich demnach an Polizianos Bericht zu halten. Nur so wird nämlich einsichtig, weshalb Lorenzos Sohn und Nachfolger, Piero, Savonarola soviel Wohlwollen entgegenbringt und weshalb die beiden seit Lorenzos Tod bis zu Pieros Flucht im Oktober 1494 einander so freundschaftlich verbunden sind.

Zwei Visionen
(April 1492)

Nach Lorenzo de' Medicis Tod wurden Savonarolas Predigten noch aggressiver. Unablässig sagte er «die Plage Gottes» voraus, die unausweichlich, ohne daß etwas dagegen getan werden könne, über Florenz hereinbrechen werde. Am 20. April sprach er auf der Kanzel von einer außergewöhnlichen Vision. Zwei Kreuze waren ihm erschienen. Das eine war schwarz und hing über Rom (das mit Babylon verglichen wurde). Es trug die Inschrift «Kreuz des Zornes Gottes». Auf sein Erscheinen folgte ein Sturm und ein Feuer- und Schwerterregen, der unzählige Sünder tötete und nur eine kleine Schar von Frommen verschonte. Das zweite, goldgleißende Schwert erhob sich im heiteren Himmel über Jerusalem. Es trug die Inschrift «Kreuz der Barmherzigkeit Gottes». Und alle Völker der Erde strömten herbei, es zu küssen und anzubeten.

Eine weitere Vision hatte er in der Nacht vor der Predigt über die Genesis, die er in der Adventszeit 1492 in der Kathedrale hielt.

Aus Angst, sich lächerlich zu machen, sprach er erst später darüber, obwohl er einige Einzelheiten in seine Predigt vom nächsten Tag einflocht. Er sah eine Hand am Himmel, die ein Schwert mit der Inschrift *Gladius Domini super terram cito et velociter* trug, während auf der Hand selbst stand: *Vera et justa sunt judicia Domini.*[22] Drei Stimmen ertönten. Die erste prangerte die «Sündigkeit des Heiligtums» an, die zweite kündigte die Strafe der schlechten Priester an, die dritte verkündete, sie würde «die Armen und Bedürftigen» verschonen. Dann erhob sich eine «mächtige Stimme», die Stimme Gottes, und verkündete, bald werde das Schwert des Herrn gegen die Sünder gezückt werden, und ermahnte sie zu bereuen. Eine Fülle von Engeln schwebte auf die Erde herab und bot allen Menschen ein weißes Gewand und ein Kreuz an. Allein die Lauen und die schlechten Priester lehnten spöttisch ab. Da wandte sich Gottes Schwert gegen die Erde, ein Regen von Schwertern ergoß sich, der Krieg, Pest, Hungersnot und «unsägliche Trübsal» brachte. Nach Drohungen gegen die Bösen und Zuspruch für die Guten verblaßte die Vision. Eine andere Stimme erhob sich und gab Savonarola zu verstehen, sie verdamme «die Regierung der schlechten Prälaten». Diese Stimme befahl ihm, die Völker zu ermahnen, zu Gott zu beten, damit «er gute Hirten und Prediger auf die Erde sende».

»Diese Vision von der Hand mit dem gezückten Schwert prägte sich den Gemütern unauslöschlich ein und verband sich fortan unzertrennlich mit dem Bilde des Frate.»[23] Für Villari ist diese Vision das für Savonarola und seine Lehre wichtigste Symbol.

Savonarola hatte also voll und ganz die Rolle des Propheten übernommen. Während er bisher den Stoff für seine Offenbarungen im Alten Testament und in den Propheten Israels gesucht und gefunden hatte, tat er in der Fastenzeit (April 1492) einen entscheidenden Schritt nach vorne. Er war sich nun gewiß, daß diese Offenbarungen nicht allein aus der Meditation der Bibel kamen, sondern «vom Himmel» stammten. Die Bestätigung seiner prophetischen Gabe bestärkte ihn in seinem Entschluß, seine Stimme laut und vernehmlich zu erheben. Aus Demut jedoch, so sagt er, ließ er seine Zuhörerschaft weiterhin im Glauben, die Bibel sei direkte und einzige Quelle seiner Visionen. Weshalb diese

Verstellung oder diese bewußte Lüge? Aus Angst, sich lächerlich zu machen? Das wäre verständlich in einer Stadt, in der der Geist der Kritik stets besonders virulent war und es unter den Zuhörern viele Skeptiker gab.

Daß er nicht preisgab, woher seine Visionen stammten, war Gewissenssache. Für die Hörerschaft war nur der Inhalt wichtig. Da die Menschen jener Zeit in diesen Belangen noch mittelalterlich dachten, wurden Wunder ohne weiteres akzeptiert, *a fortiori* dann, wenn der Prediger zu verstehen gab, er habe sie der Heiligen Schrift entnommen. Aus diesem Grund stieg Savonarolas Ansehen bei einer wachsenden Zahl von Florentinern. Überall in der Stadt begannen auch die Gebildeten, ängstlich den Himmel nach Zeichen abzusuchen, die Savonarolas Offenbarungen bestätigen würden. In diese Atmosphäre angstvoller Erwartung mischten sich die wildesten Gerüchte, zuweilen von den Mitbrüdern des Predigers von S. Marco selbst in Umlauf gebracht.

Die Reise nach Venedig
(Mai 1492)

Während in Florenz ein immer größeres Publikum an seinen Lippen hing und in Erwartung der «Zeichen des Himmels» lebte, machte Savonarola eine kurze Reise nach Venedig, wo er anscheinend mit seinen Oberen über eine Reform des Klosters S. Marco sprach. Sein Anliegen wurde, seinen eigenen Worten nach, wohlwollend aufgenommen, und er kehrte noch vor Monatsende nach Florenz zurück.

Geistliche Werke

Das geistliche Werk Savonarolas blieb nicht auf die Predigt beschränkt, sondern umfaßte auch eine intensive literarische Tätigkeit, wovon drei Hauptwerke zeugen.

Erst einmal die Abhandlung *Über die Liebe Jesu,* im Mai 1492 erstmals in Florenz veröffentlicht und zwischen 1492 und 1495 sechsmal neu aufgelegt, dreimal allein im Jahr 1495; dann die Abhandlung *Über die Demut,* im Juni 1492 in Florenz publiziert und mit fünf Neuauflagen zwischen 1492 und 1500; schließlich die Abhandlung *Über das Gebet,* im Oktober 1492 in Florenz publiziert und mit vier Neuauflagen in den folgenden Jahren. Hinzu kommt eine kleine *Verteidigungsschrift des inneren Gebetes;* diese sollte auf die Kritik an der Abhandlung *Über das Gebet* antworten und wurde vermutlich 1492 veröffentlicht.

Hauptmerkmal dieser Schriften ist nicht deren Originalität. Die Abhandlung *Über die Liebe Jesu* etwa behandelt eine traditionelle Thematik: kein Heil ohne die Liebe des Erretters; die unsäglichen Freuden des Paradieses, die jenen verheißen sind, die Gott ihre weltlichen Freuden geopfert haben und die bereits auf Erden ein grenzenloses und endloses Frohlocken empfinden werden; die Finsternis und die «grausamen und unersättlichen» Dämonen, die jene erwarten, die ohne diese Liebe leben. Bemerkenswert ist hingegen die wahre Besessenheit für das in allen Einzelheiten und mit visionärer Intensität nachgelebte Leiden am Kreuz und das gewissermaßen am eigenen Leib nachempfundene Leiden auf Golgotha: «Oh unempfindlicher Nagel, ich bitte dich, werde weicher ... oh erbarmungsloser Hammer, schlage nicht: erkenne deinen Gott!» Diese Klagen werden von der Jungfrau Maria im gleichen pathetischen Ton wiederaufgenommen, ein Ton, der Savonarola jener Strömung mystischer Literatur zuweist, die ebenso alt ist wie die Laudes und die die Zuschauer und Akteure der mittelalterlichen Bruderschaften geprägt hat.

Gleiches ließe sich auch von der Abhandlung *Über die Demut* sagen. Auf Bitte der Gläubigen verfaßt, die seine Meinung über die Tugenden der Nächstenliebe und der Demut wissen wollten, wird an erster Stelle letztere behandelt, da Demut seiner Meinung nach die Grundlage der christlichen Spiritualität überhaupt ist. Dabei handele es sich um eine schwierig zu erwerbende und zu pflegende Tugend, denn «der Wunsch nach unserer eigenen Vortrefflichkeit» sei so stark, daß er uns unablässig in Versuchung führe. Daher die Notwendigkeit von genauen Regeln (er erwähnt etwa zehn), um Demut praktizieren zu können. In dieser täglichen Praxis unerläßlich sei zudem der Beistand der göttlichen Gnade, ist

jene Praxis doch ein unablässiger Kampf gegen alle heimtücki-
schen Angriffe unseres «tödlichsten Feindes», vor allem in Gestalt
«des Wunsches nach Vortrefflichkeit», der uns in den Augen aller
als hassenswert erscheinen läßt.

Kapitel II
Autonomie und Klosterreform
(1492–1494)

Das Ringen um die Autonomie von S. Marco
(Frühjahr 1492)

Savonarola führte ein ausgefülltes Leben zwischen Verkündigung und geistlicher Führung; die Abhandlung *Über das Gebet* war nämlich auf Bitte der Äbtissin vom Kloster der Muraten verfaßt worden. Hinzu kam seine Tätigkeit als religiöser Erneuerer. Zur Realisierung seiner Vorstellungen über die Klosterreform schien es ihm wichtig, die Autonomie der Klöster S. Marco und S. Domenico in Fiesole zu erwirken.

Nachdem sie die Pest von 1448 beinahe völlig entvölkert hatte (1456 lebten nur zwei Novizen in S. Marco), wurden die beiden Klöster 1451 von der römisch-toskanischen Kongregation getrennt und im gleichen Jahr der lombardischen Kongregation unterstellt, von der sie sich 1469 lösten, um ihr 1476 von neuem zugeteilt zu werden.

Unter Savonarolas Einfluß hatte sich in S. Marco eine bemerkenswerte Erneuerung vollzogen. Etwa hundert Novizen lebten dort; die Almosen kamen aus allen Bevölkerungsschichten, insbesondere aus der Geschäftswelt, nicht zu vergessen die bedeutenden Zuwendungen der Medici, die S. Marco als ihr geistliches Heim betrachteten und sich als des Klosters herausragende Wohltäter erwiesen. «Es war nicht zu leugnen – die Brüder von S. Marco aßen das Gnadenbrot der Medici.»[24] Am meisten am Herzen lag Savonarola selbstverständlich das geistliche Leben, das durch sein Vorbild von neuem an Eifer, Stärke und Begeisterung gewonnen hatte. Litt er unter dem offensichtlichen Schutz Lorenzos wie unter einem faulen Kompromiß? «Als mediceisches Hofstift konnte S. Marco das Reformkloster nie sein, das es ... im Sinne Savonarolas sein sollte.»[25] Es scheint, daß er tatsächlich den Tod Lorenzos des Prächtigen abwartete, um seine Autonomievorstellungen in die Praxis umzusetzen, nahmen diese doch vermutlich im Frühjahr 1492 erstmals Gestalt an. Er eröffnete sich erst seinen ältesten Mitbrüdern, im Oktober dann der ganzen Gemeinschaft und stieß auf einmütige Zustimmung. Auf diesen Beschluß folgten dann vermutlich erste Verhandlungen mit den höchsten Ordensinstanzen. Doch bekannt ist darüber nichts. Das Vorhaben wurde nicht vertagt, gerade weil es auch den Interessen des neuen Fürsten Piero, Lorenzos Sohn und Nachfolger, diente. Dieser unterhielt, wie gesagt, beste Beziehungen zu Fra Girolamo und konnte einer Autonomie der Florentiner Dominikaner nur wohlwollend entgegensehen, würde das doch gleichzeitig seinen Rivalen Ludovico Sforza, genannt il Moro, Herrscher über Mailand, schwächen, der der Schutzherr der Dominikaner von S. Maria delle Grazie war; der Prior dieses Klosters konnte nämlich zu Recht als einer seiner Günstlinge bezeichnet werden und war alles andere als ein Anhänger der vom Ordensgründer geforderten absoluten Armut. Savonarola war dies alles bekannt, und so konnte er nur auf eine Autonomie hoffen, die es ihm erlauben würde, im eigenen Kloster zur ursprünglichen Regel und zum Armutsideal zurückzukehren; beides unabdingbare Grundlagen jener umfassenden Sittenerneuerung, die er sich erst für Florenz, dann für ganz Italien erträumte.

In Venedig und Bologna
(Februar 1493)

In der Zwischenzeit verwaltet Savonarola weiterhin das Kloster und predigt. Auf eine Reise nach Venedig im Februar 1493, über deren Anlaß uns nichts bekannt ist, folgt auf dem Rückweg nach Florenz Mitte Februar ein Aufenthalt in Bologna. Ohne großen Erfolg predigt er dort vor kleinem Publikum, das seinen kargen Stil nicht schätzt und ihn in die Kategorie der «Prediger für Frauen und einfache Leute» einreiht. Wie weit man einem Bericht über einen Zwischenfall mit Ginevra Bentivoglio, der Gemahlin des Herrschers von Bologna, Glauben schenken soll, ist umstritten. Über das geräuschvolle verspätete Eintreffen der Dame verärgert, hätte er ihr dies von der Kanzel herab kaltschnäuzig zu verstehen gegeben. In ihrem Stolz verletzt, habe sie unverzüglich zwei Leibwächter nach vorne gesandt, die aber, von einer wundersamen Macht zurückgedrängt, nicht zur Kanzel vorstoßen konnten. Einige Tage später seien dann zwei weitere Leibwächter ins Kloster entsandt worden, deren Absichten verborgen blieben. Nachdem sie vorgelassen worden waren, hätten sie Girolamo demütig zu verstehen gegeben, ihre Herrin stelle sich ihm für jeden Dienst zur Verfügung. Diese Episode, die mit Ausnahme von Villari von allen ernstzunehmenden Biographen Savonarolas verworfen wird und als «wenig glaubhaft» oder als «unwahrscheinlich» bezeichnet wird, kann jedoch nicht einfach in allen Stücken erfunden sein. Vielleicht handelt es sich, wie Ridolfi vermutet, um einen kleinen Zwischenfall, der, von den *piagnoni* aufgebauscht, keineswegs so dramatisch verlaufen war.

Die Trennung von der lombardischen Kongregation (Mai 1493)

Bei seiner Rückkehr nach Florenz Anfang April 1493 erfuhr Savonarola, daß sich seine Oberen, darin von Ludovico Sforza unterstützt, seinem Vorhaben einer Trennung von der lombardischen Kongregation widersetzten. Diese Weigerung vermochte ihn nicht von seinem Vorhaben abzubringen. Er entschloß sich, direkt bei der Kurie zu intervenieren, wo er auf das Wohlwollen der Kardinäle Carafa und Medici (Giovanni, Sohn Lorenzos des Prächtigen und Bruder des gegenwärtigen Herrschers von Florenz) zählen konnte. Er rechnete auch mit der Unterstützung des Königs von Neapel, Ferrante, der Ludovico schwächen wollte. In Florenz selbst konnte er auf die Signoria, die Kollegien der Acht (für die Bewahrung der öffentlichen Ordnung zuständig) und der Zehn (vornehmlich für die Außenpolitik zuständig) sowie auf eine grosse Zahl von einflußreichen Bürgern zählen, die mit Briefen und Boten direkt beim Heiligen Stuhl intervenieren würden. Hauptsächlich unterstützt wurde er von Piero de' Medici, der sehr daran interessiert war, daß sich die Dominikaner von Florenz von ihren Mitbrüdern aus der Lombardei trennten.

Die Dinge kamen aber weniger schnell voran als erhofft. In Rom gelang es den Gegnern der Trennung, zu denen auch Ludovicos Bruder, Ascanio Sforza, gehörte, das Vorhaben zu Fall zu bringen. Dies gelang um so eher, als der Papst, der seine Wahl teilweise Kardinal Sforza verdankte, gerade ein Bündnis mit Mailand vorbereitete. Aber Savonarolas Freunde gaben sich nicht geschlagen. Kardinal Carafa, Protektor des Dominikanerordens, konnte Papst Alexander VI. mit einer List das Breve abringen, das die Trennung sanktionierte. Mit diesem rechtsgültigen Entscheid wurden die Dominikanerkonvente von Florenz und Fiesole von der lombardischen Kongregation getrennt, unter dem Vorwand, die damalige Zuteilung sei »heimlich« erfolgt. Das Breve unterstellte die beiden Konvente direkt der Autorität des Kardinals Carafa und des Ordensgenerals; diese wiederum delegierten ihre Macht an den Prior von S. Marco, der von seinen Mitbrüdern, unter Vorbehalt der Zustimmung durch den Ordensgeneral, zu wählen war.

Dieser glückliche Ausgang war in mehrerlei Hinsicht erstaunlich. In erster Linie aber wegen der Art und Weise, wie er zustande kam. Da sich der Papst Kardinal Carafas Argumenten gegenüber wenig zugänglich zeigte, nahm dieser, gleichsam spielerisch, die Hand des Papstes und drückte dessen Siegel auf das von ihm selbst verfaßte Breve. Erstaunlich dann auch Alexanders VI. Kehrtwendung. Seit er am 11. August 1492 den päpstlichen Stuhl bestiegen hatte, galt sein politisches Bemühen vornehmlich einem Bündnis mit dem Herrn von Mailand; aus diesem Grund hatte er den jungen Giovanni Sforza, Vetter des Ludovico, am 12. Juni 1493 mit seiner eigenen Tochter Lucrezia verheiratet, nur einige Tage nach der Unterzeichnung des für Savonarola so positiven Breve (in Wirklichkeit war die Heirat bereits am 2. Februar durch Prokuration offiziell zustande gekommen). Alexander VI. war kein gewissenhafter Politiker, der sich an Bündnisse hielt. Sein Pragmatismus und Skeptizismus machten jene ständigen politischen Kehrtwendungen möglich, die für seine Regierungszeit so typisch sind. So bemühte er sich etwa zur selben Zeit auch um eine Annäherung an den König von Neapel, Ferrante, der den jungen Gian Galeazzo Sforza, den von Ludovico il Moro der Macht enthobenen rechtmäßigen Herzog von Mailand und Gemahl seiner Enkelin Isabella von Aragon, unterstützte.

Ebenso erstaunlich war, daß der Papst Savonarola trotz dessen Angriffen auf die schlechten Hirten und die Verderbtheit der Kirche nicht feindlich gesinnt war. Seiner trägen Natur gemäß, nahm er vermutlich die glühenden Predigten des Priors von S. Marco gar nicht ernst, betrachtete er diesen doch nicht als gefährlichen Gegner im subtilen Spiel der Allianzen, das er zu jener Zeit betrieb (am 25. April 1493 schloß er ein Abkommen mit Mailand, Venedig, Siena, Ferrara und Mantua ab, das ganz offensichtlich gegen den König von Neapel gerichtet war). Zudem kamen aus Frankreich weit besorgniserregendere Nachrichten; hier erwartete der junge König Karl VIII., nachdem er Bündnisse mit England, Spanien und Kaiser Maximilian I. geschlossen hatte, vom Papst die Belehnung mit dem Königreich Neapel, das er mit Waffengewalt zu erobern gedachte. Dieser nationale und internationale Kontext erklärt zweifellos Papst Alexanders VI. nachlässiges und passives Verhalten gegenüber einem so untergeordneten Problem wie der Trennung der Florentiner Dominikaner von ihren lombardischen Mitbrüdern.

Die Nachricht vom Erfolg wurde im Konvent S. Marco selbstverständlich voll Freude empfangen, obwohl sie längst nicht von allen Brüdern begrüßt wurde. Am 25. Mai, bevor ihnen die Nachricht bekannt war, hatten sich lediglich dreiundfünfzig, also kaum mehr als die Hälfte der Gemeinschaft, «ausdrücklich» mit der Trennung einverstanden erklärt. Savonarolas Sieg wurde aber durch die entschiedene Unterstützung des Ordensgenerals, Gioacchino Torriani, erleichtert, der am 18. Juni 1493 der lombardischen Kongregation befahl, sich der Ablösung der Florentiner nicht mehr zu widersetzen. Aber erst am 15. November erfolgte dann Savonarolas Einsetzung zum Provinzial.

In Florenz wurde die Autonomie von S. Marco von der Signoria als großer Sieg gewertet. Das beweist, daß Savonarolas Ansehen in der Stadt zunehmend größer wurde und die Stadtväter seinen Reformideen zustimmten.

Die Reform im Konvent S. Marco

Was er mit der Trennung von den Lombarden bezweckte, das legte Savonarola in einem Brief vom 10. September 1493 einer Äbtissin in Ferrara dar. Es stimme nicht, so schreibt er, daß wir unseren Lebensstil verändert hätten. Wir haben lediglich einige, der ursprünglichen Regel widersprechende «Überflüssigkeiten» beseitigt. Wir sind zum Habit aus «grobem, altem und geflicktem» Tuch, zu frugaler Ernährung, zu kargen Zellen, zur Einhaltung des Schweigegebotes, zu Kontemplation und Abgeschiedenheit zurückgekehrt. Er hoffe, so schreibt er, die neuen Lebensregeln würden der Erbauung aller dienen, sei er sich doch gewiss, daß diese von Gott eingegeben waren, denn nur dessen direkte Intervention habe die in Rom zutage getretenen Widerstände zu neutralisieren vermocht.

Die Reform war demnach die Rückkehr zur ursprünglichen Regel, deren wesentliche Grundlage die Armut war. Sofort begann Savonarola mit dem Verkauf der Besitztümer des Konvents. Nachdem er seine Mitbrüder zur Armut gezwungen hatte, erlaubte er ihnen, einen lukrativen, aber ehrbaren Beruf auszuüben (Malerei, Bildhauerei, Miniaturenmalerei, Kopieren von frommen Büchern usw.). Er wollte sie für die Predigttätigkeit wappnen (nannte sich der Orden nicht *Ordo fratrum praedicatorum?*); zu diesem Zwekke intensivierte er ihre theologische Ausbildung, erweiterte ihr Wissen durch das Studium der griechischen, der hebräischen und der übrigen orientalischen Sprachen, war doch die Bekehrung der Ungläubigen noch immer eines seiner langfristigen Ziele. Um sie dem städtischen Leben, jenem Sammelbecken aller Versuchungen und Laster, zu entreißen, dachte er sogar daran, das Kloster S. Marco zu verlassen und an einem abgelegenen Ort einen bescheideneren Bau aus einfachen Materialien (Bretterböden, Schilfwände) zu errichten. Dieses Vorhaben scheiterte am Widerstand der Familien der Novizen und etlicher Brüder, die sich gegen den Wegzug aus der Stadt wehrten.

Widerstände dieser Art konnten Savonarola in seinem Vorhaben bestärken, seine Reform auf andere Dominikanerklöster (in Fiesole, Pisa, S. Gimignano) auszudehnen. Mit der Unterstützung Piero de' Medicis und der Signoria begann er bereits im November mit Verhandlungen. Deren Ausgang entsprach indes nicht überall seinen Erwartungen. In Florenz war ein großer Teil von Aristokratie und Bürgerschaft begeistert, führte ihm angehende Novizen zu (es ging sogar das Gerücht, Poliziano und Pico della Mirandola wollten sich einkleiden lassen) und gaben ihm reichlich Almosen (die er über die karitative Bruderschaft der Guten Männer von St. Martin sogleich unter die Armen verteilen ließ).

Außerhalb von Florenz verliefen die Dinge weniger positiv. In Pisa, wohin er sich im August 1494 begab, fand er nur vier Mitbrüder von insgesamt vierundvierzig, die sich bereit fanden, die Reform anzunehmen, und er mußte die Widerwilligen durch Brüder aus S. Marco ersetzen. In Siena verlief die Sache noch enttäuschender. Erst zuvorkommend empfangen, wurde er dann, zusammen mit seinen Gefährten, am 4. Juni 1494 von der Signoria, die ihn gerufen hatte, und von der Bevölkerung hinausgeworfen; beide Parteien waren von rebellischen Mönchen aufgewiegelt worden, die das Gerücht verbreitet hatten, Savonarola wolle sich der Stadt bemächtigen.

Adventszeit 1493

In Florenz hatte Savonarola im Herbst 1493 im Dom seine 1491 begonnene Predigtreihe über die Genesis wiederaufgenommen. Er kam nur schleppend voran, was ihn selbst überraschte. Er kam nicht weiter als bis zum achten Vers des sechzehnten Kapitels, also bis zum Bau der Arche Noah. Umstritten ist, ob er auch über den Psalm *Quam bonus Israel Deus* gepredigt hat. «Falls diese Predigten gehalten wurden, was nicht sicher ist, dann gibt es weder über Zeitpunkt noch Ort irgendeinen Anhaltspunkt» (Ridolfi).

Savonarolas Einfluß ist inzwischen beträchtlich; er hat immer mehr und immer begeistertere Zuhörer, darunter so brillante Köpfe wie Marsilio Ficino und Pico della Mirandola, die sich unter die Menge der kleinen Leute, der Bürger und der Patrizier mischen.

Die Fastenzeit von 1494

In der Fastenzeit des Jahres 1494 predigte Savonarola vom 12. Februar an in S. Lorenzo; er nahm seinen Genesis-Kommentar an jener Stelle wieder auf, wo er ihn am Ende der Adventszeit 1493 abgebrochen hatte, nämlich beim Bau der Arche Noah. Er nahm diese Erzählung zum Vorwand, um über eine Sintflut anderer Art, die sich am Horizont abzeichne, zu predigen. Es wird, so sagt er, eine Sintflut von «Soldaten und Fürsten» sein, die Italiens Städte und Festungen einnehmen werden. Mit seinen Sünden und Verbrechen habe Italien diese Plage selbst heraufbeschworen. In diesem sündigen Italien wiederum nehme Rom den ersten Platz ein, denn groß sei die Niedertracht der Priester. Nicht verbürgt ist, daß er auch ankündigte, über die Berge werde ein «neuer Kyros» kommen, von Gott gesandt und geführt, vor dem Italiens Städte und Festungen wie reife Äpfel niederfallen würden. Ihm gegenüber werde sich Florenz «wie trunken» gebärden, nicht mehr wissend, welcher Partei es sich anschließen solle, und schließlich die schlechteste wählend. Einiges spricht dafür, daß er diese Weissagung erst in einigen Monaten vortragen wird.

Seine Predigten stießen auf ein gewaltiges Echo. Mit jeder Predigt wuchs sein Publikum. Er war «die wichtigste Persönlichkeit in Florenz» (Villari) geworden. Inzwischen war er so berühmt, daß ihn die Ältesten Luccas im März 1494 ersuchten, in ihrer Stadt zu predigen, wo die Bevölkerung durch die Predigten von Fra Domenico, seinem Mitbruder und glühenden Anhänger aus S. Marco, vorbereitet worden war.

Dritter Teil

Die Staatsreform
(1494–1495)

Kapitel I
Karl VIII. und «das Unternehmen Neapel»
(1494)

Savonarolas apokalyptische Weissagungen sind nicht etwa nur die literarischen Ergüsse eines prophetischen Geistes, der, von den Propheten Israels inspiriert, die allgemeine Sintflut kommentiert. Sie sind vielmehr Ausdruck einer in Italien weitverbreiteten Verunsicherung, die auch Guicciardini artikuliert, wenn er zu Beginn seiner *Storia d'Italia* (Geschichte Italiens) die Anzeichen für «Italiens Unheil» erwähnt, das seiner Meinung nach mit der französischen Invasion von 1494 seinen Anfang nahm (drei Sonnen am Himmel, ein Heer von himmlischen Reitern, schweißbedeckte Statuen und Heiligenbilder, Menschen- und Tierungeheuer). Kurz, eine Vielzahl von Wunderzeichen, die «einen unglaublichen Schrecken» verbreiteten.

Diese kollektiven Phantasmen waren um so unerklärlicher, als Italien, objektiv betrachtet, sich seit Jahrzehnten in der Illusion eines dauerhaften Friedens wiegte; am Anfang dieser Entwicklung stand der Vertrag von Lodi aus dem Jahr 1454, der ein Gleichgewicht zwischen Florenz, Mailand, Venedig, Neapel und dem Heiligen Stuhl brachte. Auch zeigte das Land Anzeichen einer erstaunlichen kulturellen Vitalität und eines unbestreitbaren wirtschaftlichen Wohlstandes, so daß es auf das übrige Europa «wie ein Magnet wirkte, der die Elite anzog» und zugleich «denjenigen, die vom Orient träumten, als Ausgangsbasis diente», so daß jeder, «der in Europa nach Macht strebte, zwangsläufig in Italien eine günstige Position erringen mußte» (Delumeau, L'Italie de Botticelli à Bonaparte). Das galt auch für Karl. VIII., den jungen König von Frankreich.

Karl VIII. und das Trugbild Italien

Kaum vierundzwanzig Jahre alt und bereits seit zehn Jahren auf dem Thron, ist Karl VIII. der erste französische Herrscher, der «für den Ruhm und die Verheißungen Italiens» (Commynes, Mémoires) empfänglich ist. Er betrachtete sich als den Erben Karls des Grossen und war davon überzeugt, er müsse das Grab Christi (das Heilige Grab) befreien und sich zum König von Jerusalem krönen lassen. Durch eine Vielfalt von prophetischen Schriften in seinem Traum bestärkt, drängte es ihn, vor der Eroberung des Nahen Ostens das Königreich Neapel einzunehmen.

In Italien war die Öffentlichkeit mehrheitlich von seinem göttlichen Auftrag überzeugt; als «Erneuerer des Römischen Reiches» war er dazu bestimmt, Italien zu befrieden, die Kirche zu erneuern und sich an die Spitze des Kreuzzuges zu stellen. In Florenz zeigt sich Marsilio Ficino für diese messianische Erwartung empfänglich und sorgt für deren Verbreitung. Karl VIII. wurde zudem von einem Teil seines Gefolges zum italienischen Abenteuer gedrängt. Und trotz der Vorbehalte seiner Schwester Anne de Beaujeu hat er nur noch diesen Feldzug und den ihm so erwachsenden Ruhm im Sinn, ohne an Gefahren und Risiken zu denken. Er ist völlig durchdrungen von seinen angeblichen Rechten auf einen nicht unbeträchtlichen Teil Italiens.

Rechtsansprüche Karls VIII. auf das Königreich Neapel

Die Ursprünge dieser Rechtsansprüche gehen auf Graf Karl von Anjou, einen Bruder Ludwigs des Heiligen, zurück, der 1265 vom französischen Papst Clemens IV. mit dem Königreich Sizilien belehnt wurde. Nachdem Karl von Anjou 1266 und dann 1268 die rechtmäßigen Erben dieses Königreichs besiegt hatte, verfiel er dem östlichen Trugbild und ließ sich 1277 zum König von Jerusalem krönen. Obwohl er Sizilien bereits 1282, später dann auch Kalabrien und Apulien verliert, bleibt ihm das Königreich Neapel, das Papst Clemens VII. dann seinen Nachfolgern zugesteht. Nachdem diesen die Herrschaft über das Königreich eine Zeitlang entglitten war, fiel es wieder an die Anjou zurück. 1481 hinterläßt es René de Provence seinem Neffen Charles du Main, der es seinerseits testamentarisch Ludwig XI. vermacht. Karl VIII. hatte also die monarchische Tradition und das Recht der Menschen seiner Zeit auf seiner Seite. Weder die mangelnden Finanzen noch die unzureichende Vorbereitung seines Heeres können ihn in seinem Traum stoppen. Zu seiner Entlastung sei gesagt, daß ihn zahlreiche mächtige Bittsteller aus Italien zu diesem Schritt drängten.

Der Appell des Heiligen Stuhls

Bereits 1488 hatte Papst Innozenz VIII. Karl VIII. gebeten, sich an die Spitze des Kreuzzuges zu stellen. Im Januar 1490 zeichnet er ihn mit der Würde eines Bannerträgers der Kirche aus, die jenen Herrschern vorbehalten ist, um deren Unterstützung der Papst nachsucht. Unter dem Schutz dieser Garantie, die ihn, da sie die Legitimität seiner Ansprüche bestätigt, in seinen Ambitionen bestärkt, treibt Karl VIII. die militärische Vorbereitung des Feldzuges voran; materiell möglich geworden war dieses Unternehmen dank der Heirat mit Anne de Bretagne im Dezember 1491, wodurch die bretonische Frage einer Lösung zugeführt wurde.

Der Appell Ludovico Sforzas

Ludovico Sforza, genannt il Moro, ist der faktische, nicht jedoch rechtmäßige Herrscher über Mailand; er erwartet vom König von Frankreich militärische Hilfe im Konflikt mit König Ferrante von Neapel, dessen Enkelin Isabella mit Giovanni Galeazzo Sforza, dem Neffen Ludovico Sforzas und rechtmäßigen Erben des Herzogtums Mailand, verheiratet ist. 1491 und dann wieder 1492 will Ludovico Sforza in Erfahrung bringen, welche Absichten Karl VIII. Neapel gegenüber hegt. Dabei bleibt es, denn nach dem Tod von König Ferrante belehnt Papst Alexander VI. Alfonso von Kalabrien, einen unehelichen Sohn des Königs von Neapel, mit dem

Königreich Neapel; darob erzürnt, droht der König von Frankreich im Februar 1494 dem Papst mit einem Konzil, das ihn absetzen werde.

Friedensverträge

Während Karl VIII. die Vorbereitungen für seinen Feldzug vorantreibt, verschafft er sich gleichzeitig mit Verträgen Rückendeckung. Am 19. Januar 1493 tritt er im Vertrag von Barcelona Perpignan, Roussillon und Cerdagne gegen das Versprechen, in Italien nicht gegen ihn zu intervenieren, an die Katholischen Könige Ferdinand und Isabella ab. Im Januar 1494 gibt ihm Kaiser Maximilian freie Hand für die Eroberung des Königreichs Neapel und sichert ihm seine Unterstützung zu.

Der Überfall auf Italien
Die ersten Eroberungen

Nun beginnen die Waffen zu sprechen. Am 3. September 1494 überquert das königliche Heer am Mont Genvre die Alpen. Ein Heer von vierzigtausend Mann (darunter dreißigtausend Soldaten) – ausgerüstet mit einer Artillerie, die so stark ist, daß die Städte fallen, bevor sie überhaupt angegriffen werden – beginnt einen wahren «Triumphmarsch ... in einer Atmosphäre von Ausgelassenheit, Schrecken und Bewunderung zugleich» (Denis, Charles VIII. et les Italiens). Am 3. September betritt das Heer erstmals italienischen Boden. Am 5. wird ihm in Turin ein triumphaler Empfang bereitet. In Asti trifft der König, dessen Banner die Devise *Voluntas Dei. Missus a Deo*[26] trägt, auf Ludovico Sforza, der ihm entgegenreitet. Am 8. erleiden die Neapolitaner vor Rapallo eine schwere Niederlage. Die wegen einer Krankheit des Königs kurz unterbrochenen Kämpfe werden Anfang Oktober wiederaufgenommen. Am 14. zieht der König in Pavia ein. Das vom Herzog von Montpensier befehligte Armeekorps steht am 22. vor Sarzana; das vom König befehligte am 28. vor Pontremoli. Am 31. liefert der Herrscher von Florenz, Piero de' Medici, dem König in S. Stefano für die Zeit des Feldzuges die Städte Sarzana, Sarzanello, Ripafratta, Pisa und Livorno aus und verspricht ihm ein Darlehen von zweihunderttausend Dukaten. Ludovico Sforza, über diese Konzessionen erbost, die er insgeheim für sich selbst erhoffte, kehrt nach Mailand zurück, was aber dem Vormarsch des königlichen Heeres keinerlei Abbruch tut. Am 6. November trifft der König in Massa ein, am 8. schließlich in Lucca. Am 5. November steht der Herzog von Montpensier seinerseits vor den Toren von Florenz. Am 9. zieht der König in Pisa ein. Sein Einzug in Florenz findet am 17. November statt. Das Schicksal scheint Karl VIII. in diesem Falle gewogen zu sein.

Kapitel II
Florenz und die französische Invasion
(Ende 1494)

Piero de' Medici und der König von Frankreich

Piero de' Medici, der 1492 die Nachfolge seines Vaters Lorenzo angetreten hatte, besaß dessen staatsmännische Qualitäten nicht. Jung (vierundzwanzigjährig), robust und mit allen Sportarten vertraut, erhielt er eine gute humanistische Ausbildung. Von seiner Mutter, Clarissa Orsini jedoch erbte er den hochfahrenden Charakter. Er verstand es, sich selbst diejenigen zu Feinden zu machen, die es ihm ermöglichten, die Nachfolge seines Vaters anzutreten, und die zum Teil Verwandte und Verbündete sind.

Anfänglich zeigt sich Piero dem König von Frankreich und dessen Feldzug feindlich gesinnt und hält dem König von Neapel die Treue. Dasselbe Mißtrauen empfinden auch die Florentiner Regierenden. Im Juni 1493 speisen sie die um freies Geleit und Lebens-. mittel nachsuchenden Gesandten des Königs von Frankreich mit vagen Versprechungen und wohlwollenden Absichtserklärungen ab. Zur gleichen Zeit ersucht Piero indes die neapolitanische Flotte einzugreifen. Darauf reagiert der König mit der Ausweisung der Vertreter der Medici-Bank in Lyon. Piero bleibt hart, und obwohl der König bereits im Piemont einmarschiert ist, sendet er dem gegen den König kämpfenden neapolitanischen Heer Truppenverstärkung.

Seine starre Haltung bewirkt, daß sich ein immer größerer Teil der führenden Klasse gegen ihn wendet, angefangen bei seinen Vettern Lorenzo und Giovanni de' Medici aus der jüngeren Linie, die er im April 1494 ins Gefängnis werfen ließ, weil sie vom König von Frankreich Ämter und Gelder entgegengenommen hatten. Trotz ihrer Freilassung vergaßen sie die erlittene Beleidigung nicht und liefen zu den Franzosen über.

Wie läßt sich Pieros plötzliche Kehrtwendung erklären? Vielleicht wurde ihm bewußt, daß man dem französischen Heer nichts entgegensetzen konnte; vielleicht glaubte er, mit einer Teilabgabe seiner Souveränität sich selbst und seine Herrschaft retten zu können. Wie dem auch sei, Tatsache ist, daß er sich am 26.Oktober 1494 vor den König begibt, ohne zuvor die Meinung seiner Ratgeber einzuholen.

Savonarola und die französische Invasion
(September 1494)

Savonarola seinerseits hatte Piero de' Medicis Zweifel nicht geteilt. In der Überzeugung, die Ereignisse würden die Richtigkeit seiner Weissagungen und den göttlichen Charakter der Mission des Königs bestätigen, steigt er am 21. September auf die Kanzel. Eine riesige Menge erwartet ihn. Seiner Predigt legt er jenen Genesisvers zugrunde, worin Gott Noah auffordert, eine Arche zu bauen, denn er werde eine Sintflut über die Erde kommen lassen, die alles Leben zerstören werde. Savonarola legt jenen Satz aus, der sich auf die aktuelle Lage zu beziehen scheint: «Denn siehe, ich will eine Sintflut kommen lassen auf Erden ...» Die Wirkung der Predigt war beträchtlich. Pico della Mirandola fühlte, wie sich seine Haare sträubten. Er verkaufte seine gesamten Besitztümer, verteilte einen Teil des Erlöses unter die Armen und bot Savonarola, der die Annahme teilweise verweigerte, eine gewisse Geldsumme an. Von Michelangelo, einem eifrigen Hörer, wird erzählt, daß ihn ein derartiger Schrecken erfaßte, daß er sich nach Rom flüchtete.

Pieros Kapitulation vor dem König
(Oktober 1494)

Am 26. Oktober von Florenz aufgebrochen, mußte Piero in Pietrasanta das freie Geleit abwarten, unter dessen Schutz er den König in S. Stefano treffen konnte. Ohne jede Gegenleistung lieferte er zur allgemeinen Überraschung für die Dauer des Feldzuges Sarzana, Sarzanello, Pietrasanta, Ripafratta, Pisa und Livorno aus. Angeblich versprach er sogar zweihunderttausend Dukaten als persönlichen Beitrag zum französischen Feldzug. Der Vertrag wurde am 31. Oktober 1494 unterzeichnet.

Savonarola auf der Kanzel
(November 1494)
Die Predigten über Haggai

Auf diese Ereignisse reagierte Savonarola mit triumphierendem Frohlocken: Gott war gegenwärtig und trieb die Dinge nach seinem Belieben voran. Am 1. November predigt er über Jesu Christi Ermahnung an die Bewohner von Kapernaum: «Tut Buße, denn das Himmelreich ist nahe herbeigekommen.»[27] Er beklagt die Sünden Italiens im allgemeinen, der Städte Rom und Florenz im besonderen: Unglauben, Unzucht, Wucher usw. Er wirft den Florentinern auch ihre Skepsis angesichts der offenkundigen Zeichen des göttlichen Zorns vor und der von ihm im Namen Gottes unablässig wiederholten Warnungen, Gottes Schwert werde über die Erde hereinbrechen. Er ermahnt die Ungläubigen, sich zu bekehren und Buße zu tun, sonst werde Gott sie «in ihrer Seele, ihrem Leib und ihrem Leben» strafen. Der Herr könne den Prunk, die Bankette, die Konkubinen und Lustknaben nicht mehr länger dulden. Ebenso wenig wie die «Überflüssigkeiten»: anstößige Kleider und Gemälde, unanständige Bücher sowie Gedichte wider den Glauben. Dann dehnt er seine Verwünschungen auf die Kirche aus und droht: «Kleriker! Kleriker! Kleriker! Ihr seid schuld daran, daß sich dieser Sturm erhoben hat!» Auch legt er sich mit den «Lauen» an, die ebenso schuldig seien wie die verstockten Sünder.

Am nächsten Tag, am 2. November, kommt er auf diese Thematik zurück. Am 3. November ermahnt er die Florentiner, sich in die heilige Arche zu begeben, «solange es noch Tag ist», und auf die göttliche Barmherzigkeit zu vertrauen. Er geißelt die Lauen, die lasterhaften Priester, die eingefleischten Homosexuellen und prangert alle «Eitelkeiten» an: Weibliche Kleidung, Bücher, die anstößig sind (deren Verbrennung er befiehlt) oder dem Glauben widersprechen (dazu zählt er auch Aristoteles' Werke); er prangert die profanen Wissenschaften an, die vorgeben, an die Stelle der heiligen Wissenschaft (Theologie) zu treten.

Savonarola trägt seine leidenschaftliche Predigt dermaßen angespannt und verkrampft vor, daß ihm, seinen eigenen Worten nach, die Brust zu zerspringen drohte und er beinahe erkrankte. Auf die Zuhörer aber machte er einen unauslöschlichen Eindruck. Vermutlich wollte er auf diese Weise den Zorn seiner Mitbürger von Piero de' Medici abwenden. Zumindest gab es einige Anklagen in dieser Richtung. Und in der Tat ist in diesen überspannten Predigten über die kollektive Verantwortung für das Unglück der Stadt keinerlei Feindseligkeit den Medici gegenüber zu finden. Der Aufstand der Florentiner auf die Nachricht von Pieros Kapitulation ist folglich nicht ihm zuzuschreiben.

Der Aufstand der Regierenden
(November 1494)

Der Aufstand ging von den Verbündeten und Klientelen, ja zuweilen selbst von den Verwandten der Medici aus. Am 4. November setzte der Rat der Siebzig die Frage auf die Tagesordnung, wie Florenz unter einer «guten, zivilen und geordneten Regierung» leben könne. Es ging also darum, Piero als den für die Situation allein Verantwortlichen zu eliminieren. Aber dieser Angriff, von Piero Capponi kraftvoll vorgetragen, führte nur zum Beschluß, dem König eine Delegation entgegenzuschicken, der auch Savonarola angehört.

Am 5. November versammelt man sich, während die Vorboten des Königs bereits in der Stadt sind und die für die Offiziere vorgesehenen Quartiere mit Kreide kennzeichnen. Es wird eine Delegation von vier Bürgern, darunter Piero Capponi, gewählt. Man stellt ihnen Savonarola zur Seite, der um ein wenig Bedenkzeit bittet und erst nach der Zustimmung seiner Mitbrüder von S. Marco einwilligt.

Die Gesandtschaft vor dem König
(6. November 1494)

Von drei Mitbrüdern begleitet, bricht Savonarola nach Einbruch
der Nacht am 5. November zu Fuß auf. Die anderen vier Mitglieder der Laiendelegation warten den Morgen des 6. November ab
und machen sich zu Pferd auf den Weg. In Librafatta, wo er sich
ausruhte, treffen sie auf Savonarola. Die Delegation war beauftragt, die Absichten des Königs im Hinblick auf die von Piero abgetretenen Ortschaften und den von Florenz erwarteten finanziellen Beitrag zu sondieren.

Als Piero die Delegation seiner Mitbürger – die ihn im übrigen
nicht einmal begrüßte – in Lucca ankommen sah, wußte er, daß
sein Schicksal auf dem Spiel stand. Er beschließt, unverzüglich
nach Florenz zurückzukehren, nachdem er dem König die verlangten zweihunderttausend Dukaten zugesagt hat.

Piero de' Medicis Vertreibung aus Florenz
(9. November 1494)

Am Abend des 8. November kehrt Piero de' Medici nach Florenz
zurück. Er glaubt, mit der Verteilung von Süßigkeiten und Wein
die Gunst des Volkes zurückgewinnen zu können, und schwört,
mit dem König ein günstiges Abkommen getroffen zu haben. Am
Tag darauf präsentiert er sich mit einer bewaffneten Garde vor
dem Palast der Signoria. Der Rat willigt ein, ihn zu empfangen,
aber allein und unbewaffnet. In seinem Stolz verletzt, zieht sich
Piero in seinen Palast zurück. Das Volk aber, durch das Glocken-
geläute alarmiert, strömt herbei – den Ruf «Freiheit» auf den Lippen – und versammelt sich bewaffnet um die Gonfalonieri (Bannerträger) der Stadtviertel. Straßen und Plätze werden von den
Aufständischen besetzt. Piero bleibt nur ein Ausweg: Die Flucht
durch das Stadttor S. Gallo, wo ihn der Condottiere Paolo Orsini
und sein Bruder Giuliano erwarten. Bald stößt auch sein anderer
Bruder, Kardinal Giovanni, als Mönch verkleidet, zu ihnen.

Die Signoria nützt diesen unvorhergesehenen Ausgang der Ereignisse und erklärt Piero und seine beiden Brüder sogleich zu Rebellen. Auf deren Ermordung wird eine hohe Belohnung ausgesetzt. Das Volk stürzt sich auf die Paläste der Medici und ihrer Anhänger und plündert sie. Dieser Aufruhr kostet jedoch nur einem einzigen Anhänger der abgesetzten Herren das Leben.

Piero macht sich auf den Weg nach Bologna. Er wird nur unwillig aufgenommen, worauf er über Mantua in Richtung Venedig aufbricht. Dort wird ihm ein seines Namens würdiger Empfang bereitet, und er trifft auch wieder auf seinen Bruder Giovanni, der die von Cosimo dem Alten und Lorenzo dem Prächtigen zusammengetragene berühmte Kameen- und Medaillensammlung in S. Marco in Sicherheit gebracht hatte.

Savonarola vor dem König
(9. November 1494)

Am 9. November, also am Tag, an dem sich die Pisaner gegen die Florentiner erheben, steht Savonarola in Pisa vor dem König. Dieser empfängt ihn mit höchster Ehrerbietung, betrachtet er ihn doch als einen heiligmäßigen Mann und Propheten. Savonarola begrüßt den König als «Gesandten Gottes», der gekommen sei, Italien für seine Verbrechen zu bestrafen und die Kirche von ihren Lastern zu befreien. Er fleht ihn an, Florenz gegenüber Milde walten zu lassen, werde die Stadt doch trotz ihrer Sünden von Unschuldigen bewohnt und trage in ihrem Herzen wie in ihrem Wappen die Lilien des Hauses Valois. Sie erwarte von ihm die Freiheit und werde sein getreuer Bündnispartner sein. Der König möge sich vor Gottes Zorn fürchten, wenn er seinem Heer Exzesse gestatte.

Von dieser Rede berührt, hält der König Savonarola für ein einstündiges Gespräch unter vier Augen zurück, über das nichts bekannt geworden ist. Daß der König irgendwelche Versprechungen gemacht hat, ist unwahrscheinlich. «Das Abkommen», sagt Karl VIII., «wird nach meiner Ankunft in der Stadt geschlossen werden» (Labande-Mailfert, Charles VIII.).

116

Rückkehr nach Florenz
Die Predigt vom 11. November

Nach seiner Rückkehr nach Florenz steigt Savonarola am 11. November auf die Kanzel und hält seine vierte Predigt über den Propheten Haggai (die anderen wurden am 1., 2. und 3. November gehalten). Aus unerfindlichen Gründen verliert er kein Wort über seine Begegnung mit dem König. Er nimmt seine Darlegungen über die Arche Noah wieder auf und ermahnt die Florentiner, Buße zu tun, verspricht ihnen das göttliche Erbarmen, denn der Aufstand, der auch in einem Blutbad hätte enden können, war schließlich ganz ruhig verlaufen. Er bittet um Milde für die besiegten Medici-Anhänger und verlangt zum Schluß Fasten und Gebet bis zur nahen Adventszeit. So werde Gottes Zorn besänftigt.

Das Heranrücken des französischen Heeres

Am 11. November steht das französische Heer in Empoli, am 12. in Pontassigna und Legnaia, wo der König Gast von Piero Capponi ist. Am 13. November entsendet die Signoria einen Gesandten zum König und, unabhängig davon, eine Delegation von fünf Notablen unter der Leitung von Savonarola, um die Absichten des Herrschers gegenüber den aufständischen Pisanern zu sondieren. Karl VIII. verspricht nichts, inbesondere nicht, Pisa wieder an Florenz zurückzugeben. Er wird seine Haltung vor den fünf aufeinanderfolgenden Delegationen nicht ändern und sich lediglich darauf beschränken, seine friedlichen Absichten Florenz gegenüber zu beteuern.

In Florenz ist die Führung auf das Schlimmste gefaßt. In der Stadt werden Verteidigungsmaßnahmen ergriffen: Barrikaden und Munitionslager werden errichtet, die jungen Mädchen in den Klöstern versammelt, Söldner und Milizen zusammengezogen.

Der Einzug der Franzosen
(17. November 1494)

Das französische Heer sollte durch das Stadttor S. Frediano in Florenz einziehen. Zu diesem Zweck wurde es erweitert und mit einer französischen Inschrift versehen, die den König als «Bewahrer und Befreier unserer Freiheit» begrüßte.

Eine Schar von Florentinern, Kleriker und zweihundert nach französischer Manier gekleidete junge Reiter, gefolgt von der Signoria auf einem erhöhten Podest, geht dem französischen Herrscher entgegen. Bald taucht das königliche Heer auf; ein Teil nur (rund zehntausend Mann), denn die restlichen Truppen sind zusammen mit der Artillerie nach Siena abkommandiert worden. Das Heer beeindruckte durch Größe und tadellose Ordnung, durch die prunkvollen Uniformen, durch Umfang und Eleganz der Reiterei, durch den Glanz der Waffen und den betäubenden Lärm der Trommeln. So defilierten dreitausend Schweizer Söldner, zweihundert Armbrustschützen, Bogenschützen, Büchsenmacher, Spieß- und Hellebardenträger vorbei. Dann folgten sechstausend Bewaffnete der schweren Reiterei, tausend weitere Bogenschützen, zweihundert Armbrustschützen, die achthundert Ordonnanzeinheiten, jede aus drei oder vier Bewaffneten gebildet, und die Elite der französischen Aristokratie. Dann kamen die dreihundert Bogenschützen der königlichen Leibwache sowie die dreihundert Adligen, alles Fürsten oder Lehnsherren aus dem königlichen Gefolge. Schließlich trat der König selbst auf, ihm voran ging der Hofmarschall, in den Händen das Symbol der königlichen Autorität, das große «Schwert der Gerechtigkeit» tragend. Die Häßlichkeit des Königs indes macht einen erbärmlichen Eindruck. Seine großen Augen, seine dicken Lippen, seine große Hakennase verliehen ihm ein Aussehen, das «eher dasjenige eines Monsters, denn eines Menschen war» (Guicciardini, Storia d'Italia).

Die Großen stiegen vom Podest, als der König vor sie trat. Einer sprach einige Worte auf französisch. Vier Mitglieder der Kollegien (höchste Regierungsinstanzen) hielten einen Baldachin über das Haupt des Königs. Dann setzte sich der Zug wieder in Bewegung, ganz am Schluß die Knechte, Marketenderinnen und Dirnen.

Der König in Florenz

Der König überquerte den Arno auf dem Ponte Vecchio und begab sich über die Straßen Por S. Maria und Vacchereccia auf den Platz der Signoria, wo er von einem großen Wagen mit dem Lilienwappen begrüßt wurde, während junge Leute sein Lob anstimmten. Am Palazzo della Signoria entlang begab er sich zum Palazzo della Podest (heute Bargello) und gelangte schließlich vor den Dom. Dort hielt Marsilio Ficino die *oratio* auf lateinisch; er verglich den König mit Caesar und Karl dem Großen, begrüßte ihn als «Gesandten Gottes» und flehte ihn an, Jerusalem zu befreien und Florenz zu verschonen, «das sein ist, trägt es doch die königliche Lilie in seinem Herzen wie in seinem Wappen». Dann begab sich der König vor den Hauptaltar, kniete nieder, betete kurz, schwor, Florenz die Freiheit zu bewahren, und nahm den Eid der Signoria entgegen. Nachdem er auf sein Pferd gestiegen war, begab er sich schließlich über die Via Larga in den mit seinem Wappen geschmückten Medici-Palast. Dort beging er sogleich die erste Taktlosigkeit; er wollte nämlich die kostbare Kameen- und Medaillensammlung der Medici sehen. Es wurde ihm mit einer Lüge geantwortet: Sie sei im Verlauf der Plünderung des Palastes verschwunden.

Als sich der König dann zur wohlverdienten Ruhe niederlegen wollte (das Defilee hatte den ganzen Nachmittag gedauert), wurde ihm Savonarola gemeldet, der die Nachricht überbrachte, Pico della Mirandola liege unweit von hier im Sterben. Karl VIII. hatte Pico während dessen Aufenthalt in Frankreich kennengelernt. Er brachte ihm hohe Wertschätzung entgegen und hatte ihn am Hof zurückbehalten wollen. Er folgte also Savonarola, von seinen Ärzten begleitet, ans Sterbebett. Er fand Pico im Sterben liegend, mit dem Dominikanerhabit bekleidet, den zu tragen Savonarola ihn überredet hatte. So endete der Tag des Triumphs für den König von Frankreich in aufrichtiger Trauer.

Nach dem Jubel
Unruhe und Spannungen

Tags darauf ging es dann um ernstere Angelegenheiten. Eine Delegation der Signoria erhielt lediglich vage Versprechungen aus dem Mund eines königlichen Ratgebers. Die Verantwortlichen waren indes außerordentlich beunruhigt. Im Gefolge des Königs, so ging das Gerücht, gäbe es Leute, die eine Rückkehr Pieros befürworteten; seine Mutter und seine Gemahlin, beide in der Stadt verblieben, würden die königlichen Ratgeber bestechen, während der König selbst für die Reize von Pieros Gemahlin nicht unempfänglich sei.

In der Stadt sprach man aufgeregt davon, «eher mit der Waffe in der Hand zu sterben», als die Rückkehr des Medici zuzulassen. Es werden Patrouillen gebildet, Brücken und Tore werden bewacht. Am 21. November entspannt sich die Atmosphäre etwas, nachdem der König versprochen hat, die Rückkehr des gestürzten Regimes an die Macht nicht zuzulassen. Im Gegenzug fordert er ein Darlehen von hundertzwanzigtausend Gulden, zahlbar in zwei Raten, sowie, *à fonds perdu,* eine jährliche Unterstützung von zwölftausend Gulden für die Gesamtdauer des Feldzuges. Die Florentiner bitten um Bedenkzeit für das Darlehen von hundertzwanzigtausend Gulden und lehnen die jährliche Zuwendung rundweg ab. Besorgt organisieren sie die Verteidigung der Stadt und entsenden Kommissare auf das Land, um Truppen auszuheben.

In den nächsten Tagen verschlimmert sich die Lage. Es kommt zu Scharmützeln zwischen den Soldaten des Königs und der Bevölkerung. Am 21. November entsendet die Signoria zwei Delegationen an den König: eine Delegation von Bürgern auf der einen, Savonarola auf der anderen Seite. Einige behaupten, Savonarola sei der Zutritt zum König verweigert worden, worauf er ihn gewaltsam erzwungen habe. Ein Kruzifix in den Händen, ermahnt er den Herrscher, von seinem Vorhaben, Florenz zu plündern, Abstand zu nehmen. Der König beteuert, er hege friedliche Absichten und gibt Savonarola eine Übereinkunft zu lesen, die dieser Artikel für Artikel durchdiskutiert. Schließlich kommt eine Einigung zustande.

Gleichwohl kehrt keine Ruhe ein. Die Zwischenfälle vom 24. November nehmen krawallähnliche Ausmaße an. Französische Soldaten, die Gefangene abführen, werden von Florentinern, die die Gefangenen befreien, angegriffen. Eine Truppe von Schweizer Söldnern begibt sich, in der Meinung, der König sei in Gefahr, in das Florentiner Stadtviertel Ognissanti. Sie wird mit einem Hagel von Ziegeln, Steinen, kochendem Wasser und Mobiliar empfangen. Mehrere Söldner werden getötet. Dem Eingreifen von französischen Offizieren und Florentiner Notablen ist es zu verdanken, daß der Zwischenfall nicht in einen Aufstand ausartet. Dem König aber wird klar, daß es zu einem rechtsgültigen Abkommen kommen muß.

Am 25. November empfängt er eine Delegation der Signoria. Es wird ein Einigungsprotokoll ausgearbeitet. Aber der König ändert seine Meinung, lehnt das Protokoll ab und droht den Florentinern, zum Angriff zu blasen. Darauf antwortet Piero Capponi sogleich, in diesem Fall würden die Florentiner die Glocken läuten lassen. Dann entreißt er dem König das Protokoll, zerreißt es und wirft die Fetzen auf den Boden. Der König spielt den Zwischenfall mit Hilfe eines Wortspiels herunter (»Ah! Capponi, Capponi, ihr seid ein schlechter Kapaun!«[28]), worauf sich die Lage beruhigt. Der König aber, von der Drohung beeindruckt, willigt ein, die Übereinkunft zu unterschreiben.

Ein ehrenhaftes Abkommen
(25. November 1494)

In seinen Grundzügen sieht das Abkommen vor, daß Pisa, Livorno und die anderen von Piero ausgelieferten Ortschaften erst zwei Jahre nach Beendigung des neapolitanischen Feldzuges an Florenz zurückfallen. Die Stadt gewährt dem König ein Darlehen von hundertzwanzigtausend Gulden, zahlbar in drei Raten. Piero wird für vier Monate verbannt, aber seine Besitztümer werden nicht konfisziert, und er muß kein Lösegeld bezahlen. Die Güter seiner ebenfalls verbannten Brüder hingegen werden eingezogen. Seine Frau darf in ihrem Palast in Florenz bleiben, und die Mitgift wird ihr zurückerstattet. Der König wiederum wird mit wohltönenden Titeln geschmückt (»Landesvater, Lehrer, Schirmherr und Verteidiger des florentinischen Volkes, Bewahrer der Freiheit und Besieger des Tyrannen«). Als Gegenleistung verleiht Karl VIII. Florenz das Recht, sein Wappen zu tragen, und gewährt der Stadt Handelsfreiheit in den Königreichen Frankreich und Neapel.

Der am 26. November 1494 öffentlich verlesene Vertrag wird unter allgemeinem Jubel begrüßt. Aber am gleichen Tag kommt es zu neuen Zwischenfällen, was Savonarola dazu bewegt, zum König zurückzukehren und ihn zu bitten, seinen Abzug zu beschleunigen.

So verlassen denn am 28. November 1494 der König und sein Heer die Stadt Florenz in Richtung Siena. Das Vorhaben ging weiter, aber der Aufenthalt in Florenz war nicht zu des Königs Gunsten ausgefallen. Seine zwiespältige Haltung den Medici gegenüber, seine finanziellen Forderungen, die Arroganz seiner Offiziere und Soldaten – sie hatten bewirkt, daß sich ein großer Teil der öffentlichen Meinung von ihm abwandte, während der Mythos von seinem göttlichen Auftrag einer realistischeren Einschätzung seines Feldzuges gewichen war.

Kapitel III
Die Staatsreform
(1494–1495)

Das Ende der Medici-Herrschaft zwingt die Florentiner, ihre Verfassung zu ändern, um die Republik auf neue Grundlagen zu stellen und Pieros Rückkehr zu verhindern.

Kämpfe zwischen Sippen und Klassen

Die politische Klasse ist sich nicht einig, wie das künftige Regierungssystem aussehen soll. Gewiß, eine Rückkehr von Piero de' Medici ist ausgeschlossen. Er selbst hofft indes noch immer auf eine Wende, denn in der Umgebung seiner in Florenz verbliebenen Mutter und seiner Gemahlin zählen seine Verwandten, Verbündeten und Günstlinge auf die Wankelmütigkeit des Volkes und einen Rückschlag des Königs. Andere, die mit der endgültigen Entfernung Pieros durchaus einverstanden sind, arbeiten gleichwohl an der Wiederherstellung des Prinzipats, der damals verbreitetsten Regierungsform in Italien, die auch andere Gruppierungen der florentinischen Oligarchie zuläßt. In den Reihen der republikanischen Opposition wiederum wollen die einen an die vor der mediceischen Usurpation bestehende Regierungsform im Rahmen des oligarchischen Systems anknüpfen, während die anderen eine republikanische Regierung herbeiwünschen, die auch neuen, aus der Geschäftswelt kommenden Männern offensteht. Beiden gemeinsam ist der auch in der Vergangenheit praktizierte Ausschluß der ärmsten Schichten.

Erste Maßnahmen

Am 30. November beschließt eine Gruppe von Weisen die Revision der Wählerlisten, um, gemäß einer Praxis, die ebenso alt ist wie die Republik selbst, ihre Gegner auszuschließen. Sie nehmen auch die unter den Medici außer Gebrauch gekommene Sitte des *parlamento,* der Volksversammlung auf dem Platz der Signoria, wieder auf. Aber diese «direkte Demokratie» ist lediglich eine Komödie, denn die unbewaffnet herbeigeströmten Bürger sind von Truppen umstellt und werden von Anführern manipuliert, die dafür sorgen, daß sie durch Handheben für die bereits beschlossenen Maßnahmen der an der Macht befindlichen Gruppe stimmen.

Das ist auch am 2. Dezember 1494 der Fall. Zugestimmt wird der Schaffung einer *balia* (eines mit Vollmachten ausgestatteten Ausschusses) für das gesamte Jahr, während sich frühere Wahlmandate über zwei bis sechs Monate erstreckten.

Das Schwierigste stand noch bevor. Oligarchische oder republikanische Regierung, das war die Frage. In den Räten wurde lange darüber debattiert. Die einen nahmen Venedig zum Vorbild und sahen eine republikanische Regierung vor, gebildet aus einem Großen Rat, aus dem dann die Magistraten bestimmt würden und der gesetzgeberisch tätig wäre; hinzu käme ein Kleiner Rat, gebildet aus Mitgliedern des Großen Rates, der über die heikelsten Geschäfte zu bestimmten hätte. Die anderen waren Anhänger einer oligarchischen Regierung, ihrer Meinung nach allein fähig, dem «Pöbel» zu widerstehen und das «allgemeine Wohl» anzustreben. Da sich keine klare Mehrheit herausbildete, kamen einige auf den Gedanken, Savonarola als Schiedsrichter anzurufen.

Savonarola und die Staatsreform

Guicciardini zufolge hätten die Anhänger der oligarchischen Regierung den Sieg davongetragen, hätte sich nicht die «göttliche Autorität» durch Savonarolas Mund verlauten lassen, weshalb dann die Option der republikanischen Regierung oder «Volksregierung» den Sieg davontrug.

Es macht allerdings den Anschein, als habe Savonarola zumindest anfänglich eine vorsichtige Zurückhaltung an den Tag gelegt, die zweifellos Ausdruck seines mangelnden Interesses an politischen Fragen ist.

Am 30. November, zwei Tage nach dem Abzug Karls VIII., kam Savonarola vor dreizehn- bis vierzehntausend Zuhörern auf die jüngste Vergangenheit zu sprechen und drückte seine Freude darüber aus, daß Gott Florenz gerettet habe. Er beschimpfte die Lauen, denen er für ihre Verblendung die göttliche Strafe vorhersagte. Er versicherte, Florenz werde von Gott geliebt, ermahnte die Stadt aber, Reichtum, Prunk und Eitelkeiten hinter sich zu lassen sowie Almosen und Kollekten zu pflegen. Am Schluß sprach er einmal mehr von der Bedrohung durch das unmittelbar bevorstehende Unheil, «Heimsuchung und Pesthauch». Auch in seiner Predigt vom 7. Dezember läßt er nicht von diesen Themen ab. Er ruft, selbst um den Preis des Verkaufs von liturgischen Geräten, zur Nächstenliebe gegen die Armen auf, aber auch zur Wiederaufnahme der Geschäftstätigkeit (die Banken sind seit Wochen geschlossen) und, zu deren Belebung, zu Steuersenkungen. Neben diesen Überlegungen, die zeigen, daß er für die Schwierigkeiten der Benachteiligten empfänglich ist, kommt er auf ein Thema zurück, das ihm seit langem am Herzen liegt: die unverzüglich notwendige *renovatio Ecclesiae* (Erneuerung der Kirche). Auf politischer Ebene läßt er seine Vorliebe für eine republikanische Regierung durchblicken, in der alle «guten Bürger» vertreten sind.

Dieser Bezug auf die Politik taucht in den Predigten vom 8. und 10. Dezember nicht mehr auf, die allein der religiösen Thematik gewidmet sind: Gottesfurcht, Notwendigkeit der Almosen, die es den Reichen gebietet, überflüssiges Besitztum abzutreten; Abscheu vor der Sünde, Pflicht zu Beichte und Gewissenserneuerung. Weiter spricht er von der wichtigen Rolle, die Gott Florenz vorbehalten hat, ist doch die Stadt dazu bestimmt, das Zentrum Italiens zu werden, das Modell der Kirchenerneuerung für die anderen italienischen Staaten. Im Zusammenhang mit dieser Erneuerung verwendet er jedoch nur rein religiöse Begriffe, drückt sein vorbehaltloses Vertrauen in Gottes und Christi Hilfe, aber auch seine Hoffnung auf einen umfassenden Sieg über die

Lauen und die dem Teufel Anheimgefallenen aus. Es ist also davon auszugehen, daß Savonarola zu jenem Zeitpunkt «noch zögerte und unsicher war, ob er sich auf die Politik einlassen solle» (Villari).

Die Wende kommt am 12. Dezember. Nach einigen gewagten geschichtlichen Kommentaren und etymologischen Spitzfindigkeiten zum 112. Psalm (nach der Zählung der Vulgata: 111. Psalm) und zu Belsazar wendet er sich plötzlich der Politik zu. Er greift die «Tyrannen» an, die «verderbten Bürger», die für die Lektionen der Vergangenheit blind sind, aber auch die Kleriker, die Komplizen der Tyrannen sind. Gott werde sie bald strafen, falls sie nicht bereuten. Vor allem am 13. Dezember begibt er sich auf das politische Parkett. Ausgehend vom zweiten Buch der Könige, das er mit Hilfe von gewagten Allegorien auszulegen beginnt, vergleicht er sich mit Elischa, der auf dem Weg von Sunem den Sohn einer Sunamiterin (2. Könige 4,8-37) auferweckt hatte. So werde auch er die florentinische Gemeinschaft von den Toten auferwecken. Diese dürfe sich aber nicht dem Geist der Rache hingeben, wie sie es jetzt mit dem Todesurteil über einen Getreuen Lorenzos des Prächtigen getan habe, sei doch der Unglückliche ein weiser und integrer Mann gewesen, dessen einziges Verbrechen darin bestanden habe, seinem Herrn loyal zu dienen. Diese Verurteilung, so führt er aus, ist von unnötiger Grausamkeit; er verurteilt sie als unzulässigen Verstoß gegen das Gesetz der Vergebung und versichert, sie habe Gott stark erzürnt, der sich aus diesem Grund von Florenz abwenden werde.

Von jenem Zeitpunkt an predigte er jeden Tag im vollen Dom. Während er die Bürger weiterhin zu Vergebung und Versöhnung aufrief, befaßte er sich detailliert mit der notwendigen Verfassungsreform. Am 14. Dezember verurteilte er in einer Predigt, zu der die Frauen nicht zugelassen, die Signoria und die anderen Räte hingegen ausdrücklich eingeladen wurden, die monarchische Staatsform und riet zu einer Verfassung, die es niemandem erlauben werde, sich über die anderen Bürger zu erheben und «sich groß zu machen». Er bejahte, darin Thomas von Aquin folgend, daß die Monarchie *in abstracto* den übrigen Regierungsformen vorzuziehen sei, vorausgesetzt allerdings, der Fürst sei gut. Sie wird jedoch verabscheuenswert, sobald dieser schlecht ist. Es wäre folglich gefährlich, diese Regierungsform in Florenz auszuprobieren, wo es zwar intelligente und feinsinnige Männer im Überfluß gebe, wo aber die Menschen von Ehrgeiz zerfressen und Sklaven ihrer Leidenschaften seien. Die dem florentinischen Geist am besten angepaßte Form sei die Demokratie oder «die Regierung der Mehrheit», eine «universale Bürgerregierung». Man möge auf ihn hören. Wie demütig und «unfähig» er auch sein möge, Gottes Geist inspiriere ihn. Unter einer solchen Regierung werde Florenz «ruhmreich» sein; die Stadt werde Ferment und Triebfeder der *renovatio* ganz Italiens und schließlich der ganzen Christenheit sein, würden sich doch Türken und Heiden bald bekehren.

Zu dieser Erneuerung der Kirche, die der Eckpfeiler des von ihm erträumten Gebäudes ist, muß der zivile Staat dadurch beitragen, daß er die unwürdigen Kleriker entfernt. Denn der Klerus muß «der Spiegel des Volkes» sein. Auch gelte es, das schändliche Laster der Sodomie auszumerzen, für das Florenz traurig-berühmt sei. Ohne zu zögern seien die Schuldigen «zu steinigen und zu verbrennen»! Auszurotten seien außerdem die Spiele, die Saufgelage, der Luxus der weiblichen Bekleidung. Strikt zu verschärfen seien die Gesetze gegen den Luxus.

Was die Regierungsform betreffe, so sei Venedig als Modell zu nehmen, mit Ausnahme des Dogen und unter Einschluß der Handwerker. Die niedrigen Ämter seien durch das Los zu vergeben, die wichtigeren durch Wahl zu besetzen. Es stehe jedem der sechzehn Gonfalonieri (Bannerträger) zu, einen Entwurf zu erarbeiten, wovon vier auszuwählen und der Signoria zu unterbreiten seien. Diese werde dann den besten auswählen.

Am nächsten Tag, dem Beginn des Predigtzyklus über Haggai, nahm er vor dem Publikum im Dom die am Vorabend den Räten vorgelegte Thematik wieder auf. Er betont von neuem Notwendigkeit und Dringlichkeit einer moralischen und politischen Reform in Florenz, die der erste Schritt auf dem Weg zur universalen *renovatio* sein wird. Er endigt mit einer erneuten Ermahnung zu Milde und universalem Frieden, anders gesagt, zur Amnestie für die Diener des alten Regimes, insbesondere für den zum Tode verurteilten Giovanni delle Riformagioni[29], den er vor dem Galgen rettet, was ihm die eifrigsten Anhänger des neuen Regimes nicht verzeihen werden.

Am 16. Dezember stützt er sich auf den Haggai-Text, um sich mit der Staatsreform zu befassen. Er wiederholt die beiden unabdingbaren Voraussetzungen: Amnestie und republikanische Regierung. Es sei nun an der Zeit, die inneren Kämpfe und die Beschlagnahmung der Güter der Besiegten zu beenden. Am 17., 18. und 19. (oder am 18., 19. und 20.) polemisiert er gegen die Anhänger der oligarchischen Regierung, bevor er mit der Bemerkung schließt, die Amnestie wie auch eine «gute Regierung» seien unerläßlich und dringlich, getragen von einem wahrhaft christlichen Leben in Demut und Einfachheit. Heftig greift er die Lauen an, die er gerne eliminiert sähe, gefährdeten sie doch die Erneuerung des Staates. Dann nimmt er ein Thema auf, das in den folgenden Jahren einen wichtigen Platz einnehmen wird: Die «Frivolität» der Florentiner, die die Gedichte Dantes und der übrigen Dichter der Lektüre der Heiligen Schrift vorziehen. Eine Verurteilung, die ein beunruhigendes Licht auf seinen literarischen Geschmack und seine moralischen Ausschließlichkeitsansprüche wirft. Er beschwört die Florentiner, seine Ratschläge zu befolgen, denn diese seien ihm von Gott diktiert und wurzelten im Alten Testament. Der ganzen Welt zum Vorbild geworden, werde Florenz die Bekehrung der Ungläubigen bewirken. Niemand möge sich diesem großartigen Vorhaben entziehen, denn Gott werde jeden Widerstand bestrafen.

Am 21. Dezember läßt er vor seinen Zuhörern sein Leben seit seinem Ordenseintritt aufleben. Er zeichnet nach, welches sein – erst geistlicher, dann durch Gottes Wille politischer – Auftrag in Florenz ist. Beides gehöre jedoch unzertrennlich zusammen. Er betont seine Rolle als einfaches Instrument des göttlichen Willens. Er handele gewissermaßen gegen den eigenen Willen und ihm sei der gleiche schändliche Tod bestimmt wie seinem göttlichen Erretter. Dieser schändliche Tod, der ihn unausweichlich erwartet, er lebt ihn mit beeindruckender Voraussicht in die Zukunft im Geiste bereits vor; er akzeptiert ihn in Gehorsam und Hingabe an den Willen Gottes. Dann knüpft er an die Themen der letzten Tage an: Amnestie und republikanische Regierung nach venezianischem Vorbild. Der Stadt verheißt er schließlich Ruhm, Glück und Macht.

Diese leidenschaftliche Verkündigung vor einer immensen Menge, die für seine sturzbachartige Rede empfänglich und von der Aussicht auf die kommende himmlische Strafe entsetzt war, machte aus ihm nicht bloß einen geistlichen Führer; das war er für viele bereits seit zwei Jahren. Nun aber wurde er zum politischen Ratgeber eines Großteils der führenden Klasse, die, noch gestern zerstritten, nun geeint, mehrheitlich hinter ihm stand, bereit zu einer Reform, für die er sich soeben verbürgt und für die er die religiöse Rechtfertigung geliefert hatte.

Die neue Verfassung

Savonarola hatte so überzeugend gewirkt, daß die Regierenden bereits einen oder zwei Tage nach seiner letzten Predigt seinen Vorschlag aufnahmen. Aber um den üblichen Verfahrensweg einzuhalten – das Verfahren schrieb vor, daß die gesetzgeberische Initiative von den Kollegien (den zwölf «Guten Männern» *[buoni huomini]*, den sechzehn Bannerträgern der Kompagnien der militärischen Bürgerwehr *[Gonfalonieri delle compagnie]*, den Zehn, den Führern der *Parte Guelfa*[30]) ausging, zu denen noch die *accoppiatori*[31] hinzukamen –, wurde Savonarolas Vorschlag zusammen mit denjenigen der Bannerträger und jenem der Signoria geprüft. Einmütig wurde Savonarolas Projekt ausgewählt. Die Befürworter einer oligarchischen Regierung machten also gute Miene zum bösen Spiel. Die neue Verfassung sah folgendes vor:

Ein Großer Rat von tausend Mitgliedern, die über fünfundzwanzig Jahre alt sind und deren Väter, Großväter oder Urgroßväter den höchsten Behörden (Signoria, zwölf *buoni huomini, Gonfalonieri delle compagnie*) angehört hatten, erhalten auf gesetzgeberischer Ebene praktisch unbegrenzte Kompetenzen. Aus diesem Rat werden die Inhaber der hohen Ämter (Signoria, Kollegium der Zehn: vornehmlich für die Außenpolitik zuständig, Kollegium der Acht: für die Bewahrung der öffentlichen Ordnung zuständig) gewählt und die übrigen Beamten durch Los bestimmt.

Es wird ein Rat von achtzig über vierzigjährigen Mitgliedern geschaffen, vom Großen Rat für die Dauer von sechs Monaten gewählt. Er gibt sein Urteil über die von der Signoria und den Kollegien dem Großen Rat unterbreiteten Maßnahmen ab.

In jedem Rat ist ein Viertel der Sitze den Minderen Künsten, anders gesagt, der Mittelschicht (Handwerker und Kaufleute), vorbehalten.

Beibehalten werden die Acht und die Zehn; erstere werden für vier Monate gewählt und befassen sich hauptsächlich mit Straf- und Polizeisachen, letztere werden für sechs Monate gewählt und mit dem Schwerpunkt Außenpolitik.

Die wirtschaftliche und finanzielle Lage hätte strukturelle Reformen erfordert. Geschlossene Geschäfte, unterbrochene Feldarbeiten, Arbeitslosigkeit, starke Lohneinbußen – so präsentiert sich die Lage am Ende des Jahres 1494. Auch die Finanzen sind in einem schlechten Zustand. Bekanntlich stammten die Einnahmen der Republik im wesentlichen aus Salzsteuer und Zwangsdarlehen (*prestiti sforzosi* oder *accatti*); diese wurden je nach Bedürfnissen und Wirtschaftslage erhoben, und zwar – zumindest theoretisch – auf den Immobilienbesitz, der gemäß den Angaben des *catasto* (Register des Grundbesitzes und der Einkommen aus Industrie und Handel) eingeschätzt wurde. Aber willkürliche Steuernachlässe und nachträgliche Steuerforderungen machten dieses System zu einer fiskalischen Waffe, derer sich die Medici zynisch bedient hatten, um ihre Freunde zu bereichern und ihre Feinde zu ruinieren. Was war zu tun? Die neu an die Macht gekommenen Regierenden waren im Zwiespalt. Zuerst, Anfang Dezember, erwogen sie, die Salzsteuer abzuschaffen; diese war unter den Armen verhaßt, weil sie auf Konsumgüter und Nahrungsmittel erhoben wurde. Diese unbestritten demokratische Maßnahme «schuf ein wichtiges Band zwischen Savonarola und der Unterschicht» (Weinstein, Savonarola and Florence), brachte aber den neuen Staat um den größten Teil seiner Einnahmen. Was hier verlorenging, mußte anderswo gefunden werden. Auf Savonarolas Rat hin (Predigt über Amos) wurde beschlossen, den Grundbesitz zu besteuern. Die Regierung stimmte diesem Vorschlag am 22. und 23. Dezember zu. Am 5. Februar

1495 wurde dann ein Gesetzesvorschlag unterbreitet, der eine Steuer von 10 % auf den Einnahmen aus Grundbesitz vorsah und sowohl für die Laien wie für die Kirche Geltung hatte (wobei in letzterem Fall die Zustimmung des Heiligen Stuhls erforderlich war). Dieses Gesetz, *decima* genannt – von den Besitzenden heftig bekämpft –, umfaßte zudem eine Zwangssteuer *(accatto)*, die unter den kleinen Handwerkern und Kaufleuten einen derartigen Aufruhr verursachte, daß der Große Rat sein Veto einlegte. Die *decima* wurde denn auch nur dreimal erhoben und erst 1499, also nach Savonarolas Tod, dauerhaft eingeführt. Sie hatte folglich keinen Einfluß auf den Grundbesitz und brachte auch kein Geld in die mehr oder weniger leeren Kassen des neuen Staates. Vorwegnehmend sei dazu gesagt, daß «Ende 1496 die Steuerfrage an einem toten Punkt angelangt war» (Weinstein), da sich der Große Rat und die Signoria nicht einigen konnten. Es brauchte dann die ganze Autorität des gewählten Gonfaloniere Francesco Valori, um eine Anleihe zu bewilligen (*ventina* genannt), die niemanden befriedigte und «das bodenlose Loch der öffentlichen Ausgaben auch nicht auffüllen konnte» (Weinstein). Das ging so weit, daß Savonarola am 28. Oktober 1496 die Bürger dazu aufrief, ihr Geld, je nach Einkommen, dem Staat *à fonds perdu* zu überlassen. Aber weder die *decima* noch die *ventina* (obwohl positiver aufgenommen, da sie einen Kompromiß darstellte) konnten das Fiskalsystem verbessern. «Die Grundstruktur blieb unverändert» (Marks, La crisi finanziaria a Firenze), und die Finanzen der Republik blieben defizitär. Hier liegt ein nicht unwesentlicher Grund für den Mißerfolg des neuen Regimes und Savonarolas persönliches Scheitern.

Der neue Staat befaßte sich auch mit der Reform der Sitten. Auf Savonarolas Bitte hin wurde ein Gesetz zur harten Bestrafung der Sodomie beschlossen, das dieser bereits seit dem 14. Dezember von der Kanzel herab gefordert hatte; für die erste Zuwiderhandlung sah es die öffentliche Zurschaustellung, für Wiederholungstäter den Scheiterhaufen vor.

Dieser neue Staat, eine seltsame Mischung von Demokratie und Terror, war in einer Atmosphäre bürgerlichen und religiösen Eifers und Enthusiasmus entstanden, die Savonarola in seinen Predigten schürte. Fra Girolamo wird zu jener Zeit, wie ein Zeitgenosse bemerkt, «wie ein Heiliger verehrt».

Es gilt, sich darüber zu verständigen, was unter dieser Demokratie zu verstehen ist. Sie wird von wenigen getragen: Lediglich dreitausendzweihundert Bürger sind in den Großen Rat wählbar, aber tausend können gleichzeitig daran teilnehmen. So ist es dank der kurzen Mandatszeit theoretisch allen möglich, eines Tages im Großen Rat zu sitzen. Außerdem wird die Zahl der wählbaren Personen allmählich erhöht. Der Vergleich mit dem System der Medici fällt also zugunsten der neuen Verfassung aus. Diese zeichnet sich nämlich durch eine bemerkenswerte Öffnung den Mittelschichten gegenüber aus. Daraus erkärt sich auch die Begeisterung dieser Schichten für Savonarola, den sie nicht nur als geistlichen Führer, sondern als ihren politischen Verteidiger betrachten.

Der Große Rat, Angelpunkt der Reform, besitzt indes nicht das Recht, Gesetze zu initiieren. Dieses Recht liegt bei der Signoria; sie und die übrigen Hauptkollegien müssen ein Gesetz annehmen, bevor es vor den Großen Rat kommt.

Eine weitere Eigenart liegt darin, daß in der Diskussion um ein neues Gesetz nur die Befürworter das Wort ergreifen können. Die Schlußabstimmung ist nicht individuell, sondern kollektiv: Jedes Kollegium bestimmt einen einzigen Repräsentanten. «Es war alles getan worden, damit die Signoria das letzte Wort behalten sollte» (Villari). Sie konnte einen Gesetzesentwurf am gleichen Tag mehrere Male vorlegen, bis sich schließlich eine Mehrheit ergab.

Trotz all ihrer Unvollkommenheiten schien die neue Verfassung in den Augen aller Demokraten unvergleich besser zu sein als «die Monarchie ohne Krone» der Medici. Im übrigen wiederholte Savonarola unablässig von der Kanzel herab, das neue Regime entspreche den Absichten Gottes, und seine Gegner seien des Teufels. Auch schmeichelte es den Florentinern, zu hören, sie seien nun Vorbild und Ferment der Erneuerung der Kirche und dank ihrer werde die gesamte Christenheit an dieser Erneuerung teilhaben und die Ungläubigen sich in Scharen bekehren (Predigt vom 25. Dezember).

Christus, König von Florenz

Die logische Folgerung aus der von Gott der Stadt Florenz übertragenen Mission zog Savonarola am 28. Dezember in seiner Predigt im Dom, zu der auf seinen ausdrücklichen Wunsch hin nur Männer zugelassen waren. «Dreizehn- oder vierzehntausend Männer», die einen fasziniert und verunsichert, die anderen skeptisch (zahlreich waren auch die Gleichgültigen), hörten Savonarola verkünden, Florenz sei direkt von Gott regiert und Jesus Christus, König des Universums, sei von seinem Vater als neuer König von Florenz, dem neuen Zion, eingesetzt worden. Dieser König sei tatsächlich König. Florenz «steht unter seinem Gesetz, mit dessen Hilfe es regiert wird». Er, Savonarola, sei lediglich ein Vermittler. Dann hörten sie einen feierlichen Aufruf zum «universalen Frieden» und zur Beilegung der inneren Zwistigkeiten zwischen *bianchi* (den Weißen), Anhängern des neuen Regimes, und *bigi* (den Grauen), Anhängern der Medici. «Auf daß alle eins werden.»

Diese Ermahnungen zu innerem Frieden und Amnestie (Hauptthematik von Savonarolas Predigt vom 31. Dezember vor der Signoria) blieben ein frommer Wunsch. Geprägt war der politische Kontext nämlich von der radikalen Spaltung der öffentlichen Meinung. Das zeigte sich am 29. Dezember mit der Wahl von Filippo Corbizzi zum Gonfaloniere di giustizia (Bannerträger der Gerechtigkeit); dieser war nämlich eine Kreatur der reaktionärsten Oligarchen, also ein entschiedener Gegner Savonarolas.

Die Opposition gegen Savonarola kam von verschiedenen Seiten. Einmal von den Anhängern der oligarchischen Regierung (Piero Capponi, Lorenzo de' Medici usw.); dann von den Gegnern des Bündnisses mit dem König von Frankreich. Letzteren galt er als ambitiöser Herrscher, der auf Kosten der Republik Gebietsansprüche geltend machte und Florenz in das Unternehmen Neapel verwickeln wollte, das ihrer Meinung nach im Widerspruch zur traditionellen Freundschafts- und Bündnispolitik der beiden Städte stand. Opposition erwuchs auch von seiten der Franziskaner von S. Croce und sogar der Dominikaner von S. Maria Novella. Sie kam aber vor allem von allen lasterhaften Menschen: Sodomiten, eingefleischten Spielern, die Savonarola unablässig mit Sarkasmus und Verwünschungen überhäuft hatte und die er nun Gesetzen von unmenschlicher Strenge opferte. Hinzuzuzählen sind auch die Lauen, die er mit seinen rhetorischen Übertreibungen, seinen apokalyptischen Prophezeiungen, seinem intellektuellen und religiösen Terrorismus verunsichert und zuweilen auch rasend gemacht hatte.

Auf Savonarolas Seite standen nicht nur die unteren Volksschichten, sondern auch ein großer Teil der Geschäftswelt und der Politik sowie einige Persönlichkeiten, deren moralische Integrität Respekt erheischte, etwa Giovan Battista Ridolfi und Piero Guicciardini.

Savonarola war nicht der Mann, der sich durch Widerstände entmutigen ließ. Er war ganz im Gegenteil der Ansicht, die Schlacht sei gewonnen und es gelte nun lediglich, den neuen Staat zu konsolidieren, die neue Moral und die neue Religion in den Sitten zu verankern, die Lauen und die Bösen zu bekämpfen, die – seiner Meinung nach vergeblich – versuchten, sich dem neuen Gang der florentinischen Geschichte zu widersetzen. Diesen Kampf nahm er denn auch in seinen Predigten, nach einer Pause in der Weihnachtszeit, zu Beginn des Jahres 1495 wieder auf.

Er wird sich wieder mit den ihm vertrauten Themen befassen: Notwendigkeit der Amnestie, Beendigung der Spaltung zwischen Weißen und Grauen. In diesem Zusammenhang spricht er sich für Bußen und Strafen bis hin zu lebenslänglichem Gefängnis für jene aus, die auch weiterhin diese Bezeichnungen gebrauchen. Er schlägt auch institutionelle Reformen vor, etwa eine Berufungsinstanz gegen die von der Signoria ausgesprochenen Verurteilungen, gebildet aus achtzig bis hundert vom Großen Rat vorgeschlagenen Mitgliedern, oder Maßnahmen zur Verbesserung der sozialen Gerechtigkeit (Begrenzung des Getreidepreises für die Armen).

Solche Vorschläge stoßen keineswegs auf einmütige Zustimmung. Die Milde gegenüber den Anhängern des alten Regimes wird von den Feinden der Medici als Schwäche, wenn nicht gar als Komplizenschaft verurteilt. Am 11. Januar macht das Gerücht die Runde, er habe die Hinterlegung einer bedeutenden Geldsumme (die Rede ist von tausendzweihundert Gulden) akzeptiert, die

Piero de' Medici dem Kloster S. Marco über Giovanni Guidi da Pratovecchio habe zukommen lassen. Er verwahrt sich gegen den Vorwurf, dieses Geld dem neuen Staat unterschlagen zu haben, wobei er geltend macht, er habe nicht gewußt, was ihm übergeben worden sei. In den Augen seiner Gegner, aber auch einiger seiner Freunde eine fadenscheinige Ausflucht. Die Gerüchtewelle ebbt nicht ab. Einige zögern nicht, ihn zu beschuldigen, er habe diese Geldsumme und die am gleichen Tag hinterlegten Schätze zugunsten des Klosters unterschlagen. Dieser Vorwurf erbittert ihn. «Gestern noch als der Vater der Stadt und als ihr Prophet gepriesen, werde ich nun als Dieb verschrieen.» Die Anschuldigungen sind zwar verleumderisch, und obgleich seine persönliche Integrität außer Zweifel steht, war es doch zumindest unvorsichtig, Guidi da Pratovecchios Rücklage zu akzeptieren, konnte er doch so der Hehlerei beschuldigt werden. Savonarola indes will in diesen als Verleumdung eingeschätzten Anschuldigungen lediglich einen weiteren Beweis für die bodenlose und anhaltende Undankbarkeit der Florentiner ihm gegenüber sehen, die er unerträglich findet, zumal er für die Gemeinschaft so viel getan hat (Predigt vom 11. Januar 1495).

Aus diesem Grund zieht er am 13. Januar die Bilanz seiner bisherigen Tätigkeit. Er betont die Notwendigkeit der Erneuerung der Kirche, die er der Heiligen Schrift entnommen habe, die aber ebenso sehr von Gott gewollt sei, der ob der eingestandenen oder stillschweigenden Verzögerungen und Widerstände zürne. Vergeblich würden sich die Kleriker, die in erster Linie für die die Kirche zerstörende Verderbtheit verantwortlich seien, diesem notwendigen und dringlichen Werk entziehen. Die Stadt Florenz möge aufhören, sich ihrem Auftrag zu widersetzen, dessen Erfüllung ihr Reichtum, Macht und Ruhm eintragen werde. Sie möge den Vorhersagen ihres Propheten Glauben schenken, hätten einige doch bereits Bestätigung gefunden (Tod Lorenzos des Prächtigen, französische Invasion, Sturz der Medici).

Diese Predigt[32], die bekannteste der sieben *Predigten über die Psalmen*, im Januar 1495 gehalten, fand «enorme Beachtung» (Ridolfi) und trug wesentlich zum Erfolg der neuen Volksregierung bei. Sie konnte jedoch seine Gegner nicht entwaffnen, die unter anderem über einen Vorschlag beunruhigt waren, der am 17. Januar gemacht wurde: die Aufhebung des sogenannten Sechs-Bohnen-Abstimmungsmodus. Die Signoria setzt sich aus acht Prioren und dem «Bannerherrn der Gerechtigkeit» zusammen. Bei schwerwiegenden Verbrechen, etwa einem Komplott gegen die Staatssicherheit, brauchte es eine Mehrheit von mindestens sechs Stimmen, sechs Bohnen (abgestimmt wurde mit Hilfe von Bohnen, weiße für Nein-Stimmen, schwarze für Ja-Stimmen). Gegen ein derartiges Urteil konnte keine Berufung eingelegt werden. Savonarola indes war der Meinung, diese Urteile, in denen es auch um Leben und Tod ging, sollten einer Art Appellationsgericht unterstellt werden, das sich aus achtzig bis hundert Mitgliedern des Großen Rates zusammensetzen sollte. Dieser Vorschlag mißfiel aber sowohl den Oligarchen wie dem Volk. Ersteren, weil sie an der absoluten Macht der Signoria festhalten wollten, die sie, da sie im allgemeinen dort die Mehrheit besaßen, so leichter kontrollieren konnten; letzterem, weil der Große Rat aufgrund seiner Größe der Ort von faulen Kompromissen und Machenschaften von Sippen sein konnte, um die als schuldig erklärten Mitglieder, die das Volk bedingungslos verurteilt sehen wollte, zu retten.

Der Widerstand der Oligarchen ist um so verständlicher, als die im Januar 1495 gewählte Signoria in ihrer Hand ist und Filippo Corbizzi, ihr Gonfaloniere, ein entschiedener Gegner Savonarolas ist. Im Großen Rat hingegen sitzt inzwischen eine Mehrzahl von Anhängern Fra Girolamos. Die neugewählten Mitglieder nehmen also ihren Vorteil, der in der nächsten Signoria möglicherweise nicht mehr vorhanden sein würde, wahr und zitieren Savonarola am 18. Januar 1495 in den Palast.

Savonarola sieht sich dort einer Gruppe von Ordensleuten, Dominikanern aus S. Maria Novella und Franziskaner-Observanten, gegenüber. Ihm werden seine Weissagungen, deren göttliche Herkunft angezweifelt wird, und seine der kirchlichen Tradition entgegenlaufenden politischen Interventionen vorgeworfen. Seine Antwort ist in zwei Versionen überliefert. Die erste behauptet, er habe, über die Vorladung wütend, barsch geantwortet, er wisse, was er tue, und er werde die ganze Angelegenheit bald vor der Öffentlichkeit klären. Die zweite, aus Kreisen der *piagnoni,* verwandelt die Versammlung in eine Art Konzil «aller Äbte, Prioren, Vorsteher von Klöstern und Konventen sowohl der Konventualen wie der Observanten innerhalb und außerhalb der Stadt», zu denen sich Magister der Theologie und vier Kanoniker gesellten, abgesehen von Marsilio Ficino, dem Domkanoniker. Savonarola, davon keineswegs beeindruckt, habe mit großer Bescheidenheit geantwortet und so die Sympathie aller gewonnen. In Wahrheit hatte die Angelegenheit nicht diese Tragweite, und die erste Version dürfte die richtige sein. Aber selbst so zeugt der Zwischenfall von der Feindseligkeit eines großen Teils der Oligarchie.

Savonarola hält Wort und rechtfertigt in seiner ebenfalls am 18. Januar gehaltenen Predigt seine politischen Interventionen mit dem Hinweis auf deren Nützlichkeit auf spiritueller Ebene, denn, so führt er aus, um gemäß der biblischen Moral in demütiger Armut leben zu können, müsse man in einem demokratischen Staat leben. Dieses Thema behandelt er auch in seiner Predigt vom 20. Januar. Er wiederholt, es sei unabdingbar, eine Berufungsinstanz für die Urteile der Signoria zu schaffen, denn ein Urteilsspruch ohne mögliche Berufung lasse sich nur rechtfertigen, wenn die Gewählten «die weisesten Männer der Stadt» seien, womit er nahelegt, das sei hier nicht der Fall. Er widerlegt dann, ohne ihn namentlich zu nennen, seinen Dominikanermitbruder, den Prior von S. Maria Novella, Tommaso da Rieti, mit dem Hinweis auf den heiligen Dominikus und andere Autoritäten, die klar zum Ausdruck brächten, daß die Politik kein den Kirchenmännern verbotenes Gebiet ist; vielmehr seien deren Stellungnahmen in diesem Bereich immer dann notwendig, wenn es um das allgemeine Wohl gehe. Dann kündigt er an, er unterziehe sich gerne einer Debatte vor einer Kommission von «guten Bürgern» und «guten Ordensleuten» und er werde, über die gegen ihn gerichteten Angriffe betrübt, einige Zeit weggehen. Am 25. Januar wiederholt er diese Drohung. Da die Florentiner seine Einmischung in die Politik nicht wünschten, «verzichte er auf den Staat und wolle sich nicht mehr in die Angelegenheit der «Sechs Bohnen» einmischen». Man solle nicht versuchen, ihn zurückzuhalten; er werde nach Lucca gehen (wo er von den Ältesten um einen Predigtzyklus gebeten worden war), ja noch weiter weg bis zu den Heiden, deren Bekehrung er beschleunigen wolle. Er habe keine Angst vor dem Tod. Ganz im Gegenteil. Aber die Florentiner müßten wissen, welchen Gefahren sie sich damit aussetzten. Gott sei voll Zorn: Pest, Hungersnot und Krieg würden über sie hereinbrechen, von Gott gesandt. Sie sollten beten und fasten und auf die Milde des Herrn hoffen, dem er sie anempfehle.

Derartige Drohungen können die Opposition innerhalb der Signoria nicht entwaffnen; diese beruft zwei Kommissionen, eine geheime und eine öffentliche, um seine Argumentation zugunsten eines Appellationsgerichts zu widerlegen. Beide sprechen sich für den status quo aus und beschuldigen Savonarola sogar, objektiv gesehen, ein Verbündeter der Medici-Anhänger *(bigi)* zu sein, die so wieder Aufwind bekommen hätten.

Dem Volk wiederum mißfiel die Nachricht von seiner Abreise nach Lucca. Übrigens schrieb die Signoria zweimal (in je anderer Zusammensetzung, da die Amtsdauer bekanntlich nur zwei Monate betrug), darin von den Zehn unterstützt, im Dezember 1494 und im Januar 1495 an den Papst und bat ihn, sein Breve zu widerrufen, worin er Savonarola erlaubt hatte, in Lucca die Fastenpredigten zu halten. Der Papst willigt ein und befiehlt Savonarola, in Florenz zu bleiben.

Dieser doppelte Mißerfolg erklärt zweifellos, weshalb Savonarola schwieg und während des ganzen Monats Februar S. Marco nicht verließ. Diese Zeit wird er nutzen, um seinen Predigtzyklus vorzubereiten, den er am 1. März im Dom beginnen wird.

Die Predigten vom Frühjahr 1495

Das Publikum strömt zahlreicher denn je herbei; an einigen Tagen sind mehr als zwanzigtausend Zuhörer da. Die Erwartungen werden jedoch nur teilweise erfüllt, da Savonarola bereits zu Beginn erklärt, er sei von der Undankbarkeit der Florentiner angewidert, weshalb er nicht mehr über Politik sprechen, sondern sich darauf beschränken werde, das Buch Hiob auszulegen, die unabdingbare *renovatio* der Kirche zu predigen und einmal mehr die unmittelbar bevorstehende, zur Reinigung der Guten und zur Ausmerzung der Bösen notwendige Sintflut anzukündigen. Predigt für Predigt entwickelt er unter dem Zeichen des Hiob, dieses «Kapitäns der Verfolgten und der Langmütigen», seine Lieblingsthemen; schließlich werde die von Gott Italien und der Kirche gesandte «Heimsuchung» sich zugunsten der Guten auswirken. Aber diese Lektion über das aktuelle Geschehen wird von einem wörtlichen, scholastisch gefärbten Kommentar verwässert, sie ist mit gewagten Etymologien, mit theologischen und philosophischen Exkursen gespickt, so daß sich die Frage stellt, welche Klärung sie denn einem größtenteils unwissenden, aber von soviel Subtilität und Bibelwissen sicherlich faszinierten Publikum bringen sollte. Zuweilen vermochten die Zuhörer in einem Satz eine Anspielung auf die aktuelle Situation zu entdecken: Amnestie; anhaltende politische Rachsucht der Florentiner (Predigten vom 12. und 13. März); Zerfall der Kirche (14. März); universaler Friede als andere Seite der Amnestie, die Florenz die Hilfe des Herrn sichern wird (15. März); göttlicher Auftrag des Königs von Frankreich in Italien (15. März); wiederum die Amnestie (16. und 17. März); Widerstand der Lauen, über die er die göttliche Strafe herbeiruft (17. März); die für das Glück und die Größe der Stadt Florenz unabdingbare Einheit (18. März); die schlechte wirtschaftliche Lage; Arbeitslosigkeit (18. März). Das hindert ihn keineswegs daran, am 19. März schließlich zu erklären, er wolle sich nicht mehr in die florentinische Politik einmischen und allein über das Evangelium, den inneren Frieden und die Einheit predigen.

Die Feindseligkeit seiner Gegner läßt nicht nach. Die neue Signoria ist ihm nicht besser gesinnt als die alte. Außerdem widerlegt einer seiner Mitbrüder, Domenico da Ponzo, ein Franziskaner von S. Croce, von der Kanzel herab Savonarolas Argumentation für ein Appellationsgericht und erklärt sich als Befürworter einer oligarchischen Regierung.

Aber auch Savonarolas Anhänger bleiben nicht untätig. Am 19. März stimmt der Große Rat mit großer Mehrheit für das Amnestiegesetz, das alle vor dem 9. November 1494 begangenen Straftaten betrifft, sowie für eine Berufungsfrist von acht Tagen, in der jede Verurteilung der Signoria oder der Acht zu körperlicher Züchtigung, hoher Buße oder Exil vor den Großen Rat gebracht werden kann. Der Rat der Achtzig seinerseits hatte bereits am 16. März denselben Entwürfen zugestimmt. So trugen schließlich Savonarolas Ansichten trotz des Widerstands der Signoria den Sieg davon.

Damit verflüchtigt sich auch seine Niedergeschlagenheit. Am 20. März kostet er diesen Sieg, den er dem Eingreifen Gottes zuschreibt, auf der Kanzel aus. Am gleichen Tag nimmt er seine Auslegung des Buches Hiob und des Buches der Könige wieder auf.

Am 1. April erzählt Savonarola von einer außerordentlichen Vision: In Begleitung von vier Frauen (Einfachheit, Glaube, Gebet, Langmut) war er an die Pforten des Paradieses gelangt. Vom heiligen Joseph empfangen, wurden sie eingelassen und konnten die Jungfrau Maria und ihren Sohn betrachten. Dann legte er Maria den Grund seines Besuchs dar; er wolle sie um Bestätigung der guten Nachrichten bitten, die sie ihm bereits vorher angekündigt habe und die er in seiner Predigt vom 24. März verkündet habe, als er sie vor Gott zur Fürsprecherin der Florentiner auserwählt habe. Maria bestätigt sie ihm feierlich in lateinischer Sprache:

»Florenz, unserem Herrn Jesus Christus und uns selbst teuer, bewahre deinen Glauben, fahre in deinen Gebeten fort, tröste dich mit Langmut, denn so wirst du der Menschen Ruhm und Gottes ewiges Heil erringen.«

»Letztlich heißt sie also alles gut, wovon er seit Monaten predigt« (Cordero). Das scheint auch für seine Ratschläge zur Behandlung der aufständischen Pisaner zu gelten, die, so sagt sie, «schwer bestraft werden». Weiter gibt sie ihr Einverständnis zur *renovatio Ecclesiae* und zur Bekehrung der Ungläubigen; damit einher würden politische Umwälzungen gehen, unter denen Florenz weniger leiden werde als das übrige Italien, dessen trauriges Schauspiel sie ihm vor Augen führt. Schließlich versichert sie, die Lauen würden bestraft, die Gerechten und Guten belohnt, vorausgesetzt allerdings, sie würden die guten Gesetze ohne Schwäche anwenden und die Schurken, die Gottlosen, die Gotteslästerer, die Spieler und die Sodomiten bestrafen. Über diese werde bald Gottes Strafe hereinbrechen, wie er es selbst in seiner Formulierung *cito et velociter* (rasch und bald) angekündigt habe, die im weitesten Sinn und als zeitlich unbegrenzt (zwei, drei, sechs Jahre, vielleicht auch mehr) aufzufassen sei.

Angesichts einer derartigen Vision, bis in alle Einzelheiten sorgfältig vor Tausenden von Zuhörern ausgebreitet, die dies alles größtenteils als authentische Nacherzählung eines realen Faktums auffaßten, stellt sich die Frage nach Savonarolas Aufrichtigkeit. Bediente er sich, wie viele heidnische oder christliche Dichter (von Virgil bis Dante), der allegorischen Rede? Hat er, wie viele andere auch, ein schönes Märchen geschrieben, um eine Lektion in Moral und Spiritualität mit dem Hauch des Übernatürlichen zu schmücken? Hat er ganz im Gegenteil ohne Ausschmückungen eine authentische Vision erzählt? Er fühlte die Widerstände und Zweifel eines Teils seiner Zuhörer sehr wohl und variierte zu seiner Rechtfertigung seine Aussagen. Bald vertritt er, allein «ein grobschlächtiger oder böswilliger Geist» könne behaupten, seine Erzählung sei etwas anderes als «eine bildhafte Vision», die allegorisch, dem Geiste und nicht dem Buchstaben nach, zu interpretieren sei. Bald betont er, gewissermaßen frohlockend, mit dieser Vision stehe er in direkter Nachfolge der Propheten Israels (Ezechiel, Daniel, Sacharja) und der Bericht müsse wörtlich genommen werden, denn alles sei wahr und könne «um kein Jota» verändert werden. Als Beweis führt er die auf lateinisch gehaltene abschließende Rede der Jungfrau Maria an, die er am 14. Juni wörtlich wiederholen wird.

Daß Savonarola zu jenen Zeiten Visionen hatte, bezeugten seine Mitbrüder und betonte auch er selbst immer wieder. Diese Visionen erfaßten ihn meistens in seiner Zelle, versetzten ihn nächtelang in Verzückung und ließen ihn am frühen Morgen erschöpft zurück. Zuweilen bemächtigten sie sich seiner auch auf der Kanzel. Dann wurde er von einem solchen Eifer, von einer solchen mystischen Verzückung erfaßt, daß seine Zuhörer mitgerissen wurden und die Menge in Seufzer, Schreie und Stöhnen ausbrach. All dies ist durch unwiderlegbare Aussagen belegt. Natürlich ist es möglich, daß der Auslöser dieser Visionen die unablässige, Tag und Nacht währende Betrachtung der Bibel, insbesondere des Alten Testaments ist. Diese bis zur Besessenheit wiederholte Lektüre aber hatte seinen Geist mit einer solchen Fülle von Visionen bevölkert, daß er sich ihnen lediglich hinzugeben brauchte, um sie zu aktualisieren und zu personalisieren. Hinzu kam, daß in seiner nächsten Umgebung einer seiner eifrigsten Anhänger, Fra Silvestro Maruffi, lebte, der an einer Art Somnambulismus litt, der ihm zu außerordentlichen Visionen verhalf. Savonarola aber «begann Maruffi in einer Weise zu schätzen, ja zu achten, die dieser aufgrund seiner Ungebildetheit und seines schwachen und leichtfertigen Charakters keineswegs verdiente; er vertraute blind allem, was dieser sagte; so bestärkte er sich, von einem Irrtum in den anderen fallend, immer mehr in seinen seltsamen Vorstellungen über seine Visionen» (Villari). Er war davon überzeugt, diese seien Teil seines prophetischen Werkes, gewissermassen dessen Bestätigung, und sie kämen direkt von Gott. In offenkundigem Widerspruch dazu erklärt er jedoch des öftern, er besitze keinerlei prophetische Gabe und seine Vorhersagen seien ihm allein «durch die christliche Lehre und den Geist des biblischen Liebesgebotes» diktiert und jeder seiner italienischen Zeitgenossen könne wie er die Zukunft klar vor sich sehen, so offenkundig und zahlreich seien die Anzeichen der Zukunft und der bevorstehenden Plage.

Aber trotz dieser Widersprüche wollten seine Hörer in ihm einen echten Propheten sehen. Das trifft zumindest auf seine Zuhörerschaft aus der Unterschicht zu, die es gewohnt war, den Himmel nach dem geringsten Anzeichen für nahende Katastrophen abzusuchen; diese Menschen waren von einer heute unvorstellbaren Leichtgläubigkeit und derart von millenaristischen Vorstellungen geprägt, daß jede Weissagung quasi als Gewißheit begrüßt wurde. In Florenz gab es aber auch weniger Leichtgläubige, standhafte Geister, Skeptiker und Spötter. Sie alle waren der Meinung, Savonarola, den sie *frataccio* (Drecksmönch) nannten, sei ein Schwindler, der Leichtgläubigkeit und Unwissen seiner Zuhörer ausnütze. Zu jener Zeit jedoch war Fra Girolamo für die allermeisten Bürger – und nicht unbedingt die geringsten unter ihnen – ein wahrer Prophet, dessen Rede ungemein gefiel.

Der Widerstand der Lauen ließ indes nicht nach. Ja, er begann sich ganz offen zu organisieren. Savonarola wußte davon. Am 4. April prangert er eine in Florenz und Umgebung vorbereitete Verschwörung gegen ihn an. Er versichert, er fürchte sich nicht davor, denn Gott stehe auf seiner Seite; dann ermahnt er seine Getreuen, standhaft zu bleiben, selbst wenn er sein Leben lassen müsse, was ihn weiter nicht betrübe, da ihm der Himmel gewiß sei. Am 5. und 7. April kommt er auf diesen Krieg der Lauen zurück, der nicht nur gegen ihn, sondern auch gegen seine Mitbrüder und seine Freunde unter den Laien gerichtet sei. Er klagt einen Teil der Kirche an, der gegen die *renovatio* sei und ihn mit der Waffe der Exkommunikation oder mit anderen Mitteln, etwa Gift, bekämpfen werde. Vielleicht werde er daran sterben, aber Gott werde diejenigen auferwecken, die sein Werk weiterführten. Schließlich fleht er zu Gott, er möge ihm die «Gnade» der Folter, der Erniedrigung und der Schande erweisen. Am 8. (oder 9.) kommt er auf die verleumderischen Anschuldigungen seiner Feinde zurück, an deren Spitze jene Mönche und Nonnen stünden, die den Gottesdienst auf Gesang und liturgische Gewänder reduzierten, also auf jene Eitelkeiten, die nichts mit dem Glauben und dem Dienst an Gott zu tun hätten. Vom 12. bis zum 14. April folgen neue Angriffe gegen die Gleichgültigen, die, obwohl sie als Söhne der Kirche oder gute Laien angesehen würden, «vom Teufel besessen» seien. Am 24. erwähnt er einmal mehr die «Verschwörung» der Lauen und Bösen, die ihn aber nicht erschrecken könne, stehe doch die *renovatio Ecclesiae* unmittelbar bevor.

Kapitel IV
Das Ende des «Unternehmens Neapel»
(Juli 1495)

Der nationale Kontext
Erste Enttäuschungen

Savonarolas Hoffnungen aber sind vergeblich und werden von den Ereignissen ständig widerlegt. Nichts Neues von seiten des aufständischen Pisa. Der Rückeroberungskrieg wird mit geringen Mitteln und ohne große Überzeugung geführt. Die Söldner der florentinischen *condotte*[33], insbesondere die vom Bologneser Ercole Bentivoglio angeführte und unter dem Kommando der Florentiner Kommissare Piero Capponi und Francesco Valori stehende Truppe, sind wenig erfolgreich; ein eben noch zurückeroberter Ort geht am nächsten Tag wieder verloren. Zuweilen kommt es auch zu Rückschlägen für die Florentiner: Bentivoglio wird im März geschlagen und verliert praktisch seine gesamte Infanterie. Dieser vergebliche Krieg ist außerdem sehr kostspielig; am 18. Januar mußte einmal mehr eine Zwangsanleihe gemacht werden, was allgemein eine große Unzufriedenheit hervorrief.

Savonarola war im übrigen unvorsichtig genug, zu versichern, der König von Frankreich werde sein – in der Übereinkunft von 1494 festgehaltenes – Versprechen einhalten, unmittelbar nach seinem Einzug in Neapel Pisa zurückzugeben (in Pisa hatte der König eine mit der aufständischen Stadt paktierende Garnison zurückgelassen, die als sicherster Garant für die Nichtrückgabe an Florenz galt). Neapel aber ist kampflos gefallen, und unter den Rufen *Francia! Francia!* hat Karl VIII. am 22. Februar 1495 dort triumphal Einzug gehalten. «Das Wunder ist geschehen ... Nicht einmal ein Monat ist vergangen, und schon sind zwei Könige (Ferrante und sein Sohn Ferrantino) vor ihm geflüchtet. So großartige Erfolge, von einem so jungen Herrscher errungen .... lassen sich in den Augen der Zeitgenossen nur durch göttliche Intervention erklären» (Cloulas).

Die Nachricht, in Florenz am 25. Februar bekanntgeworden,

wird von Savonarolas Anhängern mit großem Jubel aufgenommen, stellt sie doch in ihren Augen eine eindeutige Bestätigung seiner Prophezeiungen dar. Im Lager der Feinde des Königs von Frankreich und damit Savonarolas wird bemerkt, Pisa sei trotz Karls VIII. Versprechen, selbst nach der Bezahlung von vierzigtausend der dem König im November 1494 insgesamt versprochenen siebzigtausend Gulden, noch immer nicht zurückgegeben worden. In den Reihen der Anhänger Frankreichs steigt die Unzufriedenheit, nachdem am 31. März in Venedig eine Verteidigungsliga zwischen Alexander VI., Ludovico Sforza (noch am Vortag ein Verbündeter des Königs), Venedig, den spanischen Königen Ferdinand und Isabella sowie Kaiser Maximilian I. gebildet worden war. Alle sind zu Recht über die Eroberungen des Königs von Frankreich beunruhigt, weil sie das Gleichgewicht der italienischen Halbinsel durcheinanderbringen. Gewiß, der offizielle Bündnistext spricht lediglich von der «Bewahrung von Frieden und Ruhe in Italien», vom «Heil der Christenheit», der «Bewahrung der Würde und der Autorität des Heiligen Stuhls» und von der «Sicherung der Rechte des Heiligen Römischen Reiches»; dann aber wird die Intention deutlich: Die Mitglieder der Liga haben sich verbündet, «um die oben genannten italienischen Staaten gegen jene Mächte zu verteidigen und zu erhalten, die zur Zeit einen Staat in Italien besetzen». Savonarolas Gegner werden auch durch Fra Domenico da Ponzos Vorhersagen bestärkt, wonach die Florentiner vom König von Frankreich getäuscht worden seien, habe er doch noch keine der von Piero de' Medici ausgelieferten Ortschaften zurückgegeben.

Von den Ereignissen unberührt, verteidigt Savonarola auch weiterhin das Bündnis mit dem König von Frankreich. Er hatte sogar, wie bereits erwähnt, am 1. April die Jungfrau Maria zu Hilfe gerufen und verkündet, die Lilien Frankreichs würden sich zum höchsten Ruhm der Stadt mit jenen von Florenz vereinigen.

Selbst nach der Gründung der Liga glaubt Savonarola an die göttliche Mission Karls VIII. Am 1. Mai ermahnt er die Florentiner von der Kanzel, weiterhin Vertrauen in die Zukunft zu setzen, könne diese doch nur glanzvoll sein, denn Gott sei auf ihrer Seite im Kampf gegen die bald vernichteten Kräfte des Bösen. In Erwartung dieses Sieges, gelte es, weiterhin zu beten und zu fasten.

Auch die sittliche Erneuerung sei ohne Verzug in Angriff zu nehmen. Diese erstreckt sich sogar auf die Bekleidung der Frauen (den jungen Mädchen empfiehlt er das Tragen des Schleiers), vor allem aber auf Bälle, Spiele und Laster, insbesondere die Sodomie.

Am 3. Mai kommt Savonarola auf diese Thematik zurück, betont die Dringlichkeit der sittlichen Erneuerung, insbesondere der Ausmerzung der Sodomie durch eine unerbittliche, auch den Klerus und die politische Führung umfassende Repression. Am 8. Mai prophezeit er von neuem die zeitlich unbestimmte, aber unausweichliche, weil von Gott gewollte *renovatio Ecclesiae,* die gewalttätig verlaufen wird («durch das Schwert», sagt er); zudem prophezeit er die Bekehrung der Ungläubigen und die Erweiterung des florentinischen Territoriums durch die Rückgewinnung der verlorenen Städte. Er plädiert für Wachsamkeit den inneren Feinden, den Lauen und den Gegnern der republikanischen Regierung gegenüber und will letztere exemplarisch bestraft wissen, denn «Grausamkeit ist inzwischen eine große Barmherzigkeit», und selbst Jesus Christus wurde nicht auf die Welt gesandt, «um Frieden zu bringen, sondern das Schwert». Am 19. Mai ermahnt er die Florentiner, sich nicht entmutigen zu lassen, denn sie würden die Prüfungen mit Gottes Hilfe überwinden, der die Bösen – Spieler, Gotteslästerer und Perverse – strafen werde. Vor einem Publikum, das über die von außen eintreffenden Nachrichten beunruhigt ist, wiederholt er am 24. Mai, es sei notwendig, den Glauben an die göttliche Intervention in die Angelegenheiten der Stadt nicht zu verlieren; zwar möge die Gegenwart in den Augen der Kleingläubigen bedrohlich sein, die Zukunft aber werde glorreich sein, denn Florenz sei von Gott bestimmt, sich an die Spitze der Erneuerung Italiens zu stellen; selbst wenn die Stadt von allen Seiten belagert würde, würden die Engel vom Himmel herabsteigen, um sie zu verteidigen.

Dieselbe Thematik am 31. Mai: Es gilt, den äußeren und inneren Krieg mit hoffnungsvollem Herzen entgegenzusehen, denn Gott wird die Standhaften verteidigen, und die Wankelmütigen werden zur Hölle fahren. Am 3. und 4. Juni wiederholt er, Gott werde die Feinde von Florenz vernichten und zur Hölle schicken, der Sieg sei gewiß und werde überragend sein.

So versprach er Predigt für Predigt vor einem stets zahlreichen Publikum (im Schiff von S. Maria del Fiore fanden nicht alle Zuhörer Platz), das teilweise auch von auswärts, etwa von Bologna kam, den Sieg über die Kräfte des Bösen und verurteilte die Skeptiker (die er die Lauen nannte), denen er Niederlage und Hölle verhieß; er mobilisierte die Jungfrau Maria und Gott selbst für den Erfolg seiner geistlichen und politischen *renovatio,* in welcher die Religion die Erneuerung der Institution wie der Herzen begründen und rechtfertigen sollte. Diese Vermengung von geistlichen und weltlichen Angelegenheiten verspricht einen theokratischen Staat, der durchaus nicht in der republikanischen Tradition von Florenz steht, wo Himmel und Erde, Religion und Politik, Seelenheil und Geschäft, gemäß einem rein weltlichen Regierungsverständnis, seit jeher getrennt sind.

Im weiteren ruht Savonarolas religiöses und politisches Gebäude auf einer geschichtlichen Voraussetzung: dem Gelingen des Unternehmens Neapel. Der König muß nur eine Niederlage einstecken, und schon ist alles in Frage gestellt. Sein «göttlicher Auftrag» dahin, verbliebe nur noch der weltliche Aspekt der Angelegenheit, die erst ruhmreiche, dann aber bald weniger brillante Episode einer schließlich zum Scheitern verurteilten imperialistischen Politik. Genau das aber spielte sich unter den Augen der völlig ernüchterten florentinischen und italienischen Öffentlichkeit ab.

Das Ende des Unternehmens
(Mai 1495)

Für den König von Frankreich waren die Freuden der Eroberung bald vorüber. Ende Februar 1495 in Neapel eingezogen, muß er bereits Anfang April daran denken, sich aus «seinem» neuen Königreich zurückzuziehen. «Die Nachricht von der Schaffung der Liga in Venedig machte schnell die Runde, und die meisten Franzosen hatten nur noch einen Wunsch: den König so schnell wie möglich nach Frankreich zurückzubringen, bevor die Verbündeten das von ihnen vorgesehene große Heer aufstellen konnten»

(Labande-Mailfert). Schließlich gab der König dem Drängen seiner vorsichtigen Ratgeber nach.

Am 20. Mai 1495 verläßt Karl VIII. Neapel und läßt dort lediglich einen Vizekönig, Regenten und Gouverneur zurück. Mit Schenkungen und großzügigen Gesten hatte er den bei seiner Ankunft vorgefundenen Reichtum verschleudert; er hatte nicht die Zeit gehabt, das Königreich zu reorganisieren; er hatte all jene erzürnt, die bei der Verteilung von Titeln und Ländereien leer ausgegangen waren. Er brach an der Spitze eines Heeres auf, das wegen ausgebliebener Soldzahlungen bereits murrte und von der Syphilis (von den Franzosen neapolitanische Krankheit, von den Neapolitanern französische Krankheit genannt) schon erheblich dezimiert war.

»Arm aus einem Königreich zurückkehrend, das als das reichste in ganz Italien galt« (Labande-Mailfert), machte sich Karl VIII., der vorläufig auf seine Jerusalemer Eroberungspläne verzichtet hatte, ohne päpstliche Investitur für sein Königreich Neapel auf den Weg zurück nach Frankreich.

Am 1. Juni zieht er in Rom ein, doch es kommt zu keiner Begegnung mit dem Papst; dieser hatte es nämlich, um ihn nicht empfangen zu müssen, vorgezogen, die Ewige Stadt zu verlassen. Am 7. Juni ist Karl VIII. in Viterbo, am 13. in Siena, wo ihm ein herzlicher Empfang bereitet wird und die Stadtväter erklären, »ihn als ihren König, einzigen Herrscher und wahren Beschützer zu empfangen« (Cloulas, Charles VIII et le mirage italien).

Florenz ist über das Herannahen des Königs eher beunruhigt. Die öffentliche Meinung ist bekanntlich gespalten. Die meisten aber fürchten, in seinem Gefolge werde auch Piero de' Medici zurückkehren. In diesem Fall aber hätte er die Bevölkerung praktisch einmütig gegen sich. So wird denn der Widerstand vorbereitet. Am 12. Juni gleicht Florenz einer Stadt im Belagerungszustand. Die Straßen sind mit schweren Balken verbarrikadiert worden; es werden Waffen und Vorräte angehäuft; eine Miliz von zehntausend Mann wird aufgestellt. Dieser Widerstand wird von der Liga unterstützt: Ludovico Sforza verspricht militärische Unterstützung, während der Papst Florenz ermahnt, der Liga beizutreten, andernfalls werde es als feindliche Stadt behandelt.

149

Karl VIII., über diese Vorbereitungen der Florentiner informiert, entsendet Commynes zu Savonarola. Das Gespräch findet am 8. Juni statt. «So fragte ich ihn denn», wird Commynes später berichten, «ob der König, angesichts des großen Truppenzusammenzugs der Venezianer, ohne Gefahr für seine Person durchziehen könne ... Er antwortet, es werde unterwegs Schwierigkeiten geben, daß aber der König, und hätte er nur hundert Mann als Begleitung, in seiner Ehre unangetastet bleibe und daß ihn Gott, der ihn gesandt habe, auch zurückführen werde. Weil er aber die Reform der Kirche nicht so vorangetrieben habe, wie er es hätte tun müssen, und weil er zugelassen habe, daß seine Leute das Volk plünderten und beraubten ..., aus diesem Grund habe Gott ein Urteil gegen ihn gesprochen, kurz, er habe einen Schlag zu erleiden. Ich solle ihm aber sagen, falls er sich des Volkes erbarme und dafür sorge, daß sich seine Leute nicht schlecht benähmen oder, falls sie es doch täten, sie bestrafe, wie es sein Amt verlange, dann werde Gott sein Urteil zurücknehmen oder abschwächen. Und er komme nicht umhin zu erklären: ‹Ich tue nichts Böses.› Dann sagte er zu mir, er werde selbst dem König entgegengehen und es ihm sagen» (Commynes).

Savonarola hat also einmal mehr prophezeit. Zwar sagt er dem König den endgültigen Sieg voraus, droht ihm aber gleichzeitig mit göttlicher Vergeltung, mit der dann wieder die Hoffnung auf Verzeihung einhergeht. Er spielt gewissermaßen die Rolle des geistlichen Beraters des Königs und Interpreten des göttlichen Willens. Damit wiederholt er mündlich, was er dem König bereits am 25. und 26. Mai auf französisch geschrieben hatte. Er ruft ihm in Erinnerung, er sei von Gott zur *renovatio Ecclesiae* erwählt worden, er ermahnt ihn, diesem Auftrag entsprechend zu handeln, Florenz gut zu behandeln, die mit der Stadt geschlossenen «Verträge, Klauseln und Übereinkünfte» einzuhalten, nicht einen «einfachen Bürger» (eine Anspielung auf Piero de' Medici), sondern «die neue Regierung einer Stadt und eines Volkes, das ganz französisch ist», zu begünstigen. Florenz sei ihm treu geblieben; falls er die Stadt gut behandele, werde ihm Gott den Sieg verleihen und «ein großes Königreich» schenken, und alle Völker Italiens würden ihm gehorchen. So laute Gottes Wille, der sich durch seine Feder ausdrücke. Der König möge sich daran halten, sonst habe er «Heimsuchungen» zu gewärtigen. Falls er Gott gehorche, «kann selbst die gesamte Macht des Universums nichts gegen Eure Allerchristlichste Majestät verrichten». Was er schreibt, so meint er, «ist wahr wie das Evangelium».

Am 8. Juni kehrt er nach einer Zeit der Einkehr im Konvent S. Domenico in Fiesole – zu dieser Zeit arbeitete er fleißig an seinem *Compendium revelationum* (Abriß der Offenbarungen) – auf die Kanzel zurück. Er wiederholt, die *renovatio Ecclesiae* sei nicht aufgegeben, obwohl sie vom König von Frankreich vernachlässigt worden sei. Die Stunde wird kommen. Wann? Er will es nicht sagen. In der Zwischenzeit gibt es nur eine mögliche Haltung: Unablässiges und einmütiges Gebet aller guten, von Gott auserwählten Menschen, die so den Zorn Gottes von Florenz abwenden werden. Auf politischer Ebene empfiehlt er, die Macht des Grossen Rates zu bewahren, ja zu verstärken, denn dieser sei der Garant der Freiheit und der Stützpfeiler der von ihm selbst ausgearbeiteten institutionellen Reform.

Am 9. Juni zeigt er sich über die erstaunliche Verwandlung der Stadt Florenz erfreut: Spielhöllen, Gotteslästerungen, Sodomie und schamlose Frauenkleider sind verschwunden. Aber es bleibt viel zu tun, um diesen ersten Sieg zu festigen. Nun gilt es, die Gegner auszuschalten. Er verspricht, einmal mehr, Florenz werde an Machtfülle gewinnen, sei es doch dazu bestimmt, das Licht des Glaubens in ganz Italien zu verbreiten. In seiner Predigt vom 14. Juni wiederholt er diese Versprechungen und Vorhersagen, zusammen mit den hoffnungsvollen Worten, die Maria an ihn gerichtet hatte, als sie ihm erschienen war (*sempiternam salutem apud Deum et gloriam apud homines consequeris:* Du wirst bei Gott das ewige Heil und bei den Menschen Ruhm erringen). Florenz ist unverletzlich und Rom verdammt. So will es Gott, der sich fremder Fürsten bedient, um die Kirche Italiens zu erneuern. Bis zu jenem Zeitpunkt aber heißt die Devise: Gebet, Fasten, Buße, Prozessionen, Verzicht auf Bälle und *palio* (Pferderennen durch die Stadt zur Eroberung eines *palio,* eines Banners), Verzicht auf Feuerwerk und Umzüge zum Johannistag.

Savonarola vor dem König
(17. Juni 1495)

Waren es die Mitglieder der Signoria, die, berunruhigt über das Herannahen des französischen Heeres, Savonarola gebeten hatten, sich zum König zu begeben und ihn von einem Schritt abzuhalten, der das Pulverfaß zum Explodieren bringen konnte? Sie versuchten nämlich, den Einzug des Heeres in Florenz zu verhindern, befürchteten sie doch, der König wolle diese Gelegenheit nutzen, um Piero de' Medici, der sich in des Königs Gefolge befand, wieder an die Macht zu bringen. Oder war es Savonarolas eigenmächtiger Entschluß, seinen Einfluß beim französischen Herrscher geltend zu machen? Das wird er am 21. Juni auf der Kanzel behaupten: «Ich bin nicht euer Botschafter gewesen, ich habe weder von der Signoria noch von den Zehn einen Auftrag erhalten, obwohl ich von einigen meiner Freunde darum gebeten worden bin.»

Am 15. Juni brach er, von zwei Mitbrüdern begleitet und von Soldaten eskortiert, als Vertreter und Fürsprecher des Florentiner Volkes auf nach Poggibonsi; das heißt, daß zwar die Initiative von ihm ausgegangen war, daß diese aber die Zustimmung der Behörden erhalten hatte. Beweis dafür sind zwei von ihnen am 16. Juni abgesandte Briefe. Im ersten, von der Signoria an ihre Bittsteller beim König adressiert, werden diese beauftragt, den König zu bitten, seinen Verpflichtungen hinsichtlich der Rückgabe der Städte, darunter Pisa, nachzukommen. Im zweiten, von den Zehn an Savonarola gerichtet, wird Savonarola gebeten, den König in Siena oder Poggibonsi zu treffen. So geht denn Savonarola sehr wohl – allen späteren Versicherungen zum Trotz – als offizieller Sprecher von Florenz zum König.

Von den Gesprächen vom 17. oder 18. Juni ist lediglich bekannt, was Savonarola in der Predigt vom 21. Juni darüber berichtet. Daß die Begegnung herzlich verlief, geht aus allen Zeugnissen hervor. Der König saß bei Tisch. Man kündigt ihm die Ankunft von Fra Girolamo an. Er erhebt sich, geht ihm entgegen und begrüßt ihn respektvoll. Sie verbringen den ganzen Tag zusammen. Der König beichtet und empfängt aus den Händen seines Besuchers die Kommunion. Ihr Gespräch geht dann am nächsten Tag in Castel Fiorentino weiter. Hier nun Savonarolas Bericht, so wie er ihn am 21. Juni auf der Kanzel vorlegte:

Er habe den König gebeten, Florenz gut zu behandeln, sonst würden er und sein Königreich von Gott bestraft. Der König habe ihm voll Milde zugehört und ihm die Einhaltung seiner Verpflichtungen zugesagt. Schließlich habe er, Savonarola, dem König Dinge prophezeit, die er in der Öffentlichkeit nicht wiederholen könne, beträfen sie doch den König persönlich.

Dieser kurze Bericht vermochte nicht alle Zuhörer zu überzeugen. Einige meinten, er bringe von seinem Gespräch mit dem König «eher einen Verlust als einen Gewinn» zurück. Dieser hatte sich nämlich in bezug auf Pisa nicht festlegen wollen, und dies nicht ohne Grund. «Auch Karl VIII. ist berechtigt, von den Florentinern umfassende Vertragserfüllung zu erwarten. Die ersten beiden Raten der Kriegssteuer sind jedoch nicht vollständig überwiesen worden; die dritte wird im Juni fällig, und Florenz erklärt sich außerstande, die Summe zu überweisen, solange es aus den besetzten Städten keinerlei Einnahmen bezieht. Das stimmt wahrscheinlich. Die ganze Angelegenheit scheint unlösbar zu sein, um so mehr als der König in Rom erklärt hatte, er wolle die Pisaner nicht zur Verzweiflung treiben, die, darin von der Mehrheit der Franzosen (aus der Garnison) unterstützt, die völlige Unabhängigkeit anstrebten» (Labande-Mailfert). Daß der König in diesem Punkt völlig aufrichtig ist, werden die Ereignisse der nächsten Tage bestätigen.

Der König von Frankreich in Pisa
(20. Juni 1495)

Der Empfang, der dem König am 20. Juni in Pisa bereitet wird, «übertrifft an Großartigkeit denjenigen vom 6. November 1494 bei weitem» (Cloulas): Lilien an den Türmen und in den Straßen, Triumphbogen, eine vielsagende allegorische Statue auf der Hauptbrücke (der König hoch zu Pferd zückt sein Schwert gegen Neapel, zu seinen Füßen liegen der florentinische Marzocco [Löwe] und die milanesische Schlange [Emblem des Ludovico Sforza]), während die Menge «Freiheit! Freiheit!» und «Es lebe der König!» ruft. Am nächsten Tag entfaltet die Stadt eine Vielzahl von Aktivitäten: Es findet eine Prozession von Klerus und Regierenden statt; dann schickt die Stadt eine Delegation zum König, um die durch die französische Garnison garantierte Freiheit zu fordern; wer im königlichen Gefolge bisher für Einhaltung der Übereinkünfte mit Florenz plädiert hat, wird von den Pisanern moralisch und physisch unter Druck gesetzt. Schließlich folgt ein zweifaches Schauspiel, das geschmackvoll arrangiert ist und von guter Kenntnis des königlichen Temperaments zeugt: Schöne junge Pisanerinnen flehen den König am Abend und am folgenden Morgen kniend an, Pisa seine Unabhängigkeit zu bewahren. Mehrere Ratgeber des Königs schließen sich den Bitten der Pisaner an.

Der König mußte sich folglich standfest zeigen, wollte er all diesen Aufrufen widerstehen. Aber eingedenk der Empfehlungen Savonarolas, weigert er sich, sich für die Zukunft festzulegen, und gibt lediglich vage Sympathie- und Unterstützungserklärungen ab, die von den Pisanern sogleich als Ermutigung zur Unabhängigkeit interpretiert werden; in ihren Hoffnungen bestärkt werden sie durch die Aufrechterhaltung einer französischen Garnison von dreihundert Mann. Nicht bekannt ist den Pisanern allerdings, daß der König dem Garnisonskommandanten den Befehl gegeben hat, die Stadt zu räumen, sobald er selbst den italienischen Boden verlassen habe.

Savonarola hätte seine unvorsichtigen Versprechungen sicherlich nicht ausgesprochen, wäre er Zeuge der Begeisterung der Pisaner gewesen. In dieser Angelegenheit stehen nämlich er und seine Anhänger als Verlierer da. Savonarola, ein schlechter Interpret der politischen Ereignisse, für den nationalen Kontext blind, verloren in seine Vision einer ganz von Bücherwissen bestimmten Geschichte und geprägt von den Erzählungen des Alten Testaments, die keinerlei Zusammenhang mit der italienischen Lage am Ende des 15. Jahrhunderts haben, hat die zeitgeschichtlichen Umwälzungen verpaßt. Diese Fehlinterpretation der Geschichte wird sich auf seine eigene Laufbahn äußerst negativ auswirken.

Für den Augenblick jedoch hält ihm seine Hörerschaft die

Treue. «Zu jener Zeit wurde der Frater in Florenz so hoch geachtet und verehrt, daß viele, Männer wie Frauen, ihm gehorcht hätten, hätte er ihnen gesagt: ‹Begebt euch in das Feuer›», berichtet der Chronist Landucci, ein Zeuge der tiefen, mit Vernunftgründen nicht erklärbaren Verehrung einer Menge von dreizehn- bis vierzehntausend Menschen, die sich zu seinen Predigten drängten. Sein Einfluß ist so groß, daß sich selbst die Magistraten seine Kritik zu Herzen nehmen. So demissionieren etwa die zwanzig *accoppiatori* geschlossen am 7. Juni, nachdem er mehrmals von der Kanzel herab wiederholt hatte, diese Magistraten hätten in der neuen Verfassung keinen Platz. Dieser Kollektivrücktritt wird von seinen Anhängern selbstverständlich als großer Sieg begrüßt.

Sein spiritueller Einfluß wiederum ist gewaltig. Pandolfo Rucellai etwa, Mitglied des Kollegiums der Zehn und Angehöriger einer der einflußreichsten Familien der Stadt, tauscht die Welt und ihren Prunk gegen den Habit des heiligen Dominikus ein. Seinem Beispiel folgen zahlreiche junge Männer aus der Aristokratie, Humanisten, Gelehrte und Kirchenmänner, darunter auch etliche Domkanoniker.

Allein die von ihm in jeder Predigt beschimpften und verurteilten Ungläubigen, Skeptiker und Lauen lassen erneut von sich hören, obwohl ihr Lieblingsprediger, Fra Domenico da Ponzo, Florenz verlassen und sich in Arezzo niedergelassen hat, wo er auch weiterhin gegen Savonarola predigt. «Der Monat Juni des Jahres 1495 zeigt den Zenit von Savonarolas Laufbahn an» (Cordero). Am 26. wird eine neue, Fra Girolamo völlig ergebene Signoria gewählt, die entschieden ist, ihn in seiner Politik des Einvernehmens mit dem König von Frankreich zu unterstützen.

So hatte es, wie Guicciardini sagen wird, in der ganzen Stadt nie zuvor «soviel Güte und Religiosität» gegeben. «In der Öffentlichkeit wurde nicht mehr gespielt, in den eigenen vier Wänden nur noch unter Furcht; die Tavernen waren geschlossen, die Sodomie war verschwunden, die Frauen hatten, mehrheitlich, die unsittlichen und aufreizenden Kleider beiseite gelegt, beinahe alle Kinder waren den zahlreichen Lastern entrissen worden und auf den Weg eines untadeligen und ehrlichen Lebens zurückgebracht worden» (Guicciardini, Storie fiorentine). Auch Handel und Industrie hatten nach einer Zeit des Niedergangs zu Wohlstand zurückgefunden. Dann aber wird die Geschichte Savonarolas Träumereien ein irreparables Dementi verabreichen.

Das Ende eines Traums: Fornovo
(6. Juli 1495)

Der Wandel der öffentlichen Meinung wird durch den veränderten nationalen Kontext bewirkt. Erst einmal war da das Problem der Rückgabe Pisas. Zu Recht von der ausweichenden Antwort des Königs enttäuscht (er verspricht, die Angelegenheit in Asti zu regeln), entsendet die Signoria am 6. Juli eine Delegation, die ihm ein Schreiben Savonarolas überbringt. Darin stellt er sich als ein Prophet Gottes, des «ewigen Königs», dar und droht dem König von Frankreich in verhüllten Anspielungen – er erinnert ihn an eine seiner Vorhersagen, was später, *post eventum,* als Ankündigung des Todes für den jungen Thronfolger Charles-Orland im Dezember 1495 verstanden wird. Er wirft ihm vor, den Florentinern, obwohl sie ihm ihre Treue bewiesen hätten, ihre Güter nicht zurückzugeben. Der König möge sein Versprechen halten, um zu verhindern, das «Gott sich erzürne und alles selbst in die Hand nehme». Als der König diesen Brief bekam – falls er ihn je erreichte – waren die Würfel bereits gefallen, das Glück hatte die Seite gewechselt. An dem Tag nämlich, da die beiden florentinischen Bittsteller in Richtung Asti aufbrachen, schlug der König die entscheidende Schlacht.

Karl VIII. hatte Pisa am 23. Juni unter dem Jubel der Bevölkerung, die von ihrem Befreier Abschied nahm, verlassen. In Pontremoli, von den mailändischen Truppen kampflos aufgegeben, gaben sich die Schweizer Söldner aus Rache für ihre 1494 dort umgekommenen Kameraden Plünderungen und Massakern hin. Als Wiedergutmachung für dieses schwere disziplinarische Vergehen boten sie an, die 31 Artilleriegeschütze über die 18 km lange Straße bis zum Cisa-Paß (1041 m.ü.M) hinaufzuschleppen. Eine harte Aufgabe, die vier Tage in Anspruch nahm. Am 3. Juli überquert der König den Paß. Am 5. steigt er in die Ebene der Lombardei herab und entdeckt das in Kampfstellung am rechten Ufer des Taro aufgestellte Heer der Liga. Das Heer umfaßt etwa 26 000 Kämpfer – 11 000 Reiter, 800 albanische Reiter, 600 bis 1200 Armbrustschützen zu Pferd, 2000 mailändische Soldaten, 6000 venezianische Soldaten, 4000 Milizsoldaten und Abenteurer, 1000 Artilleristen – und steht unter dem Kommando von Francisco Gonzaga, Markgraf von Mantua, sowie zwei venezianischen «Proveditoren»[34]. Gut bewaffnet und von der Hoffnung auf reiche Beute verlockt (im Zuge des Königs befinden sich 5000 bis 6000 Lasttiere), stehen sie dem französischen Heer gegenüber, das lediglich 8000 bis 10 000 Mann zählt.

Dieses königliche Heer war soeben in Fornovo eingezogen, wo es nach einigen Angriffen durch die grausamen albanischen Reiter (diese waren «Kopfjäger» und wurden «pro Stück» entlohnt) in Stellung gegangen war. Nach anfänglichen, von den Verbündeten stark übertriebenen Erfolgen scheinen diese dem direkten Kampf mit dem französischen Heer ausweichen zu wollen, und es beginnen erste Verhandlungen. In der Nacht vom 5. auf den 6. Juli indes lassen heftige Gewitterregen den Taro ansteigen, worauf der König am 6. den Befehl zum Angriff gibt. Am frühen Morgen überquert das Heer vor Fornovo den Fluß in der Absicht, Borgo S. Donnino am linken Flußufer zu erreichen. Der Lastzug seinerseits wird am gleichen Tag den Abhängen der Hügel entlang auf einen anderen Weg geleitet. Als Commynes seinen König in seiner Kriegsrüstung hoch zu Pferd erblickt, erinnert er sich an Savonarolas Vorhersage: «Und es schien mir, Fra Girolamo habe wahr gesprochen, als er mir sagte, Gott werde ihn bei der Hand nehmen und er werde unterwegs Schwierigkeiten haben, aber seine Ehre bleibe unangetastet» (Commynes). Karl VIII. versucht indes noch immer, den Kampf zu verhindern und bittet den Feind unter der Versicherung, sein einziges Ziel sei die Rückkehr in sein Königreich, ihn «seines Weges ziehen» zu lassen.

Dies entspricht offenkundig nicht der Absicht der Verbündeten. Angesichts einer Stärke von 26 000 Mann besteht der Markgraf von Mantua auf dem Kampf, seines Erfolges praktisch gewiß und in der Hoffnung auf viel Ehre und Gewinn. Er wartet, bis das königliche Heer den Fluß überquert und am Ufer in Stellung geht. Sein

Schlachtplan sieht vor, das Zentrum und die Nachhut des französischen Heeres anzugreifen, weiß er doch, daß an diesen beiden Punkten lediglich ein Drittel oder sogar nur ein Viertel der französischen Truppen konzentriert ist. Er selbst wird den König persönlich angreifen.

Karl VIII. befindet sich inmitten seiner Reiterei, im Zentrum der Schlacht. Seine Standarte trägt die Devise *Missus a Deo,* unter der er bisher die Festungen gestürmt und sein Königreich Neapel erobert hat. Um ihn steht die Elite seines Adels, die er am Morgen gefragt hatte, ob sie «bereit sei, für ihn zu leben und zu sterben,» und an die er nun eine kurze Rede richtet, worin er zum Schluß versichert, Gott werde für sie kämpfen.

Dann setzt sich das Heer in Bewegung. Die Artillerie schießt sich auf die venezianische Artillerie ein und bringt sie zum Verstummen. Die Schweizer Söldner zerschlagen die Soldaten einer mailändischen Schwadron. Der Markgraf von Mantua, dessen Reiterei vergeblich den Hochwasser führenden Taro zu überqueren versucht hatte, verzichtet auf den Angriff auf die Mitte, wo sich der König befindet, sondern schlägt sich zu den Mailändern durch und stürzt sich auf die französische Nachhut. Karl VIII. erkennt die Gefahr und eilt der Nachhut zu Hilfe. In diesem Augenblick wirft sich ihm die italienische Reiterei entgegen und reitet, mit dem Ruf *Marco! Marco! Italia! Italia!* den Angriff. Damit beginnt ein unentwirrbares Kampfgetümmel mit Schwert und Morgenstern. Der König steckt, ohne zu wanken, drei oder vier Schläge ein. Er verliert sein Visier, wirft sich aber weiterhin auf seine Feinde. Desgleichen der Markgraf von Mantua, dessen Pferd unter ihm getötet wurde.

Eine unvermittelt geänderte Taktik des französischen linken Flügels, der dem Feind in die Flanke und in den Rücken fällt, bringt die Wende. Vom Angriff überrascht, treten die Italiener, an diesem Punkt in der Minderzahl und von Umzingelung bedroht, plötzlich den Rückzug an. «Der vorerst taktische Rückzug verwandelt sich bald in eine wilde Flucht» (Labande-Mailfert). Dann beginnt die Jagd nach den Verlierern, bei der sich ein zwanzigjähriger Ritter mit Namen Bayard hervortut. Der König, der beinahe von neuem einem wilden und unvorhergesehenen Handstreich zum Opfer gefallen wäre, befiehlt den Abbruch der Verfolgung.

Der schwer errungene Sieg fällt dem König zu. Aber der Ausgang ist umstritten. Von den Italienern, insbesondere den Venezianern, als glänzender Sieg dargestellt, wird suggeriert, die Schlacht habe den Franzosen mehr Verluste beigebracht. Das ist keineswegs sicher. Pieri schätzt die Zahl der Toten auf italienischer Seite auf zweitausendfünfhundert, auf französischer Seite auf tausend. In seinem Schreiben an den Papst vom 21. August beklagt der König den Tod von sechzig Kriegern. Auf italienischer Seite ist der Tod von sechzehn wichtigen Persönlichkeiten zu beklagen, darunter vier allein in der Familie des Markgrafen von Mantua. Beträchtlich waren hingegen die Verluste im Lastzug des Königs; hier wüteten die albanischen Reiter sowie italienische Bauern, die eine Beute von unschätzbarem Wert machten; erbeutet wurde unter anderem der goldene Helm und das Zeremonienschwert des Königs, sein goldenes Siegel, sein Stundenbuch und Teile seines Archivs. Das würde als Erklärung für die Ehr- und Dankesbezeugungen genügen, mit denen der Markgraf von Mantua überhäuft wurde, der sich zugute halten konnte, Italien die Freiheit zurückgegeben zu haben.

Ist eine objektive Bilanz möglich? «Uns scheint kein Zweifel möglich zu sein: Sowohl vom taktischen wie vom strategischen Gesichtspunkt aus gehört der Sieg den Franzosen; sie sind Herr auf dem Schlachtfeld geblieben, sie haben das Heer, das ihnen nicht nur den Weg versperren, sondern sie auch umzingeln und vernichten sollte, jenseits des Taro zurückgeschlagen. Was die Verluste betrifft, so scheinen sie, obwohl nur schwer genau zu beziffern, auf italienischer Seite ganz erheblich größer gewesen zu sein» (Pieri, Il Rinascimento et la crisi militare italiana). Über den Streit um Zahlen hinaus bleibt wichtig, daß dem Heer des Königs der Durchzug, wenn auch unter Verlust seines Lastzuges, gelungen ist und daß es ohne weiteren Angriff gegen Asti ziehen konnte. So schien sich einmal mehr Savonarolas Vorhersage bewahrheitet zu haben: Der König «werde unterwegs Schwierigkeiten haben, aber seine Ehre bleibe unangetastet».

Florenz nach der Schlacht von Fornovo

Als die Neuigkeit von der Schlacht bei Fornovo nach Florenz gelangte und dabei von einem Sieg der Liga die Rede war, spaltete sich die öffentliche Meinung stärker denn zuvor. Savonarolas Anhänger waren natürlich betrübt, standen sie doch nach des Königs Rückkehr nach Frankreich in der italienischen Politik allein da; nur noch der Herzog von Ferrara weigerte sich, zum Leidwesen des Papstes, sich den Verbündeten anzuschließen. Am stärksten trug aber zum Meinungsumschwung bei, daß Pisa nicht zurückgegeben wurde, womit Savonarolas Versprechen und Vorhersagen dementiert wurden. Nun wandten sich diejenigen von ihm ab, denen das Bündnis zwischen Florenz und Karl VIII., Eckpfeiler von Savonarolas Außenpolitik, schon immer ein Dorn im Auge gewesen war.

Daß sich ein Teil seiner Anhänger von Fra Girolamo zu lösen begann, wurde noch dadurch begünstigt, daß der Papst die Florentiner zu überzeugen suchte, sich von der Partei des Königs loszusagen. Anfang Juli gelangten innerhalb weniger Tage zwei päpstliche Gesandte mit Botschaften Alexanders VI. vor die Signoria. Vergeblich. Die Signoria blieb Savonarola und dem König treu.

Obwohl erkrankt, stieg Savonarola am 24. Juni auf die Kanzel. Er wiederholte, er habe volles Vertrauen in die Volksregierung, in die kommende Erweiterung des florentinischen Territoriums durch die Rückgabe der noch vom König besetzten Städte und in die Wohltaten der moralischen Erneuerung. Am 5. Juli spricht er über die gleiche Thematik; hinzu kommt jedoch die Notwendigkeit des Bündnisses mit Christus sowie der Erneuerung der Kirche, die sich auf den Trümmern der schlechten Regierungen vollziehen wird. Er geißelt die verderbten Sitten der Prälaten, die in Luxus, Völlerei und Eitelkeit leben, während der übrige Klerus weiterhin an den «Überflüssigkeiten» des Kultes und an weltlichen Dingen hängt und selbst die Laien nur daran denken, in Luxus und widernatürlichem Laster zu leben und ihre Kinder in den Frivolitäten der Mode (er verurteilt sogar seidene Kleider und lange Haare bei Knaben) und den kleinen Ambitionen der Politik zu erziehen. Er wiederholt sein Lob auf die – unvollkommene, aber verbesserungsfähige –Volksregierung, deren immenses Verdienst es sei, allen Freiheit und Gerechtigkeit zu bringen. Heftig greift er die Lauen, die Bösen, die Sodomiten (denen er den Scheiterhaufen vorhersagt) und die Glücksspieler an. Am 12. Juli ein neuerlicher Angriff auf die Lauen, die Gott verabscheut, denn «es ist besser, eine Dirne, ein Soldat oder ein Grobian als ein Lauer zu sein». Er legt sich auch mit den «Kalten» an, die sich mit einer auf das Zeremoniell, Gesang und Musik, reduzierten Religion begnügen. Florenz möge erwachen und seine Sünder ausmerzen, die Stadt möge reinen Herzens leben, denn Gott werde ihr Reichtum und Macht verleihen, selbst um den Preis von «zwei oder drei Plagen» und einer unerbittlichen Justiz, die jegliche Toleranz vergessen muß; solches beweise auch das Alte Testament: Als Beispiel nennt er die Strafe der Israeliten für ihre Hurerei mit den Töchtern der Moabiter (Numeri 25,1-13) sowie die Strafe für die Sabbatschändung (Numeri 15,32-36). Die neue politische Ordnung muß von einer «strengen Rechtsprechung» gestützt sein, denn eine nachsichtige Justiz ist *de facto* ein «grausames Mitleid», toleriert sie doch die Verletzungen des göttlichen Rechts. Es gilt folglich, die neue Regierung, die Florenz Reichtum und Ruhm bringen wird, so schnell wie möglich zu konsolidieren. Gott will es so. Er wacht darüber, so wird es geschehen, und er, Savonarola, verbürgt sich als Herold Gottes genau dafür.

Vierter Teil

Die Jahre des Triumphs
(1495–1497)

Kapitel I
Erste Warnzeichen aus Rom
(1495)

Während Savonarola glorreiche Zeiten vorhersagte, kündigte sich bereits das Gewitter an. Die ersten Anzeichen waren beinahe unbemerkt geblieben, jedenfalls hatte er sie unterschätzt. Anfang Juli 1495 hatte der Papst, wie bereits erwähnt, einen Emissär an die Signoria entsandt, mit dem Auftrag, die dortige Lage zu sondieren. Es handelte sich dabei nicht um einen spirituellen, sondern um einen politischen Auftrag, ging es doch darum, die Absichten der Florentiner nach der Schlacht von Fornovo hinsichtlich eines möglichen Beitritts zur Liga auszukundschaften. Florenz indes blieb dem König von Frankreich treu, und der päpstliche Gesandte war bald überzeugt, daß ein Meinungswechsel nicht leicht zu bewerkstelligen sei. Dafür machte er Fra Girolamo verantwortlich, was er der Signoria auch deutlich zu verstehen gab. Er legte dem Papst nahe, Savonarola nach Rom zu zitieren, um ihn zu rügen und ihn zur tätigen Reue zu bewegen.

Savonarola, zweifellos von den ihm günstig gesinnten Kardinälen benachrichtigt, war dieser Initiative zuvorgekommen und hatte dem Papst geschrieben. Dieser Brief ist verlorengegangen. Gestützt auf ein späteres Schreiben, wird man davon ausgehen dürfen, Savonarola habe im ersten Brief beteuert, seine Absichten seien lauter und er sei willig, eine väterliche «Zurechtweisung» durch den Heiligen Stuhl entgegenzunehmen. Dieser Akt der Unterwerfung (falls er wirklich stattgefunden hat) war in den Augen Alexanders VI. zweifellos weder überzeugend noch hinreichend, denn für ihn wurde es immer dringlicher, daß Florenz seine Neutralität aufgibt und der Liga beitritt. Aber wie es seinem Temperament entsprach, entschied er sich für den Weg der Versöhnung.

Am 21. Juli schickt er Savonarola ein in wohlwollendem und väterlichem Ton gehaltenes Breve. Savonarola wird als einer der besten «Arbeiter im Weinberg des Herrn» begrüßt. Worüber sich der Heilige Vater erfreut zeigt, sieht er darin doch das Werk des Heiligen

Geistes. Er habe auch gehört, Savonarola behaupte in seinen Predigten, seine Weissagungen entsprängen nicht der menschlichen Weisheit, sondern seien göttliche Eingebungen. Darüber wolle er mit ihm sprechen, alles aus seinem Munde hören. Er befehle ihm folglich, im Namen des heiligen Gehorsams, sich nach Rom zu begeben, wo er mit väterlicher Liebe und Nachsicht empfangen werde.

Das Schreiben macht den Anschein einer «wohlwollenden Einladung» (Cordero). Eigentlich erstaunlich, wenn man daran denkt, daß Savonarola seit zwei Jahren unablässig die Verderbtheit der Kirche geißelt und zu ihrer dringend notwendigen Erneuerung aufruft. Die päpstliche Milde erklärt sich denn auch eher durch den nationalen und internationalen Kontext. Der König von Frankreich ist in sein Königreich zurückgekehrt. Es ist realistischerweise anzunehmen, daß er, nachdem seine trügerischen Pläne der Realität nicht standgehalten haben, sein Heer nicht mehr in Italien aufmarschieren läßt, um das am Tag nach der Schlacht von Fornovo an den rechtmäßigen Herrscher, den jungen Ferrantino, zurückgefallene Königreich Neapel von neuem zu erobern – obwohl in Neapel selbst die Festung Castel Nuovo weiterhin Widerstand leistet und sich erst im Oktober ergibt. Der Papst glaubt nun also, freie Hand zu haben, um Florenz und «seinem Propheten» die Dinge ins rechte Licht rücken zu können. So wird er zwei Probleme auf einen Streich bewältigen: Florenz aus dem Bündnis mit dem König lösen und gleichzeitig Savonarolas Einfluß einen schweren Schlag zufügen. Als vorsichtiger Mensch will er jedoch nichts übereilen. Daher der anscheinend gutmütige Ton seines Breves, der denn auch Savonarola hinters Licht führte.

Davon überzeugt, er könne auch weiterhin den Papst ungestraft herausfordern, steigt Savonarola am 28. Juli auf die Kanzel und predigt vor der Signoria und den Kollegien. Er zeigt sich dem «schändlichen Laster» der Sodomie gegenüber intoleranter und grausamer denn je und ermahnt die Magistraten, die davon Verseuchten zum Scheiterhaufen zu verurteilen. Dies sei ein frommes Werk, denn ein einziger Schuldiger vermöge die ganze Herde anzustecken. Und es müße ohne viel Aufhebens vollzogen werden, ohne sich groß um die Legalität zu kümmern; bereits das geringste öffentliche Gerücht müsse genügen, um vom üblichen Gerichtsverfahren Abstand zu nehmen. Gleiches gelte für die eingefleischten Glücksspieler und die verstockten Gotteslästerer. So solle die unerbittliche Justiz ihren Lauf nehmen, für die der Gott Israels das Beispiel gegeben habe (er kommentierte die Geschichte von der Eroberung Jerichos und der Bestrafung Achans; Josua 7,1-26). Die gleiche Strenge zeigt er auch den schlechten Klerikern gegenüber: Italien werde erst zur Ruhe kommen, wenn dieses verfluchte Gesindel, Ursache aller Übel und zur Hölle verdammt, aus der Kirche ausgemerzt sein werde. Dann erst werde Florenz «reicher, ruhmvoller und mächtiger denn je» sein. Vom Gedanken nach Strafe wie besessen, verlangt er von neuem den Scheiterhaufen – ein Scheiterhaufen, der ganz Italien erhellen wird – für die Sodomiten, die Einschließung der Prostituierten in die Bordelle, schwere Bußen für die Spieler, das Durchstechen der Zunge für die Gotteslästerer, das Verbot von Bällen, eine Ausgangssperre für den Tavernenbesuch, die obligatorische Schließung der Läden an Sonn- und Feiertagen sowie Bescheidenheit und Schamhaftigkeit in der Bekleidung der jungen Männer, die sich, wie er sagt, wie Mädchen kleiden.

Schließlich erhebt er sich zum politischen Ratgeber und Zensor und zählt auf, welche Eigenschaften die Kandidaten für die Räte haben sollen, fordert die Konsolidierung des Großen Rates, betont die Notwendigkeit der Geheimhaltung der wichtigen Geschäfte, insbesondere in der Außenpolitik, verweist auf die Nutzlosigkeit der *parlamenti,* jener Generalversammlungen des Volkes, wo alles unter der Hand beschlossen wird und die lediglich Karikaturen der direkten Demokratie sind; er ruft sogar zur Denunziation auf – bei Verschwörungen gegen die innere Sicherheit des Staates wird sie reichlich belohnt –; für jene, die es wagen würden, die verabscheuten *parlamenti* einzuberufen, fordert er den Tod oder zumindest die Verbannung und die Beschlagnahmung der Güter. Hier gerät nun sein Zorn zur Weißglut: Er spricht davon, die Schuldigen «auf der Stelle zu erwürgen» und «in Stücke zu reißen».

Obwohl Savonarola krank ist – er wird einen Monat lang nicht mehr predigen –, macht er mit einer solchen Predigt doch deutlich, daß er nichts an polemischer Kraft eingebüßt hat und daß sein Haß auf die Sünde virulenter denn je ist (er spielt sogar auf das Töten an); er ist zu jenem Grad von Unerbittlichkeit und Intoleranz gelangt, wo er angesichts des Widerstandes von Gegnern oder auch bloß Skeptikern und Agnostikern ein wahres Terrorregime nach reiner Inquisitionsmanier errichten will. So entfacht er den Eifer seiner Anhänger von neuem, aber, indem er seine Feinde zu entmutigen sucht, bereitet er künftige Repressalien vor, in denen er nicht mehr der Jäger und der Henker, sondern das gejagte Wild und Sühneopfer sein wird.

Noch aber ist sein Einfluß intakt. Am 13. August stimmt der Große Rat, wie es Savonarola verlangt hatte, der Abschaffung der *parlamenti* zu, einer seit langem, insbesondere aber seit der Machtergreifung der Medici außer Gebrauch geratenen Institution. Zum Tode verurteilt und mit der Einziehung ihrer Güter bestraft werden fortan jene, die die Einberufung einer derartigen Generalversammlung des Volkes fordern. Mit diesem Beschluß fällt das letzte Hindernis gegen die Allmacht des Großen Rates. Dies ist zweifellos ein «denkwürdiger Erfolg» Savonarolas (Cordero).

Auf der Kanzel maßlos und intolerant, konnte Savonarola in der Stille seiner Zelle ein ausgekochter Diplomat sein, an der Grenze zu Verstellung und Unaufrichtigkeit. Das zeigt sich etwa in seinem Brief an den Papst vom 31. Juli, worin er auf seine Vorladung nach Rom antwortet. Er beginnt – wobei er sich auf einen päpstlichen Brief aus dem Jahr 1186 von Papst Alexander III. an den Erzbischof von Ravenna stützt – sich darüber auszulassen, wie es sich mit dem Gehorsam den Oberen gegenüber verhält; dieser sei zwar erstes Gebot eines Ordensgeistlichen, lasse aber, wie der Papst ausführe, Ausnahmen zu, die auf einem «vernünftigen Grund» basieren. Dieser vernünftige Grund sei im vorliegenden Fall, so Savonarola, sein Gesundheitszustand. Dieser sei dermaßen angeschlagen, daß er buchstäblich «in Todesgefahr» schwebe und sein Arzt ihm untersagt habe, zu predigen und selbst zu studieren. Er würde gerne nach Rom reisen, das er nicht kenne, und an den Apostelgräbern niederknien. Was sein Werk betreffe, so sei die Sache klar; er habe Florenz ein Blutbad erspart und die Eintracht der Bürger wiederhergestellt. Seine Reform beginne, ihre Früchte zu tragen. Seine Heiligkeit möge sich gedulden und ihm eine Frist gewähren. Im übrigen würden ihn auch seine Mitbürger nicht ziehen lassen, die nicht ohne Grund einen Anschlag auf sein Leben, durch Gift oder Schwert, auf dem Weg nach Rom fürchteten. Was seine Weissagungen betreffe (die Plage, die über Italien hereinbrechen wird, und die *renovatio Ecclesiae*), so könne sie der Papst bald in allen Einzelheiten studieren, denn er sei daran, ein Buch zu beenden, worin alles erhellt werde, damit die ganze Welt darüber urteilen könne, ob er ein wahrer oder ein falscher Prophet sei. Der Papst möge seine Entschuldigungen entgegennehmen und von seinem glühenden Wunsch überzeugt sein, seiner Vorladung nachzukommen.

Glaubte Savonarola, mit diesem Brief Zeit gewinnen und den Zorn des Papstes besänftigen zu können? Stellte er sich wirklich vor, er könne mit seinem Schreiben den Argwohn des Heiligen Stuhls zerstreuen?

Das «compendium revelationum» (August 1495)

Diese kleine Schrift, seit Ende Mai angekündigt und sogleich dem Herzog von Ferrara versprochen, dann dem Papst im Schreiben vom 31. Juli als kurz vor der Publikation stehend vermeldet, erscheint schließlich am 18. August. Es war sogleich ein großer Erfolg (fünf Auflagen in anderthalb Monaten, vier weitere im folgenden Jahr, darunter eine Auflage in Paris). Das auf italienisch verfaßte und am 3. Oktober auf lateinisch übersetzte Buch ist eine kurze Zusammenfassung der seit 1490 gehaltenen prophetischen Predigten sowie einiger seinen nächsten Gefährten enthüllten, nicht aber öffentlich bekanntgegebenen Weissagungen. Savonarola stellt sich darin als authentischen Propheten dar, direkt von Gott inspiriert, der ihm gewisse Fomulierungen wörtlich diktiert, etwa den berühmten Satz: *Gladius Domini super terram cito et velociter* (Gottes Schwert über die Erde, rasch und bald). Savonarola selbst stellt sich also in die direkte Nachfolge von Ezechiel, Daniel und Sacharja. Einige mögen vielleicht Zweifel hegen, aber die Leser reinen Herzens werden überzeugt sein.

Handelt es sich hier um eine Form von heiliger Einfalt und Naivität? Oder vielmehr um die Verblendung eines von der Richtigkeit seiner Auffassungen überzeugten Menschen? Tatsache ist, daß sich anscheinend weder der Papst noch die Kurie überzeugen ließen. Sie waren ganz im Gegenteil über soviel Starrköpfigkeit erzürnt. Daher ihre heftige Reaktion.

Die Breven vom 8. September 1495

Der Heilige Stuhl steht noch unter dem Schock des am 27. August zwischen Florenz und Karl VIII. geschlossenen Abkommens, wonach die von den Franzosen besetzten Gebiete an Florenz abgetreten werden. Als Gegenleistung wird die Stadt die noch geschuldeten dreißigtausend Dukaten überweisen; darüber hinaus wird sie dem König ein Darlehen von siebzigtausend Dukaten, verzinsbar zu 12 Prozent geben und ihm ein Kontingent von zweihundertfünfzig Soldaten zur Verstärkung der in Neapel verbliebenen Garnison entsenden. Dieses Abkommen zeigt in den Augen der Kurie deutlich, wie bestimmend Savonarola für die Außenpolitik von Florenz ist. Der Papst muß entschlossen gegen einen Mann vorgehen, der ihm öffentlich die Stirn zu bieten wagt.

Aus diesem Grund verschickt Papst Alexander VI. zwei Breven, eines an den Prior des Florentiner Konvents S. Croce gerichtet, das andere an die Bevölkerung von Florenz. Darin herrscht ein neuer, drohender Ton. Es ist dies der letzte Versuch des Heiligen Stuhls, vor Ausbruch der Feindseligkeiten zu einer gütlichen Regelung zu kommen.

Das erste dieser beiden Breven ist interessanterweise an den Prior der Franzsikaner von S. Croce gerichtet. Wer mit den Subtilitäten der Kurie vertraut ist, mag nicht so recht an einen Schreibfehler *(lapsus calami)* des päpstlichen Sekretärs glauben, sondern denkt eher an einen beabsichtigten Irrtum, um den im Breve erwähnten Sanktionen die gewünschte Publizität zu verschaffen. Der Inhalt läßt denn auch keinen Zweifel an den Gefühlen des Papstes. Savonarola ist nicht mehr, wie noch im Breve vom 21. Juli, der «Arbeiter im Weinberg des Herrn», dessen Eifer gelobt wird, sondern «ein gewisser Girolamo Savonarola», der auf der Kanzel, ohne den geringsten Beweis für seine göttliche Mission zu liefern, behauptet, er sei der Gesandte Gottes, wodurch er sich der Gefahr aussetze, dem ersten dahergelaufenen Ketzer gleichgesetzt zu werden. Die Langmut des Papstes sei nun zu Ende, und es sei an der Zeit, seinem Treiben ein Ende zu setzen, insbesondere der «skandalösen» Trennung seines Konventes von der lombardischen Kongregation, die allein durch eine List erreicht worden sei. Der Papst beauftrage folglich den lombardischen Vikar, Fra Sebastiano Maggi, die Angelegenheit in die Hand zu nehmen. Fortan sei Savonarola von jeglicher Predigttätigkeit in der Öffentlichkeit und Lehrtätigkeit in S. Marco suspendiert. Die Konvente S. Marco und S. Domenico (in Fiesole) seien unverzüglich wieder der lombardischen Kongregation zu unterstellen. Savonarolas nächste Gefährten (Domenico da Pescia, Tommaso Busini, Silvestro Maruffi) seien in den Konvent von Bologna zu versetzen. Jeglicher Ungehorsam werde automatisch *(latae sententiae)* mit der Exkommunikation belegt.

In seinem zweiten Breve vom selben Tag ermahnt der Papst die Florentiner, dem Bündnis mit dem König von Frankreich ein Ende zu setzen, denn dieser sei gekommen, «Freiheit und Ruhe Italiens zu stören und den Status ihrer Republik zu verstümmeln»; ihm habe er ein Ultimatum gesandt, worin er, unter Androhung der Exkommunikation, aufgefordert werde, jede «Aggression» zu unterlassen. Die Florentiner mögen sich einsichtig zeigen und sich den übrigen italienischen Staaten anschließen, sonst würde er ihre Stadt, die sich außerdem den Repressalien der verbündeten Staaten aussetze, mit dem Bann belegen.

Die Florentiner wissen sehr wohl, daß der Papst den Pisanern die Entsendung von tausendfünfhundert Soldaten versprochen und den König von Neapel mit Geld und Truppen unterstützt hat. Darüber beklagt sich denn auch der König von Frankreich beim Papst in einem Brief vom 21. August. Und zur Besänftigung des Papstes erneuert er sein Versprechen, einen Kreuzzug gegen die Türken anzuführen.

Die Florentiner konstatieren außerdem, daß die Städte, mit Ausnahme Livornos am 15. September, vom König nicht zurückgegeben worden sind. Schlimmer noch, der französische Kommandant der Garnison von Pisa setzt sich über die Befehle des Königs hinweg. Da er sich in eine schöne Pisanerin verliebt hat, so geht das Gerücht, will er die Stadt nicht mehr verlassen, und zu seiner Rechtfertigung schreibt er dem König, die Franzosen dürften «nicht um alles Gold dieser Welt» das den Pisanern gegebene Wort, sie niemals an Florenz zurückzugeben, brechen. Und so willigt der besagte Kommandant erst im Januar 1496 ein, Pisa zu verlassen.

Trotz dieser für ihn keineswegs günstigen Konstellation schenkt die Signoria Savonarola auch weiterhin ihr volles Vertrauen und bekundet in einem Schreiben an den Papst vom 17. September ganz offen ihre Solidarität mit Fra Girolamo. Dabei handelt es sich um die Antwort auf die beiden Breven vom 8. September – das an den Prior der Franziskaner von S. Croce gerichtete Breve war von diesem unverzüglich publik gemacht worden, überglücklich, seinem Mitbruder von S. Marco schaden zu können.

Die Mitglieder der Signoria sprechen höchstes Lob für denjenigen aus, den sie ohne Zögern den wegen seiner Lehre, seines Glaubens, seines Lebenswandels und seiner Integrität herausragenden Prediger nennen (*praedicator insignis, ea doctrina, religione, moribus, integritate vitae*) und der die Florentiner gelehrt habe, «ehrlich und heiligmäßig zu leben». Und sie bitten den Papst, ihn in Florenz zu belassen und die Organisation der Dominikanerklöster nicht anzutasten.

Savonarolas Antwort an den Papst
(30. September 1495)

Savonarola seinerseits, von seinen Freunden gewarnt, beeilt sich, von Arezzo zurückzukehren, wo er Ende September zweimal gepredigt hat. Kaum in S. Marco angekommen, schreibt er dem Papst am 30. September (oder 1. Oktober) einen langen Brief. Er beteuert seine Unschuld und zeigt sich von den über seine Person verbreiteten Lügen und Verleumdungen schmerzlich berührt. Als erstes versichert er, alle seine Prophezeiungen seien eingetroffen, behauptet indes, er habe nie vorgegeben, der «Gesandte Gottes» zu sein – eine erstaunliche Aussage, steht sie doch in völligem

Widerspruch zu seinen früheren Predigten und zum erst vor kurzer Zeit erschienenen *Compendium revelationum*. Im übrigen, so schreibt er, könne man denjenigen, der «mit Gott spricht» nicht bestrafen, denn das sei nicht dasselbe wie sich als «Gesandter Gottes» zu präsentieren. Andernfalls hätten auch Jesaja, Jeremia und die übrigen Propheten Israels bestrafen werden müssen. Er verwehrt sich dann dagegen, die Dogmen oder die offizielle Lehrmeinung der Kirche angegriffen und Unruhe gestiftet zu haben.

Was die «von verderbten Männern» vorgetragene Anschuldigung betrifft, er habe die Trennung von der lombardischen Kongregation mit Hilfe von Machenschaften und Listen erreicht, so sei sie haltlos. Diese Trennung wurde von allen seinen Mitbrüdern, Männern von untadeliger Sitte, nach reiflicher Überlegung einmütig gewünscht. Ziel dieses Unterfangens war es gewesen, ein strengeres und heiligmäßigeres Mönchsleben führen zu können als die Mitbrüder in der Lombardei.

Schließlich, so schwört er, sei es nicht wahr, daß er sich geweigert habe, der Vorladung des Heiligen Vaters Folge zu leisten. Er habe aus guten Gründen schlicht um eine Frist gebeten: seine Gesundheit, die Angst vor einem Attentat, die Notwendigkeit seiner Präsenz in Florenz, das er aus unendlich vielen inneren wie äußeren Gefahren gerettet habe. Außerdem könne er nicht zulassen, daß ihn der Heilige Vater unter die Autorität des Generalvikars der Lombardenkongregation stellen wolle, sei dieser doch sein erklärter Feind.

Am Schluß erklärt er sich bereit, sich innerlich und öffentlich, vor dem ganzen Volk *(secrete et publice coram toto populo)* zu bessern und sich der Heiligen Römischen Kirche und dem Papst zu unterwerfen.

Als Vorsichtsmaßnahme und weil er ahnte, eine derartige Verteidigungsschrift werde vom Papst nicht akzeptiert, schrieb Savonarola am 15. Oktober dem Generalprokurator seines Ordens. In diesem Schreiben behauptet er, er sei beim Heiligen Vater verleumdet worden. Er sendet ihm eine Abschrift seines Briefes vom 30. September an den Papst und bittet ihn, sein Fürsprecher und Schutzherr bei Kardinal Carafa zu sein, der die Trennung von den Lombarden begrüßt und einem glücklichen Ende zugeführt habe.

Zwar fürchte er seine Feinde nicht, denn er finde in Gott seine Zuflucht und seine Hoffnung, aber er weigere sich, zumindest zum jetzigen Zeitpunkt, Florenz zu verlassen. Im übrigen zwinge ihn die päpstliche Vorladung nicht, denn gemäß den kanonischen Texten könne ein «ungerechter Urteilsspruch» niemanden zu Gehorsam zwingen.

Diese beiden Antworten machen deutlich, daß Savonarola nicht zögert, die Gültigkeit der Vorladung nach Rom und der beiden Breven vom 8. September grundsätzlich zu bestreiten. Ihn erschüttern also die Drohungen des Heiligen Stuhls keineswegs. Zu Unrecht, denn obwohl die öffentliche Meinung, zumindest die unteren Schichten, mehrheitlich auf seiner Seite stehen, zeigt sich die regierende Schicht offenkundig von einem möglichen spirituellen Konflikt mit Rom beunruhigt. In der Signoria, die im September und Oktober im Amt ist, sagen einige ohne Zögern, es sei besser, Fra Girolamo verlasse die Stadt, um einen derartigen Konflikt zu vermeiden. Diese durchaus spürbaren Anzeichen für einen Meinungsumschwung sind denn vermutlich auch der Grund dafür, daß Savonarola nach zweieinhalbmonatiger Unterbrechung wieder auf die Domkanzel steigt.

Savonarola auf der Kanzel
(Oktober 1495)

Am 11. Oktober hält er eine Predigt, die einer eigentlichen Kriegserklärung an die Feinde des neuen Regimes gleichkommt. Unter Einsatz von «kriegerischen Parolen» spricht er als «siegreicher Condottiere» (Cordero) und stellt sich als «Leutnant» Christi, des Königs, dar, der ein unbesiegbares Heer in die Schlacht führt. Er ermahnt das Kollegium der Acht (für die Bewahrung der öffentlichen Ordnung zuständig) strengstens, den Feinden der Volksregierung gegenüber jede Barmherzigkeit fahren zu lassen. Es möge ein Gesetz erlassen, das diejenigen, die schlecht über den neuen Staat reden, mit einer Buße von fünfzig Dukaten belegt, denn eine derartige Rede ist Majestätsbeleidigung; zudem solle es nicht zögern, den Verschwörern «den Kopf abzuschlagen».

Was die Drohungen des Papstes betrifft, so wiederholt er, er werde sich dem Heiligen Stuhl unterwerfen, falls dessen Anschuldigungen begründet seien. Er weist indes nach, im Breve stünden «zehn offenkundige Lügen», weshalb er die – im übrigen haltlose – Exkommunikation nicht fürchte. Die Zukunft, so sagt er, könne nur glänzend sein, denn der Allmächtige sei mit ihnen, die inneren Feinde würden besiegt, desgleichen die fremden Rebellen (anders gesagt: die Pisaner), die *renovatio Ecclesiae* vollendet und Florenz gepriesen.

Die außerordentliche Heftigkeit dieser Predigt kommt nicht von ungefähr und ist auch nicht gänzlich unberechtigt. Der Druck von außen wird größer. Trotz der Gegnerschaft von Ludovico Sforza, der nicht verwunden hat, daß das von ihm selbst begehrte Pisa dem König von Frankreich ausgeliefert wurde, ist es Piero de' Medici mit der Unterstützung der Liga gelungen, eine kleine Truppe von zweihundert Reisigen und 2000 Soldaten (bald werden es 500 respektive 3000 sein) zu versammeln, die unter dem Befehl des Condottiere Virginio Orsini stehen. Piero wollte mit der Unterstützung von Giovanni Bentivoglio, Condottiere aus Bologna, von Caterina Sforza, Herrin von Forli und Imola, der Sienesen und der Perugianer auf Florenz marschieren.

Angesichts dieser schweren Gefahr ergreift Florenz unverzüglich Verteidigungsmaßnahmen: Piero wird zum Aufständischen erklärt, auf seine Tötung wird eine hohe Belohnung ausgesetzt, es wird eine Truppe von 150 (oder 300) Reitern und 1500 Soldaten ausgehoben, die von einer weiteren Truppe von 200 Reitern und 1000 Soldaten unterstützt wird. In der Stadt zirkulieren Gerüchte über eine Verschwörung gegen die wichtigsten Regierenden, und die Bevölkerung lebt in der Atmosphäre einer von einer «fünften Kolonne» belagerten und bedrohten Stadt.

Das erklärt die Predigten Savonarolas und seines Schülers Domenico da Pescia, der im September im Dom die Möglichkeit einer Feuerprobe erwägt, um die Unbesiegbarkeit des neuen Regimes unter Beweis zu stellen.

Am 18. Oktober verlangt Savonarola von den Politikern einmal mehr unerbittliche Härte: Man möge die Feinde des Regimes enthaupten (darunter sind wohlverstanden jene gemeint, die diesem

Schlechtes nachsagen). Christus ist das Haupt von Florenz und das Volk dessen Herrscher. Man sei auf der Hut vor Verschwörern und entsende überall Spione. Heißt das, so lautet der Einwand eines Zeitgenossen, für den Frieden zu sprechen? Worauf Savonarola erwidert, um den Bürgerfrieden zu bewahren, müsse man unerbittlich gegen die Feinde der Volksregierung vorgehen. Selbstverständlich gilt es auch die verstockten Sünder zu bestrafen.

Am 25. ermutigt Savonarola die Florentiner, an ihrem untadeligen Lebenswandel festzuhalten: kein Glücksspiel, keine Gotteslästerungen, keine verderbten Sitten mehr. Sie mögen sich des ganz speziellen Schutzes der Jungfrau Maria und ihres göttlichen Sohnes würdig erweisen. Sie mögen sich erinnern, daß er, Savonarola, sie aus großen, auch durch eine Invasion von außen bedingten Gefahren errettet habe. Gott habe ihnen, in seiner Person, einen Propheten gesandt. Sie mögen nicht ungeduldig werden; das Heil wird zu einem noch unbestimmten, vielleicht fernen Zeitpunkt kommen. In der Zwischenzeit werde er sich etwas zurückziehen und Fra Domenico ihn auf der Kanzel ersetzen.

Zeigt diese Ankündigung, die zu rechtfertigen Savonarola sich nicht die Mühe nimmt, daß er über seine unmittelbare Zukunft stark beunruhigt ist? Es ist zumindest zu vermuten, bittet er doch am nächsten Tag, den 26. Oktober, den Botschafter des Herzogs von Ferrara in einem Gespräch um seine bereits zugesagte Unterstützung.

Das Breve vom 16. Oktober 1495

Am gleichen Tag gelangt ein neues, diesmal an Savonarola persönlich adressiertes Breve, datiert vom 16. Oktober, nach Florenz. Darin gibt der Papst erst seinem «Mißfallen» an Savonarolas Predigten Ausdruck, worin dieser vorgebe, seine Prophezeiungen würden ihm direkt vom Heiligen Geist eingegeben. Er hätte sich besser darauf beschränkt, die Laster zu geißeln und für die Einheit und den inneren Frieden zu predigen. Denn solche Weissagungen können in «einfachen Menschen» nur Verwirrung hervorrufen und sie «vom Weg des Heils und des Gehorsams gegenüber der Heili-

Girolamo Savonarola
Gemälde von Fra Bartolommeo

Archiv Gerstenberg

Belagerung einer befestigten Stadt
Holzschnitt von Grieninger,
Straßburg 1502

Archiv Gerstenberg

Florenz
im 15. Jahrhundert

Holzschnitt aus dem Supplementum
Chronicarum, Florenz 1490

Frohes Treiben in einem sogenannten
Badehaus
Darstellung aus dem 15. Jahrhundert

Archiv Gerstenberg

Savonarola predigt
vor einer wachsenden Zahl von Zuhörern
Holzschnitt von Pacini (1496)

Archiv Gerstenberg

Savonarola am Totenbett
von Lorenzo de Medici
Historienbild des 19. Jahrhunderts

Archiv Gerstenberg

Die Patrizier von Florenz bitten
Savonarola vergebens,
sich in seinen Predigten zu mäßigen.
Historienbild des 19. Jahrhunderts

Archiv Gerstenberg

Papst Alexander VI.
(1492–1503)
Fresko von Pintoricchio
im Vatikan

Archiv Gerstenberg

Hinrichtung Savonarolas
auf der Piazza della Signoria
in Florenz (1498)

Archiv Gerstenberg

gen Römischen Kirche» abbringen. Aus diesem Grund hatte er ihn nach Rom zitiert, «damit er sich von den gegen ihn erhobenen Anschuldigungen reinwaschen könne», wozu er auch, wie ihm zugetragen worden sei, bereit sei. Bis dahin, so möge er wissen, sei er von jeder «öffentlichen wie heimlichen» Predigttätigkeit «suspendiert». Er versichere ihm aber, der Heilige Vater werde ihn in Rom «freudigen und väterlichen Herzens» empfangen. Dort werde er einem «geeigneten und rechtschaffenen» Mann anvertraut, worauf dann alle früheren Breve aufgehoben würden.

Dieses «bittersüße» Breve (Ridolfi) ist, alles in allem, sehr viel weniger streng, als man hätte vermuten können. Sein maßvoller Ton ist vielleicht der Intervention einiger Savonarola günstig gesinnter Kardinäle – etwa Kardinal Carafa, der als sicherste Stütze Savonarolas gilt – oder dem Wohlwollen des päpstlichen Kommissars Sebastiano Maggi zuzuschreiben, der bekanntlich damit beauftragt worden war, eine mögliche Zusammenlegung der Kongregation von S. Marco mit der lombardischen zu prüfen. Wie dem auch sei, Savonarola nützte diese Frist, um sich wieder seiner schriftstellerischen Tätigkeit zuzuwenden.

Zu jener Zeit arbeitete Savonarola unermüdlich an einer Abhandlung *Über das einfache christliche Leben,* die er, noch unkorrigiert, am 10. Februar 1496 dem Herzog von Ferrara zustellt. Es handelt sich dabei um «eine vollständige Darstellung der gesamten katholischen Doktrin und eine Widerlegung der gegen ihn vorgebrachten Anschuldigungen, er sei ein Häretiker und Schismatiker» (Villari), die er sogleich ins Lateinische überträgt.

Im Vorwort zur italienischen Ausgabe erklärt Savonarola, er sei gerne bereit, sich der Kirche zu unterwerfen, und er handele nur «zur Bekämpfung des Unglaubens seiner Zeit, in der jede Nächstenliebe erkaltet ist und auch nicht das geringste gute Werk sein Licht erstrahlen läßt». Die Abhandlung ist auch eine Sammlung von Moralvorschriften über die Einfalt des Herzens und die Unschuld der Handlungen, über die Bescheidenheit der Kleidung usw. Sie stieß auf ein großes Echo und «trug zweifellos nicht unwesentlich dazu bei, die gegen ihn erhobene Anschuldigung der Häresie zu widerlegen» (Villari).

Diese Widerlegung nahm Savonarola in einem *Brief an einen*

Freund wieder auf. «Anscheinend war es nicht ein Brief, den Savonarola tatsächlich einem seiner Freunde geschickt hatte, sondern er war eigens verfaßt worden, um von der Druckerei verbreitet zu werden; dies zu einem Zeitpunkt, da der Frater, vom päpstlichen Interdikt zum Schweigen verurteilt, keine andere Möglichkeit zur eigenen Verteidigung hatte, als derartige Rechtfertigungsschreiben (wir sprechen heute von Offenen Briefen) zu veröffentlichen» (Ridolfi).

Vermutlich zwischen November und Dezember 1495 verfaßt, ist dieser Brief eine Rechtfertigung seines Handelns, das von verderbten, vom Satan inspirierten Männern angegriffen wird. Er zählt die Anschuldigungen auf: Häresie, falsche Prophetie, Schisma, Widerstand gegen den Heiligen Stuhl, Anstiftung zur inneren Zwietracht, und beweist, wie falsch und eitel sie sind. Er führt aus, er sei gewillt, «sich dem Verweis der Heiligen Römischen Kirche zu unterwerfen», deren Demut und Nächstenliebe er achte, und er sei lediglich gegen «äußere Werte» und «den Schmuck» der Religion. Daneben beteuert er seine respektvolle Verbundenheit mit Seiner Heiligkeit und den Kardinälen, von der er sich nie losgesagt habe. Er fragt, weshalb seine Prophezeiungen verurteilt oder belächelt werden sollen, noch bevor erwiesen ist, ob sie wahr oder falsch sind. Schließlich seien das Alte wie das Neue Testament voll von derartigen Weissagungen. Im übrigen seien die von den *arrabiati* in Umlauf gesetzten Behauptungen, er habe in Florenz Unruhe gestiftet und eine «Regierung der Verrückten» eingesetzt, reine Verleumdungen. Genau das Gegenteil sei wahr: Nie habe Florenz eine «bessere und heilsamere Regierung» gehabt, eine «politische Zivilregierung», die von den Gegnern des Gemeinwohls gehaßt und wo immer möglich torpediert werde. Gott werde es nicht erlauben, daß diese Regierung zerstört, Freiheit und Eintracht mit Füßen getreten und Florenz «eine Höhle von Briganten» werde, von Rebellion, Rache, Verbannung und Verurteilungen zerrissen. Was seine Person betreffe, so habe er sich nicht als Tyrann, sondern als Architekt des inneren Friedens hervorgetan. Florenz möge zum Glauben und zum Geist der Gerechtigkeit zurückfinden; die Stadt möge die «mit vielen Lastern befleckten Schurken» bestrafen, die sich gegen den Großen Rat erheben – was Majestätsbeleidigung ist. So wird sie die Rückkehr der einstigen «Trübsal» vermeiden und den Zorn Gottes besänftigen, denn «Milde ist Irrsinn», wird sie den Feinden des öffentlichen Wohls zuteil. Man könne seine Visionen kritisieren, aber die Bibel sei voll von ihnen und die Prediger von gestern und heute machten davon unablässig Gebrauch. Sie sind weder falsch noch täuschend. Was sollte denn schlecht daran sein, auf sie zurückzugreifen? Schließlich verneint er, je einen radikalen Wandel der Kirche gefordert zu haben. Er hoffe nur, daß Rom «unter einem guten Papst» zu neuer Blüte komme und mit der Ewigen Stadt die Universalkirche und die Christenheit. All dies legte er in seinem *Compendium revelationum* dar. Man möge ihm glauben, ihm folgen und man werde «im Herzen Freude und Friede» empfinden. Allein den Ungläubigen und Lauen würde dies nie zuteil werden. Wer bis zum Ende ausharre, der «werde gerettet».

Savonarola nutzt das vom Papst auferlegte Schweigen, um Ende 1495 seine theologisch-politischen Positionen zu Papier zu bringen. Das Werk zeigt, daß er mehr denn je von der Richtigkeit seiner Verkündigung und seiner zivilen und religiösen Reform überzeugt, aber auch von allen weltlichen Beschäftigungen und jeder fleischlichen und emotionalen Regung entfernt ist.

Das zeigt sich ganz deutlich in seinem Brief vom 28. Oktober an den Bruder Alberto, der ihn vermutlich um finanzielle Unterstützung für ihren Bruder Ognibene und dessen Kinder gebeten hatte, der «in großer Armut» lebte. Darin schreibt er, es sei an ihm, dem Junggesellen und Arzt, Ognibene zu unterstützen. Er solle nichts von ihm verlangen, denn «ich bin der Welt gestorben und kann niemandem von euch helfen, außer auf geistlicher Ebene». «Tut, als sei ich gestorben»; helft einander, und «Gott wird euch wohl gesinnt sein».

Dieser Mann, der Welt gestorben, der alle Bindungen, auch die Beziehungen zu seiner Familie, abgebrochen hat, zeigt sich aber den geistlichen Problemen seiner Freunde gegenüber aufgeschlossen. Als «geistlicher Berater» (Cordero) wendet er sich an Giovanna Carafa, Gattin von Giovanni Francesco Pico della Mirandola; dieser ist der Neffe des kürzlich verstorbenen großen Philosophen und Savonarolas künftiger Biograph. Giovanna, die «eher zu sterben wünscht, als Gott zu beleidigen», rät er, «die Anhänglichkeit an weltliche Eitelkeiten» abzulegen und diese durch das unermüdliche «heilige Gebet», die unablässige Meditation über die Flüchtigkeit unseres Lebens, über den ewigen Ruhm der Seligen und die von Christus empfangene und ihm wiederum geschuldete Liebe zu ersetzen.

Gegen Ende des Jahres 1495 – das genaue Datum ist nicht bekannt – schreibt er auch an die Gräfin Magdalena Pico della Mirandola, die ins Kloster eintreten will. Dieser Brief ist ein eigentliches Memorandum über die Tugenden des klösterlichen Lebens und das Armuts-, Keuschheits- und Gehorsamsgelübde, das die Grundlage eben dieses Lebens ist, was zu viele, die nach dem Klosterleben trachten, nicht wissen oder übersehen. In ihre neue Existenz retten sie dann jene weltlichen Gelüste hinüber, die sie um der Liebe Christi willen, der nun ihr einziger Herr ist, hätten ablegen müssen; so laufen sie Gefahr, sich als Laue zu gebärden, die «die Werke des Herrn nur nachlässig verrichten» oder schon bald ihren anfänglichen Eifer verlieren. Da aber das Himmelreich «jenes Ziel ist, nach dem die Christen, insbesondere die Ordensleute suchen», müssen sie reinen Herzens und «in aufrichtigem Glauben» nach der steten Vereinigung mit Christus streben. Arm und «nackt» leben; «das eigene Herz von allen Anhänglichkeiten an äußere Dinge reinigen»; auf alles, was nicht strikt lebensnotwendig ist, auch auf ein schönes Brevier oder ein reichgeschmücktes Kruzifix, verzichten; demütig unter den Demütigen leben; ein keusches Leben führen und jede fleischliche Versuchung überwinden, was ein schwieriger, täglicher Kampf sei, weshalb selbst auf Besuche, auch von Bruder oder Schwester, zu verzichten sei; ständig Buße tun; sich karger Zurückhaltung bei «Essen, Trinken, Schlafen und anderen leiblichen Bedürfnissen» befleißigen; schließlich das Gehorsamsgelübde einhalten, in Erinnerung an die Demut unseres Herrn, der, obwohl er ganz Gott war, sich Maria und Joseph unterwarf; in dieser Unterwerfung unter die anderen die Belohnung für dieses Gott geweihte, entbehrungsreiche Leben sehen, denn Gott will, «daß wir wie die Kinder werden». So in Liebe zum Gekreuzigten entflammt, in «Fasten, Wachen, Einsamkeit, Schweigen und Gebet» versunken, könne Magdalena sich «reinen und aufrichtigen Herzens ganz Gott hingeben» und dafür «die Gnade der Kontemplation empfangen, wodurch sie ein Glück erfahren wird, das unsere Welt nicht kennt,» und «die Freude des himmlischen Reiches» gewinnen wird.

Savonarola war auch geistlicher Berater des Königs von Frankreich und verband dieses Amt mit seiner prophetischen Schau. Er hatte ihm im Sommer (laut Ridolfi zwischen Juli und Oktober) geschrieben, um ihn an die «Einhaltung der Abkommen» mit den Florentinern zu erinnern. Er schrieb ihm dann im Oktober, um sich über den Sieg über Neapel zu freuen, den er vorhergesagt habe, wie er auch die «Schwierigkeiten» vorhergesagt habe, die dem König «seiner Ungläubigkeit wie seiner und seiner Diener Sünden» wegen begegnen würden und die er nicht mit eigenen Kräften, sondern dank «Gottes Barmherzigkeit und den Gebeten» Savonarolas und seiner Mitbrüder überwunden habe. Er ermahnt ihn von neuem, die Verträge einzuhalten, den Florentinern ihr Eigentum zurückzugeben (Pisa und die übrigen Städte), da sonst Gott, der ihn zu «seinem Diener» erwählt habe, einen anderen erwählen könnte.

In einem dritten Brief, «geschrieben von seiten des allmächtigen Gottes», erinnert er den bereits nach Frankreich zurückgekehrten König einmal mehr daran, die Verträge mit Florenz, das im treu geblieben sei, einzuhalten. Sollte er aber Savonarola nicht glauben, dann werde der ihm gewisse Sieg und Ruhm in Unheil (von dem er bereits einen ersten Vorgeschmack bekommen habe) umschlagen.

Während er sich also der Meditation und der Verteidigung seines eigenen Werkes widmete, standen beide, Florenz und Savonarola, weiterhin unter dem Druck der von außen kommenden Bedrohungen. Da war einmal Piero de' Medici. Trotz der von Ludovico Sforza an den Tag gelegten Vorbehalte und Abneigung, hatte er mit Hilfe der Liga einen Feldzug unter dem Befehl des Condottiere Virginio Orsini, der am Tag der Schlacht von Fornovo ins Lager der Liga hinübergewechselt war, vorbereitet. Mit der Unterstützung der Truppen von Giovanni Bentivoglio, der in Venedigs Sold stand, und von Caterina Sforza, Herrscherin über Forli und Imola, rückte Pieros Heer in kleinen Etappen vor die Tore von Florenz. Die Stadt hatte auf diese Bedrohung sogleich reagiert und Truppen nach Cortone entsandt, wo Piero seine Streitkräfte zusammengezogen hatte. Aber nach dem plötzlichen Abfall Orsinis, der nicht mehr länger auf den versprochenen Sold warten wollte, wäre Piero beinahe gefangengenommen worden und hatte in Rom Zuflucht und Schutz suchen müssen.

Die zweite Bedrohung war und blieb der Heilige Stuhl. So schrieb denn auch die Signoria am 13. November dem Papst. In diesem Schreiben verteidigt sie Savonarola, den sie als *vir bonus* bezeichnet, dessen «heiligmäßiges Leben, untadelige Sitten, integrer Glauben und bewunderswerte Lehre» bewirkten, daß sich die Angelegenheiten der Stadt nicht verschlechterten, und dessen von Gott eingegebene Weissagungen und dessen bewundernswürdiges Handeln die Herzen der Bürger für den Weg der Tugend gewännen. Der Papst möge Florenz diesen Mann Gottes nicht vorenthalten, sondern ihm erlauben, in der Stadt zu bleiben und dort seine «göttliche Verkündigung» weiterzuführen.

Am gleichen Tag und nochmals am 17. November baten die Mitglieder der Signoria Kardinal Carafa, beim Heiligen Vater zu intervenieren, damit die Predigterlaubnis in Ermangelung eines Breves zumindest mündlich zugesichert werde. Die Zehn ihrerseits schrieben am 5. Dezember dem Florentiner Botschafter in Rom, er möge sich den Anstrengungen Kardinal Carafas anschließen.

Es waren vergebliche Versuche, denn bereits am 11. Dezember habe der Papst, will man dem Chronisten Landucci Glauben schenken, Savonarola «befohlen», nicht mehr zu predigen. So wurde denn Fra Girolamo auf der Domkanzel durch Fra Domenico da Pescia ersetzt.

Der Verlust von Pisa
(Januar 1496)

Das Jahr 1496 beginnt unter schlechten Vorzeichen. Die Zitadelle von Pisa wurde den Pisanern durch Robert de Balsac, den Kommandanten der französischen Garnison, verkauft. Balsac setzt sich über die Befehle des Königs hinweg, der zweimal die Rückgabe

Pisas an die Florentiner in Übereinstimmung mit dem Vertrag von Turin vom 27. August 1495 angeordnet hatte, und übergibt, gegen eine von Venedig, Lucca und Mailand aufgebrachte große Geldsumme, am 1. Januar 1496 die Stadt den Ältesten von Pisa.

In Florenz gab es Leute, die glaubten, der König hätte ihnen diesen schweren und unerwarteten Schlag zugefügt. Um der Wahrheit willen sei indes vermerkt, daß Karl VIII., allen Unterstellungen Guicciardinis zum Trotz, alles versucht hatte, um das im Vertrag von Turin gegebene Wort einzuhalten. Über Balsacs Ungehorsam war er dermaßen erzürnt, daß er ihn aus Frankreich verbannte. Aber die dem König feindlich gesinnten Florentiner machten sogleich Savonarola, dessen Sympathien für Frankreich stadtbekannt waren, verantwortlich. Nichts half, nicht einmal die Ankunft eines Gesandten des Königs am 17. Januar, der den Florentinern das Bedauern des Königs überbringen und nachdrücklich dessen Aufrichtigkeit in dieser Sache betonen sollte.

Für den König und seine Florentiner Verbündeten blieb es jedoch nicht bei dieser einen Hiobsbotschaft, denn Balsacs Ungehorsam war kein Einzelfall Auch der französische Kommandant der Zitadelle von Sarzana verkaufte diese an die Genueser; gleiches tat auch sein Kollege von Sarzanello; Balsac verschlimmerte seinen Fall noch dadurch, daß er gegen klingende Münze Pietrasanta und Mutrone an die Einwohner Luccas, schließlich Librafatta an die Pisaner abtrat. Die Wut der Gegner Savonarolas ist verständlich. Einige gehen soweit, an der Klosterpforte von S. Marco Feuer zu legen. Die Lauen spotten offen über Fra Girolamos Weissagungen, die von den Fakten so nachhaltig dementiert werden. Eine Flut von Schmähschriften überhäuft Savonarola mit Schimpf und Schande und bezeichnet ihn als den Mann, der «ganz Italien an den Rand des Abgrundes getrieben» hat.

Fra Girolamos Freunde reagieren im gleichen Ton. Die Acht verteidigen ihn und drohen denjenigen, die ihn angreifen, mit Bußen und körperlichen Züchtigungen. Am 28. Januar und 5. Februar interveniert die Signoria von neuem bei Kardinal Carafa, um Savonarola die Rückkehr auf die Kanzel für die kommende Fastenzeit zu erlauben, und auch die Zehn unternehmen am 28. Januar einen derartigen Vorstoß.

Savonarolas Einfluß bleibt groß, denn ein beträchtlicher Teil der Bevölkerung empfindet auch weiterhin ein tiefes und dringliches Bedürfnis nach sittlicher Erneuerung. Alle Zeugen stimmen darin überein, daß sich in Florenz ein fast unglaublicher, aber für jedermann sichtbarer Sittenwandel vollzogen habe. Ganz deutlich war das bei den Frauen zu sehen. Savonarolas Ermahnungen gehorchend, hatten viele auf das verzichtet, was er «Überflüssigkeiten» und «Eitelkeiten» nannte: tief dekolletierte Kleider, Schleppen, extravagante Frisuren, Flitterkram und Tand. Immer mehr Frauen trugen bescheidene Röcke, die bis zu den Knöcheln fielen, Kleider und Frisuren, die, so ein Zeitgenosse, «den Christinnen der Urkirche würdig gewesen wären».

Vor allem bei Kindern und Jugendlichen war der Wandel beträchtlich. Wie alle Städte war auch Florenz Ort einer beunruhigenden Jugenddelinquenz. In jener Zeit war die Justiz von unmenschlicher Grausamkeit: Blenden eines Auges mit dem glühenden Eisen für Diebstahl, Amputation eines Fußes für Raubmord, Amputation der rechten Hand für einen Wiederholungstäter, Erhängen bei Tod des Opfers, Erhängen oder Scheiterhaufen für dreimaligen Diebstahl, Folter mit dem glühenden Eisen auf dem Weg vom Gefängnis zum Galgen usw. An diesem brutalen Spektakel beteiligten sich die Kinder aktiv. Besonders grausam waren sie zu den Verurteilten auf deren letztem Gang; bald verlangten sie, die Eisen, mit denen der Henker die Unglücklichen peinigte, seien noch stärker zu erhitzen, bald forderten sie, ein der Gotteslästerung angeklagter Marrane (bekehrter Jude) sei zu steinigen und durch die Straßen zu schleifen. Im April 1478, nach dem Attentat der Pazzi, in dessen Verlauf Lorenzo der Prächtige verletzt und dessen jüngerer Bruder Giuliano getötet wurde, war der Leichnam des erhängten alten Jacopo Pazzi, Oberhaupt der Familie, in der Familiengruft von S. Croce beigesetzt worden. Er wurde von den Kindern wieder ausgegraben und außerhalb der Mauern in ein Massengrab geworfen. Eine andere Truppe von «Cherubinen» wird ihn nochmals ausgraben, durch die Straßen schleifen, an der Türe seines Palastes aufhängen, dann entfernen, nochmals bis zum Arno schleifen und dann in den Fluß werfen. Einige Tage später wird der aus dem Fluß gefischte Leichnam nochmals gehängt, geknebelt und in den Arno geworfen. Die Florentiner Jugend ließ ihrer Aggressivität auch im Karneval freien Lauf. Während des Karnevals beherrschte sie die Straße und praktizierte eine Art Erpressung der Passanten, die gezwungen wurden, Almosen zu geben. Kinder und Jugendliche lieferten sich Straßenkämpfe mit Steinen – das wurde «Steinspiel» genannt –, wobei es vorkam, daß einer der Beteiligten das Leben verlor. Obwohl das «Spiel» verboten war, wurde es von den kleinen Taugenichtsen von Florenz auch weiterhin praktiziert. Zur Zeit des Karnevals waren die Bürger, ihre Frauen und Töchter Beschimpfungen aller Art ausgesetzt.

Florenz war in Italien und in ganz Europa für Sodomie, insbesondere von Kindern, berühmt-berüchtigt. Bereits Dante verwies die Sodomiten in die Hölle (15. und 16. Gesang), wo sie dazu verurteilt waren, ewig unter einem Feuerhagel zu rennen. Eine vielsagende Einzelheit: Dante nimmt lediglich die Florentiner in den Kreis der Sodomie-Treibenden auf. Aber alles nützte nichts, ganz im Gegenteil. «Das unnennbare Laster» (im Gerichtsjargon der Zeit) hatte sich im 15. Jahrhundert vermehrt in ganz Italien verbreitet. Bernardin von Siena donnert in seiner Geburtsstadt von der Kanzel herab gegen die schuldigen Eltern. Zu Beginn des 14. Jahrhunderts versichert Dantes Zeitgenosse, der Dominkanerpater Giordano aus Rivalta (oder aus Pisa), Florenz, das er sehr gut kennt (er lehrt im Konvent S. Maria Novella), «habe sich beinahe in Sodom verwandelt». Das Strafmaß ist ganz unterschiedlich. Einmal eine einfache Buße, verbunden mit einer öffentlichen Auspeitschung, denn das Opfer war willig und käuflich; einmal die Todesstrafe durch den Scheiterhaufen, denn das Opfer, ein zehnjähriges Kind, wurde vergewaltigt *(per vim et violentiam)* und litt lange an einem physischen Trauma. Weil das Übel zunimmt, schafft die Signoria im April 1432 eine Behörde (die «Offiziere der Nacht»), deren Aufgabe die Verfolgung des «schändlichen Lasters» ist. Theoretisch sind die Strafen schwer: Bußen, zeitlich begrenzter oder endgültiger Ausschluß aus öffentlichen Ämtern, Verbannung, öffentliche Zurschaustellung, Abschlagen eines Ohres, Scheiterhaufen. In der Realität kommt die Todesstrafe nur selten zur Anwendung, allein bei schwerer Gewaltanwendung gegenüber nicht einwilligenden Minderjährigen, die bleibende Schäden davontragen. Wie hätten die Richter auch streng sein können in einer Stadt, in der sich dieses Laster allgemein auszubreiten droht?

Mit dem Humanismus wurde auch die Homosexualität weniger tabuisiert. Bereits 1425 wird sie von Antonio Beccadelli, *Panormitanus* (der Palermitaner) genannt, offen besungen, und zwar in dem Cosimo dem Alten gewidmeten Exemplar seines *Hermaphroditus* (eine «Nippsache für Bordelle», so Monnier). Auch das Künstlermilieu ist davon angesteckt. 1476 wird Leonardo da Vinci, damals vierundzwanzigjährig, «zusammen mit drei anderen jungen Männern angeklagt, das ‹Verbrechen der Homosexualität› (aktive Homosexualität) an der Person eines gewissen Jacopo Saltarelli, siebzehn Jahre alt, begangen zu haben ... eines Goldschmiedelehrlings und, so scheint es, notorischen Prostituierten» (Bramly, Léonard de Vinci). Glücklicherweise wird das Verfahren mangels Beweisen und Zeugen eingestellt. Gleichwohl ist bekannt, daß Leonardo da Vinci ein Homosexueller war. Während vieler Jahre war der schöne Salai, keineswegs ein Unschuldslamm, Leonardos Gefährte. Auch Pico della Mirandola war für seine diesbezüglichen Exzesse bekannt. Im bedeutenden florentinischen Malermilieu, wo in den Ateliers zahlreiche junge Lehrlinge beschäftigt wurden, war Homosexualität an der Tagesordnung, und niemand schien sich daran zu stoßen. Einige brüsteten sich sogar damit. So trug etwa der Maler Giovanni Antonio Bazzi (1477-1549) außerhalb von Florenz seinen Übernamen Sodoma, der ihm wie ein Ehrentitel geblieben ist. Schließlich gaben sich auch die Päpste diesem Laster hin, etwa Sixtus IV., um nur ihn zu nennen.

In diesem Kontext findet nun die von Savonarola angestrebte sittliche Erneuerung statt. Das erklärt, ohne sie zu rechtfertigen, die abstoßende Härte der von ihm vorgeschlagenen Repressionsmaßnahmen. Ganz abgesehen davon, daß die Aggressivität der Kinder und Jugendlichen nicht selten, etwa bei der Niederschlagung der Pazzi-Verschwörung, zu politischen Zwecken mißbraucht wurde. Es war sogar vorgekommen, daß ein Prediger, Bernardin von Feltre, 1487 in Florenz für die Schaffung einer Pfandleihanstalt predigte und damit einen wahren Pogrom gegen die jüdischen Geldverleiher auslöste, der nur dank des energischen Durchgreifens der Acht und der sofortigen Ausweisung Bernardinos gestoppt werden konnte.

Das Problem war also groß und eine Lösung dringlich. Um die Kinder der Delinquenz und dem Laster zu entreißen, galt es, sie zu führen, ihnen ehrliche Lebensziele und ihnen eine fundierte moralische Erziehung zu vermitteln.

Savonarolas pädagogische Vorstellungen waren eher simpel. Die Basis des Systems war für ihn die familiäre Zucht. Es liegt an den Eltern, so dachte er, ihre Kinder in Liebe und Gottesfurcht zu erziehen. Daher die Notwendigkeit einer fundierten religiösen Erziehung: tägliche Gebete (am Morgen und am Abend), Verehrung Christi und Mariens, katechetische Unterweisung, Teilnahme am Gottesdienst ab sechs Jahren. Den Mädchen gilt es, Abscheu und Widerwillen gegen luxuriöse Bekleidung einzutrichtern; sie mußten vor Begegnungen, die ihrer Tugend gefährlich werden konnten, geschützt werden, aber sie sollten auch brav, klug und wenig anfällig für Versuchungen und Frivolitäten bleiben – etwa Tanz und profane Gesänge, die häufig Feinde der Ehrbarkeit waren. Den einen wie den anderen galt es, eine christliche Kultur zu vermitteln, die die unmoralischen Schriftsteller der klassischen Antike (Ovid, Tibull, Katull) ausblendete, deren Werke «Gottes Zorn» hervorrufen. Eine Ausnahme war möglich für einige große Autoren (Homer, Virgil, Cicero), die mit kritisch geschärftem Geist studiert werden konnten, um zu beweisen, daß die heidnischen Götter, wie Dante bemerkte, «falsche und lügnerische Götter» sind.

Mit einer gesunden Bildung gewappnet, mit einer strikten Moral gestärkt, von der eigenen Familie überwacht und streng geleitet, könne das Kind auf seiner Ebene, gemäß seinen Fähigkeiten und Bestrebungen, viel zum guten Funktionieren der Gesellschaft beitragen. Dazu müssen ihm gute Führer beigestellt und Ziele fixiert werden. Von seinen Aufgaben als Prior und Prediger erfüllt und in die Redaktion von Abhandlungen und Schriften zur christlichen Lehre vertieft, betraute Savonarola den ihm nahestehenden Mitbruder Domenico da Pescia mit der straffen Führung der teuren «Engel».

Fra Domenico entwarf ein genaues und detailliertes Programm.

Er erstellte die Statuten dieser neuen «Kompagnien»; dabei hielt er sich an die Struktur der zahlreichen, in Florenz seit langem bestehenden Bruderschaften, in denen sich Erwachsene und junge Menschen am Sonntag zur Vesper versammelten. Er vermittelte den Kindern eine solide religiöse Unterweisung, zwang sie, fleißig zu beichten und zu kommunzieren, verpflichtete sie zur regelmäßigen Teilnahme an den Gottesdiensten, untersagte ihnen die Beteiligung an allen unmoralischen weltlichen Festivitäten (Tanz, profane Musik, Fechtkunst), verbot Spiele und Maskeraden sowie die Lektüre von schlechten Schriften in der Volkssprache und auf lateinisch. Er zwang ihnen einfache, schmucklose Kleidung auf, einen kurzen Haarschnitt (damals waren lange, auf die Schultern fallende Locken Mode, was den Knaben ein feminines Aussehen verlieh). Fra Domenico faßte die Kinder nach Stadtvierteln zusammen, unterstellte sie wie eine Miliz von Kämpfern Christi einem Leiter, der von je vier Ratgebern umgeben war, erstellte eine strikte Hierarchie und eine genaue Aufgabenteilung: *pacieri* (Schlichter) zur Schlichtung von Streitigkeiten, *ordinatori,* ein eigentlicher Ordnungsdienst für Umzüge und gemeinsame Kundgebungen, *correttori,* für die mündliche brüderliche Rüge der Sünder, Almosensammler. Bis dahin lauter ganz normale Strukturen, die in den meisten religiösen Bruderschaften des Mittelalters und der Renaissance zu finden sind.

Es gibt aber eine Entwicklung, die die Führung von Jugendlichen in totalitären Regimes unserer Zeit um mehrere Jahrhunderte vorwegnimmt, nämlich die Schaffung von zwei Kategorien von jungen Kadern: Inquisitoren und Patrouillengänger. Erstere waren beauftragt, nach Spielern zu jagen, ihnen Karten und Würfel wie auch das im Spiel verdiente Geld abzunehmen, das dann unter die Armen verteilt wurde; letztere hatten Jagd auf Heiligenbilder zu machen, die an Orten des Lasters hingen, und mit Graffiti oder obszönen Zeichnungen verschmierte Wände weiß zu übertünchen.

Savonarolas Anhänger baten die Signoria, diese Führung der Kinder zu legalisieren, «damit Sodomiten, Spieler und Besucher von Tavernen verfolgt und die Stadt von allen Lastern befreit werden konnte», denn das sei der Wille des Allmächtigen, der jeden

Tag in den Worten seiner Propheten, Savonarola und Fra Domenico, zum Ausdruck komme. Umsichtig und durch diese übertriebene Einflußnahme auf die Jugend sehr wahrscheinlich alarmiert, erbaten sich die Mitglieder der Signoria Bedenkzeit und versprachen, sich des Problems mit kühlem Kopf anzunehmen.

Diese Horden von Kindern und Jugendlichen zwischen zwölf und zwanzig Jahren, die meist aus bürgerlichen oder aristokratischen Familien stammten (die unteren Schichten standen der Entwicklung feindlich gegenüber), riefen nicht überall Sympathie und Verständnis hervor. Zwar wurden sie in den Häusern wohlwollend aufgenommen, wozu die Angst nicht unerheblich beitrug, zwar wurden ihnen widerstandslos die angeblich frivolen Gegenstände, Spiegel, Kämme, Tand, Spielkarten, Schmuck, überlassen, die eingefleischten Spieler indes, die verstockten Sünder, insbesondere die Sodomiten, die Gotteslästerer und Gottlosen, leisteten entschieden Widerstand. Es kam sogar zu gruppenweisen Auseinandersetzungen, zu Straßenschlachten zwischen Banden von mehreren Dutzend Mitgliedern (Fra Domenicos «Engel» gingen immer in Gruppen von zwanzig oder dreißig). Die Signoria mußte eingreifen und setzte in jedem Stadtviertel eine bewaffnete Wache ein. Die Aufgabe dieses *famiglio* war es nicht, über die Sicherheit der Bürger zu wachen oder für Ruhe und Ordnung zu sorgen, sondern die «Engel» vor ihren Gegnern zu schützen, die als «Feinde der Wahrheit» bezeichnet wurden.

Allein Savonarola hätte diesen Exzessen ein Ende setzen können. Er tat es nicht, blieb er doch ein Gefangener der eigenen Ideologie, der eigenen Überzeugungen und verteidigte auf der Kanzel im Namen von Moral und Religion diese allzu eifrigen Anhänger.

In einer derartigen Atmosphäre des Zwangs ist es nicht weiter verwunderlich, daß dieser Feldzug zur sittlichen Erneuerung spektakuläre Resultate vorweisen konnte. Die *piagnoni* unter den Chronisten sind sich in ihrem Lob einig. Will man ihnen glauben, so ging in Florenz eine moralische Verwandlung vor sich. Die Laster waren verschwunden oder hielten sich versteckt. Es herrschte «Zucht und Ordnung». Für Savonarola war also die Welt in Ordnung; er wollte seine Macht über die Jugend glanzvoll unter Beweis stellen und organisierte zu diesem Zwecke am 16. Februar, dem letzten Tag des Karnevals, eine große Kundgebung.

Sorgsam begleitet, von Fanfaren angekündigt, defilierten in untadeliger Ordnung, je vier bis fünf pro Reihe, vier- bis sechstausend Kinder aller Altersgrupppen (die Mehrheit war noch nicht neunjährig) hinter ihren Fahnen und Kruzifixen; sie waren in vier Gruppen, je eine pro Stadtviertel, versammelt, trugen Palmzweige und sangen. Sie schrien: «Es lebe Christus», sangen die Laudes an Jesus und die Jungfrau Maria und rissen die gerührte und bußwillige Menge zu sanften Freudentränen hin; diese gab ihnen reichlich Almosen oder Wertgegenstände, Eitelkeiten, deren sich die Erwachsenen, insbesondere die Frauen, inzwischen schämten, denn sie galten ihnen nun als Objekte der Versuchung und als Instrumente des Teufels.

Nachdem die gewaltige Prozession das gesamte Stadtzentrum abgeschritten und vor jeder Pfarrkirche halt gemacht hatte, kam sie schließlich vor die Kirche S. Martino, wo die auf dem Weg gesammelten Geschenke, Gaben und Almosen niedergelegt wurden, um durch die Guten Männer von S. Martino unter die «verschämten Armen» verteilt zu werden.

Kapitel II
Die Predigten des Jahres 1496

Nachdem er so die Öffentlichkeit vorbereitet und die von seinem Schweigen verunsicherten Anhänger ermutigt hatte, betrat Savonarola am 17. Februar 1496 von neuem die Domkanzel. Etwa fünfzehntausend Zuhörer, die Mehrheit davon Kinder von mehr als zwölf Jahren, hatte sich in Erwartung seines Auftritts bereits in den frühen Morgenstunden eingefunden.

Zuerst rechtfertigte Savonarola sein Schweigen. Nein, nicht die Angst habe ihn davon abgehalten, eine Kanzel zu besteigen, auch nicht das Gerücht um seine Exkommunikation, deren Existenz er leugnet: «Wer hat diese Exkommunikation gelesen? Wer hat sie gesandt?» Gäbe es sie, sie hätte keinerlei Wert, denn der Papst, welch hohe Stellung er in der kirchlichen Hierarchie auch immer einnehmen mag, ist doch Gott unterstellt. Aber «es steht geschrieben, daß niemand gehalten ist, die Befehle seiner Oberen einzuhalten, wenn sie denjenigen Gottes, und insbesondere dem Gebot der Nächstenliebe, widersprechen». Würde ihm der Papst befehlen, Florenz zu verlassen, er würde sich weigern, denn dieser Weggang wäre für die Stadt «der geistliche und weltliche Ruin»; ein derartiger Befehl entspräche folglich nicht Gottes Willen, der ihn nach Florenz gesandt habe, um sein Volk auf den rechten Weg zurückzuführen. Mit seiner Weigerung, sich nach Rom zu begeben, habe er sich demnach dem Papst gegenüber nicht ungehorsam gezeigt, denn wäre er gegangen, er hätte sich Gottes Willen widersetzt.

Dann geht er auf die gegen ihn erhobene Anschuldigung ein, er habe häretische oder lügnerische Lehrmeinungen verbreitet. Er selbst habe sich die Frage gestellt, aber in seinen bisherigen Predigten nichts gefunden, was den Dogmen der Kirche widerspreche; im übrigen sei er immer ein gehorsamer Sohn dieser Kirche gewesen. Was die Vorhaltungen wegen seiner Prophezeiungen betreffe, so habe er sich darüber in seinem *Compendium revela-*

tionum klar und deutlich ausgesprochen. Wer diese unvoreingenommen betrachte, der erkenne, daß sie ihm «direkt von jenem eingegeben worden sind, der sich nie irrt». Er habe nichts zurückzunehmen. Alles, was er angekündigt habe, sei eingetreten.

Daß sich die sittliche Erneuerung positiv ausgewirkt habe, sei klar ersichtlich. Die Stadt ist verwandelt, was «mehr wert ist als hundert Pisa». Die Kinder, noch gestern unerträglich, sind heute die Schutzengel der Moral. Das will aber nicht heißen, daß alle Gefahr gebannt ist. Die von ihm so oft angekündigte Plage sei ein erstes Mal in der Form der französischen Invasion hereingebrochen, habe sich aber dank der Vorsehung in ein Instrument der *renovatio Ecclesiae* verwandelt, drohe aber noch immer. Wann wird sie zuschlagen? Er will es nicht sagen, ebensowenig wie die Stunde des universalen Friedens und der Herrschaft von Florenz, denn weil der wahre Glaube fehlt, sind die Menschen nicht bereit, diese Offenbarungen zu empfangen.

Seine flammende Predigt endet mit der erneuten Vorhersage von Krieg, Pest – sie allein wird die Eitelkeit aus den Herzen der Frauen ausmerzen – und Hungersnot – sie wird die Verbreiter von falschen Nachrichten und Verleumdungen zum Schweigen bringen. Schließlich ermahnt er seine Zuhörer, gottesfürchtig zu leben und die Volksregierung zu lieben.

Bei der Lektüre dieser Predigt stellt sich dem Leser unvermeidlich die Frage, wie Savonarola nach wie vor von der Richtigkeit von Sachverhalten überzeugt sein konnte, die auf nationaler und internationaler Ebene seit Monaten Tag für Tag dementiert wurden. Wie konnte er vorgeben, er glaube nicht an die Existenz jener päpstlichen Breven, deren Vorhandensein öffentlich bekannt war? Vermutlich wurde denn auch diese Predigt von seiner Zuhörerschaft nicht unbedingt positiv aufgenommen. Dafür spricht auch, daß der gutinformierte und Savonarola wohlgesinnte Chronist Landucci kein Wort über sie verliert. Vielleicht war dem Publikum bewußt geworden, wie irreal, ja wahrheitswidrig deren Inhalt war.

Tags darauf, am 18. Februar, teilt Savonarola mit, er werde seinem Predigtzyklus die Texte des Propheten Amos zugrunde legen. Diese Wahl ist sehr bezeichnend für seine Absichten. Amos ist bekanntlich der Prophet eines Gottes, der, über die Verbrechen seines Volkes erzürnt, diesem Heuschrecken, Pest und Feuer schickt, das Häuser und Paläste zerstört – ein Gott, der die jungen Krieger dahinrafft, Finsternis verbreitet, die Opfergaben ablehnt, die Heiligtümer zerstört, aber am Ende verspricht, er werde das Haus Davids wieder aufrichten und dem Volk Israel Wohlstand und Frieden zurückgeben.

Er habe sich für das Buch Amos entschieden, weil diese Prophezeiungen sich Punkt für Punkt auf die Lage von Florenz bezögen. Man solle ihm also vertrauen. Die Skeptiker sind verstockte Sünder, für die göttlichen Erleuchtungen blind. Es ist nicht wichtig, wann sich seine Weissagungen erfüllen werden. Wichtig ist allein, daß sie unausweichlich eintreffen werden. Außerdem wird Christus selbst herniederkommen, um die Bösen zu strafen. Alle mögen sich darauf vorbereiten, ihn zu empfangen.

Um möglichen Einwänden zuvorzukommen, beweist er am 19. Februar anhand der großen Philosophen, daß nichts aus Zufall geschieht, daß sich Gott unablässig in die Angelegenheiten der Menschen einmischt und daß ihm selbst, durch Gottes Willen zum Prophet geworden, aufs Wort geglaubt werden muß, wenn er eine zuerst über Florenz hereinbrechende Plage ankündigt oder Respekt vor der von ihm eingesetzten republikanischen Regierung verlangt; es ist dies nämlich die beste, dem Temperament der Florentiner angemessenste politische Form.

Dann wendet er sich an die Kinder und erteilt ihnen einige Ratschläge, beschwört sie inbesondere, dem «verfluchten Laster» der Homosexualität zu entsagen, und rät zur Denunziation von angeblich Schuldigen. Er empfiehlt ihnen, ihren Geist durch gesunde Lektüre zu stärken, wobei er die Werke von Ovid, Tibull, Katull und Terenz ausschließt, für Cicero und Virgil jedoch trotz ihres Heidentums eine Ausnahme macht.

Am 20. Februar beschäftigt er sich wieder mit denselben Themen: positive Auswirkungen seiner sittlichen Reform; Drohungen gegen Sünder und Ungläubige; Ermahnung der Kinder zur Vorsicht dem «schändlichen Laster» gegenüber. Er schließt mit der Erwähnung des von Gott gesandten «Feuers der Pestilenz», das die Bösen verschlingen wird.

Am 21. entwirft er eine «Phänomenologie der Sünden wider den

Heiligen Geist» (Cordero), von jenen begangen, die – wie die ungerechten Prälaten und Fürsten – die Glaubenswahrheiten leugnen möchten oder die – wie gewisse Mönche und Nonnen – stärker den Riten als der Substanz des Glaubens verbunden sind und die alle in der nächsten Sintflut untergehen werden.

Am 22. kommt Savonarola dann auf die Sünden wider den Heiligen Geist zurück. Er bestätigt die Wahrhaftigkeit seiner Prophezeiungen, beschwört sein Publikum, sich zum wahren Glauben zu bekehren, zieht die Lauen zur Verantwortung, die nicht besser sind als die Häretiker, rechtfertigt seine von Gott gewollte politische Aktion, seine prophetische Berufung, seine Orthodoxie; er wiederholt, er scheue die Exkommunikation nicht, zeigt sich über den in Florenz stattgefundenen spektakulären Sittenwandel stolz und ermahnt schließlich, Buße zu tun und Christus zu lieben.

Bis hierher also nichts als religiöse Aussagen auf scholastischem Hintergrund, mit den rhetorischen Mitteln des Predigers vorgetragen, was die Leute aus dem Volk sehr beeindruckte und ihm den Ruf eines gelehrten Theologen eintrug.

Am 23. kommt Savonarola dann auf seinen von Gott eingegebenen prophetischen Auftrag zurück, verteidigt sich gegen die Unterstellung, er stehe im Dienste des Königs von Frankreich, ermahnt seine Truppen, im Guten zu verharren und kündigt den habgierigen Prälaten und bösen Verleumdern seines Werkes die schlimmsten «Heimsuchungen» an.

Diese Angriffe verstärken sich noch am 24. Februar. Nach einer Aufzählung all dessen, was Florenz ihm verdankt – Freiheit, inneren Frieden, republikanische Regierung, Amnestie, Christi Schutz, der die Rückkehr der Tyrannen verhütet –, legt er sich mit seinen Gegnern an und klagt, ohne sie wörtlich zu nennen, Kurienprälaten an, Männer und Frauen zu Ausschweifung, Prunk und Hochmut, die Kinder zu Sodomie und anderen Lastern, und damit zur Prostitution, zu verführen.

Am 25. Februar erfolgt erneut ein Anathemata gegen die Tyrannen; zum ersten Mal predigt er im noch unvollendeten Saal des Großen Rates im Palast der Signoria. Wiederum entwirft er ein ungeschminktes Bild der Tyrannen: Begehrlichkeit, Ausschweifung und Günstlingswirtschaft gehören noch zu ihren geringsten Sünden. Er kündigt ihnen die baldige Strafe Gottes an, die auch über die verderbten Prälaten und die Gegner des neuen Regimes hereinbrechen und sich auf ganz Italien ausdehnen wird. Den Florentinern bleibt nur eine Rettung: die von Gott durch Jesus Christus gewollte Verfassung; dann ruft er Christus an und bittet seine Hörer, gemeinsam mit ihm zu beten. Dieses feurige Plädoyer für die neuen Institutionen trug sicherlich entscheidend zur am selben Tag erfolgten Wahl eines eifrigen Anhängers von Fra Girolamo zum neuen Gonfaloniere bei.

Auch am 26. Februar vermengt Savonarola die Amos-Exegese mit politischen und sittlichen Ermahnungen; dabei ruft er einmal mehr zur Respektierung der neuen Institutionen auf, die Gottes Absichten für Florenz und ganz Italien am besten entsprächen.

Am 27. dann nochmals Androhung der göttlichen Strafe über Italien und Rom, Quelle aller Laster, von Ausschweifung bis Gottlosigkeit; kaum jemand wird errettet werden, inbesondere nicht in Rom, das mit einem Schweinestall und Bordell verglichen wird und gänzlich zerstört werden muß.

Dieser Vergleich Roms mit den «Kühen von Samaria» wird am 28. Februar wiederaufgenommen und mit einem Angriff auf die Kirchenmänner verstärkt, die des Nachts zu ihren Konkubinen und am Tag zur heiligen Messe gehen, während ihre Gefährtinnen, die Prostituierten, mit «fetten Kühen» verglichen werden, die in Rom zu Tausenden wüten (mehr als vierzehntausend, schätzt er). Die ehrbaren Frauen mögen über ihre Töchter wachen, damit sie nicht diesen fetten Kühen gleichen, aber auch über ihre Söhne, die sich ebenfalls zu oft prostituieren. Gott wird die Prälaten und ihre Konkubinen bestrafen. In der Zwischenzeit jedoch, vor der Strafe des Himmels, mögen die ehrbaren Frauen mit Hilfe ihrer Söhne die Prostituierten bei den Acht denunzieren und die Priester sie aus den Kirchen vertreiben. Man solle nicht mehr länger nur in der Osterwoche beten, sondern müsse stets beten und rein sein. Alle religiösen Feste seien einzuhalten, die Tavernen zu fliehen, auf Süßigkeiten (Backwaren und Fruchtbonbons) sei zu verzichten. In der Politik wiederum sei darauf zu achten, daß, frei von persönlichen Vorurteilen, nur gute Bürger gewählt würden.

Dann zeigt er sich über die Wahlen vom Vortag erfreut, die Anhänger seiner Ideen in die Signoria gebracht haben.

Am 28. Februar hält Savonarola eine weitere furchterregende Predigt. Einmal mehr stellt er sich als einen vom Heiligen Geist inspirierten Propheten dar, spottet zuerst über die «Blinden», die nicht sehen, daß das, was in ihrem Umkreis geschieht, von der Vorsehung befohlen ist und bald in eine Italien, nicht aber Florenz heimsuchende Strafe umschlagen wird. Er legt sich mit Rom an, wo alle Laster, von Simonie bis Sodomie, nicht zu vergessen Ausschweifung und eitle Prunksucht, vereinigt sind. Aber das restliche Italien ist nicht mehr wert. Die Knaben werden im Kult um das Geld erzogen; die Jungfrauen sind nicht mehr brav, schauen sie doch dem Sittenverfall zu. Die göttliche Strafe wird schrecklich sein; so soll es sein: Sodomiten und Gotteslästerer sind ein für allemal auszurotten! Dann wird Gott besänftigt und die ganze Welt bekehrt sein. Die Guten werden mit den Engeln sein und die Dämonen mit Füßen getreten werden.

Am 1. März stützt er sich auf den berühmten Matthäus-Text, worin Jesus die Schriftgelehrten und Pharisäer geißelt, «die ihr das Himmelreich zuschließet vor den Menschen ... die ihr der Witwen Häuser fresset» und die zur ewigen Verdammnis bestimmt sind, «auf daß über euch komme all das gerechte Blut, das vergossen ist auf Erden». Zu Amos (Kapitel 5) hinüberwechselnd, wiederholt er dann, die *renovatio Ecclesiae* werde Unheil mit sich bringen, das durch Buße vermieden werden könne, das aber seiner Meinung nach ebenso unausweichlich sei wie eine Epidemie, die ihren Lauf nimmt.

Am 2. März beginnt die Predigt wiederum mit einem Matthäus-Text, worin Jesus der Mutter der Zebedäus-Söhne antwortet, es hänge nicht von ihm, sondern von seinem Vater ab, ob die Söhne des Zebedäus zu seiner Rechten säßen oder nicht. Er sagt den Tod der Bösen und das Heil der Guten voraus, ermahnt dann die Florentiner, Gerechtigkeit zu üben und das Schafott zu errichten, denn Gott werde ihnen helfen, ihre Feinde und die Verderbten zu zerstören.

Am 3. März begnügt er sich mit Anspielungen auf die gegenwärtige Situation und läßt sich in einem langwierigen theologischen Disput über Reichtum und Armut aus, ersterer der Hölle, letztere dem Paradies versprochen. Er weigert sich, Wunder anzukündigen und ermahnt seine Zuhörer, in Erwartung des «Tages des Herrn», der unweigerlich kommt, Buße zu tun.

Am 4. März stützt er sich wiederum auf das Matthäus-Evangelium (21,33-46); er befaßt sich mit dem Gleichnis von den bösen Weingärtnern, worin Jesus den Pharisäern und Schriftgelehrten vorhersagt: «Das Reich Gottes wird von euch genommen und einem Volke gegeben werden, das Früchte bringt». Daraus zieht er folgende Lehre: Es sind die kirchlichen Hierarchien, die ihn verleumden, indem sie ihn beschuldigen, er greife Rom an – wogegen er sich mit der Behauptung wehrt, er habe nie jemanden persönlich beschuldigt –, und ihn aus Florenz entfernen wollen, wogegen er sich aus Liebe für die Florentiner wehrt, die seiner bedürfen. Er vergleicht die Kirche mit dem Weinberg im Gleichnis, wo die Diener des Herrn von den Weingärtnern, das heißt den Priestern und der kirchlichen Hierarchie, getötet werden. Aber der göttliche Meister weilt im Geiste unter den Florentinern und wird jene strafen, die seine Diener getötet haben. So wird es in ganz Italien, insbesondere aber in Rom sein. Die Guten mögen Sodomie, Gotteslästerung und Wucher ausmerzen; die Frauen mögen auf jede Eitelkeit in der Bekleidung verzichten. Dann gibt ihm der Amos-Text eine schreckliche Ankündigung des «Tags des Herrn» ein: «Wehe denen, die des Herrn Tag herbeiwünschen. Was soll er euch? Denn des Herrn Tag ist Finsternis und nicht Licht» (Amos 5,18). Dann fordert er seine Zuhörer auf, Christus zu gedenken und sich im Gebet mit ihm zu vereinen, denn er allein werde ihnen helfen können.

Am 5. März beginnt die Predigt (gestützt auf Amos 5,21) mit einem Exkurs über die Unsterblichkeit der Seele, die Erbsünde und den Sündenfall, die ohne die Hilfe der Gnade ununterdrückbare Neigung zum Bösen und die Notwendigkeit unablässigen Gebets. Savonarola fährt mit einem Gleichnis über die Lauen fort, die die Kirchen in Geschäfte verwandelt haben und die heiligen Feste profanieren, wie dies einige mit ihren Konkubinen lebende Priester und die Spieler tun. Er ermahnt die Behörden, diesen Festen ihre Spiritualität zurückzugeben, Bälle und heidnische Gesänge zu verbieten. Er hält die Mütter an, in der Bekleidung ihrer Töchter auf Bescheidenheit und Schamhaftigkeit zu achten.

Am 6. März geht Savonarola von jenem Lukas-Text (11,14-28) aus, worin Jesus einen Stummen heilt. Er verurteilt die für Wunder unempfänglichen Lauen; dann greift er die Fürsten, die Prälaten, die Kardinäle und Päpste an, die die Früchte eines in Blüte stehenden, von den Wurzeln her indes zerfressenen Baumes essen, und stellt sich als Herold Christi dar, bereit, gegen diese Bösen und Verderbten in einem «Gottesurteil» zu kämpfen. Er rechtfertigt sein Handeln und seine Rede, gehalten im Namen der Wahrheit und der biblischen Moral, beteuert, kein vom Teufel inspirierter falscher Prophet zu sein, und sagt Rom und Italien großes Unheil voraus. Auch Florenz wird nicht verschont bleiben, aber dank seiner Lehre und seinem Werk , vor allem aber dank Gottes Hilfe gnädiger davonkommen. Der Herr, der die Stadt bereits von den Medici erlöst, ihr eine neue Regierung gegeben, sie von den Ausschweifenden, den Geizigen, den Lasterhaften, den Sodomiten und Ehebrechern gesäubert hat, wird sie am Tag der Sühne von ganz Italien nicht verlassen. Schließlich greift er einmal mehr die von allen Lastern wie Ausschweifung, Freßlust und Habgier befallenen schlechten Priester an.

So fährt er – zwischen dem 7. und 19. März – fort, er legt die Amos-Texte aus, zuweilen mit Texten aus dem Matthäus-, Lukas- oder Johannes-Evangelium vermischt, prangert unermüdlich die Bösen, die schlechten Kleriker, die schändlichen Laster der römischen Kurie, die lauen Florentiner, die Feinde der republikanischen Regierung, die verwilderten Sitten von Frauen und Kindern und die Unaufrichtigkeit des darüber hinaus schlecht informierten Papstes an. Er wiederholte, ohne Angst vor Überdruß, den Vorsehungscharakter seines prophetischen Auftrags, behauptete, im Widerspruch zu allen Fakten, seine Vorhersagen hätten sich bewahrheitet, und lobte unablässig sein sittliches und politisches Werk, wobei er eine gänzlich positive Bilanz über die Wirkung seiner Tätigkeit auf die Sitten und die Regierung von Florenz zog.

Zuweilen war er von äußerster rhetorischer Gewalttätigkeit, wenn er die Laster anprangerte und die von ihm ins Auge gefaßten repressiven Maßnahmen erwähnte; an einem Tag riet er – seine

Ratschläge aber sind Befehle – die «Bücher des Teufels» ins Feuer zu werfen, an einem anderen Tag, die unbußfertigen Sünder «exemplarisch zu bestrafen», was sogar den Scheiterhaufen einschloß. Mehrere Male versprach er Florenz Wohlstand und Größe sowie die Zurückgewinnung der von Piero de' Medici abgetretenen Orte. Er hegt keinen Zweifel, daß sein Vorhaben letztlich erfolgreich sein wird; dieses ist identisch mit der *renovatio Ecclesiae*, die sogar die Bekehrung der Türken zur Folge haben wird. Er geht so weit, seinen Zuhörern die lichtvolle Vision des zum Neuen Jerusalem gewordenen Florenz vorzugaukeln, das an die Stelle des durch seine Laster unausweichlich in den Zerfall getriebenen Rom treten wird. Was die Gegenwart und seine eigene Lage betrifft, so stellt er ein unerschütterliches Vertrauen in Gottes Hilfe zur Schau, weigert sich, den Befehlen des Papstes, dessen Rechtmäßigkeit er anzweifelt, Folge zu leisten, und bekräftigt seinen unerschütterlichen Entschluß, Florenz nicht zu verlassen, denn hier werde er von allen gebraucht, hier wolle er sterben, sollte dies sein Schicksal sein, wovor er sich nicht fürchte, sei er doch gewiß, unverzüglich ins Paradies einzukehren.

Die Predigten über Sacharja
(März und April 1496)

Am 20. März beginnt er einen neuen Predigtzyklus, gestützt auf den Propheten Sacharja, mit dem er sich offenkundig identifiziert. Er wiederholt seine absolute Gewißheit, zum Wohle der Stadt Florenz gehandelt zu haben. Nebenbei stimmt er dem Vorschlag zu, eine Pfandleihanstalt zur Entlastung der Notleidenden zu schaffen; dieses Projekt liegt seit langem in der Luft, geht jedoch nicht auf ein florentinisches Vorbild zurück. Im übrigen ändert sich der Grundtenor seiner Predigten nicht. Immer die gleiche Selbstzufriedenheit über sein Werk, die gleichen Angriffe gegen die schlechten Prälaten, die gleichen Vorhersagen über den unerbittlichen Ruin Roms und die *renovatio Ecclesiae*, die gleichen Drohungen mit der Todesstrafe für die Sodomiten, die gleichen Aufrufe zur Einfachheit an die jungen Frauen, die gleichen Warnungen vor dem schändlichen Laster an die Adresse der jungen Männer.

Nur selten kommt ein neues Element hinzu; etwa am 25., wenn er die Jungfrau Maria zu Wort kommen läßt, die erst die jungen Frauen zu Bescheidenheit in Kleidung und Haltung aufruft, dann die Kinder zur Vorsicht den Schurken gegenüber ermahnt, die sogar die Gestalt des eigenen Beichtvaters annehmen können. Am 28. dann, am Palmsonntag, läßt er selbstverständlich Christus den König bejubeln und führt am Nachmittag eine nicht enden wollende Prozession an (sechs- bis siebentausend weiß gekleidete Kinder) mit dem Ruf: «Es lebe Christus der König und die Königin Maria!»; an dieser Prozession nehmen der gesamte Florentiner Klerus und die zivilen Behörden, mit Ausnahme der im Palast zurückgebliebenen Signoria, teil. Am 28. reitet er eine Attacke gegen den heidnischen Kult (von Virgil bis Petrarca), an dessen Stelle er die ausschließliche Lektüre der Bibel setzen will.

Es kommt auch vor, daß er den repressiven Aspekt seiner Reform verstärkt. So möchte er etwa die Prostituierten dazu zwingen, mindestens einmal pro Woche den Gottesdienst zu besuchen, und die Florentiner dazu bringen, sich bereits zum frühmorgendlichen gemeinsamen Gebet in der Kirche einzufinden und gemeinsam Buße zu tun – unter Wahrung der gesellschaftlichen Hierarchie für den Zugang zum Beichtstuhl!

Am 10. April faßt er in seiner letzten Predigt sein Handeln zusammen, rechtfertigt seine Weissagungen, beteuert seine Unterwerfung unter die Kirche, weigert sich aber, sich nach Rom zu begeben, behauptet, weder Papst noch Kardinäle namentlich angegriffen zu haben, droht ihnen aber gleichwohl, falls sie ihre skandalöse Lebensführung beibehielten, mit der göttlichen Strafe; schließlich ermahnt er die Florentiner, die neue Regierung zu unterstützen, zu beten und Buße zu tun. Dann sagt er, er werde in den kommenden Wochen die Kanzel nicht betreten.

So schloß er seine Predigten über Sacharja – die, wie jene über Amos, jeweils zwischen zehn- und fünfzehntausend Zuhörer anlockten – mit einer Rechtfertigung seines Werkes und einer prophetischen Drohung ab.

Nicht alle hatten sich zu seinen Vorstellungen bekehrt. In zahlreichen Schriften wurde er als Betrüger, falscher Prophet, gefährlicher Irrer, Feind der heiligen Kirche, Verleumder des Papstes wie auch als Agent des Königs von Frankreich dargestellt, blind für die Gefahren, die Italien durch den französischen Feldzug erwuchsen und verstrickt in ein Bündnis, das einem wahren Anschlag auf Italiens Unabhängigkeit, Ehre und Freiheit gleichkam. Widerstand erwuchs ihm auch von jenen, die sein Reinheitswahn störte: Glücksspieler, Gotteslästerer, Sodomiten, Lebemänner oder ganz einfach eitle Frauen, die nicht auf das, was er Eitelkeiten nannte, verzichten wollten. Schließlich gab es die Befürworter des alten Regimes, jene, die sich mit den Medici kompromittiert hatten, jene, die Anhänger der oligarchischen Regierungsform waren, sei sie mit einer Herrscherfamilie verbunden oder nicht. Es gab sogar Republikaner, die über die schwere Finanzkrise besorgt waren und denen diese republikanische Regierung ein Dorn im Auge war, waren in ihr doch vornehmlich neue Männer ohne politische Erfahrung und wirtschaftliche Kompetenz vertreten. Kurz, ein Teil der öffentlichen Meinung litt unter dem immer härteren Joch einer tyrannischen Ideologie – in dieser Hinsicht hatten die Horden von Schutzengeln der Moral nicht unwesentlich dazu beigetragen, daß ihm die Sympathien derjenigen verlustig gingen, die nicht auf die Annehmlichkeiten von Komfort und Luxus verzichten wollten.

Reaktionen des Heiligen Stuhls
(Frühjahr 1496)

Alles in allem stand indes noch immer die Mehrheit der Florentiner unter seinem Einfluß. Dies um so mehr, als der Heilige Stuhl nur maßvoll auf Fra Girolamos Angriffe reagierte. Gewiß, die ihm feindlich gesinnten Kardinäle, allen voran Kardinal Ascanio Sforza, Bruder von Ludovico Sforza, genannt il Moro, hatten sich Anfang März beim Florentiner Vertreter in Rom über Savonarolas Verhalten und vor allem über seine hartnäckige Treue zum französischen Bündnis beklagt. Der Papst seinerseits drohte ausdrücklich, aber auch das blieb ohne Folgen.

Der Papst suchte einen Weg, die Florentiner zu entwaffnen, oh-

ne sie direkt anzugreifen. Ende März bildet er eine Theologen-
kommission, die die Orthodoxie von Savonarolas Verkündigung
untersuchen soll. Diese Drohung vermag indes die Signoria und
die Zehn nicht von der Unterstützung ihres Propheten und Refor-
mers abzubringen. Kluge und verständige Leute beginnen jedoch,
nach Wegen der Versöhnung mit dem Heiligen Stuhl zu suchen.
Und Piero Capponi scheut sich nicht, im Interesse der Geschäfte
dieser Stadt am 10. März die Schaffung einer florentinischen Kommission von Weisen zu fordern, um «dem Kaiser zu geben, was
des Kaisers ist, und Gott, was Gottes ist». Zu jenem Zeitpunkt stößt
Capponi jedoch nur bei wenigen auf Gehör. Die Signoria aber
treibt ihr Doppelspiel weiter, beteuert am 31. März ihren kindli-
chen Gehorsam dem Heiligen Vater gegenüber und behauptet sogar, Savonarola habe vor einigen Tagen aufgehört zu predigen.
Eine Lüge, die auch die Zehn in ihrem Brief vom 30. März an den
Florentiner Gesandten in Rom zu Papier bringen. Die Passivität
des Papstes wird jedoch auf dem Hintergrund des internationalen
Kontextes verständlich.

Gerüchte aus Frankreich

Der König von Frankreich hatte sich mit dem Verlust des Königreichs Neapel nicht abgefunden. Die Lage präsentierte sich für ihn
jedoch nicht sehr vorteilhaft. Die französische Garnison von Castel
Nuovo in Neapel hatte am 15. Oktober einen Waffenstillstand geschlossen; seine einstigen italienischen Bündnispartner (Mailand,
Venedig) sind der Liga beigetreten und stellen sich für seine Bitten
um Unterstützung (Soldaten und Schiffe) taub. Aber selbst die
endgültige Kapitulation der französischen Garnison in Neapel am
20. Dezember entmutigt den König nicht. Im März 1496 schreibt
er: «Dieses Königreich, das ich selbst erobert habe, liegt mir so
sehr am Herzen, daß ich eher alle von meinem Vater im Königreich Frankreich ererbten Güter verlieren möchte als dieses Königreich Sizilien» (zitiert in: Labande-Mailfert). Er entsendet folglich weiterhin Hilfe, nach Gaeta im Januar 1496, während er im
Juli in Marseille eine Flotte ausheben läßt.

In Italien wird die Antwort vorbereitet. Venedig bewaffnet Söldner, die unter dem Befehl des Markgrafen von Mantua, des «Siegers von Fornovo», stehen. Der Papst indes versichert den König von Frankreich seiner Neutralität und gibt zu verstehen, er wäre bereit, aus der Liga auszutreten, während er gleichzeitig der Liga Hilfe in Form von Truppen und Geld zusichert. In Florenz zeigt man sich erfreut über die guten Worte des Königs für die Vertreter der Republik und den angekündigten Feldzug der französischen Truppen nach Asti.

Savonarola in Prato
(April 1496)

Vom 16. bis 29. April 1496 predigt Savonarola in Prato vor zahlreichen Hörern, darunter den Professoren und Studenten der Universität Pisa, die wegen des Krieges nach Prato geflüchtet waren. Er kündigt eine unmittelbar bevorstehende Kriegsplage an. Seine Beredsamkeit ist dermaßen überzeugend, daß Tag und Nacht lange Prozessionen durch die Stadt ziehen.

Plötzlich wird Savonarola von den Acht nach Florenz zurückgerufen. Eine Verschwörung ist entdeckt worden, in die der Gonfaloniere der Signoria, Filippo Corbizzi, und einige der Acht und der Zehn verwickelt sind. Weniger ein Komplott gegen die innere Sicherheit des Staats, sondern eher Intrigen zur besseren Verteilung der öffentlichen Ämter, die beinahe alle in den Händen der Anhänger Savonarolas liegen. Das genügte, um die Verschwörer, unter ihnen Corbizzi, zu foltern, zu lebenslänglichen Gefängnisstrafen zu verurteilen oder von öffentlichen Ämtern auszuschließen. Damit wird deutlich, daß die Partei der *piagnoni* das Heft fest in der Hand hält.

Am 28. April veröffentlicht Savonarola eine *Expositio psalmi: Qui regis Israel* (Psalmenkommentar), die sehr erfolgreich ist. Darin klagt er über die Verderbtheit seines Jahrhunderts und der Kirche und fleht zu Gott, er möge «sein Gesicht, sein Licht und seine Wahrheit» enthüllen.

Die Predigten über Ruth und Micha

Trotz eines allgemeinen Predigtverbots der Acht, unter dem Vorwand, die Pest wüte noch immer in der Stadt, begibt sich Savonarola am 8. Mai auf die Kanzel. Er habe sich entschlossen, zu predigen, weil er «ohne das nicht leben kann» und weil Christus ihn dazu dränge.

Zuerst beschwört er sein Publikum, den wahren Propheten Glauben zu schenken; er wehrt sich gegen die gegen ihn erhobenen Anschuldigungen, wonach er sechzigtausend Dukaten nach Prato und Pistoia mitgenommen habe, und erklärt, den Eifer seiner Anhänger von neuem entfachen zu wollen. Er vergleicht sich mit dem Propheten Micha, der den entscheidenden Sieg der Israeliten über den assyrischen König herbeiführte. Er fordert Rom offen heraus und erklärt seine eigene Unfehlbarkeit auf der Kanzel, spreche er doch unter dem Diktat des Allerhöchsten. Dieser verlange die Bestrafung der Gotteslästerer, der Spieler, der Sodomiten und «all jener, die ihm und seiner Regierung feindlich gesinnt sind». Man solle sich von den Tränen der Verwandten des Schuldigen nicht erweichen lassen. Gott wolle exemplarische Gerechtigkeit, der die Guten kein Hindernis in den Weg legen sollten, wollen sie sich nicht den göttlichen Zorn zuziehen. Seine Freunde im Großen Rat hörten auf diese Ermahnungen und lehnten am gleichen Tag die Berufung der wegen der kürzlich aufgedeckten Verschwörung Verurteilten ab.

Einmal mehr betont Savonarola am 12. Mai, er habe sich dem Heiligen Vater und seinen Oberen unterworfen, fühle sich aber bedroht. Er vergißt auch nicht, seinen teuren Kindern zu befehlen, auch weiterhin die Spieler zu verfolgen und ihnen ihre Karten, ohne sie jedoch tätlich anzugreifen, zu entreißen. Am 15. Mai legt er sich mit den Philosophen an, deren Ohnmacht vor den Geheimnissen des Glaubens er ins Lächerliche zieht. Er tadelt das langsame Vorgehen der Signoria in der Repression der Bösen; eine Schwäche, die dem Willen Christi, ihrem König, zuwiderläuft, was ihnen dieser auch anrechnen wird.

Am 18. beginnt er mit der Geschichte der Ruth; das bietet ihm Gelegenheit, über die republikanische Regierung nachzudenken und darzustellen, wie er zu deren Errichtung beigetragen hat. Er erwähnt den gegenwärtigen Zerfall der Kirche, die nur durch eine Rückkehr zur Einfachheit und Heiligkeit ihrer Anfänge neu erstehen kann. Am 23. gibt ihm die Begegnung zwischen Ruth und Boas eine Reihe von apokalyptischen Visionen ein, in denen «Schwerter und Messer» vorkommen, worauf er die unwiderstehliche Expansion von Florenz vorhersagt. Einen Triumph, den er am 24. bestätigt. Am 25. kommt er dann wieder auf die *renovatio Ecclesiae* zu sprechen und präzisiert deren Voraussetzungen: sittliche Erneuerung der Kirchenmänner, Erscheinen eines Feuerschwerts, das die Schlechten erschlagen wird. Am 29. geht er zum Propheten Micha über.

Savonarola vergleicht sich mit dem Propheten, der, wie er selbst, eine Plage vorhersagte, die indes diesmal über Italien und insbesondere Rom hereinbrechen werde. Er tadelt die Nachsichtigkeit der Richter den Spielern gegenüber, dann fordert er seine Kindermilizen auf, diese Sünder zu verfolgen, und die Signoria, das schändliche Laster der Sodomie streng zu bestrafen. Er erinnert auch daran, eine Erneuerung der weiblichen Sitten sei unbedingt vonnöten. Dann verurteilt er das Fest des *palio* am Tag des heiligen Johannes und des heiligen Barnabas.

So wird er, sich selbst treu und wie unter Zwang, Predigt für Predigt die Themen seiner Verkündigung einhämmern. Nichts kann ihn davon abbringen, nicht einmal die Fakten selbst. So sagt er unablässig das baldige Kommen des Königs von Frankreich voraus, vergißt aber auch nicht die unmittelbar bevorstehende Plage, die die Bösen strafen wird. Ständig wirft er den Florentinern, insbesondere den Frauen, vor, sich innerlich nicht zu erneuern, aber auch der Signoria, die unbußfertigen Sünder mit allzu großer Nachsicht zu behandeln. Er spricht sogar – was er immer tut, wenn er die Einbildungskraft seiner Zuhörer beflügeln will – von einer Vision, in der ihm Rom als ein Ruinenfeld erschienen ist. Als unverbesserlicher Optimist prophezeit er die Bekehrung der Ungläubigen. Als unerschütterlicher Demokrat lobt er die Tugenden der republikanischen Regierung in höchsten Tönen, geißelt Laster und Verbrechen der Fürsten und zögert nicht, Ratschläge für die Wahl der nächsten Signoria zu erteilen, wobei er empfiehlt, nur Männer zu wählen, die allein um die «Ehre Gottes» besorgt sind, denn ihnen liege die Verteidigung der neuen Republik und die Bestrafung der Laster und Verbrechen gegen Gott und die Natur am Herzen.

Zuweilen spricht er auch über seine eigene Zukunft. Er beteuert, er habe keine persönlichen Ambitionen, suche weder Ehren noch den Kardinalshut (es ging das Gerücht, die Kurie wolle ihn so zu größerer Mäßigung bringen) und der Tod schrecke ihn nicht.

Am 11. September prophezeit er in seiner letzten Predigt des Micha-Zyklus den endgültigen Sieg der Guten, die Bestrafung der Bösen und ermahnt die Reichen, den Armen zurückzuerstatten, was sie ihnen gestohlen hätten. Er schließt mit einer letzten Vorhersage über die göttliche Plage, die unmittelbar bevorstehe.

Florenz und die Liga

Während Savonarola seine Predigten über Ruth und Micha hielt, hatte sich der nationale politische Kontext beträchtlich gewandelt. Die Gefahr kam nicht aus Rom; das pragmatische Abwarten des Papstes erklärt, weshalb von dieser Seite her, trotz einiger kriegerischer Äußerungen, für Savonarola anscheinend Ruhe herrscht. Am 26. März informiert der florentinische Gesandte in Rom die Signoria, Papst Alexander VI. wünsche die Bestrafung Fra Girolamos; eine Drohung, die freilich ohne Folgen bleibt. Mehr noch, Ende Mai geht in Florenz das Gerücht, der Papst habe einen seiner Söhne, möglicherweise Cesare Borgia, entsandt, um Savonarola die höchsten Würden anzubieten, sollte es ihm gelingen, Karl VIII. von seinen Ansprüchen auf Italien abzubringen. Um den 15. August dann eine nochmalige Annäherung des Papstes, der den Prokurator des Dominikanerordens nach Florenz entsendet, um Savonarola den Kardinalshut anzubieten, vorausgesetzt, dieser verzichte inskünftig darauf, sich als Prophet auszugeben. Auf dieses Angebot antwortet Fra Girolamo sogleich von der Kanzel herab, der Hut, der ihn erwarte, sei der «rote Hut», rot vom Blut der Märtyrer des Glaubens. Ob sich dies alles so zugetragen hat, ist zu bezweifeln; vielleicht ist es lediglich eine weitere Legende der Propaganda der *piagnoni*. Die päpstliche Langmut ist nämlich vor allem darauf zurückzuführen, daß sich hartnäckig Gerüchte über einen erneuten französischen Feldzug nach Italien halten.

Diese in ganz Italien verbreiteten Gerüchte erklären auch die Kehrtwendung des Herrschers von Mailand. Savonarola hatte es sich nicht nehmen lassen, ihn unterschwellig anzugreifen, worüber sich Ludovico Sforza auch beklagt hatte. Daher der Briefwechsel zwischen beiden: Savonarola bekräftigt, er habe ihn nie namentlich verdächtigt; Ludovico versichert ihn seines Wohlwollens und verspricht ihm, ein christliches Leben zu führen; Savonarola erwidert, er bleibe ihm verbunden und sei um sein Heil besorgt (Briefe vom 11., 20. und 25. April 1496).

Aber hinter den höflichen Floskeln verbirgt sich Ludovico Sforzas Doppelspiel: Nichts tun, was den König von Frankreich vor den Kopf stoßen könnte; zur gleichen Zeit aber Maximilian von Österreich, der eine seiner Nichten geheiratet hatte, um eine bewaffnete Intervention bitten; Rücksicht auf Florenz nehmen und sich im Krieg gegen Pisa, das er insgeheim seit Jahren begehrt, für neutral erklären; sich dem König von Frankreich und seinen Gesandten gegenüber freundlich zeigen; gute Beziehungen zu den florentinischen Anhängern eines Bündnisses mit Mailand unterhalten, darunter Piero Capponi. – Gerissene Politik eines durchtriebenen Meisters im Ränkeschmieden, der auf seine Stunde wartet, um mit offenem Visier zu kämpfen. Ende August glaubte er, es sei soweit.

Am 23. August läßt Ludovico Sforza vor seinem Rat und den Botschaftern von Florenz und Ferrara zwei angeblich von seinen Agenten abgefangene Briefe Savonarolas verlesen, einer an den König von Frankreich, der andere an einen geheimnisvollen Sire Niccolò adressiert. Im ersten Schreiben fordert Savonarola den König auf, diejenigen nicht zu enttäuschen, die auf seine Rückkehr nach Italien hoffen. Im zweiten, möglicherweise an Niccolò Alamanni gerichtet, einen Florentiner am Hof des Königs und dessen Agent für die italienischen Angelegenheiten, ermahnt Savonarola den Empfänger, den König zu baldigem Handeln zu drängen. Aber diese beiden Briefe, über die sich Ludovico so erbost zeigt, sind wahrscheinlich Fälschungen, von Savonarolas Feinden in Umlauf gebracht, um ihn in den Augen der Mailänder zu kompromittieren. Das jedenfalls behauptet Savonarola am 4. September auf der Kanzel und leugnet, dem König geschrieben zu haben. Das wiederum bewirkt einen Zwischenfall mit dem Erzbischof von Aix, der sich auf der Durchreise in Florenz befindet und Savonarola einen Lügner und Heuchler nennt.

In dieser obskuren Angelegenheit macht Savonarola keine sehr gute Figur. Falls er diese Briefe tatsächlich angeregt hat – was er am 4. September auf der Kanzel zuzugeben scheint, gratuliert er doch dem Autor –, weshalb übernimmt er dann nicht die Verantwortung dafür? Weshalb diese «gewundenen und vergeblichen» (Cordero) Erklärungen? Will er so die drohende militärische Intervention Maximilians von Österreich abwenden und im Hinblick auf den kommenden französischen Feldzug Zeit gewinnen?

Maximilian von Österreich ist für Ludovico Sforzas Vorschlag, der ihn bereits im April um eine Intervention in Italien bittet, durchaus offen. Als König von Rom seit 1486 und Kaiser seit 1493 ist Maximilian gemäß dem damaligen internationalen Recht durchaus berechtigt, sich aktiv in die italienische Politik einzumischen (er selbst hat im übrigen Ludovico Sforza den Titel eines Herzogs von Mailand verliehen). So entsandte er denn Ende August zwei Gesandte nach Florenz, um dagegen zu protestieren, daß die Stadt den Lilien des Königs von Frankreich die Treue hielt, und um zu verlangen, daß der Krieg gegen Pisa, eine kaisertreue Stadt, zu beenden sei; vage versprach er, Pisa wieder Florenz zu unterstellen, sollten die Ansprüche der Stadt berechtigt sein. Die Signoria, in Verlegenheit geraten, zieht sich mit Treuebeteuerungen aus der Affäre und ernennt am 7. September zwei Gesandte, die dem Kaiser ihre Gründe darlegen sollen. Aber noch bevor sich die Gelegenheit dazu bietet, hat der Kaiser entschieden. Nach dem Abkommen vom April mit Ludovico, Venedig und Rom, hebt er ein kleines Heer aus (dreihundert Reiter, tausendfünfhundert Soldaten). In Genua angekommen, segelt er am 8. Oktober auf Sforzas Flotte Pisa entgegen. Am 19. Oktober belagert er Livorno.

In Florenz ist man auf das Schlimmste gefaßt. Das königliche Heer hat nicht eingegriffen, die Nachrichten aus Neapel sind schlecht: Die französische Garnison hatte im Februar kapituliert; die von Florenz finanzierte, im Januar gelandete französische Verstärkung konnte, trotz anfänglicher Erfolge, nicht verhindern, daß Vizekönig Montpensier im Juli kapitulieren mußte. Mit dieser Kapitulation ist der König von Neapel wieder Herr über sein ganzes Reich, Gaeta, Venosa und Tarent ausgenommen. Schlimmer noch, Montpensiers Heer ging in Baia an Pest und Erschöpfung zugrunde, und auch der Krieg von Pisa zieht sich erfolglos in die Länge. Die Pisaner erkühnen sich sogar, in florentinisches Territorium vorzustoßen, wo sie Festungen und Marktflecken einnehmen, «so daß die Florentiner bald alles, was sie erobert hatten, wieder verloren» (Villari).

Aus Pisa, wo dem Kaiser ein triumphaler Empfang bereitet wurde, trifft am 24. Oktober das an Florenz gerichtete Ultimatum ein, worin die Stadt aufgefordert wird, der Liga beizutreten, und den Zuwiderhandelnden schwere Strafen angedroht werden. Die Signoria schätzt die Lage als dermaßen gefährlich ein, daß sie Ende Oktober zwei Gesandte zum Kaiser schickt, um die Möglichkeit eines Kompromisses zu sondieren.

Wiederaufnahme der Predigttätigkeit
(28. Oktober 1496)

Savonarolas Parteigänger, zu ihnen gehören auch einige große Namen der florentinischen Oligarchie (Piero Guicciardini, Giovan Battista Ridolfi), verlieren den Mut nicht. Ende Oktober bitten sie Savonarola, wieder zu predigen. So ergreift denn Fra Girolamo am 28. Oktober erneut das Wort und predigt über den 46. Psalm (Vulgata: 45. Psalm) («Gott ist unsere Zuversicht und unsere Stärke ...»). Er kündigt die Ankunft der Plage an, aber im Vertrauen auf Gottes Hilfe sagt er den Sieg der Guten und der Erwählten voraus, Bedingung sei allerdings die Weiterführung der sittlichen Erneuerung. Die Guten mögen auch weiterhin ihr Vertrauen in Gott und seinen Florentiner Propheten setzen, ohne ihm ihre Unterstützung zu entziehen. Andernfalls müßten sie sich auf ein Blutbad gefaßt machen.

Der Zufall wollte es, daß zwei Tage später aus Livorno, das von der kaiserlichen Flotte belagert wurde, die Nachricht eintraf, eine mit Getreide und Soldaten beladene Flotte aus Marseille sei dort gelandet. Am 13. November zwang dann ein Ausfall der Belagerten das kaiserliche Heer, die Belagerung abzubrechen und nach Deutschland zurückzukehren.

Savonarola hatte diesen glücklichen Ausgang am 1. November vorausgesagt; er sprach von einer Vision, in der Jesus und die Jungfrau Maria ihm den Sieg der Guten geweissagt hatten, und von einer anderen Vision, worin ihm eine «aus Edelsteinen gebaute Stadt» erschienen war, deren Ruinen zum Bau einer anderen, weniger schönen Stadt dienten, die dann unter dem Ansturm der Gläubigen einstürzt, aber schließlich aufersteht und zu ihrem alten Glanz zurückfindet. Es ist dies eine kaum verhüllte Allegorie auf die *renovatio Ecclesiae*. Savonarola freut sich über die Konstellation, in der er die Bestätigung seiner Prophezeiungen findet. Aber nichts ist endgültig gewonnen. Das Gebet, eine unerbittliche Justiz, die Bescheidenheit der weiblichen Kleidung – das muß das Volk von seinen Regierenden fordern. Und er schließt mit einer dritten Vision: Eine Schlange verschlingt drei Gestalten, unter ihnen die Kirche, die zusammen mit der Schlange von jenem getötet werden, «der da kommen wird».

Am 2. November befaßt sich die Predigt mit der Kunst des guten Sterbens. Der Gedanke an den Tod ist stets präsent, aber das «Wissen vom Tod» kann, vom Glauben erhellt, vor der Verdammnis retten. Es kann die Mächtigen lehren, unrecht erworbene Ehren zu fliehen, die Frauen, sich der überflüssigen Dinge zu entledigen, die Kinder, sich vor den Sünden des Fleisches zu schützen, und die Kleriker, immer tugendhaft zu leben. Man möge sich vor den Versuchungen des Bösen hüten, der uns Prunk und weltliche Genüsse vorgaukelt, zuweilen sogar unter Mitwirkung unserer Nächsten. Man möge nicht die «Todesstunde» abwarten, um zu beichten und zu bereuen. Diese Predigt, sogleich ein Bestseller (fünf Ausgaben, darunter eine mit Botticellis Stichen illustriert), bewirkte, daß Ludovico Sforza seine Haltung änderte. Am 7. November versichert er Savonarola seiner Wertschätzung und herzlichen Zuneigung, bittet ihn aber «freundschaftlich», die Florentiner für den Abfall vom König und den Eintritt in die Liga zu gewinnen. Savonarola antwortet so geschickt, daß Mailands Botschafter seinem Auftraggeber schreibt, Fra Girolamo habe sich von seinen Argumenten überzeugen lassen.

Ein Manöver der Kurie

Rom versucht mit allen Mitteln, Savonarolas Einfluß auf die toskanische Kongregation einzudämmen. Am 8. November werden die fünf Konvente der lombardischen Kongregation durch einen päpstlichen Erlaß *(motu proprio)* voneinander getrennt und an elf Konvente der römisch-toskanischen Kongregation angeschloßen, darunter die Klöster von S. Marco und Fiesole, um eine neue römisch-toskanische Provinz zu bilden, deren Vikar nach Absprache mit dem Ordensgeneral der Dominikaner durch Kardinalprotektor Carafa ernannt wird. So verlöre Savonarola seine Unabhängigkeit und Autorität innerhalb einer Kongregation, deren Prioren ihm mehrheitlich feindlich gesinnt sind. Die Durchführung dieser Reform wird dem Ordensprokurator Francesco Mei (mit Ordensnamen Fra Francesco da Firenze) übertragen, der das in der lombardischen Kongregation verbliebene Kloster S. Gimignano leitet. Mei ernennt am 18. November Fra Jacopo da Sicilia, einen einfachen Ordensmann, zum Vikar; dessen Ernennung wird am 12. Dezember bestätigt, wodurch er die Vollmacht über die neue römischtoskanische Kongregation erhält. Savonarolas Stellung wird damit eingeschränkt, er ist nun lediglich Vikar von S. Marco und der von ihm einst gegründeten Restkongregation und untersteht dem Generalvikar der neuen Kongregation.

Darauf reagiert er unverzüglich. In einer *Apologie der Brüder der Kongregation S. Marco in Florenz,* die als Manuskript zirkuliert und im Herbst 1497 publiziert wird, widerlegt er die Argumente der Urheber dieser Reform, die er als «unvernünftig und unnütz sowie für den Orden schädlich und zerstörerisch» qualifiziert. Er bringt seine eigenen Argumente vor, behauptet, die Mitbrüder von S. Marco seien besser als die anderen, ein Zusammenleben mit den anderen Konventen unmöglich und die Unterordnung des Vikars von S. Marco werde zahlreiche Unannehmlichkeiten mit sich bringen. Schließlich weigert er sich, einem Befehl zu gehorchen, der seiner Meinung nach dem Evangelium, der Regel und den Konstitutionen des Ordens, der Wahrheit und der Nächstenliebe zuwiderläuft.

Erstaunlicherweise ruft diese Gehorsamsverweigerung keine unmittelbare Reaktion hervor. Möglicherweise liegt das daran, daß Kardinal Carafa, der Savonarola durchaus wohlgesinnt ist – er hatte die Bildung der Kongregation von S. Marco betrieben –, die Bildung der neuen Kongregation eigens deshalb gefördert hat, um die Verbreitung von Savonarolas Vorstellungen innerhalb einer größeren Kongregation möglich zu machen. Aufgrund des Schweigens des Heiligen Stuhls kann Savonarola folglich annehmen, er sei als Sieger aus dieser Auseinandersetzung hervorgegangen. Die Dinge blieben unverändert, und der ernannte Generalvikar war wieder einfacher Frater in seinem Konvent von Fiesole.

Es war jedoch der internationale Kontext, der Savonarola vor einer heftigen Reaktion des Heiligen Stuhls rettete. Ein Sturm hatte nämlich am 15. November die vor Livorno liegende kaiserliche Flotte gezwungen, den Anker zu heben, und den Kaiser zur Heimkehr nach Deutschland veranlaßt; damit war zugleich die Hoffnung, Florenz aus dem französischen Bündnis zu lösen, illusorisch geworden. Savonarola blieb also Herr der politischen Entscheidungen in Florenz und der geistliche Führer der Stadt.

Die Predigten über Ezechiel
(ab 30. November 1496)

Kaum hatte Savonarola seine Predigten über Micha beendet, begann er am 30. November 1496 einen neuen, Ezechiel gewidmeten Predigtzyklus. Er betont die Ähnlichkeiten zwischen Ezechiel und sich selbst, bezeichnet sich von neuem als wahrer, direkt von Gott inspirierter Prophet, dem Florenz zum eigenen Wohl gehorchen muß: Er verkündet einmal mehr das Ende aller Mühsal (Pest, Hungersnot, Krieg), den Beginn einer Zeit der Gerechtigkeit sowie eine den Sodomiten, den Spielern und den Gotteslästerern gegenüber unerbittliche Justiz.

Am 4. Dezember wendet er sich vor allem an «seine» Kinder, die von Gott erwählt seien und von denen er größte Wachsamkeit gegenüber Spielern sowie unreinen und eitlen Frauen erwarte. Den frommen Frauen empfiehlt er, sie sollten, ohne die Zwangsregelungen der Signoria abzuwarten, ebenso keusche Kleider wie die Jungfrau Maria tragen. Er weissagt die Ankunft von neuen Eroberern, die Krieg, Pest und Hungersnot mit sich bringen – die seines Erachtens für die definitive Errettung unerläßlichen Vorboten.

Die gleichen Themen, mit Variationen, tauchen in den Predigten vom 6. und 8. Dezember auf; letztere enthält zusätzlich einen Angriff auf die Prälaten, die die Güter der Kirche verschleudern, sowie den Vorschlag zur Bildung einer Spezialeinheit der Polizei, nämlich zwei- bis dreihundert Mann zur Jagd nach Schuldigen; ein für seine Feinde beunruhigender Vorschlag, die ihm denn auch vorwerfen, er wolle einen eigentlichen Staatsterror etablieren. Savonarola aber, für jegliche Kritik unzugänglich, kommt am 18. Dezember auf die Frage der polizeilichen Repression zurück und erklärt, er könne die Aufregung nicht verstehen, denn wahre Gerechtigkeit müsse unerbittlich sein. Am 28. Dezember schließlich ermahnt er die Gläubigen, nur an das ewige Heil zu denken und die Lauen wie auch die verderbten Priester, Mönche und Nonnen dem göttlichen Zorn zu überlassen.

Mit dem Jahr 1496 hatte Savonarola «den Zenit seiner Laufbahn» (Ridolfi) erreicht. Er zweifelte nicht mehr am endgültigen Sieg seines Vorhabens; er war überzeugt, daß sich seine Weissagungen in der nationalen Konstellation bestätigten und daß ihn Gott in seinem Werk unterstützte, daß Florenz schließlich über seine inneren und äußeren Feinde triumphieren und die durch Piero de' Medicis Schwäche verlorenen Territorien zurückgewinnen werde.

Kapitel III
«Die Verbrennung der Eitelkeiten»

Nichts bringt Savonarolas Aufstieg deutlicher zum Ausdruck als die Zusammensetzung der im Januar 1497 gewählten Signoria. Ausschließlich aus *piagnoni* bestehend, wird sie von Francesco Valori geleitet. Der einstige Berater von Lorenzo und dann Piero de' Medici hatte sich im November 1494 unter Savonarolas Einfluß in einen erklärten Gegner Pieros verwandelt und zu dessen Vertreibung aus Florenz beigetragen. «Er besaß alle Qualitäten einer Führungspersönlichkeit: Hitzig und kühn, unüberlegt und großmütig, exzessiv in all seinen Parteinahmen, bewegte er sich wie der Fisch im Wasser inmitten aller Tumulte» (Villari). Guicciardini hatte es nicht anders gesagt: «In seinen Ansichten so entflammt und heftig, daß er sie rückhaltlos durchzusetzen suchte und alle, die sich im widersetzten, überrannte und mißhandelte.» Obwohl aufrichtig, «war er der größte Aufwiegler unter den *piagnoni*» (Ridolfi). Dieser Mann wurde nun zum Bannerträger der Gerechtigkeit ernannt, er hatte also den Vorsitz in der Signoria inne sowie Polizei und Heer zu führen. Savonarola mochte ihn übrigens überhaupt nicht.

Eine der ersten Maßnahmen Valoris bestand darin, über die Herabsetzung der Altersgrenze für den Großen Rat von dreißig auf vierundzwanzig Jahre abstimmen zu lassen, was aber keineswegs zu dem von ihm gewünschten Resultat führte: Es waren nämlich vor allem die *arrabiati* (Savonarolas Gegner), die neu hinzukamen.

Ein anderes Gesetz indes erfüllte seinen Zweck; es erklärte jeden Bürger und dessen nächste Angehörige, Vater, Brüder, zu Aufständischen, falls sie weiterhin Beziehungen zu Piero de' Medici und seinen Brüdern unterhielten. Valori versuchte auch, eine Reform des Steuergesetzes durchzubringen, um die Einkommen der Reichen stärker zu belasten, aber der Widerstand war stark genug, um die Reform zu Fall zu bringen. Valori revanchierte sich dann auf dem Gebiet der Repression: Jagd auf Verschwörer (in Wahrheit eine regelrechte Hexenjagd, die jeden politischen Gegner bedrohte), Verordnungen über Luxus und Schicklichkeit der weiblichen Bekleidung, Erziehung und Begleitung der Kinder – lauter Maßnahmen, die trotz Savonarolas dringlichen Appellen von den früheren Signorien vertagt worden waren.

Diese repressive Politik erstreckt sich auch auf die Religion. Weil sie es wagten, Savonarola zu kritisieren, werden vier Franziskaner-Observanten zu Rebellen erklärt und ausgewiesen. Weil er ein kleines Gedicht in Umlauf setzte, worin das «undankbare» Volk von Florenz beklagt wird, das einem Führer folgt, der «voller Heuchelei» ist und es betrügt, wird ein obskurer Dichter für fünf Jahre von jedem öffentlichen Amt ausgeschlossen. Einer seiner Freunde, der es gewagt hatte, das Gedicht zu verbreiten, wird an den Pranger gestellt und zu zwei Monaten Gefängnis verurteilt. Ein anderer Dichter, der zu den *compagnacci,* den erbittertsten Feinden Savonarolas, zählt, wird zum Exil verurteilt wegen eines Sonetts, worin er die Magistraten anprangert, die es «vier Ehrgeizlingen» in Florenz erlauben, der «Götzendienerei» zu verfallen.

Der Höhepunkt dieser Zeit der absoluten Macht ist der Aschermittwoch, 7. Februar 1497. Seit dem 28. Dezember 1496 hat Savonarola nicht mehr gepredigt und seither vertritt ihn Fra Domenico da Pescia, einer seiner glühendsten Anhänger, auf der Domkanzel.

In seiner Zelle in S. Marco arbeitet Savonarola unablässig an seinem Werk *Triumph des Kreuzes* sowie an weiteren, kleineren Schriften. Gleichwohl findet er Zeit, sich mit weltlichen Dingen zu befassen, und in Absprache mit Fra Domenico organisiert er eine Massenkundgebung, deren Ziel es ist, seine Anhänger zu beeindrucken und seine Feinde zu verängstigen.

Den Auftakt dazu gab eine Predigt Fra Domenicos. Darin verurteilte er Bücher, Zeichnungen und Gemälde – die schamlosen und überflüssigen Gegenstände, von Savonarola Eitelkeiten oder Anathemata genannt – als gottlos und des Bannfluches würdig; dann forderte er die Kinder von Savonarolas Brigaden auf, auszuschwärmen und unter der Führung ihrer Leiter überall «milde und demütig» nach derartigen Gegenständen zu suchen.

Der Operation war ein unbestreitbarer Erfolg beschieden. Aus Überzeugung oder aus Angst gaben die Florentiner, inbesondere aber die eitlen Florentinerinnen, die Savonarolas Predigten nicht durchweg bekehrt hatten, alles ab, was man von ihnen verlangte. So wurden «spontan» Hunderte von «lasziven» Gemälden, Spielkarten, Musikinstrumenten, «unanständigen» Büchern (darunter jene von Dante, Boccaccio und Petrarca, aber auch *Morgante* von L. Pulci), Toilettengegenständen (Perücken, Schleier, Schminke, Spiegel, Parfüms), Puppen und weiteren Zeugen «eitler Vergänglichkeit» Savonarolas und Domenicos Kinderbrigaden übergeben.

Am 7. Februar 1497 feiert Savonarola vor einer gewaltigen Menge am Morgen ein feierliches Hochamt im Dom. Er spendet die Kommunion und ruft die Gläubigen auf, an der nachmittäglichen Prozession und an der Zeremonie der «Verbrennung der Eitelkeiten» teilzunehmen.

Zur abgemachten Stunde nimmt die Prozession bei S. Marco ihren Anfang. An der Spitze wird ein von Donatello geschaffenes *Jesuskind,* von vier Engeln gestützt, vorangetragen. An der Prozession nehmen Tausende teil, einige sind weiß gekleidet, die meisten halten kleine rote Kreuze in den Händen und alle singen Lobgesänge und Lauden. In der Menge der Zuschauer werden mit Silberplatten die für die Bruderschaft der Guten Männer von S. Martino bestimmten Gaben gesammelt; diese sollen dann unter die Armen verteilt werden. Nachdem die Prozession das Stadtzentrum durchquert hat, gelangt sie auf den Platz vor dem Palast der Signoria.

Hier ist ein gewaltiger, achteckiger Scheiterhaufen mit sieben Stufen errichtet worden, dreißig Ellen (rund 15 Meter[35]) hoch und an der Basis hundertzwanzig Ellen breit (rund 60 Meter). Die «Eitelkeiten» werden hineingeworfen; die Gegenstände sind so zahlreich und wertvoll, daß ein venezianischer Kaufmann sie für zwanzigtausend Dukaten erwerben wollte; sein Angebot wurde jedoch als Gotteslästerung empfunden, und ein Bild des guten Mannes wurde zusammen mit einem Karnevalsmonster an der Spitze der Pyramide angebracht.

Der Scheiterhaufen wurde an allen Ecken entzündet. Die «geliebten Engel», am Eingang des Palastes gruppiert, stimmten Hymnen an und stießen Verfluchungen gegen den heidnischen Karneval aus (die Verbrennung findet am Aschermittwoch statt, der das Ende des Karnevals ankündigt und dessen Gegenstück ist). Die Trompeter und Pfeifer der Signoria, die Glocken des Palasts und das Geschrei der Menge gaben den Hintergrund für diese Verbrennung ab.

Eine derartige Verbrennung der Eitekeiten ist für Italien nichts Neues. Bereits ein halbes Jahrhundert zuvor hatte Bernardin von Siena in Bologna, Siena, Perugia, Rom und ... Florenz derartige, wenn auch bescheidenere Feuer entzünden lassen. Wie Savonarola in seinen Predigten im Februar 1497 in Erinnerung ruft, hatte auch Paulus in Ephesus solches getan, als er Zauberbücher verbrennen ließ. Sechs Jahrhunderte später hatte dann Gregor der Große die Werke des Titus Livius verbrennen lassen. Die Verbrennung vom 7. Februar 1497 in Florenz überstieg jedoch alles bisher Dagewesene an Bedeutung und Symbolgehalt.

In diesem Zusammenhang ist eine Frage nicht zu umgehen, die im Zentrum von Savonarolas Religion steht: Wo beginnt der Fanatismus? Wo endet der Glaubenseifer, der Durst nach Reinheit, das Streben nach der heiligen Einfalt *(sancta simplicitas)* der Kirche der Anfänge?

Der Scheiterhaufen der Eitelkeiten wirft ein düsteres Licht auf diese grundsätzliche Fragestellung. Er ist denn auch der extreme, aber logische Ausdruck der von Savonarola gewollten neuen Religion. Die *renovatio Ecclesiae* bedingt die Zerstörung all dessen, was ihr entgegensteht. Die Körperstrafen für Spieler und Gotteslästerer, der für die Sodomiten geforderte Scheiterhaufen, sie haben diesen «kulturellen» Scheiterhaufen zum Gegenstück. «Es ist vergeblich, behaupten zu wollen – wie dies moderne Verteidiger Savonarolas in falsch verstandener Verehrung zuweilen versuchten –, in diesem außerordentlichen Scheiterhaufen sei nichts von Bedeutung zerstört worden. Es sind nämlich gerade die entschiedenen Anhänger Savonarolas, die bezeugen, wie wertvoll die verbrannten Werke und Gegenstände waren: Die Zeremonie war ein Sühneopfer. Folglich mußten alle Versuchungen profaner Schönheit und Weltlichkeit angemessen vertreten sein, die Werke der Maler wie der Dichter, das schönste Mobiliar der Spieler, der Ästheten und der Kurtisanen. Die Flammen konnten Florenz nur reinigen, wenn sie die spektakulärsten Zeugen der Sünde vernichteten. Die erwünschte Selbstbestrafung konnte nur gelingen, wenn sie das ruinierte, was lange als besonders wertvoll, vollendet und dem Auge wohlgefällig gegolten hatte» (Chastel, Le Bûcher des vanités).

Gewisse Verteidiger Savonarolas, darunter die meisten seiner Biographen (Villari, Schnitzer, Ridolfi, Cordero) haben behauptet, es sei kein wertvolles Kunstwerk zerstört worden. «Was Botticelli betrifft, so bleibt die Frage offen; kein Zweifel besteht hingegen, daß Lorenzo di Credi, ein früherer Gefährte Leonardo da Vincis, oder der junge Baccio della Porta ihre Aktstudien, bescheidene Stilübungen, die ihnen plötzlich widerwärtig erschienen, zerstörten» (Chastel). Lorenzo und Baccio aber sind beides Anhänger von Savonarola. Es handelt sich folglich in ihrem Fall um ein gewolltes Opfer, von frommem Eifer getragen und nicht durch irgendwelche Einschüchterungen zustande gekommen. Das trägt nur noch zu jenem Gefühl des Unbehagens und der Ablehnung bei, die ein liberaler Geist, geschweige denn ein Agnostiker oder ein Atheist, angesichts dieses Scheiterhaufens der Eitelkeiten empfindet. «Dieser verletzt die Vorstellungskraft, erstaunt, erschreckt; er gräbt sich für immer in das Gedächtnis ein, verdrängt aus einem Gefühl der Angst heraus für einen Augenblick Gottlosigkeit und Ausschweifung; der Sieg aber verblaßt angesichts des fanatischen Triebs, von dem er getragen ist – diese Kundgebung trägt in sich etwas, was es uns, auch Jahrhunderte später, verunmöglicht, sie zu billigen» (Chastel).

Der Scheiterhaufen der Eitelkeiten ist die logische Vollendung einer geistigen Einstellung, die unablässig die heidnische Kultur als Ganzes wie auch die Schwächen des Körpers verurteilt hatte und die, indem sie der Menschheit ihre angeblich ursprüngliche Reinheit zurückgeben wollte, sie ihrer konkreten Sinnlichkeit beraubte. Es kommt nicht von ungefähr, daß Savonarola in seinem *Apologeticus* gefordert hatte, «die christlichen Fürsten sollen ein Gesetz erlassen, wonach aus den Städten nicht bloß die falschen Dichter, sondern auch ihre und der Alten Bücher verjagt werden, reden sie doch über unmoralische Dinge und loben die falschen Götter».

In dieser Atmosphäre des Zwangs und des Terrors sah man im Frühjahr 1497 einige Bürger aus der Stadt flüchten, von Schrecken erfaßt, wenn sie in der nächsten Straße die Kinderbrigaden von Fra Domenico erblickten. Es wurde nicht mehr getanzt. Zahlreiche Tavernen wurden geschlossen. Jungvermählte schworen, am Tag ihrer Hochzeit, in «ewiger Keuschheit» zu leben.

Am 8. Februar kehrt Savonarola für einen neuen Predigtzyklus auf die Domkanzel zurück. Thema ist diesmal die Erzählung von David und Goliath. Er rühmt den Kampf, den er, ein neuer David, im Namen Christi und mit seiner und der Jungfrau Maria Hilfe gegen den neuen Goliath führt. Er fordert die Gläubigen auf, bei sich zu Hause mit der Verbrennung der «Eitelkeiten» fortzufahren. Er befiehlt den Kindern, die «Anathemata» aufzustöbern, und verflucht diejenigen, die sich ihrer nicht entledigen wollen. Er verlangt den Erlaß eines Gesetzes, das schamlose Gemälde und Skulpturen verbietet. Er prangert den zur Schau gestellten Reichtum an und verheißt den Reichen den Zorn Gottes. Tags darauf, dem 9. Februar, fährt er mit seinem Kreuzzug gegen die Eitelkeiten, von einigen noch immer versteckt gehalten, fort; dabei zählt er selbst die Werke des Titus Livius zu den zu verbrennenden Büchern.

Am 10. Februar wendet er sich dagegen, die retuschierten «Anathemata-Gemälde» wieder in frommen Gebrauch zu nehmen, seien diese doch dem Feuer zu überantworten. Am 11. rechtfertigt er seine Verurteilung von profaner Dichtkunst und Musik. Am 13. vergleicht er sich erneut mit Ezechiel. Wie dieser muß er keine Wunder vollbringen, denn er ist Gottes Gesandter und durch ihn spricht der Heilige Geist. Er verurteilt die Prälaten der Kurie, die voll von «Schurken und Bösewichten» ist, ganz offen zu jeder Schandtat bereit. Am 15. Februar kommt er auf seinen prophetischen Auftrag, dessen Freuden und Leiden wie auch dessen Gefahren zurück. Am 17. kündigt Savonarola wieder einmal die Unmittelbarkeit der über Rom und Italien hereinbrechenden Plage an. Am nächsten Tag wiederholt er sich und verheißt Rom und Italien die Strafe Gottes, der Pest und Krieg aussenden werde: Florenz, von Gott beschützt, werde verschont bleiben, falls die Stadt in Buße und guten Vorsätzen verharre. Er verteidigt sich dann am 19. gegen das Gerücht, er habe das Schicksal der Stadt mit dem baldigen Kommen des Königs von Frankreich verknüpft; er sagt Umwälzungen für ganz Italien voraus und wiederholt, Florenz werde verschont, falls es die inneren Feinde streng bestrafe. Er repetiert und verstärkt seine Angriffe auf den Papst, den namentlich zu nennen er sich jedoch wohlweislich hütet, und Rom, wo die Simonie die Herrschaft übernommen hat. Am 20. Februar geisselt er die Laien, Gefangene der Ehre und der Genüsse, aber auch die gesamte kirchliche Hierarchie, die alle von der bevorstehenden Plage heimgesucht werden. Die Drohungen werden am nächsten Tag wiederholt, verbunden mit der Verheißung göttlicher Nachsicht für Florenz, das solange von Gott geschützt werde, als er dort residiere. Am 22. Februar, die Nachrichten von außen sind schlecht, ist es doch inzwischen beinahe sicher, daß der König von Frankreich nicht nach Italien zurückkehren wird, behauptet er, nie habe er sein Vertrauen auf Karl VIII., sondern immer nur auf Christus gesetzt, das endgültige Heil der Stadt Florenz aber liege in den Händen der Florentiner selbst und in ihrer Treue zu Christus. Schließlich fordert er die Regierenden auf, Übeltäter und Oppositionelle mit strenger Justiz zu verfolgen. Diese Themen tauchen auch am 23. mit demselben unerschütterlichen Vertrauen in den eigenen Auftrag und in den endgültigen Sieg der *renovatio Ecclesiae* wieder auf. Die Nachrichten von außen sind weiterhin schlecht. Am 24. Februar unterzeichnet der König einen Waffenstillstand mit den Katholischen Königen. Davon läßt sich Savonarola indes nicht entmutigen. Er glaubt weiterhin fest an seinen Auftrag und bittet, man möge ihm Vertrauen schenken.

So wird es auch in den nächsten Tage weitergehen, unablässig werden die gleichen, schon unzählige Male wiederholten Themen bis zum Überdruß eingehämmert. Darunter mischen sich persönliche Anspielungen: Er fürchte den Tod nicht, denn er sei sicher, einst zur Rechten des Vaters zu sitzen; genausowenig fürchte er die – im übrigen ungültige – Exkommunikation; er werde sich nicht nach Rom begeben, denn Florenz bedürfe seiner. Nach seinem Gutdünken greift er auf Visionen zurück, in denen er die Bestätigung des ihm von Gott anvertrauten prophetischen Auftrags findet, so daß er auf die stete Unterstützung von Jesus und Maria zählen könne.

Die Predigten über Ezechiel gingen am 27. März 1497 zu Ende. An den Gottesdiensten nahmen jeweils gegen fünfzehntausend Zuhörer teil, deren Begeisterung nicht zu schwinden schien, obwohl sich die inneren wie die äußeren Umstände eher ungünstig entwickelten.

Nachrichten aus Frankreich

Die Nachrichten aus Frankreich waren alarmierend. Die florentinischen Botschafter in Lyon geben im Verlauf des Februars zu verstehen, auf die Franzosen könne man nicht mehr zählen; diese beklagten sich, sie hätten die von Florenz versprochenen Summen für die Entlohnung der italienischen Condottieri nicht erhalten, die sie im nur zögernd geführten Krieg gegen den Papst einsetzten. Das Klima verschlechtert sich, nachdem am 25. März die Nachricht eintrifft, der König von Frankreich und die Katholischen Könige hätten einen Waffenstillstand abgeschlossen, wonach Karl VIII. darauf verzichte, die ihm treu gebliebenen Städte im Königreich Neapel weiterhin zu unterstützen.

Die französische Kehrtwendung ist wesentlich auf Geldmangel sowie auf militärische Bedrohungen im Südwesten, aus Spanien und Burgund, aber auch von seiten des Kaisers, zurückzuführen; diese Auseinandersetzungen flachten nach einem französischen Erfolg im Roussillon und dem Scheitern des Kaisers vor Livorno eine Zeitlang ab, konnten aber jederzeit wieder aufflammen.

Savonarola nimmt diese Nachrichten eher gleichmütig auf und versucht sie sogar herunterzuspielen. Auf der Kanzel nennt er den König von Frankreich einen «dummen Mann», behauptet, er habe ihm nie wirklich vertraut und im übrigen sei dessen Hilfe für den Sieg der *renovatio Ecclesiae* keinesfalls zwingend. Er tut sogar so, als halte er diesen Waffenstillstand, der inzwischen auf alle Staaten der italienischen Liga ausgedehnt worden ist, für einen faulen Frieden, der nicht von Dauer sein wird – möglicherweise ist er aber auch tatsächlich dieser Meinung.

Nachrichten aus Rom
Verhüllte Drohungen

Die Nachrichten aus Rom sind nicht weniger alarmierend. Im heiligen Kollegium ändert Kardinal Carafa, der Savonarola bisher stets unterstützte, seine Meinung. Die Anfang März 1497 aus Frankreich eintreffenden Nachrichten lassen eine Kehrtwendung des Königs erahnen und ermutigen den Papst, den Florentinern insgeheim eine Rückgabe Pisas an Florenz zu versprechen, unter der Voraussetzung allerdings, daß die Stadt ihr Bündnis mit Frankreich aufkündige. Trotz der von Savonarola öffentlich bekanntgegebenen Weigerung wiederholt der Papst sein Angebot am 14. März. Angesichts der ausweichenden Antworten aus Florenz geht Papst Alexander VI. zu Drohungen über: Falls die Florentiner auf ihrer Weigerung beharrten, würden sie selbst ihr eigenes Verderben herbeiführen, das näher sei, als sie ahnten. Zudem verurteilt er am 15. »den Erfinder von Gleichnissen« aus Florenz, der den Heiligen Stuhl «beschimpft, verunglimpft, bedroht und mit Füßen tritt». In den darauffolgenden Tagen gibt er seiner schlechten Laune nochmals Ausdruck, und Kardinal Carafa interveniert beim florentinischen Botschafter und bedrängt Florenz, dem Heiligen Vater zu gehorchen.

Veränderte politische Konstellation in Florenz
(Februar 1497)

In Florenz selbst ist das politische Umfeld Savonarola keineswegs günstig. Die Mitte Februar 1497 gewählte Signoria steht nicht auf seiner Seite, ihr Gonfaloniere ist sogar ein Getreuer der Medici. Savonarolas Feinde glauben, seinen nahen Ruin vorhersagen zu können. In den Straßen werden Rufe zugunsten der vormals regierenden Familie laut. Die neuen Mitglieder der Signoria zeigen sich den aus Rom oder Mailand kommenden Vorschlägen zugänglich; von Ludovico Sforza werden sie bedrängt, der Liga beizutreten.

Diese Entwicklung läßt Savonarola für sein Leben fürchten, und er läßt sich in den Straßen von einer zahlreicheren und besser bewaffneten Garde begleiten. Einige machen ihn für die sich ständig verschlechternde wirtschaftliche Lage verantwortlich: Die Hungersnot führt zur Verteuerung der Lebensmittel und zum Tod von Hunderten, einige sprechen von Tausenden, armer Leute; die wachsende Arbeitslosigkeit führt zu neuer Armut; die vom Hunger betroffenen Bauern strömen in die Stadt und vergrößern noch den Anteil an Arbeitslosen. Hinzu kommen die Toten, die der Pestepidemie zum Opfer fallen, die seit Monaten in der Stadt wütet und die Spitäler mit Kranken füllt; in dieser heimtückisch in Florenz grassierenden Epidemie, an die sich die Bewohner allmählich gewöhnten, sahen Savonarola und seine Anhänger denn auch eine der Manifestationen des göttlichen Zorns.

Die Gefahr kommt jedoch nicht bloß von innen. Selbst Piero de' Medici tritt wieder auf. An der Spitze einer kleinen Schar (tausendfünfhundert Soldaten, leichte und schwere Kavallerie mit hundertzwanzig respektive dreihundert Reitern) hat er Siena verlassen und steht am 28. April vor den Befestigungen von Florenz. Aber die Signoria hat Vorsichtsmaßnahmen getroffen: Pieros namentlich bekannte Anhänger wurden interniert und die Stadttore geschlossen. Entmutigt, zum Sturm auf Florenz nicht willig oder nicht fähig, gibt Piero auf und kehrt nach Siena zurück.

Die neugewählte Signoria setzt sich vornehmlich aus Gegnern Savonarolas zusammen. Gleiches gilt für das Kollegium der Acht.

Durch die politische Konstellation ermutigt, gehen Savonarolas Gegner zum Angriff über. Am 3. Mai dekretiert die Signoria, unter dem Vorwand der Pestepidemie, ein allgemeines Predigtverbot und läßt die im Dom installierten Sitzreihen abmontieren. Die *arrabiati* werden kühner. Eine Bande von fröhlichen Festbrüdern, hauptsächlich Adlige, die offen gegen Fra Girolamo und Befürworter der vollständigen Sittenfreiheit sind, geben sich einen provokativen Namen: die *compagnacci* (Taugenichtse) und machen sich daran, Savonarolas Interdikte öffentlich der Lächerlichkeit preiszugeben.

Panik im Dom
(4. Mai 1497)

Nun ist also die Zeit der Herausforderung und der Einschüchterung gekommen. Savonarola indes läßt sich nicht beeindrucken. Er weigert sich, das Predigtverbot anzuerkennen, denn, so sagt er, Gott gebiete ihm, zum Volk zu sprechen. Seine Freunde aber sind beunruhigt und mahnen ihn zur Vorsicht.

Die *compagnacci,* von Savonarolas Hartnäckigkeit überzeugt, verstecken sich des Nachts im Dom, erwägen einen Augenblick, die Kanzel in Brand zu setzen oder zu sprengen, schrecken aber schließlich vor einer solchen Freveltat zurück. Sie entschließen sich, den Kadaver eines toten Esels auf die Kanzel zu hieven, besudeln alles mit Exkrementen und bestücken den Kanzelrand mit Nägeln, die Spitze nach oben, da sie Savonarolas Gewohnheit kennen, auf dem Höhepunkt der Predigt mit der Faust auf den Kanzelrand zu schlagen.

Das schändliche Attentat wird entdeckt, die Kanzel gereinigt. Savonarola kann seine Predigt halten, unter dem Schutz seiner bewaffneten Garde. Inmitten der Menge die *compagnacci,* die ihm in ihren schönsten Kleidern und übertrieben parfümiert trotzen.

Dann hält Savonarola eine seiner denkwürdigsten Predigten. Er erklärt, ihm könne die Angst nichts anhaben und der endgültige Sieg sei ihm gewiß. Er kündigt die Rückkehr der Trübsal an, die Böse und Laue heimsuchen werde, und wiederholt, seine reformatorische Aufgabe sei ihm von Gott diktiert; Inhalt dieser Aufgabe sei die *renovatio Ecclesiae,* ihr Ziel das «allgemeine Wohl» und nicht sein eigener Ruhm. Er ermahnt die Guten, nicht in Furcht zu verfallen, welches auch immer Macht und Gestalt ihrer Feinde sei. Er prophezeit das eigene Martyrium und die Vernichtung Roms und ganz Italiens durch die Barbaren. Aber aus diesen Trümmern wird die erneuerte Kirche wieder auferstehen. Den Bösen gilt sein Mitleid und sein Gebet um Vergebung, denn sie wissen nicht, was sie tun. Diese Worte führen zu einem lauten Protest der *compagnacci;* Geschrei und Geklapper der Pultdeckel lösen Panik aus, was sicherlich erwünscht ist, würde sich doch so der Dom leeren und es könnte ungeschoren ein Anschlag auf Savonarolas Leben versucht werden. Die Ruhestörer werden jedoch hinausgeworfen, Savonarola kann seine Predigt beenden und, in Begleitung seiner Getreuen, nach S. Marco zurückkehren.

Diese Szenen lassen kommende Schwierigkeiten erahnen. Vielleicht wurde sogar erwogen, ihn auf der Kanzel zu ermorden. Zwei der Acht sind beobachtet worden, wie sie sich während der Predigt der Kanzel näherten. War es, um ihn zu schützen? Der Zwischenfall ist symptomatisch für das verschlechterte emotionale Klima jener Monate. In kurzer Zeit ist die begeisterte Zustimmung aufkommender Opposition, dann offener Erbitterung seiner Gegner gewichen. Die Spirale der Gewalt hat sich zu drehen begonnen.

Savonarola ist sich dieser veränderten Atmosphäre sehr wohl bewußt. Am 8. Mai veröffentlicht er ein *Schreiben an alle von Gott erwählten treuen Christen,* worin er seinen Entschluß bekanntgibt, in den kommenden Tagen nicht mehr zu predigen. Wieder erklärt er, er sei sich des endgültigen Sieges seiner Sache gewiß. Er sei bereit, Verfolgung und Märtyrertum zu erleiden, denn er sei sich der ewigen Belohnung gewiß.

Möglicherweise von Zweifeln befallen und über das sich ständig verschlechternde Klima beunruhigt, dekretiert die Signoria am 6. Mai ein allgemeines, von allen einzuhaltendes Predigtverbot. Es fehlte nur wenig, und am 20. Mai wäre sogar für Savonarolas Verbannung gestimmt worden.

Fünfter Teil

Auf dem Weg zum Martyrium
(1497–1498)

Kapitel I
Die Exkommunikation
(Mai 1497)

Ursache für den radikalen Gesinnungswandel der Regierenden ist die wohl einschneidendste kirchliche Maßnahme: die Exkommunikation. Obwohl seit Mitte März in kaum verhüllten Worten angedroht, war der folgenschwere Urteilsspruch noch nicht gefallen, und die Regierenden von Florenz hofften noch immer, ihren Propheten und sein Werk beim Heiligen Stuhl verteidigen zu können. In ihren trügerischen Hoffnungen waren sie durch das Wohlwollen des Papstes bestärkt worden, der ihrem Botschafter am 1. Mai einen freundlichen Empfang bereitet hatte. Zwei Tage später jedoch folgten kurz aufeinander zwei Breven, die wie ein Blitz aus heiterem Himmel einschlugen.

Diese Breven sind ihrer Form nach «ungewöhnlich und einmalig» (Villari): Sie sind als Rundschreiben an die Signoria und an die Florentiner Klöster von S. Maria Novella, S. Croce, S. Spirito, SS. Annunziata und Badia gerichtet. Ein erstaunlicher Vorgang, wird doch der eigentlich Betroffene nicht direkt informiert. Befremdlich wirkt auch, daß die Breven einem erklärten Gegner Savonarolas übergeben worden sind, der aus eben diesem Grund aus Florenz verbannt worden war; dieser befürchtet nun, bei seinem Eintreffen in der Stadt eingekerkert zu werden, weshalb er in Siena haltmacht und kein Lebenszeichen mehr von sich gibt, bis er es sich dann schließlich doch anders überlegt und die kostbaren Botschaften einem Dritten übergibt, der sie Ende Mai nach Florenz bringt. – Das Vorgehen, nicht aber der Inhalt, ist ungewöhnlich.

In seinen Schreiben erinnert der Papst daran, er habe «einem gewissen» Fra Savonarola, zur Zeit «sogenannter Vikar» in S. Marco und «Verbreiter gefährlicher Dogmen», den Befehl erteilt, vor ihn zu treten, sich zu erklären, sich für seine Irrtümer zu entschuldigen und seine Predigttätigkeit einzustellen. Angesichts seines Schweigens habe der Papst dann den Anschluß S. Marcos an eine andere Kongregation angeordnet. Dies sei nun schon die zweite Gehorsamsverweigerung des Angesprochenen gewesen. Aus diesem Grund sei der Papst nun gezwungen, die Exkommunikation auszusprechen. Mithin müßten sich die Florentiner inskünftig jeglichen Kontakts mit dem Exkommunizierten enthalten, ansonsten liefen sie Gefahr, ihrerseits exkommuniziert zu werden.

Die Exkommunikation kam dermaßen überraschend, daß die Regierung von Florenz die Meldung zuerst für falsch hielt. Savonarola seinerseits glaubte, den Papst mit einem Schreiben vom 22. Mai entwaffnen zu können, noch bevor der offizielle Text Florenz erreicht hatte. Darin zeigt er sich ob der Strenge des Papstes, die er sich nicht erklären könne, erstaunt. Er bestreitet, dem Heiligen Vater Übles nachgesagt zu haben. Er schwört, seine Lehre sei gesund, er predige lediglich Buße, sittliche Erneuerung und den Christusglauben. Schließlich ruft er Gott, seine Zuversicht, zum Zeugen an.

Die Reaktionen des Papstes auf dieses Schreiben sind seltsam. Am 28. Mai sagt er dem florentinischen Botschafter, seine Anschuldigungen seien nicht «unbegründet», wie dies Savonarola vorgibt. Er spricht eine vage Drohung aus für den Fall, daß sich die Signoria in Schweigen hüllen werde. Sein Gesprächspartner gewinnt indes den Eindruck, der Konflikt könne noch beigelegt werden. Am 30. Mai behauptet der zweite florentinische Botschafter in Rom, Kardinal Carafa habe die Exkommunikation als einen Fehler bezeichnet, über den der Papst keineswegs glücklich sei. Am 14. Juni läßt Botschafter Bracci weiterhin gute Nachrichen aus der Kurie verlauten. Ist dieses Wohlwollen der Intervention einiger Kardinäle, die Savonarola günstig gesinnt waren, zuzuschreiben oder dem konzilianten Charakter des Papstes? Es überrascht stets von neuem und läßt vermuten, Alexander VI. wolle Zeit verstreichen lassen und die Dinge nicht überstürzen, in der Hoffnung, daß zwar vielleicht nicht Savonarola selbst, wohl aber die Regierenden von Florenz der mißlichen Situation ein Ende bereiten würden, in die sie sich hineinmanövriert hatten und die ihnen angesichts des zunehmenden inneren Widerstandes zu entgleiten drohte.

Am 18. Juni 1497 wird das Breve zwar nicht in allen, wohl aber in den im Schreiben direkt erwähnten Kirchen von Florenz verlesen. Nun ist der Fall publik.

Savonarolas Reaktion
(19. Juni 1497)

Savonarola begreift, daß die Zeit der Ausflüchte vorbei ist. Sogleich, am 19. Juni, greift er zur Feder und wendet sich «an alle Christen und an alle, die Gott wohlgefällig sind», um sich gegen die «heimliche Exkommunikation» zu wehren. Er erklärt, er nehme nichts von seiner Lehre zurück; Gott habe ihn nach Florenz gesandt, um eine große Plage anzukündigen, die ganz Italien und insbesondere Rom heimsuchen werde, und um die Erneuerung der Kirche und der Welt vorzubereiten. Trotz der Verfolgungen, die ihn zu vernichten suchten, werde er bis zum endgültigen, von Gott verheißenen Sieg fortfahren. Die gegen ihn erhobenen Anschuldigungen des Ungehorsams, der Häresie und der gefährlichen Lehre seien samt und sonders Lügen. Er wiederholt, er werde den in seinen Augen wertlosen Befehlen nicht Folge leisten, stünden sie doch im Widerspruch zur Nächstenliebe und dem wahren Gesetz des Herrn. Er habe die Gründung einer neuen Kongregation abgelehnt, weil sie von seinen Mitbrüdern einstimmig als der Ehre Gottes und dem Seelenheil zuwiderlaufend zurückgewiesen worden sei; so seien sie denn bereit, eher Gefängnis und Märtyrertod zu erleiden, als sich derartigen Anweisungen zu unterziehen.

Vom Erfolg dieses Schreibens und der Wahl einer ihm mehrheitlich wohlgesinnten Signoria gestärkt, verfaßt er in den folgenden Tagen einen sogleich veröffentlichten Brief gegen die Exkommunikation: *Epistula contra sententiam excommunicationis*. Darin beweist er in lateinischer und italienischer Sprache, daß man sich nicht vor einer ungerechten, auf «gottlosen und falschen Unterstellungen» beruhenden Verurteilung fürchten muß, denn selbst der Papst ist nicht unfehlbar, und es ist nicht nur erlaubt, sondern empfohlen, ihm den Gehorsam zu verweigern, wenn seine Urteilssprüche «sündig und falsch» sind und wenn er in höchst ungehöriger und skandalöser Weise *(enormissime et scandalosissime)* seine Macht mißbraucht. In derartigen Fällen rät das Naturrecht, sich ihm zu widersetzen, denn der Papst ist keineswegs ein Gott, der Macht «über Himmel und Erde» hätte. Gestützt auf diese Meinung aus dem Mund einer der höchsten Autoritäten in theologischen Fragen, weigert sich Savonarola folglich, die Exkommunikation anzunehmen, und fordert seine Getreuen, die auf geistlicher Ebene nichts zu befürchten hätten, auf, sie ebenfalls zu ignorieren. In einem noch nicht weit zurückliegenden Entscheid Papst Martins V. sei überdies vermerkt, die Gläubigen hätten nur dann jeglichen Kontakt mit den Exkommunizierten zu unterlassen, wenn sie «ausdrücklich und namentlich dazu aufgefordert» würden.

Haben diese scholastisch anmutenden Spitzfindigkeiten ein unwiderlegbares Lehrfundament? Die Meinungen dazu sind geteilt. Es wurde vertreten, gegen Savonarola sei bislang keine Zensurmaßnahme ergriffen worden, weshalb er, streng genommen, nicht von einem Breve gültig exkommuniziert werden konnte, das lediglich anordnete, er habe als bereits vom Kirchenbann Betroffener zu gelten, ohne jedoch die früher erfolgte Zensur zu nennen. Es wurde sogar behauptet, das Breve sei mit Hilfe simonistischer Machenschaften zustande gekommen, und der Papst selbst habe am 2. Juni an Savonarolas Schuld gezweifelt und dann am 23. März 1498 erklärt, er habe ihn zwar als Häretiker bezeichnet, aber «nie seine Lehre verurteilt» (Ridolfi).

Trotz dieser Spitzfindigkeiten steht materiell außer Zweifel: Savonarola wurde exkommuniziert und weigerte sich, sich zu unterwerfen. Wichtig war in seinen Augen, daß die Gläubigen auch weiterhin nach S. Marco strömten, daß ihm die Signoria zwischen Juni und Juli 1497 günstig gesinnt war und daß er sogar auf die Unterstützung einiger Medici-Anhänger *(bigi)* zählen konnte, denen er nicht als Gegner von Piero de' Medici galt. Und schließlich sollte noch ein unvorhersehbares Ereignis zu seinen Gunsten spielen.

Der Papst hatte nämlich soeben einen seiner Söhne, Juan, Herzog von Ganda und Generalvikar der Kirche, in einem Attentat verloren; es ging das Gerücht, Juans eigener Bruder, der berühmtberüchtigte Cesare, auf die seinem jüngeren Bruder erwiesene Ehre eifersüchtig, sei der Urheber. Der Schmerz des Vaters war groß. «Er schloß sich in seine Gemächer ein, wollte niemanden empfangen und lehnte während drei Tagen jede Mahlzeit ab» (Cloulas,

Les Borgia). Am 19. Juni, vor den Kardinälen und Botschaftern, «drückt er in pathetischer Weise seinen Schmerz aus ... Fortan messe er weder dem Pontifikat noch sonst etwas auf Erden irgendeinen Wert bei ... Er erkärt, er wolle Buße tun und sein Verhalten dadurch ungeschehen machen, daß er die Reform der Kirche in Angriff nehme ... Am gleichen Tag schrieb der Papst den Fürsten der Christenheit, um ihnen sein Unglück bekanntzugeben und sie davon in Kenntnis zu setzen, daß er Kirche und Vatikan nach der grausamen Warnung der Vorsehung erneuern wolle» (Cloulas).

Die Nachricht von der Ermordung des Herzogs von Ganda traf am 19. Juni in Florenz ein. Sie wurde von den *piagnoni* als Zeichen der Strafe Gottes für den Papst und seine schändliche Familie aufgefaßt. Daran änderte auch die Ankündigung vom 19. Juni nichts, es sei eine mit der Reform der Kirche beauftragte Kommission von Kardinälen und Prälaten gebildet worden.

In dieser Atmosphäre richtet Savonarola am 25. Juni ein Schreiben an den Papst, das von Inhalt und Form her erstaunlich ist. Gespickt mit allen der Gattung der Trostbriefe *(epistula consolatoria)* eigenen Gemeinplätzen (der Glaube ist der einzige Trost des Gläubigen, er allein kann uns helfen, das widrige Schicksal zu ertragen, er allein kann den Schmerz in Freude verwandeln ...), mündet es in ein Plädoyer in eigener Sache *(oratio pro domo sua):* Der heilige Vater möge mit all seinen Kräften zu Fra Girolamos Werk beitragen, er möge nicht auf die Verleumdungen der Gottlosen hören, sondern Savonarolas Vorhersagen Glauben schenken, denn diese seien wahr und stammten von Gott.

Wie dieser Brief vom Papst aufgenommen wurde, ist nicht bekannt. Aber als man ihm den *Brief an die Christen und gegen die heimliche Exkommunikation ...* brachte, war es mit seinen möglicherweise wohlwollenden Absichten der letzten Tage sogleich vorbei, und er geriet in Zorn. Er kündigte an, er werde mit der in den Kanones vorgesehenen Härte gegen die in Abwesenheit Verurteilten und die Aufständischen vorgehen, er werde den Fall Savonarola der kürzlich geschaffenen Kommission übergeben. Schließlich befahl er Fra Girolamo, vor ihm zu erscheinen und sich zu rechtfertigen und zu bessern.

Auf die päpstliche Offensive organisierten Savonarolas Freunde dann eine kollektive Gegenoffensive: Zweihundertundfünfzig Mönche aus S. Marco schwören in einem Brief an den Papst, ihr Vikar sei weder häretisch noch aufrührerisch, seine Lehre sei weder verwerflich noch der Öffentlichkeit gefährlich; mehr als dreihundertundsechzig Bürger, mehrheitlich Kaufleute und Handwerker, erklären sich ihrerseits in einer Petition mit Savonarola solidarisch. Da mehrere der Unterzeichner bedeutenden Familien angehören (Albizzi, Aldobrandini, Canigiani, Ginori, Pucci, Ridolfi, Rucellai, Salviati, Soderini, Strozzi), waren sie der Meinung, das Gewicht ihrer Petition müsse den Ausschlag geben. Diese Rechnung war nicht unbedingt falsch, figurierten doch auf dieser Liste beinahe 70 Prozent der Vertreter der Freien Künste, und mehr als 75 Prozent der Unterzeichner hatten irgendwann einmal einer hohen Behörde angehört (Signoria, Kollegium der Zehn usw.). Diese Sympathiewelle war demnach für die politische Klasse durchaus repräsentativ, und der Heilige Stuhl konnte sich diesem Aspekt des Konflikts mit Florenz nicht einfach verschließen. Damit erklärt sich vermutlich auch die abwartende und vorsichtige Haltung des Papstes.

Auf diese Petition antworteten Savonarolas Gegner mit einer weiteren Petition, in der Savonarolas «falsche Lehre» angeprangert wird. Die Signoria aber unterstützt Fra Girolamo auch weiterhin, erklärt in einem Brief vom 8. Juli an den Papst, Savonarolas Lehre und Privatleben seien «untadelig», und bittet den Heiligen Vater, den Verleumdungen kein Gehör zu schenken und den ungerechten Spruch zu widerrufen, gehe es doch um das Seelenheil der Florentiner. In den übrigen Kollegien indes besteht keineswegs Einmütigkeit darüber, ob es angemessen sei, Petitionen zugunsten von Savonarola zu schreiben. Das führte dazu, daß die Petitionen der Dominikaner von S. Marco und jene der Bürger von Florenz nicht über die Stadtmauern hinauskamen.

Im übrigen bleiben sowohl der Papst als auch Kardinal Carafa, der Schirmherr der Dominikaner, unerbittlich. Die Schreiben der Signoria mögen aufeinander folgen (vier im Juli, zwei im August, zwei im September, eines im Oktober) und die florentinischen Gesandten bei den Kardinälen intervenieren – es war nichts zu machen. «Die Sache war hoffnungslos» (Ridolfi). Ein einziger, nicht zu vernachlässigender Trost: Es kommt zu keinen neuen Sanktionen.

Savonarolas Aktivitäten

In Florenz verschlechtert sich die Lage. Die *arrabiati* toben und machen sich in unflätigen Liedern und sogar körperlichen Aggressionen Luft. Die *piagnoni* zahlen mit gleicher Münze heim. Aber nicht bloß die politischen Spannungen machen Florenz zu schaffen, auch die seit langem schwelende Pest bricht Anfang Juni erneut in nunmehr tödlicher Form aus und hat einen massiven Exodus zur Folge (Ende Juni durchschnittlich sechzig Todesfälle pro Tag, im Extremfall bis zu hundert). S. Marco wird Anfang Juli erfaßt. Savonarola sorgt dafür, daß mehr als siebzig junge Mitbrüder S. Marco zeitweilig verlassen; er bleibt, um die Kranken und Sterbenden zu pflegen und geistlich zu betreuen; er isoliert das Kloster von der Außenwelt, und die ganze Gemeinschaft lebt in großem mystischen Eifer; die Mönche beten, singen und, so wird Savonarola sagen, «wenn sie ihre Seele aushauchen, preisen sie den Herrn ... als gingen sie zu einem Fest».

Inmitten dieser Prüfung nimmt er sich Zeit, seinen Freunden, darunter dem Herzog von Ferrara, aber auch seiner Familie, seinen Brüdern zu schreiben; er verfaßt eine «Enzyklika» (so lautet der Titel ursprünglich, der dann von den Verlegern in *Medizinische Abhandlung gegen die geistliche Pest* abgewandelt wird). Darin gibt er seinen Schülern Ratschläge zur Heilung der «geistlichen Pest»: Beichte, häufige Kommunion, heitere Betrachtung des Todes, Gebet, Nächstenliebe und Krankendienst, geistliche Freude, Lektüre von heiligen Büchern, liturgischer Gesang – alles in Erwartung des himmlischen Vaterlandes, wo uns die ewige Glückseligkeit zuteil wird.

Er legt das bereits 1486 veröffentliche Werk *Apologeticus* in einer dem breiten Publikum zugänglicheren Form nochmals auf und begündet in der Einleitung seine Weigerung, der von Rom geschaffenen neuen Kongregation beizutreten.

Schließlich arbeitet er an einem Dialog in sieben Büchern: *De veritate prophetica* (Von der prophetischen Wahrheit), worin er die bereits unzählige Male vorgelegten Argumente für seine prophetische Mission darlegt: Seine Eingebung stammt direkt vom Heiligen Geist; folglich kann er auf der Kanzel nur aus der Bibel geschöpfte Wahrheiten verbreiten; er hat niemanden getäuscht; er hat keinen persönlichen Ehrgeiz; seine Prophezeiungen werden sich bewahrheiten, und jeder Zweifel an ihnen ist gottlos.

Er korrigiert die Abzüge seines apologetischen Hauptwerkes, *Triumphus Crucis* (Triumph des Kreuzes), das in der zweiten Hälfte des Jahres 1497 in Druck geht. In vier Büchern und insgesamt siebenundfünzig Kapiteln beweist er in «einem feierlichen, kriegerischen, vielstimmigen, dem Durchschnittsleser nur schwer zugänglichen Latein» die Wahrheit des Christentums und widerlegt die angeblichen «Argumente» der falschen Gelehrten und der Sophisten. Alles in allem eine «Schatzsammlung theologischer Gemeinplätze im strikt dominikanischen Stil» (Cordero).

Savonarola arbeitet auch an einer Abhandlung *Wider die Astrologen,* worin er ein analoges, unvollendet gebliebenes und 1496 publiziertes Werk von Pico della Mirandola wiederaufnimmt. Er reitet dort eine heftige Attacke gegen den in der damaligen Zeit in allen Schichten weitverbreiteten astrologischen Aberglauben. Im Gegensatz zu Pico indes, dessen Werk nur den Gebildeten zugänglich war, wendet er sich an das Volk.

Als Kontrapunkt zu Savonarolas reger publizistischer Tätigkeit entsteht in den beiden gegnerischen Lagern eine Flut von Verteidigungs- und Schmähschriften. Bei den *piagnoni* ist es die zuweilen überbordende Allegorie, ein über Pico direkt aus Plotin oder der Kabbala geschöpfter Mystizismus, die Ankündigung des neuen Zeitalters und der *renovatio Ecclesiae.* Darauf reagiert das andere Lager mit Spott, Beschimpfungen sowie der Entlarvung des falschen Propheten und seiner Betrügereien.

Eine mißlungene Verschwörung
(August 1497)

In diese gespannte Atmosphäre platzt am 5. August plötzlich die Nachricht von einer Verschwörung gegen die innere Sicherheit der Republik. In Florenz ist ein aus der Stadt Verbannter, Lamberto dell'Antella, ein überzeugter Anhänger der Medici, gefaßt worden. 1494 verhaftet, war er aus dem Gefängnis ausgebrochen und hatte sich nach Rom zu Piero de' Medici geflüchtet, den er in seinem Versuch, Florenz mit Waffengewalt zurückzuerobern, gefolgt war. Nachdem er sich mit Piero überworfen hatte, war er in Siena eingekerkert und dann gegen Kaution entlassen worden. Er war nach Florenz in sein Haus zurückgekehrt, trotz der Gefahren, denen er sich als Feind der Republik aussetzte. Schnell erkannt, möglicherweise denunziert, wurde er im Besitz eines Briefes gefaßt und gefoltert; unter der Folter verriet er seine Mitverschwörer und gestand in allen Einzelheiten ein weitläufiges Komplott ein, in das auch einige große Namen der Medici-Partei verwickelt waren. Sogleich werden Haftbefehle ausgestellt; einigen Gesuchten gelingt die Flucht, während andere der Vorladung folgen, ohne von der auf ihnen lastenden gefährlichen Anschuldigung zu wissen; fünf der verhafteten Verschwörer werden des Hochverrats angeklagt. Die Neuigkeit schlägt wie ein Blitz ein, als bekannt wird, daß einer von ihnen niemand anderer ist als Bernardo del Nero, ein früherer Gonfaloniere, während zwei weitere Verhaftete, Lorenzo Tornabuoni und Giannozzo Pucci, bisher als Parteigänger Savonarolas galten.

Die Angelegenheit ist so gravierend, daß vom normalen Gerichtsprozedere abgewichen wird – normalerweise sind ausschließlich die Acht in dieser Sache zuständig – und eine Kommission von zwanzig Magistraten und Bürgern, ausgewählt aus den Kollegien der Acht, der Zehn oder durch Losentscheid bestimmt, ernannt wird. Es wird eine Art Sondergericht von zweihundert Bürgern oder Magistraten einberufen, von denen nur einhundertsechsunddreißig das nicht ungefährliche Amt annehmen.

Der praktisch einstimmige Urteilsspruch wird am 17. August gefällt und lautet auf Todesstrafe und Beschlagnahmung der Güter. Aber – vielleicht als letzte Vorsichtsmaßnahme oder zur Einhaltung des legalen Verfahrens – kommt das Urteil vor die Acht, die es mit sechs gegen zwei Stimmen bestätigen. Die Verurteilten können nur noch, gemäß dem in der neuen Konstitution von 1494 verankerten Verfahren, beim Großen Rat Berufung einlegen. Einige Mitglieder versuchen, sich diesem durchaus legalen Vorgehen zu widersetzen, wobei sie mit der Gefahr argumentieren, die ein Aufschub der Durchführung des Urteilsspruchs heraufbeschwören würde, drohe sich doch das Volk bei einer Begnadigung der Verurteilten zu erheben. Da der Vorschlag jedoch nicht die qualifizierte Mehrheit der Signoria von sechs gegen drei auf sich vereinigen kann, scheitert dieser Obstruktionsversuch. Die Familien der Verurteilten ihrerseits intervenieren bei ihren Freunden. Schließlich versammelt sich die *pratica,* die das Urteil gesprochen hatte, am 21. August nochmals. In einer gewalttätigen und undurchsichtigen Debatte bekämpfen sich die Befürworter der sofortigen Hinrichtung und die Verfechter einer Berufung an den Großen Rat.

Eine erste Abstimmung der Mitglieder der Signoria schließt mit fünf gegen vier Stimmen die Appellation an den Großen Rat aus. Eine heftige Intervention Francesco Valoris, des überzeugtesten *piagnoni,* führt zu einer erneuten Abstimmung, in der nun einmütig für die sofortige Hinrichtung gestimmt wird (da die erste Abstimmung nicht das verlangte Quorum von sechs Stimmen erreicht hatte, war sie ungültig).

Diese skandalöse Rechtsverweigerung, diese flagrante Verletzung der republikanischen Legalität vermittelt einen Eindruck von der damals in Florenz herrschenden Atmosphäre des Terrors.

Der Urteilsspruch wird in der Nacht vom 22. August 1497 im Hof des Bargello vollzogen. Weitere Verschwörer werden zu leichten Strafen verurteilt, darunter der in Abwesenheit verurteilte und vor langer Zeit nach Rom geflüchtete Fra Mariano da Genazzano. Die Denunzianten, Lamberto dell'Antella und dessen Bruder Alessandro, werden vom Verbrechen der Rebellion freigesprochen und zu einer entsprechend milderen Strafe verurteilt.

Diese traurige Episode markiert den vorläufigen Triumph der *piagnoni* und des von Francesco Valori angeführten Clans von Politikern, die sich derart ihrer Gegner entledigten.

Savonarola hatte nichts unternommen, um den Lauf der Justiz zu ändern oder zu mildern, und zwar trotz der Bitten der Angehörigen der Verurteilten, denen er einen kühlen Empfang bereitet hatte. Er besaß sogar die Kaltherzigkeit, dem Bruder eines Verurteilten am 19. August banale Überlegungen über die Seelengröße der wahren Christen in Glück und Unglück, über den geringen Preis des irdischen im Vergleich zum himmlischen Leben und die

Nichtigkeit von Reichtum und Ehre zukommen zu lassen; er wagt es, ihm zu schreiben, er solle nichts zur Rettung seines Bruders unternehmen, denn dieser sei in Gottes Hand, und schließt dann mit folgendem Trost: «Wie oft werden diejenigen, die in Wohlstand der Verdammnis anheimfallen würden, durch Heimsuchungen errettet!» Zu Savonarolas Entlastung wird man vorbringen, er habe über der Sache stehen, sich nicht in eine strikt politische Affäre einmischen und der menschlichen Gerechtigkeit ihren Lauf lassen wollen. Aber ist das wirklich Gerechtigkeit? Es war vielmehr eine flagrante und zynische Verletzung einer Verfassungsnorm, zu deren Einführung er selbst beigetragen hatte. In Wahrheit handelte er, wie Machiavelli sagte, in Übereinstimmung mit seiner Ethik: Das Reich Gottes auf Erden verlangt es zuweilen, daß das Blut der Schuldigen ohne Zurückhaltung vergossen wird. Guicciardini, der ihn ausgewogener beurteilt als Machiavelli, wird seine Passivität und die Mißachtung eines von ihm selbst «für das Heil der Freiheit» vorgeschlagenen Gesetzes als «Niedertracht» bezeichnen.

Kurze Schonfrist
(Ende 1497 bis Anfang 1498)

Wie dem auch sei, Tatsache ist, daß Savonarolas Anhänger aus dieser Kraftprobe als Sieger hervorgehen. Die im September gewählte Signoria ist ihm völlig ergeben. Der Informant des Herzogs von Mailand kann seinem Auftraggeber am 10. September schreiben: «Die Anhänger des Fraters halten die Regierung des Staates ohne jede Opposition in der Hand.» Beweis dafür sind die Interventionen der Signoria und der Zehn, die über den florentinischen Botschafter in Rom bei Kardinal Carafa Savonarolas Absolution verlangen (Briefe vom 26. und 28. September).

Savonarola seinerseits schreibt am 13. Oktober 1497 dem Papst, um sich ihm zu unterwerfen. Er stellt sich als «einen durch die Entrüstung des Vaters betrübten Sohn» dar; er wirft sich vor ihm nieder und bittet ihn, seinen angstvollen Ruf zu hören und das Predigtverbot so rasch wie möglich aufzuheben. Er erklärt sich bereit, nach Rom zu gehen und sich dem Papst zu Füßen zu werfen, falls man ihm eine gefahrlose Reise zusichere. Er behauptet, er habe nicht aus Bosheit gehandelt, sondern aus «Unwissenheit und Unachtsamkeit», und er habe nie aufgehört, sich dem Papst völlig zu unterwerfen. – Naivität? Verblendung? Konnte er wirklich annehmen, der Papst falle auf seine dem eigenen Verhalten ständig zuwiderlaufenden Gehorsamsbeteuerungen herein? Dieselbe Naivität oder Verblendung bei den Mitgliedern der Signoria, die sich auch im November und Dezember über das anhaltende päpstliche Schweigen bei ihrem Botschafter in Rom beunruhigt zeigen. Ein Schweigen, das auch im Januar 1498 anhält und bei der Signoria noch immer dasselbe beunruhigte Erstaunen hervorruft.

Während dieser Schonfrist schreibt Savonarola einige geistliche Werke. Im Oktober ist er geistlicher Berater der Monialen im Kloster Annalena: Er fordert sie auf, seine eigenen wie auch die Werke der Kirchenlehrer zu lesen und nicht mehr von ihm zu verlangen. Im November schreibt er kurz an Giovanna Carafa, die Gemahlin von Giovanni Francesco Pico della Mirandola, der er zu Beginn des Jahres 1498 einige seiner neuesten Schriften schickt. Ende 1497 und Anfang 1498 verfaßt er eine *Erklärung über das Geheimnis des Kreuzes,* worin er sich über die geistlichen Tugenden der Kreuzesmeditation ausläßt. In dieselbe Periode fallen seine zehn Regeln für die Zeit der Heimsuchungen. Im Januar 1498 widmet er einem Patrizier aus Bologna eine *Darstellung der Stufungen des heiligen Bonaventura.*

Er befaßt sich, vermutlich im Januar und Februar 1498, auch mit einer *Abhandlung über Verfassung und Verwaltung der Stadt Florenz.* Auf Bitten der Signoria hin auf italienisch verfaßt – die lateinische Übersetzung wird später erscheinen –, ist diese Schrift eine Zusammenfassung aller in seinen Predigten über Haggai umfassend dargelegten staatspolitischen Überlegungen: Auf der Ebene der Prinzipien sei die Monarchie die beste Regierungsform; sie setze aber einen guten Monarchen voraus, der schwer zu finden sei. Es sei also besser für ein Gemeinwesen wie Florenz, eine republikanische Volksregierung zu haben, die einige Grundregeln und -werte respektiere, nämlich Gottesfurcht, Liebe zum Gemeinwohl, Eintracht der Bürger, gestrenge Justiz, Abscheu vor Tyrannei.

In Florenz sind die politischen Verhältnisse weiterhin günstig. Die aufeinanderfolgenden Signorien sind Savonarola ergeben, ebenso die Kollegien der Acht und der Zehn, erstere für die öffentliche Ordnung, letztere für die Außenpolitik zuständig. Und Francesco Valori, der den Staat mit eiserner Faust regiert, zögert nicht, unter den Behörden eine Säuberung durchzuführen. Die neu ernannten Botschafter von Florenz beim Heiligen Stuhl intervenieren wie ihre Vorgänger beim Papst, damit er Savonarola die volle Absolution erteile.

Durch diesen Kontext zweifellos ermutigt, aber auch von seiner natürlichen Ungeduld getrieben – er erträgt es nicht, von der Kanzel vertrieben und zum Schweigen verurteilt zu sein – feiert Savonarola die Weihnachtsmessen in S. Marco; er spendet die Kommunion und führt eine Prozession von zweihundert weißgekleideten Kindern auf den Klosterplatz. Diese «Herausforderung des Papstes» (Cordero) erregt in den Reihen seiner Gegner Ärgernis und verunsichert viele seiner Anhänger. Die neue Signoria indes hält ihre traditionelle Schenkung an S. Marco bei, erneuert sie sogar anläßlich des Epiphanie-Festes, desgleichen die Ehrbezeugung für den Prior: Handkuß der Mitglieder der Signoria vor dem Altar. Erneut führt Savonarola wieder eine Prozession auf den Platz vor S. Marco, während Fra Domenico im Konvent von Fiesole ebenso verfährt. Es geht das Gerücht, Savonarola werde, sich über das päpstliche Interdikt hinwegsetzend, an Maria Lichtmeß auf die Domkanzel steigen. An jenem Tag aber, dem 2. Februar, geschieht gar nichts. Privat indes läßt Savonarola Ende Januar verlauten, er werde die Fastenpredigten halten, «falls er von demjenigen, der über dem Papst steht, dazu beauftragt werde».

Die Nachricht verbreitet sich und provoziert eine Reaktion des Domkapitels: den Zuhörern würde Beichte, Kommunion und ein christliches Begräbnis verweigert. Auf diese Drohung antworten Valori und die Acht mit Demissionsforderungen an die Adresse des erzbischöflichen Vikars. Dieser unterwirft sich und wird sogleich durch einen Savonarola ergebenen Vikar ersetzt.

Seinem Versprechen getreu, steigt Savonarola am 11. Februar 1498 auf die Kanzel, aus politischen Gründen dem kirchlichen Kalender vorgreifend, beginnt doch die Fastenzeit erst am 28. Februar. Die nächste Wahl der Signoria steht indes kurz bevor, und er glaubt, die Wiederaufnahme seiner Predigttätigkeit werde sich positiv auf die Wahlchancen seiner Anhänger auswirken.

Predigten über das Buch Exodus
(Februar 1498)

Als Girolamo am 11. Februar 1498 erneut auf die Domkanzel steigt, hat seine Zuhörerschaft merklich abgenommen. Die Angst vor der Exkommunikation, mit der der Hörer eines Exkommunizierten belegt wird, ist zweifellos die Ursache für den beginnenden Abfall. Er wendet sich an Gott, an die Dreifaltigkeit sowie an Christus und stellt sich als einen auf hoher See verlorenen Schiffbrüchigen dar, fleht um ein «übernatürliches Licht», das ihm die Zukunft enthüllen würde, aber auch um aufsehenerregende Zeichen, die die schläfrigen Geister wecken würden. Die Antwort gibt er sogleich selbst: «Fürchtet nichts, ihr Kleinmütigen, der Herr ist mit euch». Er ermahnt seine Getreuen, sich auf einen neuen «Krieg» und auf den unausweichlichen endgültigen Sieg über die Heere des Satans vorzubereiten. Die Exkommunikation, so wiederholt er einmal mehr, ist ungültig, läuft sie doch dem inneren Frieden, den guten Sitten und der Nächstenliebe zuwider. Er schwört, er werde lieber sterben als die neue römisch-toskanische Kongregation zu akzeptieren. Er werde nicht nach Rom gehen, sich vor dem Papst niederwerfen und so Gefahr laufen, Florenz und die der Sünde entrissenen Seelen sich selbst zu überlassen. Er widerlegt die Anschuldigung der Häresie. Er akzeptiere das Predigtverbot nicht, laufe es doch «dem Gebot der Nächstenliebe zuwider», denn es würde bedeuten, die Gläubigen «den Wölfen» zu überlassen. Um der Ehre Gottes willen werde er seinen Kampf weiterführen, denn selbst Gott fordere nicht «den Frieden, sondern den Krieg». Er ermahnt seine Getreuen, sich über die Exkommunikation hinwegzusetzen, die «nichts wert ist» und «zahlreiche Übel» bewirkt. Schließlich bietet er sich zum Opfer an, fleht zu Gott, er möge ihm dieses gewähren, wolle er doch für Christus und dessen Wahrheit sterben.

Am 15. Februar hält er in S. Marco vor Priestern und Mönchen eine «Lektion» über die Pflichten und Tugenden des Kirchenmannes. Wer das Priesteramt anstrebt, dessen Antrieb soll weder Gewinnstreben noch Ehrsucht sein. Er wird eines «beständigen und besonderen göttlichen Beistandes» bedürfen und sich vor der Eitelkeit hüten. Einmal Priester geworden, werde er nur zu sehr dazu neigen, die zur Beichte strömenden Mägde, jungen Knaben oder Sünderinnen zu verführen. Er rät, die Bibel ernsthaft zu studieren, deren Sinn allein mit Hilfe eines «übernatürlichen Lichtes» erfaßt werden könne. Ganz nebenbei spricht er auch der gegen ihn ausgesprochenen Exkommunikation jeglichen Wert ab. Er prangert Habgier, Frivolität, Ausschweifung, Völlerei und die Mißachtung der Liturgie an. Alle diese Sünden ziehen Gottes Zorn auf sich. Und er ruft nach dem Kommen des Herrn für die Erneuerung der Kirche und nach dem «Schwert Gottes» über Rom.

Am 18. Februar predigt er wieder im Dom, diesmal vor noch weniger Hörern als am 11. Februar. Er beweist die Ungültigkeit des gegen ihn geschleuderten Banns und behauptet, die wahren Exkommunizierten und Häretiker seien eben jene, die diesen Bann als gültig betrachteten, angefangen beim Papst. Er zählt die Sünden und Laster der Kirche von Rom auf. Er behauptet erneut, der Papst sei nicht unfehlbar, selbst wenn er *ex cathedra* spreche, um wieviel mehr dann, wenn er sich ohne vorgängige Informationen festlege oder einseitig beeinflußt worden sei. Aus diesem Grund weigere er sich, der Vorladung des Papstes Folge zu leisten, denn Florenz bedürfe seiner, um auf dem rechten Weg zu bleiben. Er zeichnet die Geschichte der Breven nach, widerlegt sie, wiederholt, seine Lehre sei richtig, sein Werk für die Florentiner heilsam und seine Verkündigung von Gott inspiriert. Zum Schluß proklamiert er seine ruhige Gewißheit angesichts des Todes, der in Wahrheit doch ein Sieg und ein Heimgang in die ewige Glückseligkeit sei.

Am 25. Februar nimmt er, diesmal wieder im Dom, vor einer noch stärker geschrumpften Hörerschaft die in der letzten Predigt dargelegten Themen wieder auf: Ungültigkeit der Exkommunikation, Häresie derjenigen, die sie ausgesprochen haben, wie auch derjenigen, die sie für gültig halten. Dann legt er den 114. Psalm

(Vulgata: 113. Psalm) über Gottes Wunder beim Auszug aus Ägypten aus *(In exitu Israel de Aegypto)*, sagt das Ende der Heimsuchungen voraus und wiederholt, seine Weissagungen hätten sich immer erfüllt. Dann erwähnt er die immensen moralischen Wohltaten, die er Florenz erwiesen, die Angriffe, die er abgewehrt habe, weigert sich abermals, die Exkommunikation zu akzeptieren, und ruft die Gläubigen auf, es ihm gleichzutun, und erklärt sich schließlich bereit, sich einer Art «Gottesurteil» zu unterziehen.

Ein weiterer Scheiterhaufen der Eitelkeiten (27. Februar 1498)

Am letzten Karnevalstag, dem 27. Februar 1498, wird nach der morgendlichen Meßfeier in S. Marco, in der Savonarola seinen Mitbrüdern und mehreren tausend Gläubigen (andere Quellen sprechen von lediglich mehreren hundert Gläubigen) die Kommunion spendet, am Nachmittag erneut ein Scheiterhaufen der Eitelkeiten stattfinden. In der Predigt bittet er Gott, ihn zu erschlagen und zu verbrennen, sollte er falsche Prophezeiungen ausgesprochen und die wahre Religion verunglimpft haben. Da in der nachfolgenden halben Stunde kein himmlisches Feuer über ihn hereinbricht, wird zum Dank das *Te Deum* angestimmt.

Am Nachmittag nimmt eine Prozession vor S. Marco ihren Anfang. Mit Blumen bekränzte Kinder und Jugendliche defilieren, nach Stadtvierteln geordnet, paarweise vorbei und stimmen Litaneien, Psalmen, Hymnen und eigens für diesen Anlaß komponierte Lauden an. Ihnen folgen die Erwachsenen, rote Kreuze in den Händen. Vor der Kirche S. Spirito erhebt sich auf einem von vier jungen Männern getragenen Altar eine von den Aposteln umgebene Muttergottes, über denen der Paraklet (Fürsprecher) schwebt. Vor dem Baptisterium (Battisterio S. Giovanni) steht eine Statue des heiligen Johannes, vor S. Maria Novella eine Statue der Jungfrau Maria und vor S. Croce eine mit Edelsteinen geschmückte Statue.

Die Prozession, die bei S. Marco ihren Anfang genommen hat, zieht durch die Via Large, erreicht die Porta S. Giovanni, bewegt sich auf die Kirche S. Trinità zu, überquert auf dem Ponte Vecchio den Arno und kommt zum Palazzo della Signoria zurück. Unterwegs wird sie in jedem Stadtviertel von Chören begrüßt. Auf dem Platz vor der Signoria ist wie im vergangenen Jahr eine die Hölle symbolisierende Pyramide errichtet worden, auf deren Stufen die von den Kindern eingesammelten «Eitelkeiten» liegen; die Gegenstände, noch zahlreicher als im vergangenen Jahr, sind von gleicher Art: Spielkarten, Schachspiele, Würfel, Masken, Perücken, Parfüms usw.; hinzu kommen die als häretisch qualifizierten Bücher (etwa eine Luxusausgabe der Werke Petrarcas) und Gemälde, auf denen die Schönheiten der Antike – Lukrezia, Kleopatra – oder des zeitgenössischen Florenz dargestellt sind. Das Gebilde wird mit Weihwasser gereinigt, dann entzündet, während die Menge das *Te Deum* anstimmt und die Trompeten der Signoria sowie die Glocken der Kirchen das Ereignis begrüßen.

Nachdem die Eitelkeiten im Feuer verbrannt sind, macht sich die Prozession wieder auf den Weg nach S. Marco, macht unterwegs vor dem Dom halt, wo die gesammelten Almosen den Guten Männern von S. Martino übergeben werden. Auf dem Platz vor dem Konvent S. Marco ist ein Kruzifix errichtet worden, umgeben von vier mit den Wappen jedes Stadtviertels geschmückten Tabernakeln. Davor steht ein dreifacher Kreis von Kindern, Mönchen und Priestern, die Gesänge anstimmen, die Stirn mit Olivenzweigen geschmückt, während die Frauen, die von der Runde ausgeschlossen sind, applaudieren.

Wie bereits der erste stieß auch dieser zweite Scheiterhaufen der Eitelkeiten nicht bei allen Anhängern Savonarolas auf Zustimmung, und zwar aus denselben Gründen. Fra Girolamos Feinde wiederum, insbesondere die *compagnacci,* tobten und wüteten während der ganzen Zeremonie, warfen Steine, Holzsplitter von Kruzifixen und Abfälle sowie Kadaver von Hunden und Katzen und spuckten, ganz zu schweigen von den Beschimpfungen, Obszönitäten und Gotteslästerungen. Die *piagnoni* antworteten mit Gewalt auf die Gewalt.

Die Reaktion der Feinde Savonarolas ist auch deshalb so heftig, weil sie durch den politischen Kontext begünstigt wird. Am Tag des Scheiterhaufens ist eine neue Signoria gewählt worden, in der vier der acht Prioren wie auch der Gonfaloniere Savonarola feindlich gesinnt sind; nur drei Prioren sind Savonarolas Anhänger, während die Position des letzten ungewiß ist.

Savonarola aber schert sich nicht darum. Tags darauf, am 28. Februar, man feiert den Aschermittwoch, hält er eine kraftvolle Predigt. Er stützt sich auf den Exodus-Text, dessen Aktualität ihm offensichtlich zu sein scheint, und vergleicht den Papst mit dem Pharao, dem Verfolger der Hebräer. Er beschimpft seine Gegner als «Türken» und «Heiden», verheißt ihnen die Strafe Gottes, geisselt den Klerus, der nur an Benefizien und Renten denkt, prophezeit Tausenden von Florentinern die Hölle – er könne auch die Namen einiger Personen nennen, die bereits dort sind – und kündigt die bald über Rom hereinbrechenden Heimsuchungen an. Dann erfleht er für sich das Märtyrertum, das er wie eine göttliche Gnade empfangen werde.

Am 1. März prophezeit er den Sieg der Seinen über die Kräfte des Bösen, greift die lasterhaften Prälaten an, bekräftigt sein Vertrauen in Christi und der Jungfrau Maria Hilfe, Garanten seiner moralischen Rechtschaffenheit und der Güte seines politischen Werkes. Er sagt wie immer das Kommen der Plage voraus, die über Italien und den Klerus hereinbrechen wird, erklärt, er kenne keine Angst, denn er sei sich des endgültigen Sieges gewiß, widerlegt die in den Breven enthaltenen Anschuldigungen, kündigt an, er werde diesen Verleumdungen so energisch entgegentreten, daß die ganze Welt erbeben werde, erklärt sich aber schließlich bereit, nicht mehr im Dom, sondern nur noch in S. Marco und vor einem ausschließlich männlichen Publikum zu predigen.

Er hält Wort und predigt am 2. März in S. Marco vor zahlreichen männlichen Hörern, darunter die Mitglieder der Kollegien, ausgenommen jene der Signoria. Er rechtfertigt seinen freiwilligen Entschluß, nicht mehr von der Domkanzel herab zu predigen, damit, er wolle einen Skandal vermeiden und seinen Feinden keinen Vorwand liefern, um gegen ihn vorzugehen. Er fährt mit der Auslegung des Exodus-Textes (1,15-22) fort und entwickelt die bereits in der letzten Predigt angedeutete geschichtliche Analogie zwischen den Hebräern Ägyptens und den Florentinern – die Lauen verfolgen die guten Florentiner, so wie die Ägypter die Juden verfolgten, der Papst führt sich ihm gegenüber so auf wie der Pharao Mose gegenüber. Er wiederholt, dem Papst sei nur zu gehorchen, wenn seine Befehle den Gesetzen der Moral entsprechen. Da dies nicht der Fall ist, besitze er das Recht, den Gehorsam zu verweigern. Dann wendet er sich, ohne ihn zu nennen, an den Papst, wirft ihm vor, «nicht als Christ», sondern «gegen Christus zu leben» und ein «Tyrann» zu sein. Nochmals betont er, er sehne sich, obwohl dessen unwürdig, nach dem Martyrium. Er verkündet, die auf Florenz lastende Interdiktdrohung könne nur neue Märtyrer hervorbringen, und Gott werde seine Feinde strafen. Schließlich fordert er seine Getreuen auf, sich, und sei es um den Preis ihres Lebens, in die kommende Schlacht zu stürzen.

Am 3. März, noch immer in S. Marco, wiederholt er vor einem Publikum, unter das sich diesmal auch die Frauen gemischt haben (da nicht genügend Plätze vorhanden sind, werden sie nur einmal pro Woche zugelassen), der Papst benehme sich wie der Pharao. Erneut behauptet er, seine Weissagungen seien ihm von Gott diktiert, die Kirche befinde sich in den Händen von schlechten Prälaten und überall sei nur Sünde zu sehen. Er vergleicht sich mit Mose, der sein Volk verteidigt. Er bekräftigt einmal mehr seine Gewißheit in den endgültigen Sieg des Guten über das Böse und beschwört seine Getreuen, sich für die Verteidigung des «Gemeinwohls» zu engagieren.

Kapitel II
Erneuter Vorstoß des Papstes
(Februar–April 1498)

Inzwischen hatte der Heilige Stuhl seine Haltung Savonarola gegenüber drastisch verändert, und die Dinge hatten eine gefährliche Wendung genommen. Die Zeit der direkten Konfrontation war gekommen.

Die Breven vom 26. Februar 1498

Völlig überraschend war es mit der erstaunlichen Langmut des Papstes plötzlich vorbei. Am 17. Februar 1498 informiert der florentinische Gesandte in Rom die Zehn über einen radikalen Gesinnungswandel: Prälaten hätten verlauten lassen, der Papst sei über die wohlwollende Haltung der Zehn Savonarola gegenüber, aber auch über dessen Verhalten, das einer eigentlichen Herausforderung der päpstlichen Autorität gleichkäme, aufs höchste irritiert. Am 22. Februar informiert der gleiche florentinische Gesandte die Zehn, der Papst sei über die Weigerung der Stadt, das Bündnis mit Frankreich aufzukündigen und der Liga beizutreten, äußerst ungehalten; zudem rufe Savonarolas Weigerung, mit Predigen aufzuhören, den päpstlichen Zorn hervor. In Anwesenheit von Zeugen eröffnet der Papst am 25. Februar den beiden florentinischen Gesandten seine Absicht, Florenz mit dem Bann zu belegen, sollte Savonarola weiterhin auf seiner Predigttätigkeit beharren; zugleich rät er der Signoria, Savonarola unverzüglich unter Arrest zu setzen. Daß der päpstliche Zorn nicht bloß gespielt war, wird sich in den folgenden Tagen zeigen.

Am 26. Februar 1498 gehen in Rom zwei Breven ab, das eine an das Kathedralkapitel, das andere an die Signoria gerichtet. Über den Inhalt des ersteren besitzen wir lediglich indirekte Informationen; anscheinend wurde in diesem Breve erklärt, der Papst werde sich all denjenigen gegenüber, die Savonarolas Predigten trotz des kirchlichen Bannfluches noch immer besuchten, großmütig zeigen und ihnen, sobald sie damit aufhörten, die Absolution erteilen.

In seinem an die Signoria gerichteten Breve erinnert der Papst daran, «der Sohn der Sünde, Girolamo Savonarola» versteife sich auf seine Predigttätigkeit und verbreite so noch immer seine «äußerst gravierenden und verderblichen», das Seelenheil gefährdenden Irrtümer. Er habe sich dem Befehl des Heiligen Stuhls, sich nach Rom zu begeben und sich für seine Irrtümer zu entschuldigen, widersetzt; er habe, sich über die Exkommunikation hinwegsetzend, seine Verkündigung nicht aufgegeben; er sei dem Befehl, seinen Konvent der neuen römisch-toskanischen Kongregation zu unterstellen, nicht nachgekommen; er bestreite von der Kanzel herab die Gültigkeit der Exkommunikation; er fahre fort, die Kommunion zu spenden und Prozessionen anzuführen. Angesichts dieser wiederholten Beweise für Savonarolas Ungehorsam, der noch dazu von den Florentiner Behörden geduldet werde, bleibe dem Heiligen Vater nichts anderes übrig, als der Signoria zu befehlen, den genannten Fra Girolamo unter sicherem Geleit nach Rom zu überstellen. Dort werde er vom Papst, «der nicht den Tod, sondern die Bekehrung des Sünders will», wohlwollend aufgenommen. Zumindest aber sei Fra Girolamo, dieses «verfaulte Glied am Leib der Kirche», in Florenz einzusperren. Sollten sich die Florentiner Behörden indes mit dem Gedanken tragen, sich dem päpstlichen Begehren zu widersetzen, dann allerdings hätten sie das Interdikt und «weitere, noch schwerwiegendere Maßnahmen» zu gewärtigen.

Tags darauf, am 27. Februar, wurde der harte Ton des Schreibens dann freilich etwas gemildert, empfing doch der Papst die beiden florentinischen Gesandten zu einer Aussprache. Nach Verlesen der Breveurkunden zeigte sich der Papst «sehr geneigt, die öffentlichen Angelegenheiten der Stadt Florenz zu fördern» – eine kaum verhüllte Aufforderung, der Liga beizutreten. Fra Girolamo könne nach Aufgabe der Predigttätigkeit damit rechnen, daß die Sanktion aufgehoben und ihm schon bald darauf Absolution erteilt werde.

So ließ der Papst den Weg offen für die tätige Reue der Signoria und des Predigers. Ganz offensichtlich ist die Haltung des Papstes vom nationalen Kontext (Beitritt zur Liga und Lösung der Pisa-Frage) teilweise, wenn nicht gänzlich bestimmt. Das zeigte sich bereits tags darauf, als Kardinal Sforza dem florentinischen Gesandten den Beweis für den guten Willen des Papstes lieferte, der bereits bei Ludovico Sforza und den Vertretern der Liga interveniert habe, damit Pisa, nach einem Beitritt der Stadt Florenz zur Liga, an Florenz zurückfalle. Er versichert ihn auch des väterlichen Wohlwollens des Papstes für Savonarola, gingen doch «Vernunft und Allgemeinwohl» vor «Ehre und privaten Interessen». Am 2. März bestätigt der florentinische Gesandte die Absichtserklärungen des Papstes.

Als diese Breven Anfang März in Florenz eintrafen, hatte die Stimmung Savonarola gegenüber bereits umgeschlagen. In der neu gewählten Signoria sind ihm sechs von neun Mitgliedern feindlich gesinnt. Etwa zur gleichen Zeit gelangen die *arrabiati* an den mailändischen Botschafter in Florenz mit der Bitte um Unterstützung der päpstlichen Offensive, wobei sie anbieten, Savonarola fortzujagen und seine Anhängerschaft zu vernichten.

Erneuter Gesinnungswandel in Rom. Am 4. März schimpft Fra Mariano da Genazzano – Savonarolas Gegner im Predigtstreit, inzwischen zum Ordensgeneral der Augustiner aufgestiegen – den Exkommunizierten vor einer erlauchten Gesellschaft von Kardinälen einen «Juden, Dieb, Wüstling und Schurken», der zwar Armut predige, insgeheim aber seine zusammengestohlenen Schätze hüte und lediglich ein «verderblicher Häretiker» sei; dann beschwört er den Papst und die Kardinäle, «dieses Monster, diese vielköpfige Schlange» nicht länger zu ertragen und dem wohlverdienten Scheiterhaufen zu überantworten.

Diese Beleidigungen verfehlen indes ihr Ziel: Die Kardinäle erwarteten aus dem Mund des angesehenen Theologen Fra Mariano eine ernsthafte Widerlegung und zeigen sich über die eher an eine Abrechnung erinnernde Schmährede schockiert. Der Ausbruch zeigt jedoch, wie sehr der Konflikt verbal eskaliert ist. Haß und Intoleranz treten offen zutage.

Savonarolas Briefe an den Papst
(März 1498)

Savonarola selbst richtet im Verlauf des Monats März drei Briefe an den Papst. In keinem dieser Schreiben wird Savonarola, in seinem Stolz verletzt, ein Blatt vor den Mund nehmen. Ihr Inhalt ist, von einigen rein formalen Varianten einmal abgesehen, von äußerster Schärfe und Heftigkeit. Er habe, so führt er aus, festgestellt, daß «gewisse geistliche Hirten die ihnen anvertrauten Schafe durch ihr schlechtes Beispiel und durch ihre ungesunde Lehre in die Irre führen»; deshalb fühle er sich verpflichtet, «die Wahrheit der katholischen Lehre zu verteidigen und die verderbten Sitten zu verbessern», und zwar «um der Ehre Gottes und des Ruhmes des heiligen Glaubens willen». So habe er denn «kraft göttlicher Eingebung» die Strafe der Sünder geweissagt, um das Volk Gottes auf den schmalen Weg der Tugend zurückzuführen. Vergeblich habe er in diesem Tun auf die Unterstützung des Heiligen Vaters gezählt. Dieser habe vielmehr seine Argumente und Rechtfertigungen zurückgewiesen und den «gottlosen Feinden des Kreuzes Christi» Gehör geschenkt. So wurde den «wilden Wölfen» erlaubt, sich auf ihn zu stürzen. Fortan setze er seine Hoffnung nur noch in «denjenigen, der die Schwachen dieser Welt erwählt, um die Mächtigen zu stürzen», und der all jene strafen wird, die «sich Gottes Werk widersetzen, das er selbst zu Ende habe führen wollen». Nach dem Vorbild Christi habe er nie den Ruhm gesucht und suche ihn auch jetzt nicht. Vielmehr sehne er sich «mit ganzem Verlangen» nach dem Tod. Schließlich holt er noch zu einem letzten Schlag aus: «Eure Heiligkeit möge nicht länger zögern, das eigene Heil zu bedenken!»

Dieser Brief, der jegliche Vorsicht und Diplomatie außer acht läßt, ist in der Tat eine «regelrechte Herausforderung» (Ridolfi). Ist es die Herausforderung eines in seiner Gewißheit verankerten intransigenten Charakters, der angesichts der zusammenbrechenden Illusionen nur noch nach dem Martyrium strebt und, alle Brücken hinter sich abreißend, dem eigenen tragischen Los entgegengeht? Oder ist es «ein unverzeihlicher Mißgriff», der «ganz exakt einer zutiefst suizidalen Neigung entspricht» (Cordero)? Wie dem auch sei; in jedem Fall ist es eine nicht wiedergutzumachende

Geste, eine selbstmörderische Provokation, die nicht unbeantwortet bleiben konnte – der erste Schritt in Richtung einer unwiderruflichen Radikalisierung des Konflikts.

Verzögerungstaktiken der Signoria
(März 1498)

Am Tag, an dem Savonarola an den Papst schrieb, vermutlich am 3. März, fand im Palazzo della Signoria eine Versammlung der neugewählten Mitglieder der Signoria, der sechzehn Gonfalonieri delle compagnie, der zwölf Guten Männer und der Zehn statt. Zur Debatte standen die Antwort auf das päpstliche Breve, das Savonarolas Einkerkerung oder dessen Entsendung unter sicherem Geleit nach Rom verlangte, sowie die Pisaner Angelegenheit und die fehlenden Finanzen.

Es war eine stürmische Sitzung. Die Mehrheit der Signoria wie auch zehn der sechzehn Gonfalonieri waren gegen Savonarola; andere Vertreter aber hielten weiterhin zu Fra Girolamo und verteidigten ihn mit dem Hinweis auf sein heiligmäßiges Leben, seine solide und reine Lehre und die Wohltaten, die ihm Florenz im politischen wie im sittlichen Bereich verdanke. Es galt folglich, so argumentierten sie, ihn zu verteidigen und dem schlecht informierten Papst die Augen zu öffnen. Außerdem hätte Savonarolas Vertreibung aus Florenz nachhaltige Unruhen zur Folge.

Schließlich konnte man sich darüber einigen, dem Papst sei der ihm geschuldete Gehorsam entgegenzubringen, denn ein Interdikt würde die wirtschaftlichen Interessen der Stadt schwer beeinträchtigen; gleichzeitig nahm man jedoch davon Abstand, Savonarola zu verurteilen. Da sich keine Mehrheit für eine bedingungslose Erfüllung aller im Breve enthaltenen Forderungen ergab, beschloß die Signoria in letzter Instanz, es beim Papst mit einer *captatio benevolentiae* zu versuchen.

So wenden sich denn die Mitglieder der Signoria an eben diesem 3. März an den Papst. Sie loben Savonarolas Lehre, wehren sich gegen die Verleumdungen, deren Opfer er ist, und stellen ihn als «einen vorzüglichen Arbeiter im Weinberg des Herrn» und einen wahren Propheten dar, dank welchem Florenz zum wahren Glauben, dem Glauben an Christus und die Heiligen, zurückgefunden habe. Würde Savonarola verbannt, so käme die Stadt vom rechten Weg ab und fiele in innere Zwietracht zurück. Deshalb können sie «leider dem Heiligen Vater nicht gehorchen», denn obwohl sie sich als treue Glieder der Kirche verstehen, können sie «nicht fremde Interessen über diejenigen der Republik» stellen. Sie hoffen, der Papst werde sie verstehen, «zum eigenen Wohl und ganz Italien zu Nutzen».

Dieselben Argumente werden am gleichen Tag in einem Schreiben der Zehn an den florentinischen Gesandten in Rom und an den florentinischen Botschafter in Mailand vorgebracht.

Durch diese offizielle Unterstützung ermutigt, strömen die *piagnoni* auch weiterhin Tag für Tag in den Dom, um die Predigten von Savonarolas Stellvertreter zu hören, oder nach S. Marco, um den Worten ihres Propheten und geistlichen Führers zu lauschen.

Die Predigten in S. Marco
(4.–18. März 1498)

Vor ausschließlich männlichem Publikum – ab dem 6. März sind die Frauen nur noch am Samstag zugelassen – setzt Savonarola am 4. März seine Auslegung des Exodus fort. Seiner Methode getreu, beleuchtet er die allegorische Bedeutung des Textes (Mose wird von der Tochter des Pharao entdeckt). Nebenbei kommentiert er die politische Aktualität und wiederholt, Gott selbst habe in Florenz eine Volksregierung eingesetzt. Dann wehrt er sich gegen den Vorwurf, sich in die Niederungen der Poltik zu begeben, beteuert aber, er wache über das Schicksal der Stadt. Schließlich versichert er seinen Getreuen, er werde an ihrer Seite kämpfen und mit Gottes Hilfe würden seine Feinde besiegt.

Am 5. März kommt er erst am Schluß einer schwierigen Predigt über die Trinität, die Prädestination, die Erbsünde, die Gnade, die Himmelsleiter und die göttliche Vorsehung auf das aktuelle Geschehen zurück und startet einen Angriff gegen den der Völlerei, der Ausschweifung und Habgier verfallenen Klerus.

Am 6. März versichert er unter Verweis auf den «brennenden Dornbusch», daß Gott, so wie er Mose beistand, auch seinen Getreuen beistehen wird. Er legt sich mit den lasterhaften Priestern und ihren Konkubinen an, für die Gott «ein großes Feuer bereithalte». Er behauptet, der über ihn verhängte Bann sei ein Werk des Teufels; dann prophezeit er einmal mehr die über Rom und ganz Italien hereinbrechende Plage, die in Florenz indes nur die schlechten Priester heimsuchen werde. Am 7. März widerlegt er erst einmal das im Breve vorgebrachte Argument, wonach er, wäre er tatsächlich ein Prophet, auch Wunder gewirkt hätte: Um Prophet zu sein, müsse man lediglich Gottes Gesandter sein, und mit diesem göttlichen Auftrag habe die Wundertätigkeit nichts zu tun – nie hätten etwa Johannes der Täufer oder Jeremia ein Wunder vollbracht. Von neuem bestreitet er die Gültigkeit der Exkommunikation, denn «der Papst ist nicht Papst, wenn er sich irrt». Er will sich nicht als Häretiker verstanden wissen und erinnert an die positive Auswirkung seiner Verkündigung auf die Sitten in Florenz. Am 8. März behauptet er, die gesamte kirchliche Hierarchie, angefangen beim Papst, sei auf die schiefe Bahn geraten, weshalb eine umfassende Erneuerung der Kirche vonnöten sei, könne er doch innerhalb der Kurie nur Wüstlinge, Schurken, Prostituierte, Konkubinen und Kinder von Prälaten ausmachen. Aus diesem Grund müsse er Rom weiterhin bekämpfen, dessen Verderbtheit in allen großen Orden, auch in seinem eigenen, überhandzunehmen drohe. Am 9. März folgt eine erneute heftige Attacke gegen die ehrgeizige, habgierige, simonistische, ungläubige und ausschweifende Hierarchie, die es abzuhauen gelte, wie es das den Körper tödlich bedrohende faule Glied abzuschlagen gilt. Dann ruft er seine Getreuen auf, als unerschrockene Soldaten gegen das Böse anzutreten. Am 10. März – es ist Samstag, und die Frauen sind zur Predigt zugelassen – paßt er seine Überlegungen dem weiblichen Publikum an und spricht von der Henne und ihren Küken und den ins Netz des Vogelfängers geratenen Vögeln. Aber auch diesmal kann er sich einige Anspielungen auf das politische Geschehen nicht verkneifen und nimmt die Gelegenheit wahr, einmal mehr die Gültigkeit der Exkommunikation zu bestreiten mit dem Argument, niemand sei gehalten, einem gottlosen Befehl zu gehorchen. Dann versichert er, Gott werde die Bösen strafen, seine Anhänger hingegen ins Paradies aufnehmen.

Am 11. März, nur Männer sind zugelassen, vergleicht er sich mit Mose: Wie dieser muß er sein Volk aus der Sünde herausführen; wie dieser wird er verleumdet; wie dieser muß er unzählige Prüfungen über sich ergehen lassen. Die Aufgabe wird schwierig sein, denn seine Gegner sind mächtig; es wird nicht an Heimsuchungen fehlen, Gott indes verheißt den endgültigen Sieg. Am 12. März bekräftigt er wiederum, die *renovatio Ecclesiae* benötige Zeit und mit ihr würden schmerzhafte Prüfungen einhergehen. Die Strafe wird «sehr bald» über Rom und seine schlechten Hirten hereinbrechen, wird aber die untadeligen Florentiner verschonen. Die – im übrigen ungültige – Exkommunikation werde ihn nicht von seinem Werk abbringen. Am 13. März sagt er den Ungläubigen und Schlechten die Hölle voraus, auf seine Getreuen hingegen warte das ewige Heil, denn Christus werde sich ihrer am Tag der Sintflut annehmen. Seine Feinde in Rom sind dem Untergang geweiht, insbesondere die Hierarchie, «die den Herrn hundertmal am Tag verkauft». Am 14. März attackiert er wieder den Papst, dem zu gehorchen er sich weigert. Erneute Vorhersage von Krieg, Hungersnot und Pest. Erneute Rechtfertigung der eigenen prophetischen Mission. Erneute Verteidigung der Volksregierung, gepaart mit einer vagen Anspielung auf einen Tyrannen, der im Dunkeln auf die Stunde seiner Rache warte. Und schließlich erneute Bekräftigung seines unerschütterlichen Willens, seinen Kampf «für die Ehre Gottes» und das Heil der Seelen selbst um den Preis seines Lebens weiterzuführen.

Am 15. März stehen der 11. *(In Domino confido)* und der 125. Psalm *(Qui confidunt in Domino)* auf dem Programm; daneben fährt er mit der Auslegung des Buches Exodus fort, unterstreicht die Analogien zwischen Mose und sich selbst, verkündet unablässig dieselben Weissagungen, dieselben Anathemata, dieselben Gewißheiten und sichert schließlich den Armen im Geiste *(pauperes spiritu)* das ewige Heil zu. Am 16. März stellt er anhand des Gleichnisses von den bösen Weingärtnern (Matthäus 21) eine Analogie mit dem eigenen Schicksal her: Er gleiche dem Sohn des Besitzers des Weinbergs, der von den Weingärtnern getötet wird, aber wie letztere würden auch seine Feinde durch Gottes Hand vernichtet werden, während der Weinberg (die Kirche) den guten Weingärtnern in Pacht gegeben werden wird. Am 17. März – es ist Samstag, und auch die Frauen sind zugelassen – spricht er über die Liebe der Frauen zu Gott und über die Geschlechterdifferenz, die sich dank Gottes Gnade auflösen wird, aber hier auf Erden zum Vorteil der Männer existiert. Nochmals wiederholt er, er strebe den Tod am Kreuz an und fürchte keine Verfolgung. Diese Predigt war so überzeugend, daß sie seinen Hörerinnen Tränen und Schmerzensschreie entlockt haben soll.

Am 18. März schließlich bekräftigt er, Widerstand gegen die Kirche und ihre Hierarchie sei dann Christenpflicht, wenn die Guten verfolgt und «Prostituierte, Lustknaben und Diebe» begünstigt würden. Denn über dem Papst stehe Christus, der die schlechten Prälaten und ihren obersten Herrscher zu bestrafen verheißen habe. Gottes Plage werde bald über Rom und Italien hereinbrechen. Dann macht er seinen Getreuen von neuem Mut. Er fürchte ein tragisches Ende nicht, denn so werde er die Krone der Herrlichkeit erringen. Das gegen ihn verhängte Verbot, im Dom zu predigen, mißfalle dem Herrn, er habe sich ihm aber unterzogen, weil er zu keinem öffentlichen Skandal Anlaß geben wolle. Inskünftig werde er sich ausschließlich dem Gebet widmen.

So endet Savonarolas Verkündigung an diesem 18. März 1498 mit einem Verzicht. Ein Kapitel seines Lebens geht zu Ende. Das Wort haben nun die Florentiner Politiker und die römische Hierarchie.

Zwei neue Breven
(März 1498)

Die politische Führung von Florenz hätte wissen müssen, daß der Papst über die ambivalente Haltung und die Verzögerungstaktik der Signoria wie auch über Savonarolas Spitzfindigkeiten äußerst aufgebracht sein würde. Davon zeugen zwei Breven, eines undatiert, das andere vom 9. März.

Im ersten Breve gibt der Papst seiner Empörung über das Verhalten der Signoria Ausdruck, die «es wagte, sich mit ihm über den Fall Fra Girolamo auf einen Disput einzulassen». Er sei nun entschlossen, dieser unerträglichen Polemik ein Ende zu setzen. Savonarola sei nicht aufgrund von Falschinformationen exkommuniziert worden, sondern wegen «seiner Weigerung», seinen Konvent gemäß päpstlichem Befehl der neuen römisch-toskanischen Kongregation zu unterstellen, wegen «der offenkundigen Verachtung», mit der er die Exkommunikation entgegengenommen habe, sowie wegen seiner Verstocktheit, trotz des päpstlichen Interdikts weiterhin zu predigen. Seine guten Werke, über die sich der Papst freue, stünden außer Zweifel. Savonarola müsse sich jedoch dem erhaltenen Befehl unterziehen und in Rom erscheinen, um dort «für seinen anmaßenden Hochmut um Verzeihung zu bitten». Es werde ihm gerne verziehen, sobald er sich dem Papst unterworfen habe. Die Regierenden der Stadt Florenz wiederum sollten diesem «Würmchen» *(tenui isto vermiculo),* diesem «monströsen Idol» *(vestro isti monstruoso idolo)* fortab ihre Unterstützung entziehen. Sonst werde die florentinische Republik mit dem Kirchenbann belegt.

Ob dieses Breve tatsächlich versandt wurde, ist umstritten. Beim zweiten indes gibt es diesbezüglich keinen Zweifel. Weniger heftig in der Form, ist es in seinen Schlußfolgerungen ebenso hart. Der Papst entrüstet sich über Savonarolas Beharren, auch weiterhin zu predigen, wie auch über die Haltung der Regierenden von Florenz. Zur Diskussion stünden weder die Sitten noch die Werke des Mönchs, sondern «seine Verstocktheit, sein Hochmut und seine verwerfliche Kühnheit» wie auch seine «vergeblichen und irreführenden Argumentationen» über die Gültigkeit seiner Exkommunikation. Der Papst bekräftigt nochmals seinen Befehl, Savonarola nach Rom zu schicken oder im Konvent einzuschließen und jeglichen Kontakt zwischen ihm und den Gläubigen zu unterbinden. In Rom werde Savonarola wohlwollend empfangen und, sollte er bereuen, die Absolution empfangen und der Kirche zurückgegeben. Sollte die Regierung von Florenz indes auf ihrer Ansicht beharren, so werde der Heilige Vater die Stadt mit dem Bann belegen, ohne weiteren, für die Stadt und für Fra Girolamo selbst noch schwerwiegenderen Maßnahmen vorgreifen zu wollen.

Damit hat der Machtkampf zwischen dem Heiligen Stuhl und Florenz begonnen. Mit der Verknüpfung von Kirchenreform und Verfassungsreform sowie der Weigerung, das Bündnis mit dem König von Frankreich zu lösen, hat Savonarola seinen Fall erschwert und die Aufgabe der Florentiner, die den Heiligen Stuhl nicht direkt angreifen wollen, nicht gerade erleichtert.

Die Reaktionen in Florenz
Die Versammlung vom 14. März

Am 10. März, also noch vor der Übergabe des päpstlichen Breves, konnten sich die Zehn noch in Illusionen über das päpstliche Wohlwollen wiegen. Nun, da das Breve eingetroffen ist, ist jede Ungewißheit schlagartig beseitigt. Die Stunde der Entscheidung hat geschlagen.

Für den 14. März beruft die Signoria eine allgemeine Versammlung ein, zu der auch je fünfundzwanzig Bürger aus jedem Stadtviertel geladen werden. Nur zweiunddreißig folgen dem Aufruf. Trotz langwieriger Diskussionen zeichnet sich keine Mehrheit ab, weder für noch gegen Savonarola. Alle rühmen seine Sitten und sein Werk. Aber lediglich vierzehn Bürger stimmen für die Weiterführung seiner Predigttätigkeit, sechzehn hingegen für deren sofortige Beendigung. Die Mehrheit der Signoria, aber auch der sechzehn Gonfalonieri, der zwölf Guten Männer sowie der Führer der Parte Guelfa sind gegen Savonarola. Es hatten also diejenigen das Sagen, die die wirtschaftlichen Folgen des Kirchenbanns (sofortige Einstellung jeglicher Handelstätigkeit) fürchteten, aber auch für die wiederholten Versprechungen des Papstes ein offenes Ohr hatten, bei der Liga zugunsten einer Rückgabe Pisas zu intervenieren. Ganz zu schweigen von der Angst, sich gegen den Papst zu stellen, der glaubwürdiger sei als Savonarola. An jenem Tag indes konnten sich die Behörden zu keiner entscheidenden Maßnahme durchringen.

Die Versammlung vom 17. März

Für den 17. März berief die Signoria eine weitere Versammlung ein, an der neben den Mitgliedern der Kollegien nur noch neunzehn weitere Bürger teilnehmen konnten. Zur Debatte steht nochmals die gleiche Frage: Soll Florenz Savonarola dem Papst ausliefern oder soll ihm ein Predigtverbot auferlegt werden? Die aus Rom eintreffenden Nachrichten sind dermaßen beunruhigend – der Papst macht jeden weiteren Schritt von der sofortigen Einhaltung des Breves abhängig –, daß einmütig beschlossen wird, Savonarola habe sich inskünftig jeglicher Predigttätigkeit zu enthalten. Mit der gewissermaßen freiwilligen Kapitulation des Betroffenen bliebe die Ehre der Republik unangetastet, denn diese wäre nicht gezwungen, Savonarola zum Schweigen zu bringen und ihn der Rache des Papstes auszuliefern. Weshalb diese Einmütigkeit? Hatten die *piagnoni* begriffen, daß sie in einem weniger wichtigen Punkt (Aufgabe der Predigttätigkeit) nachgeben mußten, um die Freiheit des Konvents und seines Priors zu bewahren?

Der Beschluß wurde Savonarola umgehend eröffnet. Er bat um Bedenkzeit, da er zuerst den Herrn, dem er Gehorsam schulde, anrufen wolle. Tags darauf stieg er für seine letzte Predigt auf die Kanzel und kündigte an, er wolle aufhören zu predigen. Als er dies tat, war er bereits nur noch jener «unbewaffnete Prophet», von dem Machiavelli in seinem Buch *Der Fürst (Il principe)* spricht.

Abfallbewegung unter den Anhängern

Die Zahl der Gläubigen nahm stetig ab, obwohl ihr Eifer während einiger Tage durch die Predigten Fra Domenicos in S. Marco und Fra Marianos im Dom aufrechterhalten wurde. Aber auf eine Beschwerde des Heiligen Stuhls hin setzt die Signoria auch der Verkündigung von Savonarolas Anhängern ein Ende. Die in Rom niedergelassenen florentinischen Kaufleute ihrerseits zeigen sich beunruhigt über Gerüchte, wonach der Papst schon bald ihre Verhaftung und die Beschlagnahmung ihrer Güter anordnen werde. Am 18. März informieren sie die Signoria entsprechend und beschwören sie, «die Interessen und die Sicherheit aller zu wahren». Auch der florentinische Botschafter in Rom empfiehlt in einem Schreiben, dem päpstlichen Befehl unverzüglich nachzukommen.

In Florenz wird die politische Lage nach dem Einzug einiger *compagnacci* in den Großen Rat immer unhaltbarer. In Flugblättern wird Paolantonio Soderini und Francesco Valori, zwei wichtigen Vertretern der *piagnoni,* mit Brandanschlägen und Plünderungen gedroht. Auch jenseits der Grenzen der Republik distanzieren sich Savonarolas Anhänger. Der Herzog von Ferrara, Ercole d'Este, der Savonarola lange Zeit bewundert und unterstützt hatte, beteuert in einem an den Papst gerichteten Schreiben vom 26. März, er habe die Autorität des Papstes nie in Zweifel gezogen und unterwerfe sich ihm.

Ein Konzil als letzte Rettung

Vor diesem Hintergrund wird verständlich, weshalb Savonarola versuchte, die wichtigsten katholischen Mächte für die Einberufung eines Konzils zur Absetzung Papst Alexanders VI. zu gewinnen. Mit Hilfe einiger Freunde, die er als Wortführer vorschiebt und deren Schreiben er beeinflußt, wenn nicht selbst verfaßt, wendet er sich um den 15. März an Kaiser Maximilian von Österreich, die beiden Katholischen Könige Ferdinand und Isabella, den König von England und den König von Ungarn. Die Briefe werden entweder an einige den Herrschern nahestehende Persönlichkeiten am Hof oder an diese persönlich gerichtet. Das grundsätzliche Anliegen ist überall das gleiche, nur der Wortlaut ändert sich je nach Empfänger leicht. Allen Briefen ist eine Kopie von Savonarolas Schreiben an den Papst vom 3. März beigelegt. Im wesentlichen wird folgendermaßen argumentiert: Gott hat die «Greuel» innerhalb seiner Kirche erkannt und beschlossen, diese Beleidigung dadurch zu rächen, daß er Plagen zur Ausrottung der schlechten Kirchendiener entsenden, so der Kirche ihre ursprüngliche Würde zurückgeben und die Ungläubigen bekehren wird. Seit acht Jahren prophezeit Savonarola diese Plagen, die Gottlosen indes schenken ihm kein Gehör, und die Gerechten werden weiterhin verfolgt. Aber bald wird die Zeit kommen, da Gott sie strafen wird. Deshalb müssen sich die Fürsten unverzüglich um das Los der Kirche kümmern, wollen sie nicht vom Herrn zur Rechtfertigung gezogen werden. Vordringliche Aufgabe ist es, Alexander VI., «der nicht Papst ist und nicht zum päpstlichen Thron zugelassen werden konnte», aus dem Amt zu entfernen, denn seine Wahl ist nur dank Simonie zustande gekommen und seine Laster wie sein Unglaube sind notorisch. Deshalb gibt Savonarola «im Namen des Allmächtigen» den Herrschern den Befehl, zum Wohle der Kirche und zum Heil der Seelen ein Konzil einzuberufen. Sonst werden sie dem Zorn Gottes und schwerer Sünde anheimfallen. Falls sie sich aber beeilen, wird Gott sie belohnen.

Vermutlich sind diese Briefe gar nicht abgeschickt worden, wie Savonarola selbst bestätigt. An der grundsätzlichen Einstellung der Herrscher «hätte sich kaum etwas geändert, selbst wenn er es getan hätte» (Cordero). Der Kaiser und die Katholischen Könige waren Bundesgenossen in der gegen Frankreich gerichteten Liga; allein der König von Frankreich schien entschlossen, im Sinne Savonarolas zu handeln. Obwohl ihm durch den im letzten Jahr mit der Liga geschlossenen Waffenstillstand die Hände gebunden waren, hatte er sein Vorhaben, zur Erneuerung der Kirche in die geistliche Ordnung einzugreifen, nicht aufgegeben. Aus diesem Grund hatte er auch Ende 1497 die Theologen der Sorbonne in Paris über die Möglichkeit eines von den Fürsten einberufenen Konzils konsultiert, um «die Reform der Kirche an Haupt und Gliedern durchzuführen» (Labande-Mailfert). Die vom 11. Januar 1498 datierte Antwort der Theologen bestärkte ihn in seinem Vorhaben. Der König war nämlich «noch immer gewillt, sein zweites Königreich (Neapel) zurückzugewinnen, auf das er einen seiner Meinung nach legitimen Anspruch besaß» (Labande-Mailfert). Papst Alexander VI. wiederum deutete an, er stehe einem erneuten Vorstoß auf das Königreich Neapel positiv gegenüber, falls als Gegenleistung seinem Sohn Cesare Borgia ein Staat zugesichert werde. Sogar ein von Ludovico Sforza gebilligter Feldzug unter der Führung des Markgrafen von Mantua wurde in Betracht gezogen.

Für Savonarola selbst war der Gedanke eines Konzils nicht neu. Bereits in seiner Predigt vom 9. März 1497 hatte er entsprechende

Anspielungen gemacht und am 11. April dazu aufgerufen, man möge den Freunden Frankreichs und Deutschlands schreiben, sie sollten zur Verbreitung dieser Idee beitragen, obwohl die Zeit dafür noch nicht reif sei. Im März 1498 scheint ihm die Ausgangslage dann günstig zu sein. Zudem kann er mit Gleichgesinnten rechnen. Etwa innerhalb des Heiligen Kollegiums, wo Kardinal della Rovere (der künftige Papst Julius II.) die Idee einer Absetzung des Papstes verficht, hält er doch dessen Wahl für unrechtmäßig und damit nichtig und den Papst selbst für einen Marranen und Häretiker. Alles in allem sind also Savonarolas Überlegungen nicht bloße Wunschgebilde. Konkrete Wirkung sollten sie allerdings keine zeitigen.

Die Feuerprobe
(7. April 1498)

In den Briefen an die Fürsten und an den Papst hatte Savonarola angekündigt, vor dem Konzil werde er die Beweise für Papst Alexanders VI. Unwürdigkeit liefern und der «allmächtige Herr sie durch sichtbare Wunder bestätigen». Diese übernatürliche Hilfe wäre unabdingbar, denn in Florenz stehen die Dinge schlecht für ihn. In der neuen Signoria hat er eine qualifizierte Mehrheit, also sechs von neun Mitgliedern, gegen sich. *Arrabiati* und *compagnacci* beherrschen alle Räte außer dem Rat der Acht. Auf politischer Ebene scheint Savonarola demnach auf verlorenem Posten zu stehen. Aber in der spirituell überreizten Atmosphäre im Florenz jener Tage ist es unvermeidlich, daß die ärgsten Eiferer Extremlösungen anstreben.

Savonarola beim Wort nehmend, brachte ein Franziskaner von S. Croce, Fra Francesco di Puglia, die Idee eines *Ordals,* eines «Gottesurteils» vor; damit wurde im Mittelalter eine Frage entschieden, die durch Vernunft und Natur allein nicht zu entscheiden war. Obwohl seit dem Laterankonzil von 1215 verboten, wurde das Gottesurteil von Zeit zu Zeit noch immer praktiziert. Fra Francesco, der Savonarola als Häretiker, Schismatiker und falschen Propheten beschimpfte, erklärte sich am 25. März bereit, sich in der

Feuerprobe mit jedem zu messen, der die Gültigkeit der gegen Fra Girolamo ausgesprochenen Exkommunikation in Zweifel zöge. Als guter Franziskaner war Fra Francesco auf seine Dominikanermitbrüder eifersüchtig und wollte ihnen gegenüber als Verteidiger des Heiligen Stuhls auftreten. Zudem dachte er, «entweder ist der Frate ein Heiliger oder er ist es nicht. Ist er ein Heiliger, so ist er auch von christlicher Liebe beseelt und kann nicht zugeben, daß ich oder ein anderer um seinetwillen im Feuer zugrunde gehe. Ist er keiner, so wird er von der Probe auch selbst nichts wissen wollen; geht nun aber die Weigerung von ihm selbst aus, so ist das Spiel für uns schon gewonnen.»[36]

Im Lager der *piagnoni* indes wird dieses göttliche Schiedsgericht zur letzten Rettung der von der politischen Klasse Fallengelassenen. So nimmt denn Fra Domenico da Pescia bereits am 27. März die Herausforderung an. Es war nicht das erste Mal, daß sich Fra Domenico auf derartige Herausforderungen einließ. Bereits 1493 hatte er in Rom den Vorschlag gemacht, als Beweis für die Wahrheit von Savonarolas Lehre in Anwesenheit des Papstes einen Toten zum Leben zu erwecken. Er hatte dieses Angebot bei anderer Gelegenheit wiederholt. Fra Francesco seinerseits hatte Fra Domenico bereits 1497 herausgefordert, dann aber einen Rückzieher gemacht. Savonarola selbst hatte am 7. März 1496 das Gottesurteil hochgelobt. Francesco und Domenico standen sich indes nicht allein gegenüber. Kleriker und Laien, auch Frauen, hatten sich freiwillig zur Feuerprobe gemeldet. Aber aufgrund seiner beinahe mystischen Hingabe an Savonarola und seines Glaubens, «der beinahe etwas Erschreckendes an sich hatte» (Klein, Le Procès de Savonarole), konnte kein Kandidat aus dem Lager der *piagnoni* repräsentativer sein als Fra Domenico.

Der Zeitpunkt der Auseinandersetzung rückte näher, als am 28. März plötzlich bekannt wurde, Fra Francesco weigere sich, sich mit Fra Domenico zu messen, sondern wolle mit Savonarola selbst ins Feuer steigen. Daraufhin verlangte Fra Domenico, er wolle an Savonarolas Statt ins Feuer steigen, denn dieser habe «noch nicht getan, was zu tun sei» – womit er selbstverständlich die Erneuerung der Kirche meinte. Der Vorschlag konnte im gegnerischen Lager nur als Versuch Savonarolas, sich der Sache zu entziehen, verstanden werden. Dieser tadelte denn auch seinen allzu eifrigen Anhänger. Es macht den Anschein – obwohl die Aussagen dermaßen divergieren, daß jede eindeutige Stellungnahme anmaßend wäre –, als ließe sich alles noch arrangieren und habe es mit verbalen Provokationen sein Bewenden.

Aber die größten Eiferer beider Lager versuchen mit allen Mitteln, die Angelegenheit eskalieren zu lassen. Um die Feuerprobe unausweichlich zu machen, überreicht Fra Domenico der Signoria gewisse Schlußfolgerungen, gewissermaßen die Synthese von Savonarolas Verkündigung: Die Kirche muß erneuert werden; sie wird gegeißelt werden; gleiches wird mit Florenz geschehen, dann aber wird die Stadt eine neue Blüte erleben; die Exkommunikation ist null und nichtig; wer diesen Standpunk vertritt, verfällt nicht in den Stand der Sünde. Diese von Savonarola sicherlich gebilligte, wenn nicht direkt diktierte Erklärung wird am 28. März abgegeben und sogleich verbreitet. Nun bleibt keine Ausweg mehr, die beiden Parteien müssen den Weg zu Ende gehen. In der Zwischenzeit gilt es, die Durchführung der Feuerprobe vorzubreiten.

Am 30. März findet im Palazzo della Signoria eine Versammlung statt. Die lebhaft geführte Diskussion kommt zu keinem konkreten Ergebnis. Nun liegt der Entscheid bei der Signoria. Noch am gleichen Abend steht ihr Beschluß fest: Savonarola und Domenico werden, sollte der Streiter für ihre Sache in den Flammen untergehen, lebenslänglich verbannt; Fra Francesco und Fra Lorenzo Corsi, auch er ein Franziskaner, der sich für die Feuerprobe zur Verfügung gestellt hat, werden, falls ihr Streiter verbrennt, das gleiche Los erleiden; falls beide Streiter verbrennen, sei es, als ob lediglich der Dominikaner verbrannt wäre, der folglich als Verlierer gelte; schließlich werde jeder, der sich dem Ablauf der Feuerprobe zu widersetzen suche, mit Verbannung bestraft.

Das Unwiderrufliche ist geschehen. Nun bleibt Savonarola nichts anderes übrig, als die von ihm gar nicht gewollte Probe zu verteidigen. Er tut dies am 1. April in S. Marco vor einer übereifrigen Hörerschaft, aus der sich zahlreiche Getreue freiwillig «zum Feuer» melden. Am gleichen Tag bekräftigt er in einer sogleich gedruckten Schrift seine Zustimmung. Darin rechtfertigt er seine Weigerung, sich mit Fra Francesco zu messen: Er habe nichts gegen ihn, und da seine Sache gerecht sei, brauche er keine Wunder; er wiederholt seine angeblich unwiderlegbare Widerlegung der Exkommunikation; es sei eines Propheten seines Zuschnitts unwürdig, sich mit einem einfachen Mönch zu messen, der keinerlei Recht habe, sich als Streiter der Kirche zu betrachten; weiter stimme er Fra Domenicos Teilnahme zu; er selbst sei für ein «größeres Werk» bestimmt, für das «er stets sein Leben zu geben bereit ist». Schließlich bekräftigt er, «daß die Zeit nicht mehr fern ist, da sich der Herr durch übernatürliche Zeichen manifestieren wird».

Von dieser Erklärung ermutigt, stellen sich die rund dreihundert Brüder von S. Marco freiwillig für das Gottesurteil zur Verfügung. Am 3. April setzen sie in einem von Savonarola angeregten, wenn nicht diktierten Brief den Papst darüber in Kenntnis. Sie geben sich siegesgewiß und weisen darauf hin, daß auch Laien, Männer wie Frauen, und Geistliche anderer Orden bereit sind, sich ihnen anzuschließen.

Bereits im voraus hatte Savonarola in einem an die Signoria gerichteten Brief vom 1. April diese massive Unterstützung angekündigt und beigefügt, an jenem Morgen hätten «mehrere tausend» Hörer ihren Wunsch bekundet, an der Feuerprobe teilzunehmen.

Als der florentinische Gesandte in Rom über die Angelegenheit informierte, zeigten sich der Papst und die anwesenden Kardinäle überrascht und besorgt, befürchteten sie doch, ein Sieg der Dominikaner würde die Sache der Exkommunikation und des Interdikts genau zu dem Zeitpunkt untergraben, da sie innerhalb der florentinischen Führungsgremien ihre Früchte zu tragen begann. Aber als Skeptiker und Pragmatiker unternimmt der Papst nichts gegen die geplante Feuerprobe. Vielleicht vermutet er, die Savonarola feindlich gesinnte Signoria werde alles unternehmen, damit die Sache nicht stattfinde oder aber für die Dominikaner von S. Marco und ihren Prior negativ ausfalle.

In Florenz überstürzen sich die Ereignisse. Am 6. April verfaßt die Signoria in Gegenwart des erzbischöflichen Generalvikars ein Protokoll, worin die beiden Kontrahenten bezeichnet werden: Fra Domenico für S. Marco und Fra Giuliano Rondinelli für S. Croce, als deren Zeugen Savonarola respektive Fra Francesco fungieren werden. Im Hinblick auf einen möglichen Rückzieher präzisiert das Protokoll, als Verlierer gelte, wer sich weigere oder auch bloß zögere, ins Feuer zu treten, und Sieger sei Fra Domenico, falls er unbeschadet aus dem Feuer hervorgehe. Falls Fra Domenico aber in den Flammen umkomme, werde Savonarola zum Aufständischen erklärt und müsse innerhalb von drei Stunden die Stadt verlassen.

Schließlich ist es soweit, man schreibt den 7. April, den von der Signoria festgesetzten Tag. Auf dem Platz vor der Signoria ist ein fünfzig Ellen (rund fünfundzwanzig Meter) langes, zehn Ellen breites und vier Ellen hohes Podest errichtet worden, das zum Schutz mit einer Schicht von Kieselsteinen, Erde und Ziegeln belegt wurde. Darauf hatte man einen Scheiterhaufen aus Holz errichtet, den man mit Schießpulver, Öl, «Feuerwasser» (einer Art Terpentin) und Harz durchsetzt hatte. In der Mitte des Scheiterhaufens blieb ein schmaler Gang offen, den die beiden Gegner in seiner ganzen Länge durchqueren mußten, um schließlich wieder auf der gleichen Seite hinauszutreten. Hatten die beiden Kontrahenten diesen Todesgang einmal betreten, würde in ihrem Rücken das Feuer entfacht, ebenso am anderen Ende, was jedes Entrinnen unmöglich machen würde.

Der Platz wurde von dreihundert Savonarola ergebenen Soldaten bewacht, die vor der Loggia dei Signoria (heute: Loggia dei Lanzi) standen, während fünfhundert ebenfalls savonarolatreue Soldaten vor dem Palazzo della Signoria Stellung bezogen hatten. Alle Zugänge zum Platz sind verbarrikadiert und von Truppen bewacht. Frauen und Kindern ist der Zugang verwehrt. Ebenfalls verboten sind Umzüge und das Tragen von Waffen, obwohl nicht zu verhindern war, daß Anhänger beider Lager versteckt Waffen mit sich trugen. Die Stadttore wurden geschlossen, die Fremden gebeten, die Stadt zu verlassen. Die in der Umgebung stationierten Truppen der Republik durften ohne schriftlichen Befehl der Signoria unter keinen Umständen gegen Florenz marschieren.

An jenem Morgen feierte Savonarola in S. Marco vor Hunderten von Gläubigen das Hochamt und hielt dann eine kurze Predigt. Er gibt sich siegesgewiß, wiederholt, seine von Gott eingegebenen Weissagungen seien wahr, er bedürfe keiner Wunder, um sich in seinen Überzeugungen bestärkt zu wissen, seine Exkommunikation sei ungültig und er davon überzeugt, daß der Herr mit ihm sei und sich an diesem Tag der Prüfung manifestieren werde.

Die Feuerprobe ist auf den Morgen festgesetzt. Um zehn Uhr treffen die Franziskaner von S. Croce ein. Zweihundert Fratres, alle Mitglieder des Konvents, begleiten ihren Vertreter. Seltsamerweise legen sie keinerlei Siegesgewißheit an den Tag; vielmehr marschieren sie gesenkten Hauptes und schweigend, ohne jede ersichtliche Begeisterung. Auf dem Weg werden sie von den *piagnoni* mit Beschimpfungen und Spott überhäuft. Auf dem Platz angekommen, begeben sie sich unverzüglich auf die ihnen bei der Loggia dei Signori vorbehaltene Seite und versenken sich vor einem kleinen Altar ins Gebet. Die Dominikaner von S. Marco lassen mehr als zwei Stunden auf sich warten. Weshalb diese bewußte Verzögerung? War es Nervenkrieg? Oder der Versuch, ihren Laienanhängern Zeit zu geben, sich auf dem Platz einzufinden? Schließlich treffen sie ein. Neben den Fratres von S. Marco finden sich auch die Mitbrüder aus Fiesole und Prato ein. Sie treten ganz anders auf als die Franziskaner. Sorgfältig nach dem Alter paarweise eingeteilt und Psalmen singend, gehen sie Fra Domenico voran. Dieser, mit einem roten Meßgewand bekeidet, schreitet mutig einher, ein monumentales Kruzifix zwischen zwei Leviten vor sich her tragend. Am Schluß folgt Savonarola selbst, die silberne Monstranz mit dem Allerheiligsten in den Händen. Die Dominikaner werden von Hunderten von Anhängern begleitet, die brennende Fackeln und rote Kreuze, ihr Wahrzeichen, tragen. Vor der Loggia dei Signori angekommen, begeben sie sich auf die ihnen zugewiesene Seite, von den Franziskanern durch eine Holzwand getrennt, auf daß der bösartige Einfluß der einen nicht auf die anderen überspringen möge! Sogleich stimmen sie laut Psalmen und Litaneien an.

Die Zeit vergeht. Die Streiter der Franziskaner sind noch immer nicht angekommen. Sie haben sich in den Palast der Signoria eingeschlossen, wo sie vermutlich mit den Vertretern der Regierung nach einem Ausweg aus der bedrohlichen Prüfung suchen: Fra Rondinelli ist verängstigt und bittet, man möge ihm diese erlassen. Die Menge der *piagnoni* wird ungeduldig und macht ihrem Unmut laut und vernehmlich Luft.

Aufgrund des Hin und Her der Gesandten zwischen der Loggia und dem Palast ahnt die Menge, auch wenn sie es nicht mit Bestimmtheit weiß, daß zwischen den beiden Lagern eine Diskussion, ein Disput im Gang ist und daß die Franziskaner mit allen zur Verfügung stehenden kasuistischen Spitzfindigkeiten versuchen, die gefürchtete Feuerprobe hinauszuzögern oder zu vereiteln. Als erstes verlangen sie, daß Fra Domenico sein möglicherweise von einem Dämon besetztes rotes Meßgewand ablegt und sich dasjenige eines Franziskaners überstreift. Domenico lehnt dieses Ansinnen unwillig ab. Die Franziskaner aber beharren auf ihrem Vorschlag. So geht es hin und her zwischen den insgesamt vier – für jedes Lager zwei – von der Signoria ernannten Kommissaren. Schließlich räumt Savonarola ein, Domenico möge sein rotes Meßgewand ablegen und dasjenige eines anderen Dominikaners überstreifen. Savonarola will also nicht, daß der Dominikanerhabit von der Bühne verschwindet. Daraufhin fordern die Franziskaner, Fra Domenico müsse sich gänzlich entkleiden, um sicherzustellen, daß er keine Amulette oder andere Zaubergegenstände auf sich trage. Savonarola geht auch auf diese Forderung ein. Erneute Einwände der Franziskaner: Domenico dürfe nicht mit einem Kruzifix in der Hand ins Feuer treten, denn das käme einem Frevel gleich, gehe es doch nicht an, Christus der Vernichtung durch die Flammen auszusetzen. Hier weigert sich Savonarola, der dieses Ansinnen als gotteslästerlich abtut. Allerhöchstens könne er sich damit einverstanden erklären, daß sein Streiter eine Hostie anstelle des Kruzifixes trüge. Laute Proteste der Franziskaner, die diesen Vorschlag als skandalös und eines Häretikers würdig beurteilen. Das Hin und Her der Kommissare der Signoria geht unvermindert weiter. Fortschritte sind keine zu erzielen. Savonarola erklärt, er werde nicht von dem von beiden Seiten vor der Signoria unterzeichneten Protokoll abweichen, das keines der von ihm als Verzögerungstaktik und Schändlichkeit taxierten Ansinnen vorsehe. Die Franziskaner tun ihr Mißtrauen und ihre Furcht vor teuflischen Machenschaften kund, täten ihre Gegner doch alles, um die Heiligkeit dieses Gottesurteils zu verderben.

Sind die Forderungen der Franziskaner übertrieben? In unseren Augen bestimmt, nicht aber in den Augen der Zeitgenossen, entsprechen sie doch nach Buchstabe und Geist den eben von den Dominikanern verfaßten Handbüchern der Dämonologie, insbesondere dem erst 1486 publizierten *Malleus maleficarum* (Hexenhammer), der während langer Zeit «die Bibel vieler Inquisitoren» (Delumeau, Angst im Abendland) bleiben wird. Im übrigen trägt die Signoria den Forderungen der Franziskaner auch Rechnung, ordnet sie doch an, Fra Domenico habe ein von den Franziskanern in der Kapelle der Signoria ausgesuchtes Meßgewand zu tragen.

Die Stunden vergehen – einige sprechen von siebenstündigen Verhandlungen. Die Erregtheit der Menge nimmt zu. Haßerfüllte Beschimpfungen an die Adresse der Franziskaner werden laut; die *arrabiati* ihrerseits versuchen, sich Savonarolas zu bemächtigen, der von seinen Anhängern energisch *(manu militari)* geschützt werden muß. Die Nacht bricht herein. Für einen Augenblick zerstreut ein von Blitzen und heftigen Windstößen begleiteter Platzregen die Menge. Die Vertreter der Franziskaner haben den Palazzo della Signoria noch immer nicht verlassen – weil sie beten, sagen die einen, weil sie noch immer nach einer List suchen, um die Feuerprobe zu vereiteln, sagen die anderen. Schließlich beschließt die Signoria, die Franziskaner hätten den Platz zu räumen und in ihr Kloster zurückzukehren. Was sie sogleich in die Tat umsetzen, konnten sie doch nicht von vornherein auf soviel Entgegenkommen hoffen. In S. Croce angekommen, werden sie als Sieger empfangen. Die Dominikaner hingegen werden auf dem Rückweg beschimpft und tätlich angegriffen. In S. Marco indes werden sie von ihren Getreuen, insbesondere von den zum Schauspiel nicht zugelassenen Frauen, als Helden empfangen. Savonarola steigt auf die Kanzel und berichtet in allen Einzelheiten über die Vorkommnisse. Er schließt mit der Behauptung, der Sieg falle seinen Mitstreitern zu, hätten sich doch deren Gegner der Prüfung entzogen.

Trifft das tatsächlich zu? Ein Savonarola so günstig gesinnter Historiker wie Schnitzer, dessen Kenntnis und Aufrichtigkeit außer Frage stehen, ist da anderer Meinung: «Somit hatten die Signorie, die Arrabiati und Compagnacci ihre Absicht glücklich erreicht. Sie hatten ein Meisterstück ruchlosen Ränkespiels geliefert, um das sie ein Machiavelli beneiden durfte. Hintennach aber wälzten sie alles auf den Frate ab und schoben ihm in die Schuhe, was sie selbst auf dem Kerbholz hatten. Er mußte nunmehr die Feuerprobe veranlaßt, er sie durch immer neue Ausflüchte hintertrieben haben.»[37] Auch Cordero behauptet, dieser Tag sei für Savonarola ein «verhängnisvoller» Tag gewesen, denn «obwohl man sich auf der Ebene des Prozederes über den Sieger streiten mag, haben doch die einen wie die anderen zu diesem Nicht-Ereignis beigetragen ... Aber das *Te Deum* der Franziskaner war berechtigt, jenes von Savonarola hingegen nicht». Schnitzer und Cordero haben recht. Auf rein formaler Ebene haben die Franziskaner und ihre Freunde in der Signoria so geschickt taktiert, daß die Feuerprobe nicht stattfand. Letztlich hat ihnen Savonarola, indem er sich auf ihre Spitzfindigkeiten einließ, die Sache erleichtert. Ein großer Teil der Öffentlichkeit wollte nur das Endergebnis sehen: Die Feuerprobe hatte nicht stattgefunden. Durch die geschickte Propaganda der *arrabiati* und der *compagnacci* davon überzeugt, daß Savonarola der Urheber der Prüfung war, war nun er allein schuld an dem «Nicht-Ereignis». Außerdem hatte Savonarola, der Richtigkeit seiner Sache und der göttlichen Hilfe nur allzu gewiß, den Fehler gemacht, öffentlich zu wiederholen, Gott sei mit ihm und werde sich im Verlauf der Prüfung deutlich manifestieren. Gottes Schweigen indes war total, außer man wollte ihm, wie dies die eifrigsten *piagnoni* taten, Regen und Gewitter am Schluß des Tages zuschreiben. Dieses göttliche Schweigen, das in so großem Widerspruch zu Savonarolas Weissagungen zu stehen schien, es wurde ihm in den Augen der Öffentlichkeit zum Verhängnis.

Dieser Tag markiert den unwiderruflichen Umschwung der öffentlichen Meinung. Savonarolas Feinde wurden in ihrer Überzeugung bestätigt, es mit einem falschen, von Gott verlassenen Propheten zu tun zu haben. Zahlreiche seiner Anhänger waren erschüttert durch seine Unfähigkeit, von Gott jene deutlichen Zeichen zu empfangen, die es erlaubt hätten, den Sieger klar zu benennen. – An diesem Tag beginnt eine entscheidende Etappe. Die Zeit der letzten Prüfungen ist gekommen.

Kapitel III
Auf dem Weg zum Martyrium
(April–Mai 1498)

Der Sturm auf S. Marco
(8. April 1498)

Von Savonarolas Mißerfolg ermutigt, denn als solcher gilt der
7. April, machen sich seine Feinde die Situation sogleich zunutze.
Die *piagnoni* wiederum versinken ganz überraschend in Passivität
und Resignation. Nur Luca Albizzi begreift, daß in der Öffentlichkeit ein Meinungsumschwung stattfindet, und schlägt am Morgen
des 8. April einen militärischen Handstreich vor, der allein
Savonarolas Parteigänger retten könne. Aber keine der führenden
Persönlichkeiten aus seinem Lager will ein derartiges Risiko ein-
gehen, nicht einmal Francesco Valori, der bisher stets zu gewalt-
samen Lösungen gedrängt hatte. Savonarola selbst scheint sich in
sein Los zu schicken. Am Morgen des gleichen Tages beschränkt
er sich darauf, sein Scheitern einzugestehen und seine Brüder dazu aufzufordern, zu beten und von Gott die baldige Gnade des
Märtyrertums für ihn zu erbitten.

Aber nicht alle seine Anhänger teilen diese Mutlosigkeit. So hat
etwa Fra Mariano Ughi, der sich in den Tagen zuvor für die Feuerprobe gemeldet hatte, nichts von seiner Gewißheit verloren. Er
setzt sich sogar über die Anordnungen des Kathedralkapitels hinweg, das sich, weil es ihm die Kanzel nicht verbieten konnte, für
eine spätere zeitliche Ansetzung der Vesper ausgesprochen hatte.
Aber auf dem Hin- und Rückweg werden Fra Mariano und seine
Getreuen von den *arrabiati* und den *compagnacci* beschimpft,
angegriffen und mit Steinen beworfen. Bereits während der Predigt löst ein von einem *arrabiati* provozierter Zwischenfall so etwas wie Panik aus. Tatsächlich macht es den Anschein, als habe
diese von Savonarolas Feinden als Provokation empfundene Predigt bewirkt, daß die bereits gespannte Lage explosiv wird.

Nach Fra Marianos Predigt ertönt dann jener Ruf, der das Signal zum Aufruhr geben wird: «Auf nach S. Marco! S. Marco soll brennen!» Alsbald bildet sich eine mehrere hundert Mann starke bewaffnete Truppe, die zum Kloster zieht. Inmitten dieser Menge jene teilweise von Savonarola und Fra Domenico selbst geschaffenen Kinderbanden, die der Stoßtrupp des «weißen Terrors» gewesen waren und die nun die unterwegs angetroffenen *piagnoni* steinigen und blutig schlagen, ja zwei von ihnen sogar töten.

In der Kirche S. Marco haben sich mehr als sechshundert ins Gebet versunkene Getreue eingeschlossen. Sie hören die tobende Menge der Feinde vor dem Portal. Im Konvent selbst haben sich nicht alle in ihr Schicksal ergeben. Gewiß, die große Mehrheit der Brüder kniet mit ihrem Prior um den großen Altar, betet und singt und stimmt insbesondere den Psalm *Salvum fac populum tuum, Domine* an. Eine kleine Gruppe hingegen, zu der auch einige Laien gestoßen sind, ist entschlossen, sich mit der Waffe in der Hand zu verteidigen. Im Konvent sind etliche von Laien im Hinblick auf einen möglichen Sturm auf das Kloster herbeigeschaffte Waffen vorhanden – einige Pfeilbogen und Armbrüste, einige Schwerter und Dolche, einige Lanzen und Wurfspieße, einige Rüstungen und Helme, vielleicht auch eine oder zwei kleine Bombarden.

Die meisten Brüder geben sich jedoch von vornherein geschlagen. Das Dekret, das Savonarolas Verbannung verfügt, ist angeschlagen worden und entmutigt die *piagnoni* dermaßen, daß einige Laien unverzüglich das Kloster verlassen, da sie nicht Gefahr laufen wollen, zu Aufständischen erklärt, vertrieben und ihrer Güter beraubt zu werden. Der bemerkenswerteste Abfall ist jener von Francesco Valori, von dem man angenommen hätte, er werde mit der Waffe in der Hand sterben. Aber dieser Kriegshetzer in Zeiten des Friedens schlich sich unter dem Vorwand, Verstärkung zu holen, durch eine versteckte Türe von dannen, um sich zu Hause zu verstecken. Von einigen Strolchen, die ihm zusetzen wollten, aufgegriffen, wird er von Freunden befreit und bis zu seinem Wohnsitz gebracht. Dort verkriecht er sich in einer Abstellkammer und versucht die Meute nicht einmal daran zu hindern, sein Haus in Brand zu stecken und seine Frau zu töten. Sein Leben verdankt er der Ankunft von zwei Gonfalonieri und zwei Gerichtsvollziehern der Signoria, die ihn mit dem Versprechen, sein Leben zu schützen, zum Palast geleiten. Unterwegs von zwei Verwandten der von ihm im August 1497 zur Hinrichtung verurteilten Verschwörer erkannt, fällt er, von Hieben durchbohrt. Sein Leichnam wird dem Pöbel überlassen und geschändet ... Vor kurzem ist es Nacht geworden.

Dieser elendigliche Tod, in S. Marco und in der Stadt sogleich bekannt, verstärkt die Entmutigung der in Kirche und Konvent eingeschlossenen *piagnoni,* die sich bisher über das erste Verbannungsdekret gegen Savonarola hinweggesetzt haben und sogar dem zweiten, in der Abenddämmerung angeschlagenen Dekret getrotzt haben, das jeden Bürger, der nicht binnen einer Stunde die Kirche verlassen hat, zum Aufständischen erklärt. Dann folgt ein drittes Dekrèt. Es erklärte alle Bürger, «die sich nach S. Marco begeben», als vogelfrei. Damit gemeint sind sowohl die *piagnoni,* die ihren belagerten Freunden zu Hilfe eilen möchten, wie auch die *arrabiati* und *compagnacci,* die sich noch nicht unter die Angreifer gemischt haben. Jedes dieser Dekrete bewirkt den Abfall einiger Anhänger, so daß in Kirche und Konvent neben den Fratres bloß noch einige wenige Laien verbleiben, entschlossen, für ihren Glauben und ihren Propheten zu sterben.

Beim ersten, erfolgreich abgewehrten Angriff werden zwei Angreifer getötet und vier gefangengenommen. Der zweite Ansturm wird gegen Abend von einer großen Menge, einige sprechen von achthundert Mann, durchgeführt. Nachdem die Angreifer die Klostermauer erklettert haben, dringen sie in die Sakristei und, als die Türe zur Kirche einmal aufgebrochen ist, in den Chor vor. Nun beginnt ein etwa dreistündiges Handgemenge. Während die grosse Mehrheit der Brüder weiterhin betend und singend vor dem Hauptaltar kniet, wehren sich etwa zwanzig Fratres mit zu Waffen umfunktionierten Gegenständen: brennenden Kerzenständern und Fackeln, Kruzifixen aus Bronze, Holz und Silber, Brettern usw. Andere sind auf die Dächer gestiegen und bewerfen die Angreifer mit Schiefer, Ziegeln und Steinen. Bruder Heinrich, ein Deutscher, greift sich eine Armbrust und schießt von der Kanzel herab, jeder Schuß von einem sonoren und triumphierenden: *Salvum fac populum tuum, Domine* begleitet. Einige andere tun sich in diesem mörderischen Kampf hervor, etwa Fra Luca della Rob-bia, wie ein Ritter gerüstet, der, um seine Feinde zu verschonen, mit der flachen Seite der Schwertklinge zuschlägt. Die Luft ist un-erträglich geworden. In der rauchgeschwängerten Kirche, deren Pforten brennen, vermengen sich «die Schreie der Verletzten, das Röcheln der Sterbenden und die Psalmodien der Brüder» (Ridolfi).

Dann bricht die Morgendämmerung herein, und der Sieg, so Ridolfi, «fällt deutlich S. Marco zu». Stimmt das? Gewiß, der Wider-stand war beträchtlich, was die Angreifer, die sich auf einen ra-schen Sieg eingestellt hatten, auch überraschte. Auch die Verluste sind groß: Gemäß dem Chronisten Landucci in beiden Lagern ins-gesamt fünfzehn bis zwanzig Tote und etwa hundert Verwundete. Seltsamerweise gab es unter den Dominikanern selbst weder Tote noch Verwundete, was an ein Wunder grenzte. Aber hätte dieser Widerstand weitergeführt werden können? Die Belagerten erhal-ten keinerlei Verstärkung, ja ihre Reihen lichten sich, weil sich die von den aufeinanderfolgenden *bandi* (Dekreten) der Signoria be-eindruckten Laien aus dem Staub machen. Auch die Reihen der Angreifer erhalten keine Verstärkung mehr, nachdem das dritte Dekret den Bürgern untersagte, sich zur Kirche von S. Marco zu begeben. Aber sie sind zahlreich genug, um schließlich den Wi-derstand der Belagerten brechen zu können.

Um ein Blutbad zu vermeiden, erläßt und verbreitet die Signoria denn auch unverzüglich ein viertes Dekret, wonach die Güter eines jeden, der Konvent und Kirche nicht unverzüglich verläßt, beschlagnahmt werden. Sofort zeigt sich die gewünschte Wir-kung. Eine erneute Abfallbewegung unter den Laienverteidigern entzieht den *piagnoni* ihre entschlossensten Kämpfer. Zur Durch-setzung ihres Beschlusses entsendet die Signoria schließlich ihre eigenen Soldaten und die leichte Artillerie; geplant ist nicht ein Sturm auf das Kloster, sondern ein Stellungsbezug, um Plünde-rungen zu verhindern.

Zur gleichen Zeit begehren zwei (oder vier) Kommissare der Signoria beim Kloster Einlaß. Savonarola, Fra Domenico und Fra Silvestro werden aufgefordert, ihnen in den Palast zu folgen. An-dernfalls werde das ganze Kloster bis auf die Grundmauern nie-dergebrannt. Ist dieser brutale Befehl auf Verrat zurückzuführen?

In dieser Tragödie, die die *piagnoni* unwiderstehlich an die Lei-densgeschichte Jesu erinnert – die Ereignisse spielen sich in der Karwoche ab – braucht es einen Judas. Gefunden wird er in der Person von Fra Malatesta Sacramoro, einem früheren Domkano-niker, der später in S. Marco eintrat. Fra Malatesta, einst ein eifriger Anhänger Savonarolas, der sich auch freiwillig für die Feuerprobe gemeldet hatte, war wahrscheinlich klar geworden, daß jeder Wi-derstand nutzlos war und der Zukunft der Gemeinschaft nur scha-den konnte. Vielleicht war er auch, das verbreiteten seine Feinde, von Eifersucht und Angst geplagt. Er schlug angeblich, zusammen mit zwei anderen Brüdern, den Kommissaren der Signoria vor, Sa-vonarola auszuliefern, vorausgesetzt, dessen Leben werde ver-schont. Er habe auch Savonarola davon abgehalten, den Rat der-jenigen zu befolgen, die ihn anflehten, die Flucht zu ergreifen, indem er ihm sagte, «der Hirte muß zur Rettung seiner Herde sein Leben geben».

Die Kommissare hatten sich sichtlich auf eine unverzügliche Ka-pitulation Savonarolas und seiner beiden Gefährten eingestellt. Dabei hatten sie aber ihre Rechnung ohne Fra Domenicos forma-listischen Geist gemacht. Dieser verlangte nämlich den schriftli-chen Befehl der Signoria zu sehen, den die Kommissare nicht vor-weisen konnten. Auf Formen bedacht, willigten sie ein, ihn im Palast zu holen. Das bedeutete, daß sich Savonarola und seinen beiden Gefährten eine Gelegenheit zur Flucht bot. Savonarola in-des ließ dem Schicksal seinen Lauf. Durch unablässiges inniges Gebet hatte er sich darauf vorbereitet, seine Mitbrüder keineswegs zum Widerstand ermutigt und sogar jene getadelt, die er mit Waf-fen in der Hand entdeckte; er ermahnte alle zu Gebet und Samm-lung, dabei soll es ihm gelungen sein, sich inmitten des Handge-menges durch völlige Versenkung in die Leidensgeschichte des Herrn dem Wüten und Toben zu entziehen.

Er versammelt seine Mitbrüder zu einer letzten Predigt in der Konventsbibliothek. Er wiederholt seine unerschütterliche Über-zeugung, stets unter dem Einfluß des Heiligen Geistes gehandelt, nie gegen seine prophetische Mission verstoßen und unablässig und erfolgreich für das geistliche Wohl der Florentiner, deren Un-dankbarkeit er beklagt, gewirkt zu haben. Er stellt sich Gott anheim, dessen Wille geschehen wird. Er wird sich also der Signoria ausliefern. Er empfiehlt seinen Mitbrüdern, sich allein mit den Waffen des Glaubens, mit Geduld und Gehorsam, zu bewaffnen. Ihn erwarte mit Gewißheit der Tod, und er verspricht, ihnen vom Himmel herab mehr zu helfen, als er es auf Erden zu tun vermochte. Er verabschiedet sich von den wenigen noch verbliebenen Laien und ermahnt sie, ein tugendhaftes Leben zu führen.

Schließlich beichtet er und kommuniziert vor Fra Domencio, dem er selbst wiederum die Kommunion spendet. Zusammen nehmen sie ein karges Mahl ein. Sie umarmen ihre weinenden und betenden Mitbrüder, bringen Fra Benedetto davon ab, ihnen auf dem Weg zur «Bluthochzeit» zu folgen. In Begleitung von Fra Domenico – Fra Silvestro hat sich, plötzlich von Furcht erfaßt, versteckt – tritt Savonarola schließlich vor die Bibliothekstüre, wo ihn die Kommissare erwarten. Er empfiehlt seine Herde ihrem Schutz. Noch ist der Morgen nicht hereingebrochen. Draußen wartet die tobende Menge.

Der Weg von S. Marco bis zum Palazzo della Signoria wird für die beiden zu einem wahren Kreuzweg. Sie schreiten, von ihrer Eskorte vielleicht willentlich nur schlecht geschützt, voran, die Hände auf dem Rücken gefesselt, werden bespuckt, beschimpft, verspottet und geschlagen, insbesondere Savonarola, auf den sich der Haß des Pöbels konzentriert. Bald verdreht man ihm die Finger, bald tritt man ihn von hinten mit dem Ruf: «Und nun, weissage, wer dich geschlagen hat», bald versetzt man ihm einen Tritt in den Hintern und spottet: «Hier sitzt dein prophetischer Geist».

Im Palast angekommen, werden sie, gefesselt und in Ketten gelegt, in den sogenannten Alberghettino-Turm eingeschlossen. Am gleichen Tag lieferte sich auch Fra Silvestro, nachdem er seine Angst überwunden hatte, dem Gericht der Menschen aus. Man schrieb den 9. April 1498.

Der «Prozeß»
(April–Mai 1498)

Nun war Savonarola eingekerkert; jetzt galt es, seine Gefährten und Freunde unschädlich zu machen. Im Verlauf einer peinlich genauen Durchsuchung wurden in S. Marco auch Waffen entdeckt, die dem Volk vorgeführt wurden; dann setzte die Signoria zur Verhinderung von Plünderungen eine bewaffnete Wache ein. Die Brüder versanken wieder in Gebet und Meditation. In der Stadt lieferten sich die *piagnoni* spontan der Justiz aus oder wurden in ihren Häusern verhaftet; einige flüchteten und versteckten sich bei Verwandten oder Freunden.

Mit Savonarolas Verhaftung waren indes nicht alle Probleme gelöst. Zuerst galt es, sich darüber zu einigen, wie mit Savonarola zu verfahren sei, dann die ihm wohlgesinnten Magistraten in den Räten der Acht und der Zehn zu entfernen, die laut Verfassung mit Verbrechen gegen die Staatssicherheit befaßt waren. Die Mitglieder der Signoria, kaum um exakte Einhaltung der Gesetze bemüht, wählten unverzüglich ein neues Kollegium der Zehn, in dem bislang ausschließlich Savonarolas Freunde Einsitz hatten, um sie durch *arrabiati* und *compagnacci* zu ersetzen. Was die Acht betraf, so waren sie alle gegen Savonarola, so daß ihnen lediglich einige, Fra Girolamo selbstverständlich feindlich gesinnte Bürger beizustellen waren. So wurden dank schamloser Manipulation der Institutionen die legalen Voraussetzungen für eine repressive Justiz geschaffen. Im gleichen Zug konnten die Sieger die Republik von allen savonarolatreuen Elementen säubern.

Noch am 9. April, dem Tag seiner Festnahme, wurde eine *consulta* einberufen, die über Savonarolas Schicksal zu befinden hatte. War in ihr am Vortag noch eine Minderheit von Savonarolas Freunden vertreten, so sprach sie sich nun einstimmig für die sofortige Einleitung des Verhörs aus. So begann denn am gleichen Tag jenes Verfahren, das, ganz unzutreffend, als Savonarolas «Prozeß» bezeichnet wird, in Wahrheit indes lediglich ein Verhör ist, das in einer ersten Phase zwischen dem 9. und 11. April stattfand. Um Geständnisse zu erzwingen, wurden Fragen gestellt, es wurde aber auch mit der Folter gedroht und tatsächlich gefoltert. Gefoltert wurde mit dem sogenannten «Seil»: Der Angeklage wurde mit zusammengebundenen Händen mit Hilfe eines am Deckenbalkens befestigten Flaschenzugs an einem Strick hochgezogen, den man brutal zurückschnellen ließ, ohne daß der Gefolterte den Boden berührte. Dies wurde ein *tratta di corda* (Seilzug) genannt und bewirkte eine Verrenkung der Arme, die schon bald auskugelten, was immer größere Schmerzen verursachte. Zwar nicht die grausamste Foltermethode im inquisitorischen Arsenal der damaligen Zeit, ist sie doch so schmerzhaft, daß sie selbst dem widerstandsfähigsten Angeklagten Geständnisse abringt. Savonarola indes war von zarter Konstitution und körperlich nicht sehr resistent. Bereits der Gedanke an die Folter ließ ihn die Nerven verlieren, um wieviel mehr dann die Folter selbst. Er wird seine Folterknechte unablässig anflehen, ihn mit dem Seil zu verschonen. Sobald ihm die Stricke umgelegt wurden, flehte er um Gnade und erklärte sich bereit, alles nur Erdenkliche zu gestehen und ein von ihm als «aufrichtig» und «authentisch» beglaubigtes «spontanes» Geständnis niederzuschreiben. Das war notwendig, galt es doch, den Anschein zu erwecken, die «Geständnisse» seien vom Angeklagten aus freiem Willen gemacht worden.

Das war und blieb während Jahrhunderten die im Abendland übliche Form des Verhörs. Dabei ist noch nicht von anderen Foltermethoden die Rede, die Savonarola, möglicherweise aber nicht Fra Domenico, erspart blieben.

Savonarolas Verhöre nahmen also den damals üblichen Verlauf, ohne besondere Grausamkeit oder Verbissenheit. Es sei hier daran erinnert, daß in der damaligen Gerichtspraxis das Geständnis die einzige Grundlage für den Urteilsspruch darstellte und dieses Geständnis fast immer durch Folter erzwungen wurde. Es kam sogar vor, daß der Angeklagte zuerst gefoltert und erst dann befragt wurde, um so rascher zu einem Geständnis zu kommen. Es würde folglich der historischen Wahrheit widersprechen, wollte man Savonarolas Richter besonderer Grausamkeit bezichtigen. Das Problem liegt anderswo. Dem mittelalterlichen Richter gilt die menschliche Natur, weil von der Erbsünde verderbt, als durch und durch schlecht, und so glaubt er denn, er könne die Seele bloßlegen, indem er den Körper, Motor und Gefäß der Sünde wie auch

Hindernis für die Wahrheit, schindet. Daher die Folter – für die mittelalterliche Mentalität der einzige Weg, zu Geständnissen zu kommen.

Ist es nötig, genau festzuhalten, wie viele *tratti* Savonarola in jeder Sitzung zu erleiden hatte, um so auf die Glaubwürdigkeit der Geständnisse schließen zu können? Bei einem widerstandsfähigeren Menschen, der sein Schmerzempfinden besser zu kontrollieren vermag, wäre dies zu rechtfertigen. Aber für einen Mann wie Savonarola, dessen Physis schwach und dessen Psyche wenig gefestigt ist, genügt eine einzige Folter, und schon hat der Wille, von panischer Angst erfüllt, keine Herrschaft mehr über die Nerven; der Gefolterte verliert jegliche Würde und stürzt sich in ein Geständnis, um den unerträglichen körperlichen Qualen ein Ende zu setzen. So widerruft denn Savonarola eins ums andere Mal, nimmt die Wünsche seiner Richter vorweg, ja übertrifft sie, zuweilen sogar unter Absehung von jeglicher Wahrscheinlichkeit. Er weiß, was seine Richter von ihm wollen und fügt sich, gemäß dem wohlbekannten Mechanismus der Selbstbestrafung, in diese wenig ruhmreiche Rolle. Wenn dann das Verhör beendet und das Geständnis rechtmäßig unterzeichnet ist, was kann er dann anderes tun, als es als authentisch zu bezeichnen? Könnte er widerrufen und sich damit einer neuen Welle körperlicher Tortur aussetzen?

Derartige Überlegungen machen deutlich, daß der Einsatz der Folter an der Aufrichtigkeit und Wahrhaftigkeit der Geständnisse Zweifel aufkommen läßt. Sekretär in diesem Prozeß ohne Anwalt war ein Notar namens Francesco Barone, genannt Ceccone, der alles andere als ein unparteiischer Zeuge und getreuer Protokollant war. Als einstiger Sekretär der Acht unter den Medici war er im November 1494, anläßlich der Vertreibung von Piero de' Medici, entlassen worden und galt in den darauffolgenden Jahren als Anhänger Savonarolas. War er aufrichtig? Spielte er ein Doppelspiel? Vermutlich ja, denn später war er im Umkreis von Doffo Spini anzutreffen, einem der extremsten Führer der *compagnacci*. Offensichtlich wurde er als erklärter Feind Savonarolas dazu ausersehen, das Protokoll der Verhöre zu führen. Er habe, so geht das Gerücht, sogar gesagt: «Wo es keine Beweise gibt, da muß man sie eben erfinden.»

Ceccone machte sich während der Verhöre Notizen, die er dann zusammen mit Savonarolas schriftlichen Geständnissen in einer Weise verarbeitete, «daß er je nach Bedarf ausließ, hinzufügte oder änderte».[38]. Sein Schlußprotokoll, also das, was unzutreffend als Prozeß bezeichnet wird, war demnach «vielmehr eine eigenartige Mischung von Wahrheit und Dichtung»[39], die derart geschickt gemacht ist, daß es den Historikern schwerfällt, das Wahre vom Falschen zu unterscheiden. Da außerdem die im Verlauf der Verhöre gemachten Notizen verschwunden sind, bleiben uns nur die Berichte der beiden *piagnoni* Violi und Benedetto.

Ihre beiden Berichte sind indes auch nicht über jeden Zweifel erhaben. Der eine, Fra Benedetto, ist zudem eher ein Hagiograph, denn ein Geschichtsschreiber. Ceccone wiederum war gerissen genug, den Text zu verändern, nachdem ihn Savonarola unterzeichnet und dessen Richtigkeit bezeugt hatte. Die Authentizität von Savonarolas Prozeß wird somit durch nachträgliche Zusätze und Veränderungen im Detail beeinträchtigt. Diese sind aber nicht derart gravierend, daß deshalb Savonarolas vor Zeugen gemachte Erklärungen, die am 19. April öffentlich verlesen wurden, insgesamt als falsch zurückzuweisen wären. Der sogenannte Prozeß ist keine in allen Teilen erfundene Fälschung.

Hier nun die erstaunliche, zuweilen kaum zu fassende, stets pathetische Chronik von Savonarolas Geständnissen.

Das erste Verhör findet bereits am 9. April statt, und zwar im Palazzo della Podest, dem heutigen Bargello. Savonarola war auf einer Bahre dahin gebracht worden, denn er lag in Ketten und seine Hände waren gefesselt. Im Saal im ersten Stock waren die üblichen Folterinstrumente bereitgelegt worden. Präsent waren auch die Richter: siebzehn Bürger, darunter zwei Gonfalonieri, zwei der zwölf Guten Männer, zwei der Zehn, dazu einige einfache Bürger ohne offizielles Amt. Waren sie alle «erklärte Feinde» Savonarolas, wie einer seiner Hagiographen vorgibt? Das mag übertrieben sein; daß sie alle seine Gegner waren, steht indes fest.

Savonarola, sogleich entkleidet und gemartert (zwei oder drei *tratti di corda)*, fleht unverzüglich um Beendigung der Folter. Erschöpft schreibt er auf der Stelle eigenhändig ein Geständnis, worin er über seine Berufung und seine Tätigkeit berichtet.

So wurde er bis zum 17. April jeden Tag verhört. Anscheinend wurde er nicht ständig grausam gefoltert. Aber jedes weitere Verhör mußte von neuem die Qual des ersten wachrufen, aus dem er mit einem ausgekugelten Arm hervorgegangen war.

Zu schnellem Handeln gedrängt, hatte die Signoria von Florenz, wohl wissend, daß sie mit ihrem Vorgehen ganz auf der Linie des Heiligen Stuhles lag, nicht erst die päpstliche Erlaubnis zum Verhör abgewartet. Eine solche war, zumindest theoretisch, unumgänglich, denn seit dem Zweiten Laterankonzil von 1139 wurden Laien, die einem Kirchenmann Gewalt antaten, exkommuniziert, und zwar selbst dann, wenn sie beauftragt oder lediglich Ausführende waren. Darüber hinaus verstieß die Signoria, wenn sie über einen Mönch urteilen ließ, ganz eindeutig gegen den Vorrang des Kirchengerichts. Die päpstliche Erlaubnis traf am 12. April ein. Da sie keine rückwirkende Kraft hatte, ersuchte die Signoria sogleich um eine zweite Erlaubnis, die ohne Verzug erteilt wurde.

Es ist nicht bekannt, was Savonarola in seinem schriftlichen Geständnis vom 9. April enthüllt hat, denn das Schriftstück wurde verbrannt. So müssen wir uns an Ceccones Protokolle halten, die für Savonarola ganz verheerend sind.

Zuerst berichtete Fra Girolamo über seine vor fünfzehn Jahren erfolgte prophetische Berufung. Dabei unterstrich er, wie zwingend sich ihm die «Notwendigkeit» einer «Erneuerung» der Kirche aufgedrängt habe. Eine Notwendigkeit, die er aus der Heiligen Schrift geschöpft hatte und die nicht, wie er später immer wieder öffentlich erklären sollte, göttlicher Eingebung entsprang, was, so sagte er, «eine ungeheure Anmaßung» seinerseits gewesen war. In seinem Geständnis behauptet er, er habe nicht zu Gott gesprochen, und Gott habe auch nicht, so wie er es gewöhnlich mit seinen Propheten und Aposteln tue, zu ihm gesprochen. Als Motiv für sein Handeln im November 1494, das heißt anläßlich der Vertreibung Piero de' Medicis, nennt er dann das durchaus weltliche Streben nach «Ruhm» sowie den Wunsch, sich die Regierung von Florenz «dienstbar» zu machen, um «außerhalb der Republik an Ansehen zu gewinnen».

Dieser persönliche Ehrgeiz habe ihn dazu getrieben, Wunder zu verheißen, obwohl er sich nicht sicher war, daß er sie überhaupt vollbringen konnte; dies alles habe er getan, «um das Ansehen seines Werkes zu festigen». Er gibt also ohne Umschweife zu, er habe nach «weltlichem Ruhm», «Glaubwürdigkeit und Ansehen» gestrebt. Das Konzil habe er gefordert und vorbereitet, weil er sich davon «die Achtung der Welt» erhoffte.

Dann legt er dar, was er mit seinem Regierungssystem beabsichtigte: Die florentinische Verfassung nach dem Modell der venezianischen aufbauen und Francesco Varoli zum Dogen wählen lassen – seine gesamte religiöse Tätigkeit, Predigten, Prozessionen, Beichten, Gebete, «war auf dieses Ziel ausgerichtet». Er leugnet aber, sich je in die Niederungen der Politik begeben zu haben, eine Aufgabe, die er seinen Laienfreunden, Francesco Valori, Paolantonio Soderini, Giovan Battista Ridolfi, überließ. Gleichzeitig spielt er seine Kontakte mit fremden Fürsten, selbst mit dem König von Frankreich, herunter. Letzterem habe er lediglich «drei oder vier» Briefe geschrieben, als sich der König bereits auf dem Rückweg nach Frankreich befand, außerdem «einige Briefe» an den Botschafter von Florenz beim französischen Hof. Auf die Frage nach seinem Bruch mit dem Heiligen Stuhl behauptet er schließlich, er habe die Vorladung nach Rom lediglich aus Angst, unterwegs oder in Rom selbst ermordet zu werden, abgelehnt. Was die Exkommunikation betrifft, so hielt er sie durchaus für gültig und wollte sich ihr auch unterziehen, bemerkte dann aber, «daß sein Werk darob in Trümmer fiel», worauf er sich aus Sorge um «seine Ehre, sein Ansehen und die Erhaltung seines Werkes» nicht mehr an sie hielt.

Er gesteht auch, seine berühmteste Vision – sie geht auf das Jahr 1495 zurück, als er anläßlich des Festes Maria Verkündigung in allen Einzelheiten über seine Aufnahme ins Paradies und sein Gespräch mit der Jungfrau Maria berichtete – entspreche nicht der Wahrheit, sondern sei «seinem Streben nach Ruhm» entsprungen. Dieses gleiche Streben nach weltlichem Ruhm habe ihn auch, so gesteht er, bei der Reform der internen Regel des Klosters S. Marco geleitet, die ihm in der Welt «Ansehen und Ehre» und «den Ruf der Heiligkeit» einbringen sollte. Auch sein Wunsch nach Einberufung eines Konzils gehe ebensosehr auf die «Eitelkeit» wie auf die Sorge um die Erneuerung der Kirche zurück. Er leugnet jedoch jegliches

Streben nach einer erfolgreichen Karriere, denn sein Werk genüge ihm: «Ein tugendloser Mensch kann Papst werden, aber für ein derartiges Werk braucht es einen Menschen von überragender Tugend.» Was die Feuerprobe betrifft, so habe er sie nicht gewollt, sie aber schließlich akzeptiert, «um seine Ehre zu verteidigen». Im übrigen habe er gehofft, der Vertreter der Franziskaner werde das Feuer nicht betreten, damit auch sein eigener nicht dazu gezwungen würde. Hätte sie jedoch stattgefunden, dann hätte er gewünscht, sein Streiter möge sich, das Allerheiligste in den Händen, ins Feuer begeben und so vor jeder Verbrennung bewahrt werden. Zumindest hoffte er es, denn er sei nicht sicher, ob er sich an jenem Tag lediglich aus «Angst um seinen Ruf» entsprechend geäußert habe, hätte er indes die Wahrheit gesagt, dann wäre er vermutlich von der Menge «gesteinigt» worden.

Gilt es diese Geständnisse wörtlich zu nehmen, die in der Tat «einen glatten Widerruf seiner bisherigen Lehre, eine gänzliche Verleugnung seines Lebenswerkes»[40] darstellen? So würde auch plausibel, daß die darüber informierten *piagnoni* so schmerzlich berührt und befremdet waren. Als etwa Fra Malatesta Sacramoro sah, wie Savonarola seine Geständnisse unterschrieb, schleuderte er ihm folgende Worte entgegen: «Auf dein Wort hin glaubte ich dir, auf dein Wort hin verleugne ich dich.» Der Savonarola gänzlich ergebene Chronist und Laie Landucci wiederum notierte in seinem Tagebuch, er sei «verwirrt und sprachlos» und seine Seele sei «schmerzlich berührt, weil ein derartiges Gebäude einstürzt». Im Konvent S. Marco schlug die Ernüchterung alsbald in heftige Abneigung und Zorn um. Am 21. April enthüllte Fra Roberto Ubaldini «rückhaltlos die ganze Verbitterung» (Klein) seiner Mitbrüder und sprach darüber, daß er Savonarolas, Fra Domenicos und Fra Silvestros «tyrannische Regierung» schon seit langem mißbillige. Im Namen seiner Mitbrüder teilte er der Signoria mit, falls es noch immer ihre Absicht sei, die drei Angeklagten nach dem Prozeß ins Kloster zurückzuschicken, dann müsse sie wissen, daß die Dominikaner von S. Marco gemeinsam übereingekommen seien, «die Angeklagten nicht mehr in ihrer Mitte aufzunehmen, weil diese Ärgernis erregen», und weil sie «ihre Unschuld nicht mit den Sünden anderer besudeln wollen». Am gleichen Tag, dem 21. April, ging ein von allen Mitbrüdern unterzeichneter Brief an den Papst ab. Darin bekunden sie ihre Freude, vom schlechten Hirten befreit zu sein, wie auch ihren Wunsch, in den Stall zurückzukehren. «Von der Scheinheiligkeit eines Mannes voller List», der selbst «die klügsten Köpfe zu betrügen und zu verwirren weiß», in die Irre geführt, flehen sie den Heiligen Vater an, er möge ihnen vergeben, daß sie seinen Befehlen zuwidergehandelt hätten, und ihnen die Absolution erteilen. Fra Girolamo möge für seine Verbrechen die gerechte Strafe erleiden, sie aber mögen vom Heiligen Vater, bei dem sie Zuflucht suchen, wieder aufgenommen werden. Allerhöchstens erbitten sie sich von ihm, daß sie nicht der neuen römisch-toskanischen Kongregation angeschlossen werden.

Nicht alle ließen sich indes über Savonarolas Widerruf täuschen. Einige errieten den Betrug. So etwa Pietro Dolfino, Ordensgeneral der Kamaldulenser, «ein giftiger Gegner des Frate»[41], und Tommaso Ginori, «ein Biedermann ohne Makel»[42], der keineswegs ein Freund Savonarolas war und der in seinen *Lebenserinnerungen* die ersten, für Savonarola negativ lautenden Eintragungen durchstreicht, weil er der Meinung war, «es seien in den Verhören des Frate viele Lügen unterlaufen .... und so wolle er denn nichts anderes über ihn sagen, als daß er ein Mann großer Gelehrsamkeit und frommen und vollkommenen Lebens war»[43]. Schließlich ist da noch Doffo Spini, ein verbissener *compagnacci*, der den Angriff auf S. Marco geleitet und in der Richterkommission den Vorsitz eingenommen hatte; als er sich am 2. November 1499 in Sandro Botticellis Werkstatt befand – der Maler selbst hatte Savonarolas Predigten geschätzt und sein Bruder Simone war einer der eifrigsten Anhänger und Biographen Savonarolas –, antwortete er auf die Frage, welcher Verbrechen man Fra Girolamo für schuldig befunden habe, um ihm ein derart schmähliches Ende zu bereiten: «Soll ich dir die Wahrheit sagen? Niemals fanden wir an ihm auch nur eine läßliche Sünde, geschweige denn eine schwere». Als ihn der Künstler daraufhin fragte, weshalb sie ihn dann umgebracht hätten, antwortete er: «Hätten wir den Propheten und seine Genossen nicht umgebracht, sondern nach S. Marco zurückgeschickt, so hätte das Volk unsere Häuser gestürmt und uns alle in Stücke gehauen.»

Gleichwohl zeigten Savonarolas Geständnisse, trotz einiger Vorbehalte, in der Öffentlichkeit die von der Signoria erhoffte Wirkung. Der «Prophet», der eine Menge von zwölf- bis fünfzehntausend Menschen mobilisierte und sie mit seiner wilden Beredsamkeit in Bann schlug, nahm nun die Züge eines Schwindlers und gemeinen Hochstaplers an. Der «Herold Christi», der Laster und Verbrechen der Kirche und ihrer höchsten Hierarchie angeprangert hatte, erwies sich nun als Falschspieler, der in seinem Herzen an etwas glaubte, nämlich die Gültigkeit der Exkommunikation, in der Öffentlichkeit aber genau das Gegenteil vertrat. Der politische Reformer, der angeblich eine allein von der Sorge «um die Ehre Gottes» und das Heil der Seelen geleitete Volksregierung eingesetzt hatte, entpuppte sich nun als ein Ehrgeizling, der nur an seinen «Ruhm» und seinen «Ruf» gedacht hatte.

Das genügte, so die Meinung der Signoria, um Savonarola auf ewig zu diskreditieren und sich zugleich mit dem Heiligen Stuhl zu versöhnen, womit die Hauptsache gewonnen war: Das Interdikt, das die Stadt in ihren vitalen Interessen getroffen hätte, wurde nicht veröffentlicht. Was Fra Girolamos restliches Werk betraf, so konnten sich die Herren von Florenz sehr wohl mit dem status quo abfinden, der in zwei wesentlichen Punkten mit ihrer eigenen Politik übereinstimmte: Unabhängigkeit des Klosters S. Marco und republikanische Regierung.

Die Unabhängigkeit von S. Marco wird demnach nicht bloß von den Dominikanern im Konvent selbst, sondern auch von der Signoria verteidigt. In einem Brief an den Papst vom 21. April fleht sie, «man möge alle Rechte ihrer Kongregation und die ihr einst vom Heiligen Stuhl zugestandenen Privilegien unangetastet lassen». Am 24. April dringt sie in gleicher Weise auf ihren Botschafter in Rom ein. Vergebliche Mühe. In einem Breve vom 14. Mai gewährt der Papst für alle vor und während des Angriffs auf S. Marco begangenen Vergehen die Absolution, behält sich aber die Frage der Autonomie vor. In dieser Sache erlebte die Signoria also einen Mißerfolg.

Einen halben Erfolg verbuchte sie jedoch in einer seit Monaten unerledigten Frage. Die Signoria wollte beim Klerus den Zehnten erheben. Aber der Heilige Stuhl weigerte sich beharrlich. Damit beginnt in Florenz ein regelrechtes Feilschen. Scheinbar geht die Signoria auf die Forderung des Papstes ein, der unablässig die Auslieferung der Angeklagten fordert, die er nach dem ersten Prozeß in Rom sehen wollte, gibt aber gleichzeitig zu bedenken, gewisse Sachverhalte, etwa die Angst vor Enthüllungen von Staatsgeheimnissen, machten eine Auslieferung unmöglich. Dann besinnt sich die Signoria eines besseren und verspricht die Auslieferung, will sie aber von der päpstlichen Zustimmung zur Zehntenerhebung abhängig machen. Daraus ergibt sich eine langwierige Diskussion um Prozente und Zeitspanne, Steuerbefreiung und -begrenzung. Aber der Heilige Stuhl bleibt seinem Grundsatz treu: Die Diskussionen um den Zehnten sind von der Auslieferung abhängig.

Ein anderes Problem konnte indes gelöst werden. Nachdem Savonarola keinen Schaden mehr anrichten konnte, wollte die führende Klasse vermeiden, daß sein Sturz weitere Kreise ziehe; zu Schaden kommen sollten weder diejenigen, die sich mit ihm eingelassen hatten, noch die Kinder «aus allererstem Adel» – wie sich die Signoria in ihrem Brief vom 21. April an den Papst ausdrückte –, die in S. Marco waren, noch die Laien, die ohne Zögern zu den Waffen gegriffen hatten, um das Kloster vor der anstürmenden Menge zu schützen. Die Klassen- und Familiensolidarität bewährte sich einmal mehr, um all jene zu schützen, die sich unvorsichtigerweise mit Fra Girolamo kompromittiert hatten. So fand etwa Paolantonio Soderini zuerst im Haus eines Freundes Zuflucht, und seine Güter wurden von einem anderen geschützt, bis er schließlich in Lucca Unterschlupf fand. Giovan Battista Ridolfi wiederum entzieht sich möglichen Repressionen des «Volkes». So wird deutlich, wie weit die Nachsicht der Signoria für die Aristokraten unter den *piagnoni* ging. Sie wurde darin im übrigen vom Heiligen Vater unterstützt, der seine Absolution allen Angreifern und Verteidigern von S. Marco erteilte und diese am 22. April sogar auf all jene ausdehnte, die unter Mißachtung der Exkommunikation weiterhin zu Savonarolas Predigten geströmt waren.

Das war die Situation nach Savonarolas erstem Prozeß. Alles war nach Plan verlaufen. Dennoch waren die Mitglieder der Signoria nicht völlig befriedigt, weshalb sie beschlossen, Savonarola und seine beiden Gefährten seien erneut zu verhören.

So fand zwischen dem 21. und 24. April ein zweiter Prozeß statt. Er wies dieselben Verfahrenseigenheiten und dieselben Zusätze und Korrekturen des Notars Francesco Barone auf. Savonarola wurde möglicherweise nur ein einziges Mal gefoltert und am 21., 23. (morgens und abends) und am 24. April befragt, worauf er wiederum in der bereits bekannten Manier antwortete, weder seine Visionen noch seine Weissagungen, auch nicht die berühmteste: *Gladius Domini super terram cito et velociter* (Gottes Schwert über die Erde, rasch und bald), seien ihm direkt von Gott eingegeben worden; er habe die im nachhinein zur Vorhersage stilisierte Ankunft des Königs von Frankreich keineswegs vorhergesehen; treibende Kraft seiner politischen Reformen sei sein Ehrgeiz gewesen, wollte er doch die Regierung von Florenz beherrschen und sie von seinen Feinden säubern; seine Absicht sei es gewesen, nicht bloß Florenz, sondern ganz Italien zu beherrschen. Noch immer leugnete er, in die Niederungen der Alltagspolitik herabgestiegen zu sein, dies habe er seinen Laienfreunden, etwa Francesco Valori überlassen, die seine Anregungen und Lehren interpretiert und in die Tat umgesetzt, aber auch über den Fortbestand der republikanischen Regierung gewacht hätten, die unablässig von Intrigen und Verschwörungen der Befürworter des früheren Regimes wie auch der oligarchischen Regierung bedroht worden sei. Nichts Neues, wie man sieht. Nicht einmal in der Beurteilung der eigenen Person: ein «großer Sünder» sei er, ein «grosser Verbrecher», ein «Hochmütiger», der «tausendmal» den Tod verdiene.

Diese Selbstbezichtigungen unterzeichnete und beglaubigte er am 24. April, mit einem einzigen Vorbehalt den Zusätzen des Francesco Barone gegenüber. All dies wurde am 25. April vor dem Großen Rat verlesen.

Gebrochen und in seiner Leiblichkeit erniedrigt (er war medizinisch daraufhin untersucht worden, ob er nicht ein Hermaphrodit sei), von den Seinen und – was ihm unerträglicher als alles andere sein mußte – von Gott verlassen, der seinen Sturz nicht verhindert und ihm die prophetische Gabe entzogen hatte, gibt er sich nun willentlich dem Verfall hin; im nachhinein ist er davon überzeugt, unvorsichtig gehandelt, gewagte Vorhersagen gemacht, ja vielleicht sogar seine Getreuen unwillentlich belogen zu haben. Vom Zweifel erfaßt, in den Teufelskreis von Selbsterniedrigung und Selbstbestrafung verstrickt, ist er nur noch ein Ritter Christi ohne Rüstung und Gefolge, des Todes gewiß – aber es wird nicht der ruhmreiche Tod der in Ketten gelegten, singenden und betenden Märtyrer sein, den er sich, als noch ganz Florenz zu seinen Füßen lag, so oft für sich selbst erbeten und erhofft hatte. Er hat den Kelch bis zur Neige getrunken; nun erwartet er zitternd und bebend das ruhmlose Ende seines irdischen Weges.

Die Prozesse gegen Domenico und Silvestro

Zwar waren Savonarolas Geständnisse, wörtlich genommen, erdrückend, so mußten sie doch, um wirklich völlig glaubwürdig zu sein, von den Geständnissen seiner beiden Mitgefangenen bestätigt und beglaubigt werden. Deshalb wurden auch Fra Domenico und Fra Silvestro dem peinlichen Verhör unterzogen.

Bei weitem am würdigsten verhielt sich Fra Domenico, Prior des Dominikanerkonvents von Fiesole – sich selbst und seinem geistlichen Meister getreu. Während seines Verhörs, er wurde vermutlich am 16. April befragt, wurde er mit dem Strick, vielleicht auch noch auf andere Weise, gefoltert, gab aber keinerlei Informationen preis, außer einer Liste der Freunde des Konvents, die aus ihren Sympathien für Savonarola nie ein Hehl gemacht hatten, deren unablässige Besuche im Kloster S. Marco stadtbekannt waren und deren Söhne teils als Ordensleute dort lebten. Dazu gehörten die Elite der Aristokratie und die bedeutendsten Kaufleute, aber auch einige weniger bekannte Namen aus dem Volk. Die Richter kannten sie alle und waren zur Identifizierung der *piagnoni* keineswegs auf Fra Domenicos Geständnisse angewiesen. Es ist jedoch durchaus möglich, daß sie über zwei oder drei andere Aussagen des Angeklagten überrascht waren.

Da waren erst einmal die im Kloster aufgefundenen Waffen. Vor dem Sturm, so sagte er, gab es überhaupt keine, später wurde eine lächerliche Zahl von Waffen beim Angriff auf das Kloster von Freunden herbeigeschafft.

Dann seine Rolle in der Feuerprobe: Alles sei durch «Gottes Wille und Antrieb» gewollt und erdacht worden. Gott habe ihm befohlen, mit dem Allerheiligsten in den Händen ins Feuer zu gehen, obwohl ihn seiner Überzeugung nach «Gott auch ohne das Sakrament» errettet hätte. Schließlich deklarierte er laut und deutlich sein absolutes Vertrauen in den göttlichen Ursprung und die Richtigkeit von Savonarolas Weissagungen; zwar räumt er ein, zuweilen habe sich Gott seiner und Fra Silvestros bedient, um ihnen einige Prophezeiungen einzugeben, die sie dann ihrem Prior überbrachten, der sie seinerseits in den Predigten publik machte. Nach Verlesung von Savonarolas Widerruf betont er, er «könne darin nichts finden, was ihn vermuten ließe, Fra Girolamo sei ein Heuchler». Schließlich bekräftigt er sein bedingungsloses und unerschütterliches Vertrauen in seinen geistlichen Meister: «Es ist vorgekommen, daß ich meinen Mitbrüdern und auch einigen Laien in aller Öffentlichkeit sagte, würde ich Fra Girolamo je bei einem noch so kleinen Vergehen oder Betrug ertappen, dann würde ich es aufdecken und allen sagen ... Ich habe aber nie derartiges entdeckt.»

Fra Silvestro war seinem Prior deutlich weniger wohlgesinnt. Fra Silvestro Maruffi war Savonarolas Schüler gewesen und kannte ihn, seit er 1476 mit fünfzehn Jahren ins Kloster S. Marco eingetreten war. Vielleicht hatte er ihn nicht so vorbehaltlos verehrt und bewundert wie Fra Domenico. Alle wußten – was er auch ohne weiteres zugab –, daß er anfänglich gegen ihn war und seine ersten Prophezeiungen, insbesondere jene von S. Gimignano für «eine List des Teufels» hielt. Im übrigen hatte er dies Savonarola auch gesagt und ihn einen «außer sich geratenen Irren» genannt. Fra Silvestro wird indes seit seiner Kindheit ebenfalls von Visionen heimgesucht, im Kloster noch häufiger. Er ist außerdem ein Schlafwandler und ein wahres «Sprachmedium», kann er doch einen in einer ihm unbekannten Sprache geschriebenen Text auswendig hersagen; hinzu kommt, daß er möglicherweise über Savonarolas wachsenden Einfluß in Kloster und Stadt eifersüchtig und insgeheim darüber verärgert ist, daß dieser seine eigenen Visionen in der Öffentlichkeit weitergibt und in seine Predigten einflicht. Schließlich ist Fra Silvestro körperlich nicht sehr stark; am Tag des

Sturms auf das Kloster hat er sich versteckt, und am Tag der Hinrichtung wird er seine Schwäche zeigen. «Eher ein Intrigant und auf Klatsch erpicht» (Ridolfi), spielt er in S. Marco den gerissenen Politiker, stets auf der Suche nach vertraulichen Mitteilungen und freigiebig mit Ratschlägen und Vorschlägen; er liebt politische Machenschaften und Intrigen, wird deshalb von Savonarola oft getadelt, der diese Seite seines Charakters, die so sehr mit Fra Domenicos Einfachheit und Lauterkeit kontrastiert, überhaupt nicht mochte. Alles in allem ist Fra Silvestro seinen Biographen nur mäßig sympathisch und wird von einigen sogar gänzlich negativ gezeichnet.

Kaum überraschend also, daß er sich unter der Folter beinahe völlig von seinem Prior lossagt, ganz zu schweigen von den detaillierten Denunziationen aller Laien, die sich beim nächtlichen Sturm auf S. Marco aktiv an der Verteidigung des Klosters beteiligt hatten. Ob er das ihm im Protokoll zugeschriebene abschließende Urteil über Savonarola: «Ich sage euch, er hat euch getäuscht», wirklich gesprochen hat, oder ob es sich dabei lediglich um einen von Francesco Barones Zusätzen handelt, ist ungewiß. Falls er den Satz wirklich ausgesprochen hat, hat er genau das gesagt, was seine Richter von ihm erwarteten: «Die Signorie hatte es daher gar nicht nötig, seine Aussagen zu fälschen.»[44]

Weitere Verhöre

Die übrigen Angeklagten, insgesamt neunzehn Ordensgeistliche und Laien, wurden entweder im Palazzo della Signoria oder im Bargello verhört und gefoltert. An gewissen Tagen waren ihre Schmerzensschreie auf der Straße «von morgens bis abends» (Landucci) zu hören; zu hören waren aber auch die Gesänge, mit denen sie sich zum Erdulden ihrer Leiden ermutigten.

Es versteht sich von selbst, daß sich die Angeklagten ganz unterschiedlich verhielten. Die einen ließen ihrem Zorn freien Lauf, als man ihnen die Widerrufe ihres Priors vorlas. In den Konvent zurückgeschickt, verließen einige diesen Ort lieber, um nicht mehr dort leben zu müssen, wo sie von einem falschen Propheten und

Ehrgeizling getäuscht worden waren. Einige aber, von der Gnade und von Gewissensbissen berührt, bereuten, so etwa Fra Benedetto, Savonarolas späterer Biograph oder, besser gesagt, Hagiograph; seine beiden Bücher *Cedrus Libani* und *Vulnera Diligentis* sind wichtige Quellen der savonarolatreuen Historiographie.

Andere wiederum verurteilten zwar den Schwindel der Weissagungen, denn ihrer Meinung nach handelte es sich um einen solchen, bestanden jedoch, wie etwa Fra Roberto Ubaldini, darauf, «die Heiligkeit, die Frömmigkeit, die Bescheidenheit, die guten Worte, die vollkommenen Sitten und Manieren, die bewundernswerte Umgänglichkeit wie auch die gesunde, eindeutige und feste Lehre» Savonarolas zu bezeugen.

Was die Laien unter den *piagnoni* betrifft, so wurden lediglich einige Mitläufer, kleine Leute, die für die Aristokraten den Kopf herhalten mußten, der Folter unterworfen. Die Aristokraten selbst, etwa zwanzig an der Zahl, hatten sich auf ihre Güter oder in die Häuser ihrer Verwandten und Freunde geflüchtet und kamen mit einem Verweis, einem zeitlich begrenzten Ausschluß von öffentlichen Ämtern und Bußen davon. Einige wurden auch freigesprochen und konnten nach Hause zurückkehren. So waren denn am 1. Mai 1498 nur noch Savonarola, Fra Domenico und Fra Silvestro eingekerkert.

Die Forderungen des Heiligen Vaters

Die neue, Savonarola selbstverständlich feindlich gesinnte Signoria war, kaum gewählt, mit einer von ihr anscheinend nicht vorgesehenen Situation konfrontiert. Der Papst ließ nämlich wissen, er werde nicht länger auf der Auslieferung der Schuldigen bestehen, falls Florenz in einen dritten, von zwei päpstlichen Gesandten geführten Prozeß einwillige, der sich allein um Glaubenssachen, anders gesagt, um Häresie und Schisma, drehen werde.

Die Signoria, vom päpstlichen Ansinnen überrumpelt, erklärt sich zusammen mit den anderen Räten am 5. Mai mit dem Vorgehen einverstanden und gibt zu verstehen, ihr Verfahren gegen die Angeklagten sei nach dem Todesurteil abgeschlossen und diese seien vor der Hinrichtung der Kirche zu übergeben – in Florenz durch Weihbischof Paganotti, einen Dominikaner von S. Maria Novella, vertreten –, um ihrer Weihegrade entkleidet, das heißt entweiht, zu werden.

In einem Breve vom 12. Mai informiert der Papst die Florentiner über die Entsendung von zwei päpstlichen Kommissaren, Gioacchino Torriani, Ordensgeneral des Ordens der Predigerbrüder, und Francesco Romolino (ein Katalane, der eigentlich Remolines heißt), Doktor des Kanonischen Rechts und Auditor des Statthalters zu Rom. Ihr Auftrag ist es, die «Verbrechen und Schandtaten» der drei Angeklagten gegenüber der Kirche zu untersuchen. Dieser dritte Prozeß beginnt am 19. Mai.

Savonarolas letzte Werke

Savonarola, seit dem 25. April in einem dunklen und kahlen Verließ im Palazzo della Signoria eingeschlossen, verbringt seine Tage in Gebet und Meditation; daneben verfaßt er seine letzten Werke: eine Auslegung des Bußpsalms: *Expositio ac meditatio in psalmum: Miserere mei Deus*, eine Auslegung des Psalms *Herr, auf dich traue ich: Expositio in psalmum: In Te Domine speravi*, weiter einige kleinere Schriften, darunter eine *Lebensregel* für seinen Kerkermeister, der sich, von der Gnade berührt, bekehrt und vom «französischen Übel» (Syphilis) geheilt wird, dann einige «Dokumente» für dessen Tochter, vielleicht die italienische Übersetzung des Hymnus: *Gloria, laus et honor*.

Die *Expositio ac meditatio in psalmum: Miserere mei Deus* ist eine langer Kommentar zum 51. Psalm (Vulgata: 50. Psalm): *Gott, sei mir gnädig nach deiner Güte*. Savonarola schreibt: «Ich Unglückseliger, von aller Hilfe Entblößter! Himmel und Erde habe ich beleidigt, wohin soll ich mich wenden? Zu wem meine Zuflucht nehmen? Bei wem finde ich Rettung? Zum Himmel wage ich meine Augen nicht aufzuschlagen, denn ich habe mich wider ihn schwer versündigt. Auf Erden finde ich nicht Unterschlupf, denn ich war ihr ein Ärgernis. Was soll ich nun tun? Soll ich mich der Verzweiflung ergeben? Das sei ferne! Gott ist barmherzig, der

Erlöser mir gnädig, Gott allein soll daher meine Zuflucht sein.»[45] Nach dieser Einführung in das Thema seiner Meditation stützt er sich auf den Psalm Davids, den er Vers für Vers umschreibt, eine lange Meditation, die gewissermaßen die Synthese seines Denkens und Handelns ist. Obwohl er seine Missetaten und Sünden erkennt, sagt er doch mit David: «... die verborgenen Ratschlüsse deiner Weisheit offenbartest du mir», damit er von dieser Weisheit geführt, zum ewigen Heil gelange. Mit David bezweifelt er nicht, daß er rein sein werde, «weißer als Schnee», durch die Gnade des Herrn, der seine Missetaten tilgen und ihm seinen Geist, den Geist der Stärke zurückgeben wird. Wie Paulus wird er den Bösen und Gottlosen, die sich zum Herrn bekehren werden, von neuem die Wege des Herrn lehren. Er fleht Gott auch an: «Laß Jerusalems Mauern neu erstehen», mit anderen Worten: die Kirche. «O Herr, wie klein ist sie heute! Nachgerade fällt die ganze Welt von ihr ab, denn es gibt viel mehr Ungläubige als Christen, und wo sind unter den Christen jene, welche, losgelöst von allem Irdischen, nur auf den Ruhm des Herrn bedacht sind? ... Die Hölle füllt sich, die Kirche aber wird leerer von Tag zu Tag.» Gott möge aufwachen und handeln, damit «die Mauern Jerusalems neu erstehen». Dann wird die Kirche wieder aufblühen und zur Reinheit ihrer Anfänge zurückfinden. «Dann erweitern sich ihre Grenzen.» Und er bietet sich an als Opfer der Gerechtigkeit, als Gabe der Heiligkeit, als Brandopfer des Ordenslebens und als Lamm des Kreuzes, «wodurch ich aus diesem Tale des Elends in jene Herrlichkeit einzugehen gewürdigt werde, welche du denen bereitet hast, die dich lieben.»

Damit endet diese lange und schmerzliche Meditation. Ihre Stärke wird durch zwei literarische Übertreibungen geschwächt: Durch die rhetorischen Fragen und durch die Zitate aus dem Alten und Neuen Testament, die so zahlreich sind, daß der Text wie eine Nachahmung der Bibel wirkt. Aber jenseits der stilistischen Schwächen zählt die Grundintention, bezeugt der Text doch Savonarolas innere Verfassung in dieser letzten Lebensetappe, am Fuße des Blutgerüsts.

Er ist noch immer überzeugt von der Notwendigkeit einer Erneuerung der Kirche, einer Rückkehr zu biblischer Armut und

Reinheit sowie einer Bekehrung der Ungläubigen. Er bietet sich als Sühneopfer an, um den endgültigen Sieg des Guten zu beschleunigen, will aber auch ein letztes Mal seinen Widerruf rechtfertigen: «Denn wenn Petrus, obschon mit so vielen Gaben und Gnaden ausgezeichnet, gleichwohl so kläglich fiel, wie soll es mir ergehen, o Herr, der dich nicht im Fleische geschaut, deine Herrlichkeit auf dem Berge nicht gesehen und deine Wunder nicht selbst erlebt, sondern nur kaum von weitem vernommen hat?»

Er scheint sogar auf eine lichtvolle Zukunft zu hoffen, denn er bittet Gott: «Bestärke mich also mit deinem fürstlichen Geiste und verleihe mir hierdurch die Kraft, in deinem Dienste zu verharren und mein Leben für dich hinzugeben». Dieser Text zeugt von soviel innerer Heiterkeit und so starkem Vertrauen in die unergründliche Barmherzigkeit Gottes, daß nicht zu Unrecht gesagt werden konnte: «Er lebte in Freude, ohne an den Tod zu denken» (Cerretani, Storia fiorentina).

Diese Auslegung des 51. Psalms, sogleich auf lateinisch, dann auch auf italienisch veröffentlicht, hatte großen Erfolg (bis Ende des 15. Jahrhunderts vierzehn Ausgaben in Italien und Europa). Sie trug ganz beträchtlich zur Legendenbildung der *piagnoni* bei. «Vom unsinnigen Wunsch getragen», daß ein Wunder «im letzten Augenblick den Gefangenen zum Triumph führen könnte», zeigt sie einen Savonarola, der «geduldig das unerklärliche Zögern des Herrn zu erklären versucht» (Klein), dieses Schweigen Gottes, mit dem er nachträglich seinen eigenen Widerruf zu rechtfertigen sucht. Sie zeigt auch die tiefe Verwirrung eines von allen verlassenen Menschen, der keine andere Zuflucht als die Barmherzigkeit seines Erretters hat. Von ihm erwartet er den einzigen Trost, der ihn für alle Enttäuschungen und Mißerfolge entschädigen wird: die Gewißheit des ewigen Lebens in Gottes Licht.

Die anscheinend erst nach dem 8. Mai begonnene Auslegung des Psalms: *Herr, auf dich traue ich* ist unvollendet geblieben. Haben ihm die päpstlichen Kommissare Papier und Schreibpult genommen, als sie die letzten Verhöre führten? Ist die Inspiration mit der immer näherrückenden Hinrichtung versiegt? Wurde ihm bewußt, wie vergeblich jegliche Beschäftigung außer Beten und Meditieren geworden war?

Savonarola stützt sich auf den 31. Psalm (Vulgata: Psalm 30): *Herr, auf dich traue ich* und beginnt eine lange Auslegung von Davids Text. Es ist ein imaginärer Dialog zwischen Traurigkeit und Hoffnung. Alles, was er um sich sieht, steht unter der Herrschaft der Traurigkeit. Die Erinnerungen an seine Vergangenheit bedrücken ihn, «der Gedanke an meine Sünden drückt mich nieder». Er sucht Zuflucht bei der Hoffnung. Sie antwortet auf seinen Ruf, denn wer auf den Herrn hofft, der wird nicht umsonst hoffen. Es ist also unwesentlich, daß die Gegenwart düster und der Sünder «nun durch die Menschen zuschanden wird». Von Gottes Gerechtigkeit, die mit seiner Gnade eins ist, errettet zu werden, das allein zählt. Aber die Traurigkeit kehrt «mit all ihren Waffen» zurück. Sie spottet über seine enttäuschten Hoffnungen und seine gegenwärtige Verlassenheit, denn Gott hat sein Rufen nicht erhört. Sie flüstert ihm gottlose Worte über den Glauben und über das ewige Leben ein, denen er erläge, käme ihm nicht die Hoffnung zu Hilfe. Sie nennt ihn «Soldat Christi» und ermahnt ihn, den Kampf wiederaufzunehmen, versichert ihm, Gott habe ihn nicht verlassen und er käme ihm zu Hilfe, ohne Erscheinungen, Wunder und Zeichen zu gebrauchen.

Aber ach, die Traurigkeit greift von neuem an und bekräftigt, Gott habe ihn verlassen und sei unerbittlich. Vergeblich hoffe er auf Rettung, er, der der Kirche ein Ärgernis war, er, der nur noch den Tod wählen kann, denn es ist für ihn besser, zu sterben als zu leben.

Dann tritt wiederum die Hoffnung auf, stärkt sein Selbstvertrauen und versichert ihn der unendlichen Barmherzigkeit Gottes dem reuigen Sünder gegenüber. Er möge sich erheben und «die Füße des Herrn küssen», der «sein Heil und seine Erlösung» sein wird.

Bei diesen Worten wirft er sich, getröstet und in Tränen aufgelöst, dem Herrn zu Füßen und ruft ihn von neuem an, indem er die Psalmverse singt: «Denn du bist mein Fels und meine Burg, und um deines Namens willen wollest du mich leiten und führen.»

Hier endet, unvollendet, der pathetische Dialog einer Seele, die keine andere Hoffnung und Rettung mehr hat als die unendliche Barmherzigkeit Gottes.

Der Scheiterhaufen
(23. Mai 1498)

Als die drei Angeklagten zu ihrem letzten Gang geholt wurden, war Fra Silvestro wie verwandelt. Plötzlich all seiner bisherigen Ängste entledigt, ermahnte er seine Gefährten, «stark zu sein und den Tod mit großer Freude zu ertragen», denn ihrer harre das Paradies.

Als sie die Treppen hinunterstiegen, kamen ihnen zwei Dominikaner aus S. Maria Novella entgegen, um ihnen das Ordenskleid abzunehmen. Als ihm dieses rücksichtslos vom Leibe gerissen wurde, entfuhr Savonarola ein Schmerzensschrei, denn durch die Folter war sein linker Arm ausgekugelt. Dann bat er um die Gunst, den Habit nochmals in die Hände nehmen zu dürfen, was ihm zugestanden wurde. Er betrachtete ihn ein letztes Mal und betete: «O heiliges Kleid, wie heiß ersehnte ich dich! Gott verlieh mir dich, und ich bewahrte dich unbefleckt bis jetzt, und auch jetzt ließe ich dich nicht, doch du wirst mir genommen.»

So traten die drei Gefährten im bloßen Unterkleid barfuß aus dem Palast auf den Platz, wo sich schon im Morgengrauen eine dichte Menschenmenge versammelt hatte. Dann erblickten sie das Blutgerüst.

Auf der linken Seite des Platzes erhob sich ein mehr als elf Meter langer Balken, mit einem Querbalken versehen. Dieser war verkürzt worden, um nicht an das Kreuz von Golgatha zu erinnern. Vom Querbalken hingen drei Schlingen und drei Halseisen an Ketten, die die Körper festhalten sollten, waren die Stricke einmal verbrannt. Der Balken selbst stand auf einem hölzernen Podest, das mit Zweigen und unbrennbarem Material abgedeckt war. Dieses Podest war auf Manneshöhe durch eine hölzerne Plattform mit dem Palast verbunden. Unter diesen Steg hatten sich einige Strolche geschlichen, um von unten her Nägel in die Bretter zu schlagen, damit sich die Verurteilten auf ihrem Gang zum Blutgerüst verletzten.

Vor der Fassade des Palastes, auf den steinernen Stufen, war ein weiteres Podest für die apostolischen Kommissare, den Bischof von Florenz samt Gefolge und die Acht errichtet worden.

Kaum aus dem Palast herausgetreten, wurden die Verurteilten

sogleich der Entweihungs- oder Degradierungszeremonie unterzogen. Das Ritual sah vor, daß diese wie die Weihen, jedoch in umgekehrter Reihenfolge ablief. Allen dreien wurden folglich die liturgischen Gewänder des zelebrierenden Priesters umgelegt. Dann mußten sie vor den Weihbischof von Florenz, Monsignore Paganotti, treten, einen Dominikaner, der einst in S. Marco gelebt und Savonarola kennen- und schätzengelernt hatte. Während die drei ihrer liturgischen Gewänder entledigt wurden, sprach er die rituelle Entweihungsformel, mit der sie als «häretisch und schismatisch» erklärt wurden. In begreiflicher Aufregung wich er, als die Reihe an Savonarola war, leicht von der vorgeschriebenen Formel ab und sprach: «Ich scheide dich von der streitenden und triumphierenden Kirche.» Savonarola verbesserte sogleich: «Nur von der streitenden, nicht von der triumphierenden Kirche, denn das vermagst du nicht.» Worauf der Weihbischof seinen Fehler sofort korrigierte.

Entweiht und entkleidet, wieder blieb ihnen lediglich das Unterkleid, wurden die Verurteilten dann vor die apostolischen Kommissare geführt. Romolino las den Urteilsspruch vor und fragte sie, ob sie die päpstliche Absolution annehmen wollten, die sie von der Strafe des Fegefeuers befreien sollte. Sie bejahten und nahmen sie gesenkten Hauptes entgegen. Schließlich traten sie vor die Acht. Es fand eine Art Verhandlung statt, die in eine Abstimmung mündete. Mit sieben gegen eine Stimme – der einzige, der Nein stimmte, erklärte, er wolle nicht mit einem derart ungerechten Urteilsspruch in Verbindung gebracht werden – wurden sie von den Acht zum Tod durch Strang und Feuer verurteilt. Nachdem das kirchliche und irdische Ritual vollzogen war, wurden sie dem weltlichen Arm übergeben. Vielleicht fielen zu jenem Zeitpunkt Savonarolas und Fra Domenicos letzte Prophezeiungen über Florenz und ihr eigenes ewiges Heil.

Nun konnte der Gang zur Hinrichtungsstätte beginnen. Jeder wurde von je zwei Mönchen begleitet; einer ein Beichtvater, der sie am Fuß des Galgens nach ihrem letzten Willen fragte. Sie überquerten barfuß den Holzsteg, die Hände im Rücken gefesselt, in ihrem weißen Unterkleid, das so kurz war, daß Savonarola bat, man möge es ihm an den Beinen zusammenbinden, was ihm versagt wurde. Sie verletzten sich die Füße an den Nägeln in den Holzbrettern und schritten unter dem Wüten der von den Soldaten nicht zurückgedrängten Menge voran. Savonarola schritt unerschütterlich voran, wahrscheinlich in ein letztes schweigendes Gebet versunken. Ihm voran ging Fra Domenico, der in einer derartigen mystischen Übersteigerung in den Tod schritt, daß er seine Gefährten bat, laut ein letztes *Te Deum* zu singen. Angesichts ihrer Weigerung begnügte er sich damit, die Siegeshymne leise vor sich hin zu murmeln. Fra Silvestro ging an der Spitze. Er hatte wieder Mut gefaßt, als sie aus ihrem Verließ geholt wurden. Nun verließ ihn dieser am Fuße des Galgens wieder, und weinend stieg er als erster die dort angelehnte Leiter empor. Als ihm der Henker die Schlinge und das Eisen um den Hals legte, wandte er sich ein letztes Mal an Gott: «In deine Hände lege ich meine Seele.» Er wurde ins Leere gestoßen, aber da die Schlinge nur locker saß, konnte er mehrmals den Namen Jesu aussprechen, bevor er starb.

Beherrscht, das Gesicht in übernatürlicher Freude erstrahlend, stieg Fra Domenico seinerseits hinauf, «als würde er direkt in den Himmel steigen» (Villari). Auch er rief den Herrn an.

Auf dem finsteren Galgen war «der Ehrenplatz in der Mitte dem Frate vorbehalten»[46]. Aber bevor er die Leiter emporstieg, bat er seinen Beichtvater, für ihn zu beten und seine Anhänger zu ermahnen, sich über diesen Tod nicht zu entrüsten. Vielleicht wollte er sich auf diese Weise dafür entschuldigen, daß er auf der Erde gescheitert war und daß ihn der Herr anscheinend verlassen hatte, obwohl er so oft den Sieg über die Feinde der Kirche und überwältigende Zeichen der Hilfe Gottes vorhergesagt hatte. Vielleicht wollte er sich auch für seinen stillen Tod entschuldigen, der alle jene zutiefst enttäuschen mußte, die von ihm eine letzte Unschuldsbezeugung oder einige denkwürdige Worte, gewissermassen ein geistliches Testament, erwartet hatten.

Er stieg, das *Credo* auf den Lippen, die Leiter empor. Als er auf der letzten Sprosse angelangt war, blickte er auf die Menge, aus der mehr Beleidigungen und Spöttereien – «Nun, Prophet, ist ein Wunder fällig» – als mitleidige und tröstende Worte ertönten. In der Menge seiner Getreuen rief niemand den Namen Jesu an, wie dies sonst bei Hinrichtungen üblich war.

Der Henker legte ihm die Schlinge um den Hals. Bei einer absichtlichen Ungeschicklichkeit entglitt ihm das Eisen und fiel auf den Scheiterhaufen, während er selbst auch beinahe gestürzt wäre. Von der Signoria streng gerügt, wurde ihm befohlen, seines Amtes zu walten; er erfüllte den letzten Teil seines finsteren Geschäfts nicht ohne eine letzte Bosheit; da er nicht wollte, daß Savonarola sofort verschied, ließ er ihn langsam fallen.

Es war zehn Uhr morgens, Mittwoch, den 23. Mai 1498, ein Tag vor Christi Himmelfahrt.

Es ist behauptet worden, der Scheiterhaufen sei von einem Feind Savonarolas oder vom Henker selbst in Brand gesteckt worden, bevor der Tod durch Strangulation eingetreten war, damit Savonarola noch lebendigen Leibes unter den Flammen zu leiden hätte. Ob dies zutrifft, ist nicht sicher, entspräche aber durchaus der Art seiner Feinde. Einige *piagnoni* haben auch behauptet, ein plötzlicher Windstoß habe für einen Augenblick die Flammen von seinem Körper abgewendet und so jenes Wunder herbeigeführt, das seine Freunde bis zum Schluß erwartet hatten. Auch das ist ungewiß. Aber falls es diesen Aufschub gab, dann hielt er nicht lange an. Der Scheiterhaufen, mit leicht entzündlichen Materialien, darunter Kanonenpulver, durchsetzt (es wurde sogar behauptet, die *compagnacci* hätten Feuerwerkspulver darunter gemengt, um das schreckliche Schauspiel der Lächerlichkeit preiszugeben), brannte lichterloh und hatte schon bald die Leichen verbrannt. Nicht schnell genug allerdings, daß einige Strolche nicht Zeit gehabt hätten, die Gehenkten, insbesondere Savonarola, ständig mit Steinen zu bewerfen. Einen kurzen Augenblick sah man seinen erhobenen rechten Arm, den die Flammen vom Strick befreit hatten. Zwei Finger schienen sich ein letztes Mal zum Segen über die Menge zu erheben. Eine entsetzte und haßerfüllte Menge, in der die einen zum Gebet niederknieten, während die anderen weiterhin verbissen Steine auf die Leichen warfen, so daß schließlich Savonarolas Herz und Gedärme blutig offenlagen.

Das grausige Schauspiel dauerte eine halbe Stunde. Als es zu Ende war, näherten sich einige fromme Frauen, als Dienerinnen verkleidete Aristokratinnen, um die Asche aufzuheben. Sie wurden indes von den Soldaten daran gehindert. Aber selbst nachdem die Asche in den Arno geworfen worden war, fanden sich einige *piagnoni*, die mit Reusen einige Reliquien herausfischten, die sie unter die Getreuen in Florenz und anderswo verteilten. Bereits in diesem Stadium wurde die Geschichte durch die Legende verklärt.

Savonarola und die Nachwelt

Die nach Savonarolas Tod einsetzende Repression traf sowohl seine Mitbrüder in S. Marco wie auch seine Laienanhänger. Auf Befehl des Ordensgenerals Gioacchino Torriani wurden einige Anhänger von S. Marco in andere Klöster versetzt, der Konvent der lombardischen Kongregation unterstellt, wodurch er einiger seiner früheren Privilegien verlustig ging, seine Medici-Bibliothek und sogar seine Glocke verlor. Diese wurde erst den Franziskanern von S. Miniato übergeben, dann für fünfzig Jahre «verbannt» und schließlich, weil sie in der Nacht des Sturms auf den Konvent die *piagnoni* zusammengerufen hatte, öffentlich ausgepeitscht (sic). Die empörten Proteste der Dominikaner, die sich an Papst und Fürsten wandten – Ludovico Sforza etwa intervenierte, um den Urteilsspruch aufzuheben oder zu mildern –, blieben ohne Erfolg, und die Piagnona, so wurde sie genannt, kehrte erst nach elfjähriger Verbannung zurück.

Die Repressionsmaßnahmen waren indes nicht so streng und effizient, wie zu vermuten wäre. Kurz nach 1500 erhält der Konvent seine Autonomie zurück, und die verbannten Fratres dürfen heimkehren. Noch besser sieht die Lage für Savonarolas Laienanhänger aus; bereits im November 1499, also knapp anderthalb Jahre nach Savonarolas Hinrichtung, wählt die Signoria einen seiner Getreuen, Giovan Battista Ridolfi, zum Gonfaloniere. Und sowohl im Konvent S. Marco wie auch in der toskanischen Kongregation, von Lucca über Viterbo und Pistoia nach Siena, wurde Savonarola zunächst «insgeheim verehrt» (Ridolfi) und schließlich ein wahrer Kult zuteil; das galt in besonderem Maße für das Kloster von Fiesole, wo die Erinnerung an Fra Domenico, der an der Seite Savonarolas hingerichtet wurde, lebendig blieb.

Eine erste «Auferstehung» Savonarolas setzte anläßlich der zweiten französischen Invasion unter Ludwig XII. ein. Ludwig XII., Nachfolger Karls VIII., vergißt seinen Verbündeten Savonarola nicht. Sobald er den über Savonarola verhängten Urteilsspruch vernimmt, schreibt er an die Signoria und bittet um Verschiebung der Hinrichtung. Aber auf seinen beinahe zwei Wochen nach Savonarolas Tod geschriebenen, vom 4. Juni datierten Brief, der am 30. Juni in Florenz eintrifft, kann die Signoria schlicht antworten, in dieser Angelegenheit sei nicht sie, sondern der Papst zuständig gewesen, und sie fühle sich für Fra Girolamos Tod nicht verantwortlich, der sich im übrigen «des Schutzes Eurer Majestät» als nicht würdig erwies, war er doch «ein Feind der Christenheit». So verspotten sie leichthin den neuen König von Frankreich, dessen Absichten sie nicht kennen; später, wenn Ludwig XII. die illusorischen Pläne seines Vorgängers wieder aufnehmen und in Italien seine dynastischen Rechte geltend machen wird, werden sie sich darüber freuen, daß sie so geschickt waren, das französische Lager nicht zu verlassen.

Ludwig XII. betrachtet sich nämlich wie Karl VIII. als König von Sizilien und Jerusalem – diese Bezeichnungen stehen denn auch neben dem Titel König von Frankreich am Anfang seines Briefes vom 4. Juni an die Signoria –; hinzu fügt er den Titel Herzog von Mailand, der ihm von seiner Großmutter, einer Visconti, zukommt. Nach dem Bündnis mit Venedig – die Stadt wittert eine gute Gelegenheit, ihren Festlandbesitz auf Kosten von Ludovico Sforza auszudehnen – und Papst Alexander VI., «der sich von Frankreich einen günstigen Einfluß auf die Karriere seines Sohnes Cesare erhofft» (Delumeau, L'Italie de Botticelli à Bonaparte), kann der König von Frankreich seine Eroberungspläne in die Tat umsetzen. Mailand und Genua werden besetzt; Ludovico Sforza wird gefangengenommen und in Frankreich eingekerkert, wo er 1508 stirbt.

Von nun an ist das Schicksal der *piagnoni* eng mit dem nationalen Kontext verknüpft. Im Jahr 1500, nach den ersten Erfolgen des Königs von Frankreich, nach Florenz zurückgekehrt, werden sie das Auf und Ab von Rehabilitierung und Verfolgung kennenlernen. Das Ende des französischen Feldzuges im Jahr 1512, der Sturz der Republik von Florenz, die Rückkehr der Medici, die

Papstwahl von Leo X., der niemand anderer als der ehemalige Kardinal Giovanni de' Medici, Sohn Lorenzos des Prächtigen, ist, geben den Auftakt für erneute Verfolgungen. 1527 werden sie mit dem Sturz der Medici und der Wiedererrichtung der Republik von Florenz ihr Ende finden. Zu jener Zeit wird S. Marco von neuem «das Herz der Stadt» (Ridolfi) sein, während der Kult um Savonarola die Züge eines eigentlichen Götzendienstes annimmt, in dem Politik und Religon erneut verknüpft sind. Auch 1529-1530, zur Zeit der Belagerung von Florenz durch die Armeen des Medici-Papstes Clemens' VII. und Kaiser Karls V., wird die savonarolasche Ideologie in den Reihen der eifrigsten Republikaner von neuem erblühen. Zu jener Zeit wird an der Fassade des Palazzo della Signoria auch die von Savonarola inspirierte Devise: *Jesus Christus, Rex Florentini Populi, S.P. Decreto electus* (Jesus Christus, König des florentinischen Volkes, durch Senat und Volk erwählt), angebracht, die 1551 durch die noch heute dort befindliche ersetzt wird: *Rex regum et Dominus dominantium* (König der Könige und Herr der Herrscher). Der Sturz von Florenz im Jahr 1530 und die definitive Rückkehr der Medici markieren den Anfang einer langen Zeit der Verfolgung, die hier nachzuerzählen nicht der Ort ist.

Seither ist die Rezeptionsgeschichte Savonarolas eng mit der Verbreitung seines Werkes in Europa verknüpft. In 16. Jahrhundert wird in Italien, aber auch im Ausland eine unübersehbare Zahl von Editionen publiziert; dies gilt insbesondere für Deutschland, wo der aufkommende Protestantismus Savonarolas Rolle in der Verurteilung der Laster und Verbrechen der Kurie hervorhebt. Und Martin Luther selbst spricht in einer Vorrede zu Savonarolas Auslegung des 51. Psalms *(Miserere)* von «einem Exempel der Evangelischen Lehre und christlichen Frömmigkeit ... Christus kanonisiert ihn (wie man spricht), durch uns, sollten gleich die Päpste und Papisten miteinander drüber zerbersten.»[47]

In Italien lösen Apologien und Widerlegungen einander ab. In der Hierarchie der katholischen Kirche findet Savonarola auch weiterhin eifrige Verteidiger. Immer wieder war auch von seiner Seligsprechung die Rede, etwa 1592 unter Papst Clemens VIII., dessen Mutter eine überzeugte Savonarola-Anhängerin war; dann wieder 1624 und 1675. Aber weder damals noch in unserem Jahrhundert war den Bemühungen um Rehabilitierung ein Erfolg beschieden; letzte Versuche in dieser Richtung gehen auf die Jahre 1935 und 1955 zurück.

Noch in unseren Tagen lebt der Kult um Fra Girolamo in der Erinnerung derjenigen weiter, die am Jahrestag seines Märtyrertods jeweils die in den Platz vor der Signoria eingelassene Gedenktafel mit Blumen schmücken – eher liberale und antiklerikale Laien als observante Katholiken. So ist Savonarola, zusammen mit Galilei und Giordano Bruno, für viele Agnostiker und Ungläubige das Symbol für die zahllosen Opfer der Intoleranz der römisch-katholischen Kirche geworden.

Savonarolas Einfluß übersteigt indes die Domäne der politischen Ideologie und war zu seinen Lebzeiten auch im künstlerischen Bereich wirksam. Michelangelo und Botticelli, um nur die größten zu nennen, wurden von seiner Verkündigung berührt und waren eifrige Hörer. Beide reagierten ganz stark auf seine Rede. Eine Legende besagt, Michelangelo sei von Savonarolas Predigt vom 21. September 1495 so erschüttert und erschreckt gewesen, daß er Florenz und die Medici, seine Protektoren, fluchtartig verließ. Sein Biograph Ascanio Condivi versichert, er habe neben dem Alten und Neuen Testament auch «Savonarolas Schriften mit großer Aufmerksamkeit gelesen, habe diesen immer verehrt und die Erinnerung an den Klang seiner Stimme stets im Ohr behalten». Es wurde sogar vermutet, eine Gestalt, zwischen den Sibyllen und den Propheten, im Jüngsten Gericht in der Sixtinischen Kapelle, trage Savonarolas Züge. Und eines von Michelangelos Sonetten liest sich wie ein Echo auf Fra Girolamos Lehre: «Aus Kelchen macht man Helm und Schwerter hier, / Verkauft des Heilands Blut aus vollen Händen» *(Qua si fa elmi di calici e spade / E 'l sangue di Cristo si vend'a giumelle),* aber auch seine Antwort in vier Versen auf Giovanni Di Carlo Strozzis Epigramm auf der Statue der Nacht verweist darauf: «Teuer ist mir der Schlaf und mehr noch aus Stein gehauen zu sein, / Solange Verderben und Schande lebendig sind *(Caro m' 'l sonno, e pi l'esser di sasso, / Mentre che 'l danno e la vergogna dura)* – eine kaum verhüllte Anspielung auf «die traurige Situation von Florenz, das nach der Belagerung von

1530 unter die Tyrannei von Alessandro de' Medici fiel» (Piccoli, Le «Rime» di Michelangelo).

Wie Michelangelo war auch Sandro Botticelli von Savonarola beeinflußt. Aber im Gegensatz zu ersterem, der sich bereits 1494 über Savonarola betroffen zeigte, ist letzterer vermutlich erst nach Fra Girolamos Tod im Jahr 1498 für dessen Botschaft empfänglich geworden, wohl unter dem Einfluß seines Bruders Simone, der ein eifriger Verteidiger Savonarolas war. Selbst Botticellis Malweise verändert sich gänzlich. Sie wird gequält, verwundet, von einer Art Ekstase belebt, die die Figuren in ihren Bann schlägt: «Die Heiligen verrenken ihre Glieder, und die Engel, von subtiler Abscheu erfüllt, sträuben sich und verfangen sich in ihren flatternden Flügeln» (Bargellini, Florence cité des peintres). Am oberen Bildrand der *Geburt Christi* aus dem Jahre 1501 (National Gallery, London) steht eine griechische Inschrift, die sich direkt auf die Johannes-Offenbarung (Offenbarung 8,13; 9,12; 11,2) bezieht, einen von Savonarola ausführlich ausgelegten Text. Gemalt als Florenz von Cesare Borgia bedroht wurde, «wird die Allegorie der *Geburt Christi* eine Allegorie der Heimsuchungen Italiens, die mit der Invasion von Karl VIII. beginnen und mit der Glorifizierung von Florenz enden – jene heilige Stadt, aus der die Verwirklichung der messianischen Verheißung hervorgegangen sei» (Weinstein, Savonarola and Florence).

Noch stärker von Savonarola inspiriert ist Botticellis Kreuzigung (Fogg Museum, Cambridge, Mass.), die eine «illustrierte Summa der Savonarolaschen Orakel über Florenz» (Cordero) ist. «Die Beziehungen zwischen den millenaristischen Erwartungen und der Vorstellung von Florenz als der erwählten Stadt sind darin vollkommen explizit» (Weinstein). Das Gemälde zeigt eine Frau zu Füßen des Gekreuzigten, mit den Armen das Kreuz umschlingend, während eine andere Gestalt ein kleines Tier züchtigt (den florentinischen *Marzocco* [Löwen], den Fuchs im Weinberg aus dem *Hohenlied?*); rechts ein schwarzer Himmel, aus dem Brandfackeln herunterfallen; links Florenz im weißen Lichtschimmer; links im Himmel weiße Schilde mit roten Kreuzen. Aus dem Mantel der knienden Frau schlüpft ein anderes Tier (ein Wolf, Symbol der Verfolger der Kirche, oder ein Fuchs, Symbol der 1491 verlorenen

Stadt Pisa?). Es ist ein nur schwierig zu entschlüsselndes Werk (ist die Stadt rechts im Bild Rom?), unübersehbar ist aber die *piagnona*-Inspiration», die sehr schön zeigt, welche tiefgreifende geistliche Krise Botticelli damals unter dem Einfluß von Savonarolas Predigttätigkeit und Schicksal durchmachte. Der Maler von Venus und Grazien, von ambivalenten Jünglingen und träumerischen Jungfrauen hat sich in einen verunsicherten, von apokalyptischen Visionen heimgesuchten Künstler verwandelt.

Die gleichen apokalyptischen Visionen finden sich um 1500 auch in der Kapelle S. Brizio der Kathedrale von Orvieto, von Luca Signorelli gemalt. Savonarola wird als «Inkarnation des Antichrist» dargestellt, der seine schuldhaften Machenschaften unter der täuschenden Maske des Heiligen und Propheten vollbracht hat. Aber dieses Negativbild Savonarolas stammt von einem mit den Medici verbundenen Künstler und aus einer mit Papst Alexander VI. liierten Stadt. So erklärt sich, weshalb «Signorellis Zyklus eine grosse Darstellung einer gegen die *piagnoni* gerichteten Apokalypse ist, die unter dem direkten Eindruck des Scheiterns und der Verwirrung des falschen Propheten entstanden ist» (Chastel, L'Apocalypse en 1500).

Seltsamerweise ist Savonarolas Einfluß in der Literatur am wenigsten spürbar. Gewiß, Pico della Mirandola hat ihn bewundert und bei Lorenzo dem Prächtigen unterstützt, aber Pico stirbt im Jahr 1494, und es läßt sich nur darüber spekulieren, wie er Savonarolas Werk, insbesondere sein politisches Handeln nach dem Sturz der Medici, seiner Beschützer, und der Errichtung der Republik beurteilt hätte. Ob Pico diese Entwicklungen begrüßt hätte, ist äußerst ungewiß. Marsilio Ficino wiederum war zwar während vieler Jahre ein eifriger Bewunderer Savonarolas und besuchte häufig dessen Predigten. Aber seine Reaktion auf Fra Girolamos Widerrufe während des Prozesses war heftig. Was die übrigen *piagnoni* unter den Schriftstellern betrifft, so übersteigt keiner ein «unbestreitbar bescheidenes» Niveau (Ferrara, Savonarola, Prediche e scritti).

Zwei der bedeutendsten Persönlichkeiten aus dem Florenz der damaligen Zeit haben indes Savonarolas Einfluß erfaßt und auch verarbeitet, nämlich Machiavelli und Guicciardini.

Als Hörer der Predigten von Fra Girolamo hat der junge Niccolò

Machiavelli «sicherlich gezweifelt ... Er hat Unaufrichtigkeit und Betrug erahnt» (Renaudet, Machiavel) und ohne Zögern gesagt, daß sich «der Frater an die Umstände anpaßt, um seine Lügen auszuschmücken» (Brief vom 9. März 1498). Später wird er Savonarola als einen *versuto,* als einen schlauen Fuchs und gerissenen Prediger bezeichnen (Brief vom 17. Mai 1521 an F. Guicciardini). In seinem Werk *Der Fürst* stellt er folgendes Axiom auf: «So kommt es, daß alle bewaffneten Propheten gesiegt haben und die unbewaffneten gescheitert sind.»[48] Als Beispiel für letztere führt er dann Savonarola an, «der bei der Durchsetzung seiner neuen Ordnung den Untergang fand, als die Masse begann, nicht mehr an ihn zu glauben; hatte er doch kein Mittel, um sich derjenigen zu versichern, die an ihn geglaubt hatten, und um die Zweifler zu veranlassen, an ihn zu glauben»[49]. Im übrigen tadelt er Savonarola, sich nicht für die Einhaltung eines Gesetzes stark gemacht zu haben, dem er selbst 1494 zum Durchbruch verholfen hatte (Gesetz über das Recht auf Berufung an den Großen Rat bei Todesurteilen der Signoria). Und darin, so Machiavelli, entpuppte sich der Frater als «ehrgeizig und parteiisch» (Discorsi, I, XLV). Im selben Text lobt er dann aber «das Wissen, die Klugheit und die Tugend des großen Mannes». Nach reiflicher Überlegung indes hat «Machiavelli seine Zustimmung zur zivilen und puritanischen Reform, die der große Dominikaner in die Wege zu leiten versuchte, versagt» (Rendaudet). Und daß Machiavelli im Juni 1498, also kaum einen Monat nach Savonarolas Hinrichtung, zum Sekretär der zweiten Kanzlei ernannt wurde, «beweist ganz klar, daß ihm keine Sympathie für das Werk und keine Trauer um den Mann nachgesagt wurde» (Renaudet).

Was Francesco Guicciardini betrifft, so scheint ihn auf den ersten Blick alles von Savonarola zu trennen: Herkunft, Erziehung, politische Ansichten, geschäftliche Praktiken, geschichtliche Sicht. Da aber sein Vater Piero ein großer Bewunderer Savonarolas ist, wird auch der junge Franceso, der zur Zeit des Sturzes erst zwölf Jahre alt ist, ein Kind der frommen Brigaden des Fra Domenico – was auch ein erhellendes Licht auf sein Urteil über die Verbrennung der Eitelkeiten wirft.

In seinen *Storie fiorentine,* zehn Jahre nach Savonarolas Tod, malt Guicciardini ein bewegendes Bild von ihm. Er lobt sein philosophisches und biblisches Wissen, seine Kenntnis der Staatsangelegenheiten, seine «keineswegs gekünstelte und erzwungene, sondern natürliche und beschwingte Beredsamkeit», die Heiligkeit seiner Sitten und vor allem «die von ihm getätigten Werke zur Einhaltung der guten Sitten», die dermaßen «heiligmäßig und bewundernswert» waren, daß «es in Florenz niemals je soviel Güte und Glauben gab».

Ein einziger Zweifel: War Savonarola «ein wahrer Bote Gottes und ein Prophet»? Er gesteht: «Ich zweifle und habe in diesem Punkt keine eindeutige Meinung.» Er kann sich aber nur schwer vorstellen, daß er seine Umgebung so lange hinters Licht führen konnte, falls er es aber tatsächlich vermochte, dann mußten «seine Urteilskraft, sein Geist und seine Vorstellungswelt ganz profund sein». Er verurteilt auch seinen «schändlichen» Tod.

Er zeigt also für den Menschen wie für den Politiker unverhohlene Bewunderung, dessen Verdienst es sei, die Spaltung der Stadt und die rivalisierenden Ambitionen der verschiedenen aristokratischen Clans überwunden zu haben. Selbst das Bündnis mit dem König von Frankreich scheint ihm «die einzige vernünftige Wahl» (Gusberti, Il Savonarola del Guicciardini) zu sein. Für den Autor der *Storie fiorentine* ist Savonarola folglich ein Modell «höchster Hingabe an das Gemeinwohl».

Dieser Text, zehn Jahre nach Savonarolas Tod verfaßt, wird durch den *Dialogo del reggimento di Firenze* (Dialog über die Regierung von Florenz; 1521-1526) nicht dementiert. Bernardo del Nero, Guicciardinis Sprecher, verteidigt darin Savonarolas Thesen über die Volksregierung. Und es finden sich auch die Grundzüge der *Storie fiorentine* wieder: Savonarolas politisches Werk wirkte sich für Florenz insofern positiv aus, als es den inneren Kämpfen, den Bestrebungen der *optimates,* die sich mehr um die eigenen Clan-Interessen als um das Gemeinwohl kümmerten, eine Ende setzte. Schließlich verstand er es auch, Florenz von der Machtgier der Aristokratie und der verworrenen und neidischen Unfähigkeit des Volkes fernzuhalten.

Dann ändert Guiccardini seine Meinung unvermittelt. In seinem Werk *Storia d'Italia* (Geschichte Italiens; 1537-1540) lobt er zwar noch immer «die einzigartige Lehre» und den «Ruf größter Heiligmäßigkeit» des Mannes, zeigt sich aber Savonarolas politischem Werk gegenüber kritisch. Er wirft ihm vor, er habe sich in einer geistigen Auseinandersetzung der Intervention «der göttlichen Autorität» bedient, und bringt die schwerwiegenden Mängel der Volksregierung Savonarolas und seiner Freunde an den Tag: Sie haben die Stadt gespalten und unberechtigterweise alle öffentlichen Ämter an sich gerissen; sie haben sich einer beispiellosen Rechtsverweigerung schuldig gemacht, indem sie die Verschwörer von 1497 unter Mißachtung des von ihnen selbst eingeführten Gesetzes über die Berufung an den Großen Rat hinrichten ließen, was insbesondere Savonarola als *infamia* (Schandtat) angerechnet wird. Er beschuldigt Savonarola auch, die Florentiner über die Absichten des Königs von Frankreich im Ungewissen belassen und vergeblich die Hoffnung auf göttliche Hilfe geweckt zu haben.

Hier zeigt sich, daß die Ereignisse der letzten Jahrzehnte, insbesondere das Sektierertum der Savonarola-Anhänger der zweiten Generation und ihre selbstmörderische Politik Papst Clemens VII. gegenüber, die zur Katastrophe der Belagerung von 1529-1530 führte, Guicciardinis Sicht der Geschichte und seine Einschätzung Savonarolas und seines Werkes verändert haben. Dieses scheint ihm nun «ein Sieg der Leidenschaft über die Vernunft, des Wagemuts über die Klugheit und des Partisanengeistes über das Interesse der Allgemeinheit» (Gusberti) zu sein.

Selbst Savonarolas Tod scheint ihm nicht länger «schändlich» zu sein, sondern stellt sich ihm vielmehr als «der logische Abschluß einer langen Reihe von Irrtümern und kühnen Eingriffen in das politische Leben» (Gusberti) dar.

Was nun die Figur des Propheten betrifft, der gegenüber er bereits in seinen *Storie fiorentine* Vorbehalte anbrachte, so schätzt er sie nun eher als zweifelhaft ein. Er erinnert daran, daß sich Savonarola «bei der Mehrheit der Menschen den Ruf und das Ansehen eines Propheten erworben hatte», womit er natürlich zu verstehen gibt, er selbst teile diese Meinung nicht. Wenn Guicciardini dann aber über Savonarolas Tod berichtet, dann schwingt in dieser Erzählung noch immer Mitleid und Respekt mit.

Die Sarkasmen eines Machiavelli und die erst vorbehaltlose, später dann zurückhaltende und kritische Bewunderung eines Guicciardini – zwischen diesen beiden Extremen bewegt sich die Einschätzung der Nachwelt noch immer. Es scheint, als sollte offenkundig werden, wie schwierig es letztlich ist, Savonarolas Portrait zu zeichnen, ohne daß Licht oder Schatten überhand nehmen.

Anhang

«Tut Buße, denn das Himmelreich ist nahe»

Auszüge aus der ersten Predigt über Haggai
1. November 1494

Tut Buße, denn das Himmelreich ist nahe[50] ... Darum muß jeder, dem seine Seligkeit am Herzen liegt, danach trachten, in diesem Leben wahre Buße zu wirken, und so rufe ich unermüdlich: Tut Buße, denn das Himmelreich naht sich in euch, jedermann habe ich aufgefordert, in die Arche einzutreten ...

O Sünder, o Verstockte, o Laue, o ihr alle, die ihr die Buße wieder und wieder hinausschiebt, tut Buße, sofort, wartet nicht länger – noch harrt der Herr eurer und ruft euch zu sich ... O ihr kopflosen Menschen, die ihr mit euren Sünden eine himmlische Ruhe verscherzen wollt, tut Buße ... Wenn du das Gesicht der Gottlosen und Verstockten und besonders mancher Ordensleute ansiehst, welche sich zügellos ihren Lastern hingeben, so kommen sie dir wie Teufel vor und schlimmer als Weltleute. ... O Florenz, setze auch du dich an den Fluß deiner Sünden! Laß deine Tränen zum Flusse anschwellen, um deine Sünden wegzuschwemmen! Gedenke deines himmlischen Vaterlandes, welchem deine Seele entstammt! Trachte, auf dem Wege der Buße dahin zurückzukehren, wie die Israeliten es machten! Nicht singen, sondern nur weinen kann man im fremden Lande, das heißt du in dir selbst, Gott durch deine Sünde entfremdet. Solange die Welt in Blüten stand, gab es keine Tränen; heute aber brauchen wir Ströme von Tränen. Alles geistige Leben ist verwelkt, die Trübsale sind im Anzug, da es geboten ist, sein Leben zu ändern; die Heimsuchungen, welche du vorbereitet siehst, sollten deinen Wandel bessern.

Weißt du nicht, daß es von den alten Philosophen heißt, das Staunen habe sie zu Philosophen gemacht? Sie staunten über die Einrichtung des Weltalls und gingen nun ihren Gründen nach. So betrachte auch du diese in Aussicht stehenden Trübsale und forsche nach ihren Gründen, so wirst du finden, daß es die Sünden sind. Wenn du staunst, so geschieht es aus Unwissenheit; geh, suche die

Gründe, und du wirst sehen, daß die Sünden und Schändlichkeiten der heutigen Welt diese Trübsale nach sich ziehen. Suche, sage ich; liegt es doch in der Natur des Menschen, nach Wissen zu streben. Jedermann fragt, besonders wenn er etwas Ungewöhnliches sieht, nach dem Warum, wie die Philosophen; als sie eine Verfinsterung des Mondes und der Sonne beobachteten, forschten sie nach dem Grunde und entdeckten ihn auch. Auch du sollst es so machen. Wenn du erwägst, daß Gott die Welt erschaffen hat und Fürsorge um sie, ganz besonders aber um den Menschen trägt, daß aber so zahllose Sünden begangen werden, welche er in seiner Gerechtigkeit nicht ungeahndet hingehen lassen kann, so wirst du einsehen, daß Gott es ist, welcher diese Trübsale sendet, und daß *er* der Anführer der nahenden Heere ist, und so wirst du Buße tun über deine Sünden, wenn du weise bist und dich der Hilfe Gottes in diesen Bedrängnissen getrösten willst ...

Deine Schändlichkeiten, also, o Italien, o Rom, o Florenz, deine Gottlosigkeit, deine Unzucht, deine Grausamkeit, deine Ruchlosigkeit haben diese Trübsale herbeigerufen. Das ist der Grund! Und nun suche nach dem Heilmittel! Brich mit der Sünde, der Ursache solchen Unheils, und du bist geheilt! ... Denn mit der Ursache fällt auch die Wirkung. Räume mit deinen Missetaten auf, und die Trübsale schaden dir nicht mehr; tust du das nicht, so hilft dir nichts anderes, glaube mir! Du täuschest dich, Italien und Florenz, wenn du meinen Worten nicht glaubst ...

O ihr Reichen, ihr Armen, tut Buße! Ihr Reichen, spendet den Armen Almosen! ... Ihr Gottesfürchtigen, tut Buße und habt keine Angst vor den Trübsalen, Gott wird euch reichen Trost in ihnen gewähren ...Die Buße ist das einzige Heilmittel; und wenn auch nur ihr wahre Buße wirkt, so wehrt ihr doch schon einen großen Teil der Trübsale ab. Tut Buße und reinigt euch von den Sünden, denn sie sind an den Trübsalen schuld. Andererseits trägt aber auch deine Undankbarkeit, o Florenz, Schuld daran: die Undankbarkeit trocknet den Born der göttlichen Güte aus. O undankbares Florenz! Gott hat gesprochen, und du wolltest nicht auf ihn hören ... So sehr habe ich gerufen und mich in einer Weise abgemüht, daß ich nicht mehr weiß, was ich sagen soll ...

Denkst du (Florenz) nicht mehr daran, wie es noch vor kurzem in Sachen des Glaubens und Gottesdienstes um dich stand? Warst du nicht in vielen Dingen wie irrgläubig? ... Du lebtest in deinen äußerlichen Zeremonien dahin und wähntest dich vom Heiligenschein umstrahlt. Gott aber zeigte dir, wie sehr du im Irrtume befangen warst, und daß jene Zeremonien ohne die Reinheit des Herzens keinen Wert haben und das christliche Leben in ganz anderem als in Äußerlichkeiten besteht ... Du weißt, daß dir mehrere Jahre vor der Kunde von den Kriegen der fremden Völker große Trübsale angedroht wurden. Du weißt auch, es sind noch keine zwei Jahre verflossen, seit ich zu dir sagte: *Ecce gladius Domini super terram cito et velociter* (Siehe das Schwert Gottes über die Erde, rasch und bald!). Nicht ich war es, sondern Gott ließ es dir melden. Und nun geschah es und geschieht noch! ... Siehe, siehe, der Tag des Herrn ist erschienen! ...Freust du dich etwa hierüber? O sehne ihn nicht herbei, den Tag des Herrn, denn es steht geschrieben: *Wehe denen, welche den Tag des Herrn herbeiwünschen* (Amos 5,8). Meinst du, er bringe dir Nutzen? Du irrst, denn der Tag des Herrn ist Finsternis und nicht Licht. O wie viele werden sich täuschen! Tut Buße und achtet auf nichts sonst, denn nichts anderes kann euch helfen. Glaubet mir, alles andere ist umsonst! ...

Wenn ich dich angesichts des nahenden Schwertes zur Buße ermahnte, was verlierst du, wenn du der Mahnung folgst? Du kannst ja doch nur gewinnen, wenn du deine Sünden tilgst. ... Oh Florenz, wie viel ließ Gott dir verkünden! Wohl dir, wenn du es zu Herzen genommen hättest! Denkst du nicht mehr an meine Worte, Gott wolle seine Kirche und sein christliches Volk erneuern, und zwar mit dem Schwerte und bald, da er an diesen jetzigen Regierungen kein Gefallen habe? Und nun siehst du, wie alles eines nach dem anderen eintrifft ... Du weißt, auf welchen Widerspruch ich mit meiner Verheißung einer kirchlichen Erneuerung stieß, und mit welch heftigen Widerständen ich zu kämpfen hatte, und doch ließ ich mich niemals einschüchtern, sondern ich blieb und ich bleibe, obschon ich mir viele Feinde zuzog, dennoch stets fest und unerschütterlich ... und ich kann ja auch gar nicht anders, da ich meiner Sache vollkommen sicher bin. Wohl meinten die Lauen, ich würde ausreißen; ich aber erklärte dir, ich wolle nicht weichen und für diese Wahrheit, wenn nötig, mein Leben hingeben aus Liebe zu Christus. Du weißt auch, als ich das Wort verkündete: «Siehe das Schwert Gottes über die Erde, rasch und bald», da verhöhntest du mich und nanntest mich einen einfältigen Menschen ... Bekehrt euch zum Herrn, denn noch erwartet er euch, wirket eine aufrichtige und nicht bloß eine erheuchelte ... Buße, sondern eine herzliche Buße aus Liebe zu Gott, welcher euch noch verzeihen und Barmherzigkeit ob eurer Sünden erweisen kann, andernfalls trifft euch seine Strafe an Leib und Seele und Leben! ... Nun ruht ein wenig, und dann folgt der Rest.

Ihr Priester, hört meine Worte! Ihr Geistlichen, ihr Prälaten der Kirche Christi, lasset die Pfründen, welche ihr nicht mit Recht haben könnt, lasset euren Prunk, eure Schmausereien und Festmahle, welche ihr so üppig begeht! Lasset eure Konkubinen und Lustknaben, sage ich euch ... Leset eure Messen mit Andacht, sonst, wenn ihr auf Gottes Willen nicht achtet, verliert ihr am Ende Pfründen und Leben.

Ihr Mönche! Lasset euren Überfluß an Gewändern und an Silbergeräten, lasset eure fetten Abteien und Pfründen, befleißigt euch der Einfachheit und lebet wie einst die Mönche der Vorzeit, eure Väter und Vorgänger, von eurer Hände Arbeit, sonst müßt ihr gezwungen tun, was ihr freiwillig nicht tun wolltet!

Ihr Nonnen! Laßt auch ihr euren Überfluß, laßt euch die Aufnahme eurer Novizen nicht mehr mit Geld bezahlen, laßt all das eitle Gepränge bei den Einkleidungen, laßt die mehrstimmigen Kirchengesänge! Weinet dagegen über eure Mängel und Fehltritte, denn es naht vielmehr die Zeit zum Weinen als zum Singen und Festefeiern! Gott wird euch strafen, wenn ihr euren Lebenswandel nicht bessert, wundert euch dann nicht, wenn die Zerstörung hereinbricht und alles ins Wanken gerät!

Ihr meine Bettelmönche! Auch euch rufe ich zu: Laßt euren Überfluß, eure Gemälde und eure Nichtigkeiten! Macht eure Kutten enger und von grobem Tuche, Merkt ihr denn nicht, daß ihr mit eurem überflüssigen Aufwande den Armen das Almosen wegnehmt? O ihr Brüder, ihr Söhne! Es bleibt mir nichts übrig, als offen zu reden, auf daß sich nachher niemand auf seine Unwissenheit hinausreden könne! Ich kann nicht anders, wehe mir, wenn ich das Evangelium nicht verkünde, wehe mir, wenn ich die Wahrheit nicht sage! Gottes Strafe ereilt euch, wenn ihr seine Stimme nicht hört.

Ihr Kaufleute! Laßt euren Wucher! Erstattet das unrecht erworbene und fremde Gut zurück, sonst verliert ihr alles! Ihr alle, die ihr Überflüssiges habt! Schenkt es den Armen, es gehört euch nicht ... Ich wiederhole es, wer Überfluß hat, gebe ihn den Armen, ja es ist an der Zeit, mehr noch sogar als den Überfluß hinwegzugeben.

Ihr Priester, nochmals muß ich auf euch zurückkommen – ich habe nur die schlechten im Auge, die guten sind immer ausgenommen –, laßt, sage ich, jenes unaussprechliche Laster, welches Gottes Zorn so sehr über euch herabruft, sonst wehe, wehe euch!

Ihr Wollüstigen! Ziehet euch Bußgürtel an und tut Buße, es ist euch vonnöten! Ihr alle, die ihr die Häuser voller Eitelkeiten, schamloser Figuren und Dinge und schändlicher Bücher habt wie den Morgante und andere Verse wider den Glauben, bringet sie mir, wir machen ein Feuer daraus und ein Opfer für Gott.

Und ihr Mütter, die ihr eure Töchter mit soviel eitlem, überflüssigem Zeuge und Haarputze schmückt, bringt alles zu mir, um es ins Feuer zu werfen, auf daß Gott, wenn er in seinem Zorne naht, nicht solche Dinge in euren Häusern finde! Ich gebiete es euch als euer Vater in diesem Falle. Tut ihr alle nach meinen Worten, so seid ihr selbst imstande, Gottes Zorn zu beschwichtigen, im anderen Falle möchte ich euch nicht gerne eine üble Kunde zu bringen haben ...[51]

319

Über die Erneuerung der Kirche

Auszüge aus der dritten Predigt über die Psalmen
Dienstag, 13. Januar 1495

... Was nun aber die Vorstellungskraft anlangt, so schaute ich ein schwarzes Kreuz über Babylon-Rom mit der Inschrift: Zorn des Herrn. Und darüber regnete es Schwerter, Messer, Lanzen und Waffen aller Art, sowie Hagel und Steine in einem furchtbaren Gewitter mit Blitzen und finsterer Nacht. Und ich schaute ein anderes Kreuz von Gold, welches vom Himmel auf die Erde über Jerusalem reichte und die Inschrift trug: Barmherzigkeit Gottes. Und hier herrschte helles und klarstes Wetter. Und auch auf Grund dieses Gesichtes erkläre ich dir, daß sich die Kirche Gottes erneuern muß, und zwar bald, denn Gott ist erzürnt, dann aber werden sich die Ungläubigen bekehren, und zwar bald.

Ein anderes Gesicht. Ich schaute ein Schwert, welches über Italien gezückt war, und ich sah Engel, welche kamen und rote Kreuze in einer Hand hielten, in der anderen aber viele weiße Gewänder, und sie reichten das Kreuz jedem zum Kusse dar, welcher es wollte, und sie boten auch die weißen Gewänder an. Manche nahmen, andere verweigerten es, wieder andere wiesen es nicht nur für sich selbst ab, sondern hielten auch andere dazu an.

Dann verschwanden diese Engel, und es nahte eine noch viel größere Anzahl mit Kelchen voll süßen Weines bis an den Rand, aber zuunterst war bitterste Hefe. Und diese Engel reichten den Kelch jedermann, und jene, welche die Kleider willig genommen hatten, kosteten auch willig von dem Weine, welcher oben süß war, die bittere Hefe aber überließen sie den anderen, welche die Gewänder verschmäht hatten und auch vom Kelche nichts wissen wollten, ihn aber, widerstrebend und sich krümmend, doch trinken mußten.

Und sogleich sah ich, wie sich das über Italien gezückte Schwert mit der Spitze nach unten kehrte und im furchtbarsten Wetter die schwerste Züchtigung unter ihnen vornahm, nur daß jene mit den weißen Gewändern weniger darunter litten und den süßen Wein im Kelche tranken, während die anderen die bittere Hefe widerwillig schluckten. Und bei dieser Züchtigung flehten sie die in den weißen Kleidern an mit den Worten: Gib mir etwas von deinem Kleide, auf daß ich diesen bitteren Trank nicht zu leeren brauche! Es ward ihnen jedoch geantwortet: Es ist zu spät. Und so sage ich dir: die Erneuerung kommt, und zwar bald.

Zur Erklärung will ich dir, o Florenz, mitteilen: Das über Italien gezückte Schwert ist das des Königs von Frankreich, das sich gegen Italien richtet. Die Engel mit den roten Kreuzen, den weißen Kleidern und dem Kelche sind die Prediger, welche dir diese Züchtigung ankünden und das rote Kreuz, das heißt das Leiden des Martyriums zum Küssen darreichen, welches bei der mit der kirchlichen Erneuerung verbundenen Züchtigung hereinbricht. Das weiße Kleid bedeutet die Reinigung des Gewissens von allen Lastern, so daß es in weißer Reinheit erglänzt. Der Kelch mit dem guten Weine oben bedeutet das Leiden, welches jeder kosten muß; jene aber mit dem weißen Gewande, die ihr Gewissen gereinigt haben, genießen süßen Wein, das heißt sie spüren von der Züchtigung nur wenig, sie werden von ihr zwar zuerst betroffen, aber doch nur in geringem Maße, welches sie geduldig ertragen, um dann, etwa hierbei von dem Tode hinweggerafft, ins Leben einzugehen.

Die anderen aber trinken die bittere Hefe gezwungen, denn sie schmeckt ihnen sauer, wie sie auch sicherlich ist. Das Schwert hat seine Spitze noch nicht nach unten gekehrt, obschon es sich in ganz Italien gezeigt hat; Gott erwartet euch also noch zur Buße. Bekehre dich, Florenz, denn es gibt kein anderes Heilmittel als Buße! Bekleidet euch mit dem weißen Gewande und säumet nicht länger, um die Gelegenheit zur Buße nicht zu verscherzen! ...

Ich habe dir gesagt: Das Schwert des Herrn über die Erde, rasch und bald! Glaube mir, das Schwert des Herrn kommt, und zwar schon bald. Spöttle auch nicht über dies «bald» und sprich nicht, es sei ein «bald» der Apokalypse, welches Jahrhunderte ansteht. Glaube mir, es geschieht bald! Es schadet dir ja nichts, wenn du glaubst, es gereicht dir im Gegenteil zum Heile, denn es führt dich zur Buße und auf den Weg des Herrn. Glaube also nicht, es schade dir oder diene dir doch zu nichts. Glaube also, die Zeit ist nahe! Der genaue Zeitpunkt läßt sich allerdings nicht angeben, da Gott es nicht will, auf daß die Seinigen in beständiger Furcht, Glauben und Gottesliebe verharren. Darum nenne ich dir auch keine bestimmte Zeit, auf daß du immer Buße tust und immer im Wohlgefallen Gottes wandelst. Würde er etwa zu den Menschen sprechen: in zehn Jahren tritt die Trübsal ein, so spräche jedermann: da habe ich zur Buße noch lange Zeit, was einen Freibrief zur Sünde in der Zwischenzeit geben hieße. Und dies ziemte sich nicht. Daher will Gott nicht, daß man die Zeit näher bestimme. Wohl aber sage ich dir, daß es heute Zeit zur Buße ist. Höhnet nicht über das «bald», von welchem ich sprach! Tut ihr nicht, was ich euch gesagt habe, dann wehe dir, Florenz! Wehe dem Volke! Wehe dem Kleinen! Wehe dem Großen!

Ich komme endlich zum Schlusse ... Gott hat ein großes Essen für ganz Italien angerichtet, aber alle Speisen sind bitter; vorerst hat er nur den Salat gegeben, der aus einem etwas herben Lattiche bestand. Verstehe mich wohl, Florenz, die anderen Gerichte folgen erst noch, aber bitter sind alle; es sind sehr viele Gänge, denn es soll ein großes Mahl sein.

So schließe ich denn, merke es wohl, Italien sei eben jetzt erst am Anfange seiner Trübsal. O Italien, Ihr Fürsten Italiens, ihr Prälaten der Kirche! Gottes Zorn ist über euch, und es bleibt euch kein anderer Ausweg als die Bekehrung: *Und bei meinem Heiligtume will ich beginnen* (Ezechiel 9,6). O Italien, o Florenz, um deiner Sünden willen brechen die Trübsale über dich herein! O ihr Vornehmen, ihr Mächtigen, ihr Leute aus dem Volke! Die Hand Gottes ist über euch, und keine Macht, keine Flucht, keine Weisheit vermag ihr zu widerstehen. Und er wird nicht allein sein, denn du weißt nicht, wie es um die Dinge bestellt ist. O ihr Fürsten Italiens, fliehet vor dem Lande des Nordens! Tut Buße, solange das Schwert noch in der Scheide ruht und mit Blut noch nicht befleckt ist. Fliehet vor Rom! O Florenz, fliehet vor Florenz, fliehet mittels der Buße vor der Sünde, und fliehet vor den Bösen!

Der Schluß ist dieser: Ich habe dir all diese Dinge mit göttlichen und menschlichen Gründen dargetan und mich einer bescheidenen Sprache befleißigt. Ich habe dich gebeten, denn befehlen kann ich dir nicht, da ich nicht dein Herr, sondern Vater bin. Möge Gott dich erleuchten, sein ist die Herrlichkeit und die Macht von Ewigkeit zu Ewigkeit. Amen![52]

Anmerkungen

1 Bei wenig bekannten Eigennamen wird die italienische Schreibweise beibehalten; bei den übrigen (Politiker, Kirchen, Schlachten usw.) wird die im Deutschen übliche Schreibweise verwendet.

2 Schnitzer, Savonarola, S. 10.

3 Ebd.

4 «Du mein Italien, wohl heilte lieber / mein Wort die Todeswunden, / davon ich seh den schönen Leib bedeckt»; Kanzone CXXVIII.

5 «Du edler Geist, den jene Glieder zieren»; Kanzone LIII.

6 «Hei, Magd Italien, Hort von Leidensquell.»

7 Burckhardt, Die Kultur der Renaissance in Italien, S. 22.

8 Ebd., S. 10.

9 Schnitzer, Savonarola, S. 23f.

10 Predigt über den Propheten Haggai , Kap. 19.

11 Schnitzer, Savonarola, S. 34.

12 Schnitzer, S. 75.

13 Burckhardt, Die Kultur der Renaissance in Italien, S. 77.

14 Ebd.

15 Schnitzer, Savonarola, S. 79.

16 Schnitzer, Savonarola, S. 38.

17 Schöne Seele, die von heiligen Gliedern ...

18 Schnitzer, Savonarola, S. 91.

19 Wörtlich «die Weinerlichen»; spöttische Bezeichnung der Gegner Savonarolas für dessen Anhänger.

20 Schnitzer, Savonarola, S. 99.

21 «Gottes Schwert über die Erde, rasch und bald.»

22 «Gottes Gerichte sind wahr und gerecht.»

23 Schnitzer, Savonarola, S. 103.

24 Schnitzer, Savonarola, S. 120.

25 Ebd.

26 Gottes Wille. Gesandter Gottes.

27 Matthäus 4,17. Siehe auch die Auszüge aus diesen Predigten, im Anhang, S. 315ff.

28 Cappone heißt auf italienisch Kapaun (im übertragenen Sinn: Streithahn).

29 Ein Übername: G. «der Reformen».

30 Eine im 14. Jahrhundert gebildete Institution, dazu bestimmt, Güter, Mobilien und Immobilien des im Geschäftsleben tätigen Großbürgertums zu verwalten.

31 Beamte mit dem Auftrag, die Wählerlisten zu erstellen.

32 Vgl. auch die Auszüge im Anhang, S. 320ff. .

33 Unter condotta wird eine Söldnertruppe verstanden, deren Anführer der Condottiere ist.

34 Beauftragte der Republik, um eine Flotte oder, wie hier, ein Truppenkorps zu inspizieren oder zu befehligen.

35 Eine Elle mißt rund 53 cm.

36 Schnitzer, Savonarola, S. 506.

37 Ebd., S. 520.

38 Ebd., S. 549.

39 Ebd.

40 Ebd., S. 544.

41 Ebd.

42 Ebd.

43 Ebd., S. 545.

44 Ebd., S. 557.

45 Vgl. Schnitzer, Hieronymus Savonarola. Auswahl aus seinen Schriften und Predigten, S. 289.

46 Schnitzer, Savonarola, S. 582.

47 Schnitzer, Hieronymus Savonarola, Auswahl aus seinen Schriften und Predigten, S. 288.

48 Machiavelli, Der Fürst, Kapitel VI, S. 45.

49 Ebd., S. 47.

50 Matthäus 4,7. Mit diesen Worten begann Jesus seine Verkündigung.

51 Prediche del Rev. P. F. Hieronymo Savonarola dell' ordine De Predicatori sopra alquanti Salmi e sopra Aggeo profeta. Venedig 1544. Übersetzung aus: Schnitzer, Hieronymus Savonarola. Auswahl aus seinen Schriften und Predigten, S. 80ff. – Die Predigt liegt in einer Nachschrift seines Schülers Stefano da Codiponte vor.

52 Prediche del Rev. Fr. Hieron. Savonarola sopra li Salmi et molte altre notabilissime materie. Venedig 1539. Übersetzung aus: Schnitzer, a.a.O., S. 111ff. – Die Predigt stand auf dem Index der verbotenen Bücher.

Literaturverzeichnis

I. Bibliographie

Ferrara, Mario: Bibliografia savonaroliana: bibliografia ragionata degli scritti editi dal principo del seculo XIX ad oggi, Florenz 1958 (Überarbeitung 1981).

II. Gesamtwerke

Edizione nazionale delle opere, Rom, Angelo Belaretti:
  Prediche sopra Ezechiele, hg. v. R. Ridolfi, 2 Bde., 1955.
  Prediche sopra l'Esodo, hg. v. P.G. Ricci, 2 Bde., 1956–1957.
  Prediche sopra Giobbe, hg. v. R. Ridolfi, 2 Bde., 1957.
  De simplicitate christianae vitae, hg. v. P.G. Ricci, 1959.
  Triumphus Crucis, hg. v. M. Ferrara, 1961.
  Prediche sopra Ruth et Michea, hg. v. V. Romano, 2 Bde., 1961–1962.
  Prediche sopra Aggeo, hg. v. L. Firpo, 1965.
  Trattato sopra il reggimento e governo della città di Firenze, hg. v. L. Firpo, 1965.
  Poesie, hg. v. M. Martelli, 1968.
  Prediche sopra i Salmi, hg. v. V. Romano, 2 Bde., 1969–1974.
  Prediche sopra Amos et Zaccaria, hg. v. P. Ghiglieri, 3 Bde., 1971–1972.
  Compendio di rivelazioni, hg. v. A. Crucitti, 1974.
  De veritate prophetica, hg. v. A. Crucitti, 1974.
  Operette spirituali, hg. v. M. Ferrara, 2 Bde., 1976.
  Solatium itineris mei, hg. v. G. Gattin, 1978.
  Scritti filosofici, hg. v. G. Garfagnini/E. Garin, 2 Bde., 1982–1988.
  Scritti apologetici, hg. v. V. Romano/A.F. Verde, 1984.
  Lettere, hg. v. R. Ridolfi/V. Romano/A.F. Verde, 1984.

III. Zeitgenössische Quellen

(Über deren Bedeutung vgl. R. Ridolfi, Vita di Girolamo Savonarola, S. 447–480.)
Burlamacchi (Pseudo-Burlamacchi), La Vita del Beato Ieronimo Savonarola, Florenz 1937.
Cinozzi, Placido, Epistola de vita et moribus Ieronimi Savonarolae frati Iacobo Siculo, in: P. Villari/E. Casanova, Scelta di prediche et scritti di fra Girolamo Savonarola, Florenz 1898.

329

Pico della Mirandola, Giovanni Francesco, Vita R.P. Fr. Hieronymi Savonarolae, 2 Bde., Paris 1674.

IV. Zeitgenössische Zeugnisse

Cerretani, Bartolomeo, Storia fiorentina, in: J. Schnitzer, Quellen und Forschungen zur Geschichte Savonarolas, Bd. 3, München 1904.

Commynes, Philippe de, Mémoires, hg. v. J. Calmette, 3 Bde, Paris 1924–1925.

Filipepi, Simone, Cronaca, in: P. Villari/E. Casanova, Scelta di prediche e scritti di fra Girolamo Savonarola, Florenz 1898.

Guicciardini, Francesco, Storia d'Italia, 5 Bde., Bari 1929.

Guicciardini, Francesco, Storie fiorentine, hg. v. R. Palmarocchi, Bari 1931.

Landucci, Luca, Diario fiorentino dal 1450 als 1516, Florenz 1883.

Luschino, Bettucio (Fra Benedetto), Cedrus Libani ossia Vita di Fra Girolamo Savonarola, Archivio Storico Italiano, 1849.

Luschino, Bettucio (Fra Benedetto), Vulnera Diligentis, in: P. Villari, La Storia di Girolamo Savonarola e de' suoi tempi, Bd. 1, Florenz 1930.

Nardi, Iacopo, Istorie della città di Firenze con l'aggiunto del decimo libro, 2 Bde., Florenz 1842.

Violi, Lorenzo, Le Giornate, hg. v. G. Garfagnini, Florenz 1986.

V. Anthologien

Dernières méditations, hg. v. Charles Journet, Lausanne 1968, Bd. 4, S. 21–83.

Ferrara, Mario, Savonarola. Prediche e scritti commentati e collegiati da un racconto biographico, 2 Bde., Florenz 1952.

Villari, Pasquale/E. Casanova, Scelta di prediche e scritti di fra Girolamo Savonarola, Florenz 1898.

Oeuvres spirituelles choisies, hg. v. R. P. Emmanuel-Ceslas Bayonne, 2 Bde., Paris 1879.

Prediche italiane ai Fiorentini, in: Prosatori volgari del Quattrocento, hg. v. Cl. Varese, Ricciardi, 1955.

Prediche, hg. v. Roberto Palmarocci, Florenz 1935.

VI. Moderne Biographien

Cordero, Franco, Savonarola, 4 Bde., Rom/Bari 1986–1988.

Gualazzi, Enzo, Savonarola. Prophet oder Fanatiker, Graz 1984.

Ridolfi, Roberto, Vita di Girolamo Savonarola, 2 Bde., Rom 1952.

Schnitzer, Joseph, Savonarola, Ein Kulturbild aus der Zeit der Renaissance, 2 Bde., München 1924.

Villari, Pasquale, Geschichte Girolamo Savonarolas und seiner Zeit, 2 Bde., Leipzig 1968 (auf italienisch erstmals veröffentlicht in den Jahren 1859 und 1861).

VII. Studien

A. *Zu Savonarola selbst:*

Brion, Marcel, Savonarola, le héraut de Dieu, Paris 1948.

Chastel, André, «Le bûcher des vanités», in: Cahiers du Sud (Dezember 1965), S. 63–70.

De Maio, Romeo, Savonarola e la Curia romana, Rom 1969.

Di Agresti, Giovanni, Sviluppi della riforma monastica savonaroliana, Florenz 1980.

Garin, Eugenio, «Girolamo Savonarola», in: La cultura filosofica del Rinascimento italiano, Florenz 1961, S. 183–200.

Garin, Eugenio, «Girolamo Savonarola», in: Storia della letteratura italiana, Mailand, 1966, Bd. 3, S. 318–331.

Guidi, Guidubaldo, La Corrente savonaroliana e la petizione al Papa del 1497, in: Archivio storico italiano 142 (1984), S. 31–46.

Klein, Robert, Le Procès de Savonarole (mit einer Einführung von Augustin Renaudet), Paris 1957.

«La Voix de Savonarole», Sondernummer von Cahiers du Sud 338 (Dezember 1956) (Artikel von A. Renaudet, E. Garin, A. Chastel und Übersetzungen von G. Mounin).

Mounin, Georges, Savonarole, Paris 1960.

Perrens, François-Tommy, Hieronymus Savonarola, Braunschweig 1858.

Renaudet, Augustin, «Prlude historique», in R. Klein, Le Procès de Savonarole, Paris 1957, S. 5–23.

Ridolfi, Roberto, Studi savonaroliani, Florenz 1935.

Ridolfi, Roberto, Einführung und Anhang in: Lettere di Savonarola, Florenz 1933.

Ridolfi, Roberto, Artikel in: Bibliografia delle opere del Savonarola, hg. v. Piero Ginori, Florenz 1939.

Schnitzer, Joseph, Quellen und Forschungen zur Geschichte Savonarolas, Bd. 1–3, München 1902–1904, Bd. 4, Leipzig 1910.

Vedrine, Hélène, Censure et pouvoir: trois procès: Savonarole, Bruno, Galilée, Paris/Den Haag 1976.

Weinstein, Donald, Savonarola and Florence, Prophecy and Patriotism in the Renaissance, Princeton 1970.

B. *Zu Florenz zur Zeit Savonarolas*

Albertini, Rudolf von, Das florentinische Staatsbewußtsein im Übergang von der Republik zum Prinzipat, Bern 1955.

Antonetti, Pierre, Histoire de Florence, Paris [2]1989.

Anzilotti, Antonio, La crisi costituzionale della Repubblica fiorentina, Florenz 1912.

Bec, Christian, Le Siècle des Médicis, Paris 1977.

Bertelli, Sergio, «Petrus Soderinus Patriae Parens», in: Bibliothque d'Humanisme et Renaissance, 31, 1969.

Cloulas, Ivan, Laurent le Magnifique, Paris 1982.

Gilbert, Félix, •Florentine Political Assumptions in the Period of Savonarola and Soderini•, in: Journal of the Warburg and Courtault Institutes, 1947.

Gusberti, Enrico, Il Savonarola del Guicciardini, in: Nuova rivista storica 54 (1970), S. 581–622; 55 (1971), S. 21–89.

Marks, F.L., •La crisi finanziaria a Firenze del 1494–1502•, in: Archivio storico italiano 112 (1954). ——

Marks, F.L,. •The Financial Oligarchy in Florence under Lorenzo, in: Italian Renaissance Studies, London 1960, S. 123–147.

Mazzone, Umberto, Il buon governo. Un progetto di riforma generale nella Firenze savonaroliana, Florenz 1978.

Pampaloni, Guido, •Il movimento piagnone secondo la lista del 1497•, in: AAVV, Studies on Machiavelli, Florenz 1972.

Perrens, Franois-Tommy, Historie de Florence, 9 Bde., Paris 1877–1890.

Perini, David A., Un emulo di Fra Girolamo Savonarola, Fra Mariano da Genazzano, Rom 1917.

Ristori, Guido, •Ser Fr. co di Ser Barone Baroni e il suo servizio nella cancelleria della Repubblica fiorentina 1480-1494•, in: Archivio storico italiano 134 (1976), S. 231–280.

Rubinstein, Nicolai, The Government of Florence under the Medici (1434–1494), Oxford 1966.

Rubinstein, Nicolai, •I primi anni del Consiglio Maggiore di Firenze (1494–1499), in: Archivio storico italiano 112 (1954).

Vasoli, Cesare, •Un notaio fiorentino del Cinquecento: ser Lorenzo Violi•, in: Il notariato nella civiltà toscana, Atti di un convegno (Mai 1981), Rom 1985.

Welliver, Marman, L'Impero fiorentino, Florenz 1957.

C. Zum nationalen Kontext

Burckhardt, Jakob, Die Kultur der Renaissance in Italien. Ein Versuch, hg. v. K. Hoffmann, Stuttgart 1985 (Erstveröffentlichung 1860).

Chastel, André, L'Art italien, Paris 1982.

Chastel, André, •L'Antéchrist à la Renaissance, in: Cristianesimo e ragion di Stato. L'umanesimo e il demonio nell'arte. Rom/Mailand 1953.

Chastel, André, •L'Apocalypse en 1500•, in: Bibliothèque d'Humanisme et Renaissance, 14, 1952, S. 124–140.

Cloulas, Ivan, Charles VIII et le mirage italien, Paris 1986.

Cloulas, Ivan, Die Borgias, Biographie einer Familiendynastie, Zürich ²1988.

Cloulas, Ivan, Jules II, Paris 1990.

Delaborde, H. François, L'Expédition de Charles VIII en Italie. Histoire diplomatique et militaire, Paris 1888.

Delumeau, Jean, L'Italie de Botticelli à Bonaparte, Paris 1974.

Denis, Anne, Charles VIII et les Italiens. Histoire et mythe. Genf 1979.

Labande, Yvonne, •Entrée de Charles VIII à Florence (17 novembre 1494), in: Etudes italiennes (Januar–März 1935).

Labande-Mailfert, Yvonne, Charles VIII. Le vouloir et la destinée, Paris 1986.

Larivaille, Paul, La Vie quotidienne en Italie au temps de Machiavel (Florence, Rome), Paris 1979.

Lucas-Dubreton, J., La Renaissance italienne. La vie et les moeurs (XVe siècle), Paris 1953.

Machiavelli, Niccolò, Tutte le opere, hg. v. G. Mazzoni/M. Casella, Florenz 1929.

Machiavelli, Niccolò, Il Principe/Der Fürst, Stuttgart 1986.

Maugain, Gabriel, Moeurs italiennes de la Renaissance. La vengeance, Paris 1935.

Monnier, Philippe, Le Quattrocento. Essai sur l'histoire littéraire du 15e siècle, 2 Bde., Paris [11]1931.

Murray-Kendall, Paul, Louis XI, Paris 1974.

Pastor, Ludwig von, Geschichte der Päpste seit dem Anfang des Mittelalters, 22 Bde., Freiburg 1886–1933.

Picotto, Giovan Battista, »Alessandro VI, papa«, in: Dizionario biografico degli Italiani, Bd. 1, S. 193–205.

Pieri, Piero, Il Rinascimento et la crisi militare italiana, Torino 1952.

Ranke, Leopold von, Die römischen Päpste in den letzten vier Jahrhunderten, Wien 1934.

Renaudet, Augustin, Machiavel, Paris 1956.

Soranzo, Giovanni, Il tempo di Alessandro VI papa et di fra Girolamo Savonarola, Mailand 1960.